国家社科基金
GUOJIA SHEKE JIJIN HOUQI ZIZHU XIANGMU
后期资助项目

公共产品供给
促进反脆弱发展：
甘孜藏区发展策略研究

Public Goods Supply Promote Anti-Vulnerability
Development: A Study on Development
Strategy of Garze Tibetan Area

李雪萍　著

中国社会科学出版社

图书在版编目（CIP）数据

公共产品供给促进反脆弱发展：甘孜藏区发展策略研究／李雪萍著 .
—北京：中国社会科学出版社，2017. 10
ISBN 978 - 7 - 5203 - 1208 - 0

Ⅰ.①公…　Ⅱ.①李…　Ⅲ.①公共物品—供给制—作用—区域经济
发展—经济发展战略—研究—甘孜　Ⅳ.①F127.712

中国版本图书馆 CIP 数据核字（2017）第 255477 号

出 版 人	赵剑英	
责任编辑	孙　萍	
责任校对	冯英爽	
责任印制	李寡寡	

出　　版	中国社会科学出版社	
社　　址	北京鼓楼西大街甲 158 号	
邮　　编	100720	
网　　址	http：//www.csspw.cn	
发 行 部	010 - 84083685	
门 市 部	010 - 84029450	
经　　销	新华书店及其他书店	

印　　刷	北京君升印刷有限公司	
装　　订	廊坊市广阳区广增装订厂	
版　　次	2017 年 10 月第 1 版	
印　　次	2017 年 10 月第 1 次印刷	

开　　本	710×1000 1/16	
印　　张	26.25	
插　　页	2	
字　　数	470 千字	
定　　价	96.00 元	

国家社科基金后期资助项目

出 版 说 明

　　后期资助项目是国家社科基金设立的一类重要项目，旨在鼓励广大社科研究者潜心治学，支持基础研究多出优秀成果。它是经过严格评审，从接近完成的科研成果中遴选立项的。为扩大后期资助项目的影响，更好地推动学术发展，促进成果转化，全国哲学社会科学规划办公室按照"统一设计、统一标识、统一版式、形成系列"的总体要求，组织出版国家社科基金后期资助项目成果。

全国哲学社会科学规划办公室

目　　录

上　篇

公共产品供给与反脆弱的理论阐释

第一章　绪　论

2013 年，习近平总书记参加十二届人大西藏代表团审议时，提出"治国必先治边，治边先稳藏"。2015 年 8 月，习近平总书记在中央第六次西藏工作座谈会上再次强调"治国必先治边，治边先稳藏"。习近平总书记将藏族地区的治理提高到我国的国家治理、边疆治理的更宏大场景以及更高的思维层面上。

一　问题提出

国家治理、边疆治理中，对于特定的社会（如连片特困地区①）来说，社会生活的中心组织原则是发展。② 发展是贯穿我国 20 世纪大部分时间（尤其是 1949 年以后）的主要背景和延续运动，甘孜藏族自治州（俗称康区、康藏、甘孜藏区③）的发展是中国发展宏大场景下的区域问

---

① "连片特困地区"是指新时期我国绝对贫困人口的主要分布区，是新阶段扶贫开发工作的主战场。根据《中国农村扶贫开发纲要（2011—2020）》，连片特困地区包括六盘山区、秦巴山区、武陵山区、乌蒙山区、滇桂黔石漠化区、滇西边境山区、大兴安岭南麓山区、燕山—太行山区、吕梁山区、大别山区、罗霄山区等区域和已明确实施特殊政策的西藏、四省藏区（四川省的甘孜藏族自治州、阿坝羌族藏族自治州，云南省的迪庆藏族自治州，甘肃省的甘南藏族自治州以及青海省的诸多藏族自治州）、新疆南疆三地州。本书关于甘孜藏区发展策略的研究指涉的区域是四川省甘孜藏族自治州，属于四省藏区的一部分。

② 岳天明：《甘肃少数民族地区农村社会发展动力机制研究》，博士学位论文，兰州大学，2006 年。

③ 甘孜藏族自治州所在的地区习惯上称为"康区"，"康"（藏文ཁམས，藏语拼音 Kam），又称喀木、朵康（藏文མདོ་ཁམས）、朵甘思、朵甘。康区是藏族传统文化中的一个地区，常与卫藏和安多并列，康区居民称为康巴（藏文ཁམས་པ），主要通用藏语的康方言。历史上康区的范围大致包括：（1）现今西藏自治区的昌都地区、那曲地区东部（聂荣、巴青、索县、比如、嘉黎）、林芝地区东部（察隅、波密、墨脱）；（2）青海省的玉树藏族自治州；（3）四川省的甘孜藏族自治州；（4）云南省的迪庆藏族自治州。元朝设吐蕃等路宣慰使司都元帅府等管辖康区，明朝设朵甘都司，民国时期设西康省。甘孜藏族自治州是康区的核心地带。新中国成立后由于行政区划的影响，人们习惯性地把云南省迪庆州称为"云南藏区"，青海省玉树州等称为"青海藏区"，甘孜州即"甘孜藏区"（可以理解为是狭义的康区）。

题。改革开放以来，国家整体性的经济发展以及相应政策的制定、实施是我国经济社会发展的基本语义，贯穿着以技术—现代化为核心的发展，其中，扶贫或反贫困①是核心议题。② 国家主导的经济社会发展，改变着中国各地，也改变着甘孜藏区。

甘孜藏族自治州位于四川省西部，甘孜县位于甘孜州西北部（国家扶贫工作重点县），是连片特困地区之一的四省藏区的一部分。甘孜有着连片特困地区的共性，是贫困治理的重点和难点。2011 年 3 月，《中华人民共和国国民经济和社会发展第十二个五年规划纲要》指出："要贯彻落实扶持民族地区发展的政策，在南疆地区、青藏高原东缘地区、武陵山区等集中连片特殊困难地区，实施扶贫开发攻坚工程。"③ 是年年底，《中国农村扶贫开发纲要（2011—2020）》将连片特困地区作为扶贫攻坚主战场，把稳定解决贫困人口的温饱，尽快实现脱贫致富作为首要任务。④

连片特困地区相对于一般贫困地区有其突出特征。一是贫困的集中性——人口集中，地域连片。连片特困地区的贫困人口集中分布在山区、丘陵地区、限制开发区，多呈片状或带状分布，且多是中西部的深山区、石山区、荒漠区、高寒山区、黄土高原区、地方病高发区以及水库区，也多为革命老区和少数民族地区。它们地域偏远、交通不便、生态失调、经济发展缓慢、文化教育落后、人畜饮水困难、生产生活条件极为恶劣。二是贫困成因的复杂性。贫困成因有自然的、社会的因素，民族的、宗教的因素，历史的、现实的因素，政治的、经济的因素等，而且多种因素往往相互交织，例如自然地理条件的复杂性与经济社会文化的多元性并存。连片特困地区多是生态高度脆弱地区，缺乏从事大规模产业化经营的必要基础，而且会面临巨大的生态风险。连片特困地区的减贫与发展汇聚了民族、农村、山区、边疆等多重命题，当这些问题汇聚在一起，就需要以更为审慎的态度分析其发展困境和减贫道路。三是贫困程度的深沉性。连片特困地区贫困面大、贫困人口众多、贫困程度较深，因此贫困治理任务艰巨，且对贫困治理手段综合性的要求特别高。一般贫困地区的阶段性、临

---

① 关于扶贫、反贫困有各种学术术语，如减贫、贫困治理等更有学术意蕴的表达。在本书中，这几个概念基本一致，可视为等同。

② 朱晓阳、谭颖：《对中国"发展"和"发展干预"研究的反思》，《社会学研究》2010年第 1 期。

③ 新华社北京 3 月 16 日电：《中华人民共和国国民经济和社会发展第十二个五年规划纲要》，《人民日报》2011 年 3 月 17 日。

④ 新华社北京 12 月 1 日电：《中国农村扶贫开发纲要（2011—2020）》，2011 年 12 月 1 日。

时性贫困较多，缓解贫困相对容易，但在连片特困地区，贫困面大而且程度深、区域内整体贫困突出、贫困的代际传递性强，陷入了"贫困—发展不足—更加贫困"的恶性循环之中，发展缓慢。连片特困地区的特征，使得一般经济增长已难以带动其发展，即使有一定的发展，也与其他发达地区的发展水平有很大差距，或者很快又恢复旧貌，甚至陷入更加贫困的境地。如此种种，已有的贫困治理难以在短期内奏效。

像甘孜藏区这样的连片特困地区，发展是核心主题，但一系列的问题值得思考。如什么是发展？发展以什么为基础或起点？怎样发展？发展什么？谁得到发展？上述是宏观层面的思考，在微观层面，还需思考区域发展过程中，如何改善农牧民生计。因为区域发展最终都应该也会直接体现在农牧民生计状况及生活水平上。

二　思考与追问

甘孜与其他民族地区相比，既有共性又有个性。从区位条件来看，具有偏远、高海拔、环境脆弱、贫困等民族地区共性；从发展历程来看，经历了相同的组织变迁及制度变迁；在应对市场经济的过程中，面临着传统文化与现代文明冲突的矛盾。这些共性使得甘孜在一定程度上代表相类似的青藏高原地区，甚至广大少数民族地区。甘孜也有个性：典型的生态脆弱区，面临着生态建设与经济发展的双重任务；传统农牧业文明和工业文明的碰撞中，藏文化张力膨胀与边际错位更加凸显。甘孜贫困人口集中、脱贫难度大，民族文化与经济发展的多样性与调适性等都不可多见。也就是说，研究甘孜这一集自然环境复杂性、生态系统脆弱性、经济发展边缘性、社会文化过渡性于一身的地区，对民族地区贫困治理来说，不失价值和意义。

减贫以及发展路径的选择、发展目标的实现等都需要有背后的制度安排及其支撑。"体面的生活水平、足够的营养、医疗以及其他社会和经济进步不仅仅是发展的目标，它们是与人的自由和尊严紧密相连的人权。但这些权利……要求一系列的社会安排，如准则、制度、法律和能发挥作用的经济环境等，以便最好地保障享受这些权利。"[1] 寻求甘孜藏区减贫及发展路径及其背后的制度安排，需要追问与反思相关问题，例如何谓"贫困"？如何才称得上"发展"等。

以新的发展观为学理视野来审视少数民族地区的经济社会发展，分析

---

[1]　世界银行：《2000—2001 世界发展报告》，中国财政经济出版社 2001 年版，第 11 页。

其社会变迁和发展成就、冲突和障碍，本身就是一个重要的学理话题，其中包括减贫理论、发展理论与新发展理论、公共产品理论等。学术界的相关研究为我们提供了重要参考，并为拓展思维提供了土壤。

甘孜藏区属于连片特困地区，贫困是其经济社会的显著特征，即"贫困"是讨论其发展的基本场景。

贫困可以表现在个体、群体层面，也可以表现在区域层面。就个体和群体而言，学术界对贫困的认知，经历了收入贫困—能力贫困—权利贫困的变迁。收入贫困是指人们用于日常生活的物质匮乏，能力贫困是指人们获取生活资料的能力不足，权利贫困是指社会成员应享受的政治和文化权利得不到有效保障。收入贫困是贫困的表现形式，能力贫困是贫困的直接原因，权利贫困是贫困的社会后果和本质，三者交织、互补和互动，而不是替代和对立。从收入贫困到能力贫困，再到权利贫困，贫困的外延由物质扩展到社会、环境、精神文化等方面。贫困不仅意味着生产力落后（物质稀缺不能满足生产生活需求），还与特定的历史文化有关，包含着丰富的社会内涵和心理因素，即贫困产生于人类与自然和社会相互影响的互动中。① 贫困是人与人之间社会关系的总体性表达，只不过这种表达借助物质财富的形式展现出来。②

区域贫困的研究有各种视角，生态视角是其中之一。在寻找贫困致因时，与甘孜藏区较为吻合的研究视角之一是生态视角。生态贫困论的代表人物是 M. P. 托达罗，他从经济地理的角度来考察贫困，认为地区性贫困是由自然环境过于恶劣而引发。据其所论，贫困地区往往具有恶劣的气候特征，暴雨频繁直接摧毁道路、桥梁和建筑物，导致土壤流失，影响农作物生长；高温和干旱引起土壤有机质流失，导致土壤结构恶化，肥力衰退，诱发虫害、病害，牲畜疾病增多；高温和干旱还使得劳动者体质下降，降低生产率。学者们在 M. P. 托达罗的分析基础上引入人口压力，从生存空间角度来论述贫困的发生。他们认为在特定的自然环境条件下，地区所承载的人口容量具有临界点，超过该临界点则造成人口生存空间不足，无法保证基本生理需求的生活水平，该理论大致等同于人口数量挤压论。生态贫困论者的反贫困途径在于改变生存空间，具体是改善土地质

---

① ［美］杰拉德·迈耶：《发展经济学前沿——未来展望》，中国财经出版社2003年版，第131页；樊勇：《贫富论》，人民出版社2006年版，第5页。

② 刘国虎：《贫困及其现代性话语表达》，硕士学位论文，云南大学，2012年。

量、移民和人口控制等。① 生态贫困论对甘孜藏区的贫困有一定的解释力。

甘孜州是我国第二大藏区（康巴藏区）的主体和核心地区。由于受到历史条件、地域分布、自然条件、民族文化等多方面因素的影响，社会经济发展仍非常落后，农户贫困严重、贫困人口多、贫困程度深、返贫严重造成贫困治理难度大。第一，绝对贫困人口多、贫困发生率高；经济贫困与知识贫困、权利贫困并存；返贫人口数量大、返贫现象严重。第二，人力资本含量较低，农村职业教育和培训薄弱，农牧民健康状况差，社会参与度低。农户的物质资本相对短缺，恩格尔系数大于50%，处于温饱阶段。第三，自然环境恶劣、自然灾害频发、地方病和传染病高发、落后的观念等是导致农户贫困的原因。第四，从家庭—社区视角来看，乡村地形和自然灾害、农户的教育水平、外出务工、医疗救助、灾害救助都对农户贫困产生重要影响。② 总之，甘孜藏区的贫困，就个体、群体而言，直接表现为收入贫困，潜藏其后的是农牧民的能力贫困；就区域来说，生态贫困特征明显；就时间存续而言，是慢性贫困。

贫困治理研究归属于社会政策和发展学派。社会政策提倡通过社会福利救助来维持收入，发展学派主张通过经济发展来消除贫困。发展主义认为，对落后地区的扶贫要建立在工业发展的经济增长基础上，也就是期望通过经济援助实现产业结构升级、工业增长，来帮助落后地区的穷人。③ 20世纪80年代后期以来，学术界认为社会政策和发展学派都忽视了家庭生计的整体性和复杂性，忽视了穷人自身的能力和抗逆力，并不能保证穷人家庭生计的可持续性④。基于此，学术界提出可持续生计框架，认为要促进落后地区穷人家庭生计的可持续性，必须分析他们的整个生计要素：资本（capitals）、能力（capabilities）和资格（entitlement）以及他们的家庭所在的社会环境，实现家庭生计和外在环境的互动，持续地改善他们的生计。⑤

贫困治理、发展是发展社会学研究的基本问题，对这些基本问题的不

---

① 郭佩霞：《凉山彝区政府反贫困研究》，博士学位论文，西南财经大学，2007年。
② 李燕玲：《四川民族地区农户贫困成因及影响因素研究》，硕士学位论文，四川农业大学，2011年。
③ ［日］速水佑次郎：《发展经济学——从贫困到富裕》，李周译，社会科学文献出版社2003年版。
④ Chambers R, Conway G, "Sustainable Rural Livelihoods: Practical Concepts for the 21st Century". IDS Disscussion paper 296 Brighton: IDS, 1992.
⑤ 郭伟和：《 "身份之争"：转型中的北京社区生活模式和生计策略研究》，北京大学出版社2010年版，第6页。

同回答，形成了发展主义与新发展主义之争，新发展主义是对发展主义的批判性发展。总体思路上，发展主义主张发展中国家复制西方发达国家发展方式与路径，因发展主义的理论缺陷及实践中的失败，新发展主义在对其批判中诞生。新发展主义主张发展中国家应选择一条尊重各民族自己的历史文化传统，符合自己国家社会发展实际的"另类"发展方式和路径。在发展的内容上，发展主义注重经济指标，将丰富而多元的人类需要，化约为单一的向度，仅从经济的角度来考量；新发展主义基于文化自觉，主张整体的、综合的、内生的新型发展。也就是说，新发展是基于文化价值的整体的发展，是经济利益与文化价值的统一，不应只是 GDP 的片面发展；发展应当是综合的发展，是国民经济各部门、经济发展不同地域、社会各阶层之间内聚力的强化，是社会经济整体结构在国家调节作用下的稳定发展；新发展必须是内生的发展，是社会经济发展中动态的、主体力量的动员，是基于历史文化和社会价值的人力资源的开发。发展主义与新发展主义之争及其所反映的发展中国家的路径选择，在我国改革开放后的经济社会建设历程中已有映载。新发展主义理论既适用于分析不同国家经济社会发展道路抉择，也适用于民族国家内部不同区域的发展道路抉择。[①]

在学术之争基础上，联合国开发计划署对发展做出了基本规范，1990年的《人类发展报告》认为，人类发展包括人类的能力形成和能力的运用。人的能力包括：拥有足够的收入来购买各种商品和服务的能力；延长寿命的能力；享受健康身体的能力；获取更多知识的能力；参与社会公共事务的能力。1991 年的《人类发展报告》增加了环境和居民自由两个因素。总之，根据联合国开发署的定义，发展指的是创造一种能够充分发挥人的潜力的环境，使人们得以按照自己的需求和兴趣，获得富有创造性和丰富多样的生活。进一步讲，人们选择生活方式的基本能力，是获得健康、知识、资源和参与社区活动的能力，没有这些能力，就不可能得到生活中的其他机会。

滞后于国际上的学术研究，国内减贫研究的很多文献以"效率"为

---

① 周穗明：《西方发展主义理论述评》，《国外社会科学》2003 年第 5 期；叶敬忠、孙睿昕：《发展主义研究综述》，《中国农业大学学报》（社会科学版）2012 年第 2 期；俞郭斌：《科学发展观与新发展主义：中外新发展理论比较》，《当代世界与社会主义》2006年第 6 期；吕方：《"新发展主义"与发展社会学研究的转向》，《社会科学战线》2010年第 2 期；李胜：《新发展主义与后现代解构》，《国外理论动态》2009 年第 1 期；曾毅：《新发展主义的历史制度主义分析》，《马克思主义与现实》2011 年第 2 期；孙凤娟：《发展主义视角下的民族社区环境审视》，《西安社会科学》2012 年第 2 期。

标准来探讨民族贫困问题，无论是政府扶贫政策实施效果的考察，还是反贫困方式的甄选，都过分注重经济效益。用简单复制技术性方法来分析复杂的社会性问题，这是相关研究的不足。以工具理性为贫困的基本分析方法，在一定程度上难以解释与民族贫困息息相关的诸多现象，诸如宗教开支以及一系列农牧民的思维习惯和行为方式等。基于工具理性，民族地区反贫困研究不约而同地走上制度化的分析之路，理所当然地把民族地区经济发展道路，特别是现代化实现形式界定在工业化的发展方向上，而对于民族文化传承、特定地域的国内分工等方面考虑甚少；对于反贫困资源配置、扶贫项目选择、反贫困技术采用等，过分倚重国外和国内汉区反贫困经验与做法，忽视民族地区特殊的地域差异、思维方式、民族文化、政治和历史、传统与习俗背景以及以汉文化思维模式同一性地简单推行民族地区的扶贫战略，无论在技术推广上还是项目选择上都表现出强制性、机械移植特点；在反贫困力量探讨上，对于政府这一主体，大多研究视其为既定物，抽象而概括地总结其应有的反贫困功能，舍弃了政府在变化的社会、经济机制内部的功能分析和演绎的规范分析，难以揭示出民族地区贫困发生的内在实质性。①

对我国而言，发展是主要任务；对少数民族地区而言，发展更是主要任务。② 应该说，如今的中国是长时期具有混合特性的不同类型的社会，这样一个多种社会类型并存的社会迫使我们必须抛弃简单化的类型分析和结构分析。当我们认为中国社会发展内含少数民族地区发展，而且发展过程是一种持久的并存以及产生新颖现象的混合时，以新的理论视角去探求藏区经济社会发展规律，就具有了鲜活的生长气息。尤其是在贫困治理的新时期，已有制度的效应释放殆尽，新制度的建构需要十分审慎。从全国来看，减贫的主要成就来自制度变革（主要是农村家庭联产承包责任制等一系列政策和实践）以及迅速的工业化，③ 甘孜藏区也是如此。但是，当一波波已有制度的减贫效应释放殆尽时，建构未来减贫制度的意义凸显。新制度的建构及其实施，彰显着发展路径选择的重要性。正如有学者认为，必须综合考察现代中国的政治理念和行政架构，才能理解作为问题的贫困及其长期存在的原因。这就是说，在国家—政府主导下，政府贫困

---

① 郭佩霞：《凉山彝区政府反贫困研究》，博士学位论文，西南财经大学，2007 年。

② 王珏、吴定勇：《关注民族地区发展进步的视野互动与观点交锋》，《西南民族大学学报》2005 年第 1 期。

③ 学术界认为，正是因为世界工厂—打工经济（由农民工外出就业和打工收入汇款）构成的经济收入循环，是农村减贫的重要因素，如墨菲、朱晓阳等。

治理的制度建构及其实施，是至关重要的。尤其是在这样一种情况下，即"缺乏一种有效的替代机制能够保证扶贫政策让贫困人口从中直接受益。由于很多贫困人口集中于贫困地区，所以，单纯依靠经济增长本身（无论它是如何有利于贫困者）无法解决这些贫困问题。而且随着市场转型进程的不断推进，各种形式的风险、脆弱性和新的贫困形式以及社会经济差距的扩大将不断产生，传统的以地理区域为扶贫目标的扶贫方式已经不再适合于解决严重的贫困现象了"。① 况且我国幅员辽阔，地区差异明显，不同的地区行经着不同的发展道路。先发地区遵循"先导式发展"路径，基于自身优势，并不断强化优势，促进发展。② 藏区有其特殊性，一般而言，多重脆弱性交织是其区域特质，也是发展的陷阱。③ 由此，不得不追问，与先发地区相比，藏区的区域发展路径可否另辟蹊径？

　　在甘孜藏区，农牧业经济依然是支柱，乡村社区及其贫困人口需要依靠来自非农产业的收入以实现脱贫，甘孜作为生态产品生产区域，工业化前景堪忧，当一波波已有制度的减贫效应释放殆尽时，未来减贫制度将怎样建构？实践中，国家—政府层面的扶贫工作倾向于把贫困问题化为经济—技术问题，所以"改善自然环境，加强基础设施，扶持产业发展"等提法成为各类文件及政策建议的主要内容。④ 毋庸讳言，在甘孜已有的发展中，"改善生态环境，加强基础设施建设"等依然是发展理念和行动实践。只是，鉴于这种状况，我们不得不更进一步地思考一系列甘孜自身的问题：农牧民如何改善生计？劳动力如何从传统农牧民生产中转移出来？如何努力实现社会—经济—自然复合生态系统的良性耦合？因为科学的发展应"以人为本"，强调经济增长与政治民主、科技进步、教育普及、社会保障、环境保护等多种因素相协调；衡量发展的尺度，除了经济指标外，还应该包括社会、科技、生态环境的建设与发展，居民的生活质量（如营养、衣物、居住、保障、教育、闲暇、安全、环境）等多方面的内容，并重视"人的质量开发"，创造各种条件努力提高人的综合素质

① 朱晓阳：《反贫困的新战略：从"不可能完成的使命"到管理穷人》，《社会学研究》2004 年第 2 期。

② 李雪萍：《反脆弱性发展：突破发展陷阱的路径》，《华中师范大学学报》2013 年第 2 期。

③ 陈艾、李雪萍：《脆弱性—抗逆力：连片特困地区的可持续生计分析》，《社会主义研究》2015 年第 2 期。

④ 朱晓阳、谭颖：《对中国"发展"和"发展干预"研究的反思》，《社会学研究》2010 年第 1 期。

和生活质量，不断开拓并发挥人的潜在素质和潜能，实现人的全面而自由的发展。[①] 从这个角度来讲，经济—社会—文化—生态的协调，是发展的关键。因此，社会发展不仅是经济的增长，更重要的是人的生活水平和生活质量的提高，驾驭生活和发展生活的能力的提升。[②]

三　文献综述

本书的研究以公共产品理论为视域、以脆弱性—反脆弱为基本思维进路、以区域—村庄为研究层面、以农牧民生计为研究落脚点。由此从四个方面进行简要文献综述：相关研究视角、生态脆弱民族地区减贫研究、县域发展研究、公共产品供给与农牧民生计研究。

（一）相关研究视角

民族社会学的研究视角主要有：结构与过程的视角，个体、群体与社会的视角，冲突与均衡的视角，统一性与多样性的视角，微观与宏观的视角。[③] 秉承民族社会学的传统研究视角，我们采取区域视角、民族视角来分析甘孜的发展路径，其核心是甘孜藏区的脆弱性及公共产品供给。

甘孜藏区的发展，需要对其民族特点、民族文化、民族传统、民族资源等方面有很好的考量。少数民族同胞在长期的生产生活实践中形成了诸多宝贵的"地方性知识"，包括生产技术、社会组织形式、文化传统等，这些地方性知识是我们认识和理解当地特点的捷径，同时也是可以创造性地应用于贫困治理实践的重要财富。

生态视角的研究深具意义，民族地区的生态经济现状已经给本地区乃至全国的生存环境和社会经济的可持续发展构成了严重威胁。民族地区生态建设与经济发展不仅是民族地区自身亟待解决的问题，也是举国关注的重大课题。关于民族地区生态建设与经济发展耦合的研究属于边缘性和交叉性研究领域，国内外很少有专门论述，相关研究散见于民族经济学、生态经济学、发展经济学、区域经济学和可持续发展理论的论著之中。对此问题研究的难度，既体现在民族地区研究的复杂性，也反映出生态建设与经济发展耦合研究领域的广阔性。[④]

[①] 宋涛：《传统裂变与现代超越——西部大开发与西南少数民族生活方式变革问题研究》，民族出版社 2006 年版，第 24 页。

[②] 同上书，第 28—29 页。

[③] 赵利生：《民族社会学》，民族出版社 2003 年版，第 63—66 页。

[④] 汪中华：《我国民族地区生态建设与经济发展的耦合研究》，博士学位论文，东北林业大学，2005 年。

连片特困地区与我国的生态脆弱地区、自然灾害多发地区在空间上具有高度的"地理耦合性",这一问题已经引起了政府和知识界的关注,主张将贫困治理与生态治理和防灾减灾工作有机地结合起来。连片特困地区发展,需要与生态恢复和生态保护的目标相协调,"生态友好型"的发展、"绿色减贫"的理念,无疑是我们理解藏民族聚居区减贫与发展问题的另一重要维度。从生态的视角来研究甘孜藏区的发展,无论是环境保护还是经济发展,其基本背景都是甘孜藏区在主体功能区划分中属于限制开发区,其承担的主体功能是保护环境。主体功能区相应的政策规范,在很大程度上规制着甘孜藏区经济社会发展程度、方式选择。也就是说,甘孜藏区的发展,必须符合限制开发区的基本规定性。

我国政府在"十一五"规划中,根据资源环境承载能力、现有开发密度和发展潜力等,将国土空间划分为"优化开发、重点开发、限制开发和禁止开发"四类主体功能区。四大主体功能区可分为两大类,即开发型和保护型。其中,限制开发地区和禁止开发地区是资源承载能力较差的区域,即生态环境脆弱地区,属于保护型,其主体功能是承载生态服务功能。从主体功能区的划分来看,甘孜州属于限制开发区。与其他主体功能区相比,限制开发区的资源环境承载能力较弱;现有开发密度和开发潜力上的特点是大规模集聚经济和人口的条件不够好;发展方向是保护优先,适度开发、点状发展、发展特色;功能定位是全国或区域性的重要生态功能区;财政政策是增加用于公共服务和生态环境补偿的财政转移支付;投资政策是重点支持服务设施建设和生态环境保护;产业政策是发展特色产业,限制不符合主体功能定位的产业扩张;人口政策是引导人口逐步自愿平稳有序转移;等等。也就是说,以生态的视角来考察甘孜及其发展,甘孜是生态脆弱区,生态保护、生态产品提供是其基本的功能。

此外,还有特殊群体视角、性别视角等。关于连片特困地区研究的既有成果显示,很多片区存在着特异性的问题,例如地方病对于贫困社区和贫困人口的影响在一些地区成为制约发展的重要因素。在甘孜,包囊虫病成为牧区的地方病。因此,唯有将发展与地方病防治工作有效结合起来,方能保证更为持久的减贫效果。作为特殊群体视角的延续,贫困地区的老年贫困人口照料问题、儿童就学问题、慢性病患者的就医问题等,都需要在政策设计中有一个明确的回应。

（二）生态脆弱民族地区减贫研究

少数民族减贫研究,即从少数民族贫困的有关理论到脱贫手段的采用和最终实施方式的选择的研究，走过了一条由单向到多元、由理性向人性、由嵌入移植到耦合共存转变的演化之路。综观近 50 年的研究成果，可将其概括为过程、互动和行动研究三大内容。[①] 其中，我们主要呈现生态脆弱地区的减贫研究。

研究认为生态脆弱区的成因是自然因素和人为因素相互作用、彼此叠加，尤其是人类活动对其施加的不利影响可能加剧其脆弱程度。我国生态脆弱地区经济发展研究出现在 1990 年前后，如牛文元的《生态脆弱带 E-COTONE 的基础判定》[②] 等。此后，学术界不断研究了生态脆弱地区经济发展现状、发展道路以及产业选择等。

学术界普遍认为，生态脆弱地区的生态脆弱与贫困呈高度正相关关系，二者几乎互为因果，生态脆弱地区面临着发展经济并以此脱贫的巨大压力。李周等的《生态敏感地带与贫困地区的相关性研究》勾勒出我国大陆生态敏感地带及该地带内贫困县分布，认为贫困问题与生态脆弱问题紧密相关；生态敏感地区以种植业为主，如何改善种植业的资源配置，应成为解决生态敏感地区贫困问题的关键。[③] 赵跃龙、刘燕华的《中国生态环境分布及其与贫困的关系》认为脆弱生态环境与贫困之间有一定的相关性，但相关性的大小因不同地区的不同工业水平、经济发展水平、不同工农业比重和不同地理区位及交通条件而不同。一般地，在工业和经济发展水平高、工业比重大、地理区位和交通条件好的我国东部、南部沿海地区，脆弱生态环境与贫困的关系不明显。反之，在工业和经济落后、工业比重小而农业比重大、地理区位和交通条件都较差的我国西部地区，脆弱生态环境与贫困呈高度正相关，二者几乎互为因果。在我国西部地区，改善生态环境的关键是发展经济，尤其应大力发展依托当地资源优势的工业，只有工业发展了，经济繁荣了，才有能力改善生态环境。[④]

生态脆弱地区经济发展道路研究中，李周等强调政府应利用政策的调控方向和力度，改善农业尤其是种植业的资源配置，形成良好的市场运作机制。赵跃龙等主张改善我们西部脆弱的生态环境，应该坚持发展优先的

① 郭佩霞：《凉山彝区政府反贫困研究》，博士学位论文，西南财经大学，2007 年。
② 牛文元：《生态脆弱带 ECOTONE 的基础判定》，《生态学报》1989 年第 2 期。
③ 李周、孙若梅：《生态敏感地带与贫困地区的相关性研究》，《中国农村观察》1994 年第 5 期。
④ 赵跃龙、刘燕华：《中国生态环境分布及其与贫困的关系》，《地球科学进展》1996 年第 3 期；《脆弱生态环境与农业现代化的关系》，《云南地理环境研究》1995 年第 2 期；《脆弱生态环境与工业化的关系》，《经济地理》1996 年第 2 期。

原则，通过加速实现工业现代化、农业现代化，才能更好地恢复和整治脆弱生态环境。20世纪90年代末，可持续发展道路提出后，不少研究主张生态脆弱地区的发展必须走可持续发展道路，如冷疏影、刘燕华的《中国脆弱生态区可持续发展指标体系框架设计》①、赵曦的《中国西部贫困地区可持续发展研究》②、温军的《青藏高原农业可持续发展战略研究》、杨继瑞的《生态脆弱地区经济社会发展的思路》等。学术界对生态脆弱地区经济发展的多方面的具体对策研究，卷帙浩繁，故不赘述。

民族地区生态、经济、社会耦合研究在国内外都有所进展。国外学者在寻求解决民族问题的办法时，寄希望于通过生态建设和经济发展达到民族地区的可持续发展，走人与自然的协调发展之路。③ 他们在研究本国民族地区生态和经济问题的同时，还把研究热点投向发展中国家和地区，特别是中国民族地区的贫困和生态环境问题。④ 国内关于生态、经济的耦合的研究，散见于民族学、社会学、经济学的研究中，鲜见整体性研究。在生态—经济耦合研究中，有汪中华的《我国民族地区生态建设与经济发展的耦合研究》，⑤ 尹晓红的《区域循环经济发展评价与运行体系研究》，⑥ 刘朝瑞的《县域生态经济发展研究》⑦ 等。刘晓艳的《新农村科技、经济、社会、环境耦合仿生及协同管理研究》⑧ 虽然论及了经济、社会、环境耦合，但受其研究主旨的制约，环境、经济、社会耦合结构及耦合机制等方面的论述有限。

生态脆弱民族地区减贫研究讨论了生态脆弱民族地区的减贫路径，于后续研究大有裨益。遗憾的是相关研究仍未能超越表象描述，这就需要更

---

① 冷疏影、刘燕华：《中国脆弱生态区可持续发展指标体系框架设计》，《中国人口·资源与环境》1999年第2期。

② 赵曦：《中国西部贫困地区可持续发展研究》，《中国人口·资源与环境》2001年第2期。

③ Brebbia CA，Usb J1，*Ecosystems and Sustainable Development* 11，WIT Press，1999. Michael R，*Sustainability：Life Chances and Livelihoods*，London：Routledge，2000.

④ Allen T，Thomas A，*Poverty and Development into the 21st Century*，The Open University inAssociation with Oxford University Press，2000. Paul JB，*China and Southeast Asia's*，*Chinese：State and Diaspora in Contemporary*，London：Asia Praeger Publishers，2000.

⑤ 汪中华：《我国民族地区生态建设与经济发展的耦合研究》，博士学位论文，东北林业大学，2005年。

⑥ 尹晓红：《区域循环经济发展评价与运行体系研究》，博士学位论文，天津大学，2009年。

⑦ 刘朝瑞：《县域生态经济发展研究》，博士学位论文，武汉理工大学，2008年。

⑧ 刘晓艳：《新农村科技、经济、社会、环境耦合仿生及协同管理研究》，博士学位论文，吉林大学，2010年。

深入、更抽象、更深层次地研讨其贫困的根由并合理选择治理路径。

（三）县域发展研究

就县域发展的研究而言，县域经济发展研究众多，而县域社会发展研究相对较少。改革开放以来，县域经济发展进入学术研究视野。20 世纪 80 年代讨论的重点是农村经济、乡镇企业以及财税体制改革等问题，20 世纪 90 年代后半期，由于"三农"问题、城乡差距、地区差距等发展不平衡问题凸显，县域经济的研究逐渐得到重视。县域发展具有农村性、地域性、层次性、不平衡性等特征。[①]

目前，国内关于县域经济的研究主要包括以下几方面：一是讨论县域经济的一些基本属性，包括概念、内涵、特征及类型；二是从发展经济学的角度讨论县域经济，包括县域经济的工业化水平、发展阶段、经济结构、城乡关系、空间结构等，并提出县域产业结构调整、招商引资、基础设施建设等的发展战略与对策；三是在我国地区竞争格局的影响下，讨论县域经济竞争力问题；四是影响县域经济发展的一些特殊问题，如"三农"问题、农村城镇化、乡镇企业、地方财政、基层治理等。[②] 现有研究比较强调县域发展共性问题研究，如农业产业化、农村工业化、小城镇建设、县域产业调整、城乡互动、财政能力等。现有研究总结先进县域的成功经验，提出若干"模式"，但是这些"成功县域"基本上局限于沿海发达地区，县域发展的成功不是来自县域的体制、机制、战略、道路创新，只是体现了地区经济发展格局的一般现象，其发展模式不具有典型性，很难推广。[③] 现有研究较少讨论县域经济发展的演变规律与作用机制，更强调提出一些政策技术问题，学科理论支持比较薄弱。现有研究重视县域发展的评价，但是我国有 2000 多个县，每个县的情况都不相同，要想发现一个科学方法、一个评价体系来全面比较这些县域的发展，从而找出形成差距的一般规律和机制，几乎不可能。

在县域研究中，有少量贫困县域的研究文献，它们主要思考发展路径。虞大才认为欠发达地区实现跨越式发展的有效途径就是采用"小县大城"策略，把县城作为增长极来建设和发展，使有限的稀缺资源向县城集中，以此来充分发挥城市在县域发展中的龙头作用，促进经济结构、

---

① 凌耀初：《县域发展战略》，学林出版社 2005 年版。
② 王晓芳：《东北地区县域经济发展的地域类型与演进机理研究》，博士学位论文，东北师范大学，2008 年，第 2 页。
③ 同上。

社会结构的变迁。① 此外，还有韩云伟的《浅析限制我国山区贫困县域发展的因素》、冯健的《经济欠发达地区县域发展模式与战略》、熊小刚等的《欠发达县域依托绿色经济实现跨越式发展的对策探讨》等。

少数民族区域研究中，有些研究明确提出民族地区"要注重经济发展和社会发展的协调"，但大多停留在一般性的陈述，缺乏深刻的学理探讨。岳天明的《甘肃少数民族地区农村社会发展动力机制研究》是部力作，它将社会发展动力划分为"内源式动力"和"外源式动力"。内源式动力包括民族成员的社会需要、民族社会成员间相互竞争的社会态度、民族社会成员的现实利益、民族社区的凝聚力、民族社会成员的文化素质、民族社会资本及地方性知识、当地民间致富能人的爱心帮助及其整合。外源式动力主要涉及政府和组织的力量、规范制度的力量、政策法规的力量以及城市和市场的力量及其最大化。

四川藏区县域发展研究侧重于经济发展探讨，如刘向舒的《四川西北地区县域经济发展问题研究》、贾秀兰等的《四川藏区典型县域经济发展研究》以及方茜、伏绍宏的《对区域协调发展中县域发展策略的思考——以四川省小金县为例》② 等。相关研究存在的不足，一是偏重于经济发展研究，缺失社会治理、贫困治理的研究；二是相关研究散见于一些文献，没有形成整体性成果；三是基本停留于现象描述，缺乏深刻的学理研究及独到的理论研究视角。

（四）公共产品供给与农牧民生计研究

以公共产品供给的视角来考察甘孜州农牧民生计，直接涉及的话题之一就是减贫。国内外学术界对贫困及减贫研究的成果浩如烟海，内容繁复、视角众多。但诸多研究呈现一个共同特征，即见人（贫困人口）难见其能（贫困人口的可行能力）、见收入（经济贫困）难见其来源（生计方式）；鲜见以甘孜藏区的村庄及农牧户生计为对象，且以公共产品理论为视角的研究。

1. 生计方式研究

第 35 届联合国社会发展委员会会议上，生计研究肇始。之后，《哥本哈根宣言》认为充分就业并使人们获得可靠和稳定的生计是经济和社

---

① 虞大才：《"小县大城"战略的理论与实践——以云和县为例》，《浙江社会科学》2008年第11期。

② 方茜、伏绍宏：《对区域协调发展中县域发展策略的思考》，《经济体制改革》2012年第1期。

会政策的优先目标。生态人类学研究和分析不同生态环境下不同民族的生计方式。其中，切博克萨罗夫和林耀华共同研究了民族生计方式的分类，"切—林分类范式"将生计方式分为游猎、游耕、游牧和农作四大类。这种分类法下的生计类型是相对粗糙的总结和归纳。①

国外学术界的生计研究涵盖在可持续发展研究中，界定了生计的概念，建构了可持续生计框架，如 Chambers and Conway、Scoones、Camey、Bebbington、Ellis 以及英国国家发展署（DFID）等。学术界就可持续生计研究的对象主要有农户、特殊群体（如失地农户）、少数民族等。

对农户可持续生计的研究，很多以脆弱性为研究视角，研究重心在于脆弱性。如赵靖伟以可持续生计框架为基本线索，探讨了生计安全问题，但以抽象的农户为研究对象，欠缺具体所指，实证不足。② 陈传波从农户面临的风险出发，考察了农户生计脆弱。③ 黎洁、邰秀军的《西部山区农户贫困脆弱性的影响因素：基于分层模型的实证研究》侧重于描述农户贫困脆弱性，而不是生计方式。④ 特殊群体的可持续生计方式研究，学术界更多地关注失地农民，涌现出不少的硕博士论文以及期刊文献，如袁斌的《失地农民可持续生计研究》等。⑤

少数民族生计研究成果很多，涉及不同民族。如尹绍亭分析了云南少数民族"刀耕火种"的谋生方式；⑥ 何国强归纳出客家族群生计研究的一套理论和方法；罗康智、罗康隆研究了侗族生计方式与传统文化的关系，认为生计与文化一体；马海寿的《当代新疆昌吉地区回族生计方式变迁研究》特别阐述了回族村落未来走 DFID 倡导的可持续生计发展之路。⑦ 李斌研究了生态家园富民工程"三位一体"过程对宁夏盐池县农户生计

---

① 马海寿：《当代新疆昌吉地区回族生计方式变迁研究》，博士学位论文，兰州大学，2010 年。

② 赵靖伟：《农户生计安全问题研究》，博士学位论文，西北农林科技大学，2011 年。

③ 陈传波：《农户风险与脆弱性：一个分析框架及贫困地区的经验》，《农业经济问题》2005 年第 8 期。

④ 黎洁、邰秀军：《西部山区农户贫困脆弱性的影响因素：基于分层模型的实证研究》，《当代经济科学》2009 年第 5 期。

⑤ 袁斌：《失地农民可持续生计研究》，博士学位论文，大连理工大学，2008 年。

⑥ 尹绍亭：《一个充满争议的文化生态体系——云南刀耕火种研究》，云南人民出版社1991 年版；《森林孕育的农耕文化——云南刀耕火种志》，云南人民出版社 1994 年版；《人与森林——生态人类学视野中的刀耕火种》，云南教育出版社 2000 年版。

⑦ 何国强：《围屋里的宗族：广东客家族群生计模式研究》，广西民族出版社 2002 年版；罗康智、罗康隆：《传统文化中的生计策略——以侗族为例案》，民族出版社 2009 年版；马海寿：《当代新疆昌吉地区回族生计方式变迁研究》，博士学位论文，兰州大学，2010年。

的影响；等等。①

总体来说，较之民族文化等的研究，民族生计研究相对薄弱；较之其他民族，藏族农牧民生计方式研究更为薄弱；藏民族聚居区内部，西藏、甘南州、阿坝州等的研究相对较多，甘孜藏区的研究极为薄弱。藏民族村庄及农牧户生计研究，散见于著作之中，未形成专门研究。如李静、杨须爱的《交往与流动话语中的村落社会变迁》以甘肃省宕昌县新城子藏族乡新坪村为个案，研究了藏族村落社会的农民工、宗教信仰、生计方式、婚姻家庭等，以此探讨西北少数民族之间相互交往的复杂过程，但重点不在生计。② 宋涛等在《传统裂变与现代超越》中描述了四川阿坝州牧民定居工程实施后的生计方式变迁。③ 张丽萍等在《青藏高原东部山地农牧区生计与耕地利用模式》中，对生计也有所描述。④ 藏族内部族群众多，关于尔苏藏族、白玛藏族等的研究已有成果，如汪丹的《白马藏族生计变迁的自主性研究》等，但甘孜藏区农牧民生计方式研究匮乏。⑤

脆弱性是生计研究的一个重要视角，学术界认为脆弱性本质上是由于缺乏资产而面临的生计风险的增加。李小云使用 DFID 的可持续生计框架对脆弱性进行了定性分析，认为农户的脆弱性体现在其所拥有的自然资本、社会资本、物质资本、人力资本和金融资本上，各种资本可以相互补充和转化。比如，如果农户的自然资本、土地资本受到损失，农户可以用其所有的物质资本和金融资本进行弥补，生活就不会受到影响，农户就不是脆弱的；如果没有可行的措施予以补救，农户就是脆弱的。他们进一步分析了物质资本、社会资本等，发现脆弱性的农户资产很少，且转换困难，如社会资产网络规模很小且有很强的同质性，这使得农户在抵御风险和应对打击时很无力。⑥ 贫困者生计方式安排的研究重心在于应对脆弱性与风险性。生计面临风险，也就有风险管理，无论是政府，还是村庄、农户，都是风险管理的主体。Hulme 等人区分了"事前"风险管理策略和"事后"风险管理策略。Ellis 把"事前"风险管理界定为"提前通过一

① 李斌：《生态家园富民工程"三位一体"项目对宁夏盐池县农户生计影响的研究》，博士学位论文，中国农业大学，2005 年。

② 李静、杨须爱：《交往与流动话语中的村落社会变迁》，中国社会科学出版社 2008 年版。

③ 宋涛：《传统裂变与现代超越》，民族出版社 2006 年版。

④ 张丽萍等：《青藏高原东部山地农牧区生计与耕地利用模式》，《地理学报》2008 年第 4 期。

⑤ 汪丹：《白马藏族生计变迁的自主性研究》，《西藏民族学院学报》（哲学社会科学版）2012 年第 3 期。

⑥ 李斌、李小云等：《农村发展中的生计途径研究与实践》，《农业技术经济》2004 年第 4 期。

系列行为将风险有意识地分散化"，而把"事后"风险处理界定为"当面对不可预测的生计失败而需要采取的行动。"Moser、Ellis、Devereux 讨论了风险处理策略的顺序性问题，认为"家庭面对食物短缺并被迫面对短期消费需求和长期经济能力的权衡问题"。Devereux 强调了保险机制的分类，比如一些家庭在风险到来之时出售"生产性资产"而会在下一个生产周期陷入贫困的行为。学术界认为脆弱性来自家庭的"事前"风险缓解和"事后"风险处理手段。[1]

学术界对脆弱性与生计、贫困相关联的研究对我们很有启示作用。本书以公共产品理论为研究视角，在脆弱性—抗逆力的语境下，将甘孜藏区农牧民生计方式与可行能力相连接，来探讨反脆弱发展及其可持续生计。

2. 藏民族聚居区公共产品供给研究

针对藏民族聚居区的公共产品供给研究，学术界达成一个最为基本的共识：藏区社会经济发展、人民安居乐业，尤其依赖公共产品供给。

相关研究内容的特征，一是从基本公共服务角度，分析教育、医疗、社会保障等的需求、供给现状，并提出对策。朱玲教授针对藏区医疗卫生服务的供给，进行了深入研究等；杨明洪、郑洲研究了西藏农村公共产品供给的总体情况，出版了《西藏农村公共产品供给相关问题分析》[2]《西藏农村公共产品供给研究》[3]，分析了西藏农村公共产品特殊性、需求和供给现状，就西藏农村公共产品供给体制，提出自己的见解。此外，张志英、孙继琼分析了西藏农村公共产品供给的途径、机制等。[4] 二是从减贫的角度，认为消解贫困，必须大量供给公共产品。[5] 极少数研究从细致的视角分析公共产品供给，如旦增遵珠从社会福利视角分析了青藏高原公共

① 邰秀军、李树苗：《中国农户贫困脆弱性的测度研究》，社会科学文献出版社 2012 年版，第 45—46 页。

② 杨明洪：《西藏农村公共产品供给相关问题分析》，四川大学出版社 2009 年版。

③ 郑洲：《西藏农村公共产品供给研究——以农牧区"四基供给"为例》，四川大学出版社 2009 年版。

④ 张志英：《西藏农村公共产品供给多元途径的探索》，《西南民族大学学报》2008 年第 3 期；孙继琼：《建立以需求为导向的农村公共产品供给机制》，《中国藏学》2009 年第 3 期。

⑤ 朱玉福：《特殊政策支持下的西藏扶贫开发：成就、措施、基本经验》，《西藏民族学院学报》2009 年第 6 期。白涛、庄永福：《西藏贫困地区扶贫工作的透视与思考》，《中国藏学》1997 年第 2 期。冉光荣：《藏区反贫困再思考》，《财经科学》2006 年第 2 期。郑洲：《西藏德吉新村扶贫综合开发绩效研究》，《西藏研究》2007 年第 4 期。廖桂蓉、李继红：《社会资本视角下四川藏区贫困问题研究》，《西南民族大学学报》2009 年第 9 期。

服务问题。

从研究对象的选取来看，绝大多数研究都把藏区作为一个整体性对象来研究，诸多研究更多地聚焦于西藏，例如，李涛的《西藏乃穷村变迁研究》；朱玲的《西藏农牧区基层公共服务供给与减少贫困》[1]；扎洛的《西藏农区的村级组织及其公共服务供给》[2]《西藏农村的宗教权威及其公共服务》[3]《西藏农村村级组织及其公共服务供给（Ⅰ、Ⅱ、Ⅲ）》[4] 以及"藏东村庄村长访谈录（之一、之二、之三）"；李锦的《公共品供给：西藏农牧民增收的社会环境改善》[5]；杨明洪的《西藏农村公共产品供给相关问题分析》，杨明洪、安七一还从公共产品供给与新农村建设的关系以及安居工程建设等角度，分析农牧区公共产品供给；郑洲以"四基"（基础设施、基础教育、基本医疗卫生服务、基本社会保障）为例，探讨农村公共产品供给，出版了《西藏农村公共产品供给研究》，此外基于西藏德吉新村的调研，写出了系列论文；[6] 郝亚明的《城市化进程中的藏族社区变迁》；财政部财政科学研究所课题组的《西藏农牧区社会事业发展的财政需求及解决路径》等。诸多相关研究，将研究区域集中于西藏，而四川省藏区的相应研究较少，研究甘孜州的更少。

四　研究进路

本书以四川省甘孜藏族自治州及其甘孜县为个案，希冀深入研讨其发展路径及其内在机理。探究这一问题，从区域发展的角度来说，演绎着这样一个思维过程。

第一，"发展的起点是什么？"这是思考的逻辑起点。就此问题，已有了基本共识，这就是"贫困"，因为甘孜州地处四省藏区，甘孜县是国家扶贫工作重点县。

第二，甘孜藏区的贫困属于什么类型？我们需要以何种理论视角来审

---

① 朱玲：《西藏农牧区基层公共服务供给与减少贫困》，《管理世界》2004 年第 4 期。

② 扎洛：《西藏农区的村级组织及其公共服务供给》，《中国人口科学》2004 年第 3 期。

③ 扎洛：《西藏农村的宗教权威及其公共服务》，《民族研究》2005 年第 2 期。

④ 扎洛：《西藏农村村级组织及其公共服务供给（Ⅰ）》，《中国西藏》2005 年第 1 期。扎洛：《西藏农村村级组织及其公共服务供给（Ⅱ）》，《中国西藏》2005 年第 2 期。扎洛：《西藏农村村级组织及其公共服务供给（Ⅲ）》，《中国西藏》2005 年第 3 期。

⑤ 李锦：《公共品供给：西藏农牧民增收的社区环境改善》，《中国藏学》2006 年第 3 期。

⑥ 杨明洪：《社会主义新农村建设：从公共产品供给视角的分析》，《理论视野》2006 年第 5 期；安七一、郑洲：《西藏"安居工程"建设：基于公共产品视角的分析》，《中国藏学》2007 年第 2 期。

视这种贫困？我们认为，从贫困延续的时间来看，甘孜藏区的贫困属于慢性贫困;[①] 从贫困程度而言，是深度贫困；从贫困的内容而言，涵盖着收入贫困、能力贫困、生态贫困等方面。在诸多层面贫困的背后，潜藏着的最根本的区域特质是脆弱性。

第三，贫困治理的现实基本路径，即目前减贫最主要的政策、行为是什么？就已有的和目前的实践来看，主要的政策和行为是政府供给公共产品，以消解贫困、缓解脆弱性。

第四，对发展路径的追问，甘孜藏区的发展应是反脆弱发展，反脆弱发展的核心是针对脆弱，补齐短板。反脆弱发展包含着：公共产品供给是反脆弱发展的前提条件，公共产品供给可激活抗逆力；发展方式是"外助内应"；围绕农牧民生计而为是反脆弱发展的主轴，希冀达至复合生态系统良性耦合。

从学理的发展过程来看，民族发展研究须将民族与发展以独特的视角结合起来。对甘孜藏区经济社会发展路径的研究，旨在尽可能地减缩甘孜地区在社会转型过程中的代价，从而更好地促进甘孜经济社会发展，这是

---

① 将贫困从动态的视角划分为长期贫困和暂时贫困的理论基础是弗里德曼的持久性收入理论。在这一理论看来，居民的收入可以分为持久性和暂时性收入，在长期中，持久性收入是稳定的，如果持久性收入低于贫困线以下就是持久性的贫困。暂时性收入变动通过对持久性收入变动的影响而影响消费，所以短期中暂时性收入的变动会引起消费波动，而此时的贫困只能属于暂时性贫困；而在长期中，他们更趋向于关注贫困家庭的财富福利运行轨迹而不是跌入或脱离暂时性的贫困。目前，世界慢性贫困研究重心（CPRC）的划分是：贫困分为长期贫困和短期贫困，长期贫困包括持久性贫困和经常性贫困，是指家庭的收入或消费一直处于贫困线以下，或者指家庭的持久收入或持久消费水平低于贫困线；短期贫困是指贫困者的收入（消费）围绕贫困线上下波动，具体包括波动性贫困和偶然性贫困。波动性贫困是指贫困者的收入或消费水平围绕贫困线波动，且在某些时期陷入贫困，某些时期脱离贫困；偶然性贫困是指家庭的收入或消费尽管高于贫困线，但在某一时期却低于贫困线；从不贫困是指在所有时期都不会贫困。长期贫困的最重要特征就是贫困持续的时间较长，5 年是一个重要的分水岭。这是因为大量研究发现，如果一个人的一生中有 5 年或者超过 5 年的时间处于贫困状态，那么他在剩下的生命时间里继续处于贫困状态的可能性就会很大。学者们发现，同短期贫困相比，长期贫困更加难于处理和解决。（邰秀军、李树苗：《中国农户贫困脆弱性的测度研究》，社会科学文献出版社 2012 年版，第 49—50 页。）Hulme and Shepherd 认为慢性贫困的主要特征是贫困持续性，并且把 5 年持续贫困作为衡量标准。根据贫困进入和退出的频率以及处于贫困状态的时间长短，把贫困分解为五个类别：永久性贫困（Always poor）、经常性贫困（Usually poor）、波动性贫困（Churning poor）、偶然性贫困（Occasionally poor）和从不贫困。永久性贫困和经常性贫困属于慢性贫困，波动性贫困和偶然性贫困属于暂时贫困。参见何福昌、吴海涛《暂时贫困和慢性贫困：定量分析方法综述》，《农业经济》2011 年第 4 期。

学术界亟须研究而又相对缺乏的。甘孜发展路径研究可以更好地为藏区的社会发展提供学理支持。例如，我们认为甘孜的发展首先不是赶超式发展，而是针对自身脆弱性展开的反脆弱发展。

上述是就区域发展的研讨，于村庄层面而言，本书探究甘孜州公共产品供给对农牧民生计的影响，研究此问题，源于在甘孜州的村庄调研时发现的一系列问题：甘孜州农牧民生计的背景状况是怎样的？甘孜州农牧民主要的生计方式是什么？甘孜州村庄生计资本状况如何？为了改善农牧民生计，政府供给了哪些公共产品？所供给的公共产品如何改善人们的生计？

历史上，曾有学者深入甘孜州，并较长时间地生活、工作于甘孜州，成果卓著，如任乃强先生等，他们记载了当时甘孜州农牧民的生产生活状况。可如今，甘孜州农牧民生计及其变迁的研究，文献相对较少，只因雪域高原毕竟不同内地，自然及人文差异甚大。从研究者的角度来讲，雪域高原特殊的自然及人文环境，能进入高原研究需要机缘；高海拔，严酷寒冷缺氧，语言、生活习惯等的差异，使进入高原且能深入村庄研究者甚少。

"我国民族学工作者近几年提出的用体现谋生手段的'生计方式（means of livelihood）'这一概念来替代'社会经济发展水平'，并认为'生计方式'不仅能明确地标示出人类社会经济活动的方向，同时也能容纳社会经济的发展水平这一含义。"[①] 由此，从理论研究的角度来讲，研究甘孜藏区农牧民生计就是研究其社会经济发展水平及其规律。我们主要从公共产品理论的视角来考察农牧民生计，即在不同的公共产品供给状态下，农牧民的生计呈现出什么样的状况？发生怎样的变化？

研究农村和农民问题，通常有农民、农户、农村经济组织、村庄四种研究对象。从个体到社区再到区域，这是从微观扩展到宏观；如果从整个社会出发到社区，这是一个由宏观到微观的路径。对于具体社会的研究而言，社区研究是一个很好且容易的切入点。费孝通认为"以全盘社会结构的格式作为研究对象，这对象不能是概然性的，必须是具体的社区，因为联系着各个社会制度的是人们的生活，人民的生活有时空的坐落，这就是社区。"[②] 本书既考察农牧民生计方式，也考察村庄禀赋。因为同一村庄，各户间生计策略有所差异，这取决于家庭禀赋状况，如劳动力的数量、家庭成员文化程度的高低等；村庄之间，因禀赋差异，不同村庄的农

---

① 林耀华：《民族学通论》，中央民族大学出版社1997年版，第86页。
② 费孝通：《乡土中国》，上海三联书店1985年版，第94页。

牧民的生计方式也有所不同，例如农区村庄和牧区村民之间，差异较大；再如离公路远近不同的村庄之间，差异明显。本书以公共产品供给理论为视角，探讨甘孜藏区农牧民生计及其减贫路径。首先，以甘孜州整体情况来研讨；其次，以甘孜州5个县的8个村庄为例，研讨村庄禀赋与农牧民生计的状况及其关系；最后，在各村寻找最富裕、一般、最贫困的个案，呈现农牧民生计状况及其变迁。

总之，本书分上、中、下三篇。上篇集中阐述相关的基本理论，建构中篇和下篇的理论基础与分析框架。上篇阐述了公共产品供给促进反脆弱的基本内容，一是促进区域反脆弱，二是改善农牧民生计，这正是中篇和下篇所要研究的。中篇从区域的层面研讨了公共产品如何促进反脆弱。下篇从村庄层面，分析了公共产品供给缓解生计脆弱。

五 核心观点

与甘孜藏区等连片特困地区不同，先发地区一般采用"先导式发展"，即强力推动"强项"，以促进区域发展，如珠三角等地，具区位优势等推动工业化，从而实现城市化、现代化。贫弱的连片特困地区可否遵照这一路径？我们认为，贫弱的连片特困地区难以遵照"先导式发展"路径，因为多重脆弱性交织是其发展的陷阱，突破发展陷阱，需要反其道而行之，不是从最强处着手（当然并不排除"助强"），更重要的是从最弱处着手，寻找到最为脆弱之处，反脆弱，从而实现发展。

（一）脆弱性—公共产品供给—反脆弱是对甘孜藏区等连片特困地区发展路径新阐释

连片特困地区发展路径的解释多种多样，发展主义语境下，以工业化为旨趣的现代化是主要路径。在脆弱性为区域特质的甘孜藏区，工业化的发展举步维艰，传统及其超越困难重重。在脆弱—反脆弱的思维进路下，把握区域脆弱性，通过公共产品供给，消解脆弱，突破陷阱，促进发展。这或许是连片特困地区发展的新路径。

（二）反脆弱发展是一种以重视和减少脆弱性为导向的发展方式

与"可持续发展"不同，反脆弱发展是一种视野更广、直接面向脆弱应对的具体路径，它倡导降低风险性，提高反应力、抵抗力和恢复力的决策与行动，它聚焦于导致脆弱性的各种诱因上。反脆弱性发展与以往的发展模式相比，它以是否减少了脆弱性作为评判发展的标准；它着眼于未来，注重在当前的社会发展中削减脆弱性，防患于未然；它强调人在减少脆弱性中的主动性。

（三）公共产品供给促进反脆弱发展是针对脆弱性进行的发展

在复合生态系统脆弱的背景下，反脆弱发展是针对区域脆弱性来考虑发展的内容、路径等。在国外理论研究中，更多地把脆弱性理解为灾害冲击下的境况。我们认为，慢性贫困也是一种脆弱性。反脆弱就是针对慢性贫困进行均衡性公共产品供给。

（四）通过公共产品供给促进反脆弱发展是地方性、民族性、文化性因素牵引下的发展

由甘孜藏区看来，通过公共产品供给促进反脆弱发展，是要改善环境，增加区域民众的福利、机会、能力。它应该是具有地域性、民族性、文化性的发展，即发展与地域特征相符合，与民族需要与民族特质相吻合，受到民族文化的牵引。换言之，于发展的考察需要增添区域视角（地方性视角）、民族视角、文化视角等。这是因发展与环境密切相关，一个区域的社会、经济都是区域环境下，正如人们认为，即使是农业，也是"地方性的艺术"，田野的秩序永远不会服从于规划人员的理性秩序。

（五）通过公共产品供给促进反脆弱发展是"外助内应"的发展

通过公共产品供给促进反脆弱发展不是完全依靠欠发达地区自我力量的发展，在我们看来，自我发展也包含着利用外部资源。一般区域或各种条件较好地区的发展是利用外部资源促进自身发展，连片特困地区的发展更需利用外部资源促进自身发展，所不同的是，利用外部资源的程度，连片特困地区尤甚。"外助"即中央政府、省级政府等上级政府或对口援助的同级政府等向连片特困地区供给均衡性公共产品，均衡性公共产品供给体现着民族国家内容分配的公平性以及发展的公平性等。"外助"不仅仅是资金资助，也包含着制度规制及智力支撑等。"内应"是将"外助"与本地相结合，体现地方发展的区域性、民族性、文化性等。其间，政府配置资源，改善民众可行能力，改善民众生计。

（六）通过公共产品供给促进反脆弱发展是社会优先发展

我国东西部存在着巨大的人类发展差距（医疗卫生差距、生活水平差距、生活质量差距）和知识发展差距（教育差距、信息差距、技术差距、体制差距）。针对这样的差距，与经济增长式的发展不同，反脆弱发展提倡社会优先发展战略。社会优先发展的基本内涵是民生优先、生态优先，即生态环境更好，民众可行能力提高，生计改善，生活水平提高。如果说，连片特困地区的发展是一种超越式发展，而这种超越式发展，应该是指超越注重经济发展阶段，转变为社会优先发展。社会优先发展指向：第一，发展类型选择上指向社会优先。发展类型不应再是资产积累型，而

应该是长期保值机制及安全网建构战略。第二，劳动力是民众最重要的资产，就业是民众最基本的生计手段。这意味着增强人力资本，加强教育、卫生医疗等。第三，社会优先发展指向生计适应性。生计适应性一般由公共服务的数量和质量决定，这就意味着改善民众生计方式，提高农牧民生活水平，亟须发展的是基本公共服务。第四，缓解慢性贫困需要社会优先发展。这就是说通过公共产品供给促进反脆弱发展可创新对发展的判断。反脆弱发展视域下，发展不是 GDP 的增长。发展于民众而言，是能力提高，生计改善，生活水平提高。发展于经济而言，主要是绿色产业的发展。发展于环境而言，主要是环境改善。反脆弱发展包括社会、科技、生态环境的建设以及居民的生活质量（如营养、衣物、居住、保障、教育、闲暇、安全、环境）全面提高，并重视"人的质量开发"。

（七）农牧民生计方式随公共产品供给的增加不断优化

现阶段，政府大力供给多种公共产品，不断提高农牧民生产生活水平，促使其优化选择生计途径，改善生计方式。

（八）通过公共产品供给促进脆弱发展需要政府强力作为

在贫困落后地区实现反脆弱性发展，更依赖于政府的规制及投入。政府—社区—民众的力量聚集与整合，是实现发展的内在力量。学术界在基层社会发展的一般性研究中，特别强调政府适当退出，但我们认为促进贫困落后地区发展，政府不应该退出，而是要不断进入、深入。这是因为，在甘孜州这样的贫困落后地区，国家与社会的疆界原本难以区分，甚至不存在，而且从实然的角度来看，贫困落后地区尤其需要政府的扶持。只是，需要进一步深入研讨的是政府进入的范围、程度、限度、方式等。

六　研究方法

学术史上，中国乡村研究的成果繁多。在乡村研究的方法上，美国学者葛学浦认为，要真正理解中国人的社会生活，"不是只有收集那些抽象的材料，松散地对一些或多或少的大众感兴趣的材料加以分类，而是深入地研究被挑选的群体、村落或地区，仔细分析以一种有机的方式描述出来，以便所发现的作为事实的关系与关联将揭示出功能、过程及其趋势。"[①]　具体说来，本书的研究方法主要有以下几个方面。

---

① 庄孔韶：《时空船型——中国乡村人类学世纪回访》，中国人民大学出版社 2004 年版，第 422 页。

（一）田野调查

调查组深入田间地头、农牧民家里了解相关情况。

1. 调研对象的选取方法。本研究依据进入的可及性，选取了甘孜县以及甘孜州 5 个县的 8 个村庄为个案，它们分别是：康定县的东俄洛三村；雅江县的杰珠村；道孚县的胜利二村；炉霍县的阿初村、克木村、拉恰玛村；甘孜县的洛戈一村、多拖村。这些村庄分布在甘孜州东、南、北地区，既有牧业型，也有亦农亦牧型、亦农亦工型和亦农亦牧亦工型。

2. 调研对象的选取。选取农牧民、村两委成员、乡镇干部、县政府干部及相关职能部门干部为调研对象。

3. 实地观摩。深入上述村庄、农户及其设施建设现场，进行实地观摩。

（二）访谈法

1. 座谈。笔者与甘孜县许多部门座谈，了解基本情况及部门负责人的认知。这些部门包括扶贫与移民局、农牧局、牧民定居办公室、发改局、防灾救灾局、水务局、国土局、民政局、财政局、呷拉乡政府及多拖村、下雄乡政府及洛戈一村等。

2. 深度访谈。深入村庄访谈村干部，填写《村庄调查表》；在每个村分别选取最富有、最贫困的若干农牧户以及有典型特征的其他农户进行深度访谈。

3. 焦点访谈。邀请上述 8 个村庄的村民、村两委成员、乡镇干部开展焦点小组活动。重点讨论村庄发展的困境和诉求以及解决问题的方法和策略。

（三）资料收集方法

收集、整理、分析相关统计资料、档案文献以及与本研究相关的法律法规、政策、国内外相关研究成果和研究进展。

基于实证研究取向，我们对四川甘孜藏族自治州进行长时间的田野调查。2009 年 7 月，我们深入雅江县西俄洛乡杰珠村，驻村调研半月。2012 年 7—8 月，笔者深入甘孜州的康定县、道孚县、炉霍县、甘孜县的乡镇和村庄调研。2013 年 8 月、2014 年 7—8 月再进甘孜调研。我们调研的中心是甘孜县，此外还在康定、道孚、炉霍等县进行村庄调研。不同的年份进入甘孜有多样的感受和收获。

在康定县，我们进入新都桥镇东俄洛三村，入住村文书长青家。长青给我们讲述村庄的历史、现实以及村民生计状况。我们拜访村民以及藏族、汉族家庭；与富裕家庭、中等家庭、贫困家庭座谈；访谈村庄干部

（村支书、村主任、副主任）以及普通村民。在道孚县鲜水镇胜利二村，我们与村干部促膝谈心，畅聊许多真心话，勒珠阿姨、曾阿姨，让人非常感怀。她们的讲述以及我们的实地观察，使我们感受到了什么是"灯下黑"，以及了解到村民生计中的诸多细节问题。我们拜访生计方式转变最为显著的民居接待户，看望最为困难的家庭。在炉霍县我们拜访了村庄公共产品程度差异的三个村庄。扶贫资金投入较多的是斯木乡阿初村，该村村容整洁、藏房漂亮、道路宽敞、自来水安全方便、通信设施完善；村民外出务工的人数较多，工种技术含量相对较高，收入相对较高。扶贫资金投入较少的斯木乡克木村，较之于阿初村，各方面状况相对较差。两个村庄因不等量的扶贫资金投入，导致明显差距。扶贫资金投入甚少的是宗塔乡拉恰玛村，该村是纯牧区，基础设施、基本公共服务很差，牧民的生计完全不同于农区村庄。一路向西，我们拜访了甘孜县呷拉乡多拖村（农区村庄）、下雄乡的洛戈一村（纯牧区村庄）。实施整村推进后，多拖村基础设施状况良好，农业产业化有所发展，村民自组织地外出打工，生计方式相对多样。下雄乡洛戈一村在实施牧民定居工程后，设施良好、设计合理、入住率较高、牧家乐逐步兴建起来；部分牧民顺利迁移到县城，基本完成从牧民到市民的转换。

七 研究对象简况

（一）甘孜州及其甘孜县简况

甘孜藏族自治州系康巴的主体，俗称康区，是四川省的一个地级自治州，四川省三个民族自治州之一，也是我国第二大藏区的重要组成部分及四川省最大的藏区。甘孜州地处川、滇、藏、青四省六地交界处，分别与西藏、青海、云南等省区为邻，面积153002平方千米，辖18县，州政府驻康定县。1955年西康省藏族自治州划归四川省，改称甘孜藏族自治州。甘孜藏族自治州是中华人民共和国成立以后的第一个少数民族自治州，成立时间为1953年11月25日。

四川省甘孜藏族自治州总面积约15.26万平方千米，常用耕地面积9.08万公顷，辖18个县，27个镇，298个乡，49个社区和居委会，2736个村委会，截至2010年11月1日零时统计显示，全州常住人口为109.18万人（2010年第六次人口普查公报数据），其中藏族人口80.49万人，占总人口的78.3%，人口自然增长率5.9‰，城镇化率20.53%，森林覆盖率达31.08%。

甘孜州内有藏族、彝族、羌族、苗族、回族、蒙古族、土家族、傈僳族、满族、瑶族、侗族、纳西族、布依族、白族、壮族、傣族等 25 个民族人口大约 90 万人，主体民族藏族占 78.4%。各族群众以大范围聚居小范围杂居形式分布于全州。

甘孜州位于青藏高原东南缘，山川呈南北纵列式排列。有贡嘎山等著名大山，有金沙江、大渡河、雅砻江等主要河流。甘孜州气候主要属青藏高原气候，随高差呈明显的垂直分布姿态，特点是气温低、冬季长、降水少，日照足。甘孜州的经济呈地域分布的特点，平坝河谷为农产区，高原草地以畜牧为主。森林区木材、药材和野生动植物资源丰富，川藏公路（南线、北线）和滇藏公路沿线经济较为活跃。各县均有公路相通。

甘孜县位于甘孜州北部，雅砻江上游。地处东经 99°08′—100°25′，北纬 31°24′—32°54′。东与炉霍县接壤，西与德格县毗邻，南与德格县、白玉县交界，北与石渠县、色达县相依，还与青海省交界，是甘孜州的腹心地。南北长 164 千米，东西宽 117 千米。全县辖区面积 7358 平方千米。县城甘孜镇距州府康定 385 千米，距成都 752 千米。

甘孜县的地貌属于青藏高原东南缘的川西北高山高原区，是横断山脉的东北翼部分、丘原地貌向山原地貌过渡区。县境东西两侧群山叠嶂，形成高山峡谷地，果拉狼山、沙鲁里山、黑狼拉卡山、牟尼芒起山均是 4000 米以上的高山。沙鲁里山由德格进入甘孜县南部，地势高耸，山峰多在海拔 5000 米以上，山顶终年积雪并保持着现代冰川；风嘎日为全县最高峰，海拔 5688 米；良戈拉山贯穿中部；东有牟尼芒起山。雅砻江及其支流达曲、泥曲与三条山脉相间排列，均从西北入境向东南流入新龙县和炉霍县。县境内的地势由西北向东南逐渐倾斜，境内贡嘎日主峰海拔 5688 米，为全县最高峰；东南角甲依村（雅砻江出境处）海拔 3325 米，为甘孜县最低点；相对高差 2363 米，全县平均海拔 3500 米以上。

甘孜县地貌复杂，分布有台地、丘陵、山地、高坪坝、丘状高原等地形。县境南部雅砻江下缘是 40 多千米长的高山宽谷断裂陷盆地，地势平坦，谷底开阔，谷宽 2000—3000 米，海拔 3325—3750 米，是甘孜的粮食主产区，农耕地向四周山地过渡为牧地，甘孜有广大牧场。

甘孜县境内河流属于雅砻江水系，由雅砻江干流与达曲、泥曲等 50 多条河流组成树枝状水系。雅砻江斜贯县境南部，由德格县中扎科附近进入县内，于甲依村出境，进入新龙县，县境内河道全长 93.6 千米，落差 166.4 米。

甘孜县主要分布有冲积土、山地褐土、山地棕壤、亚高山草甸土、高山草甸土、高山寒漠土等土壤类型，土壤分布与高程密切相关。植被随高程变化，呈带状分布。海拔 3350—3750 米的河谷地带多为农耕区，伴以禾草等农隙地植被。海拔 3600—4700 米以高山草甸和高寒丛草甸植被为主；海拔在 4700 米以下地区分布有大小不等的高山湖泊和成片草地；海拔 4700—5100 米为流石滩植被，有少量稀疏地衣、苔藓等；海拔 5100 米以上地带为高寒永冻带，终年积雪，寸草不生。

甘孜县地处北半球中纬度地带，本属亚热带气候，但因深处内陆，远离海洋，形成了大陆性高原季风气候。由于县域内海拔高，且海拔悬殊，亚热带的水平带气候已为海拔高度所制约，而代之以垂直地带性气候。县域内气温由东向西递减，降水量略有增加；气温由南向北递减，降水随之减少。气候的垂直分布是以低海拔到高海拔构成明显的立体气候，等温线分布与地形等高线走向基本一致，大体是海拔每升高 100 米，气温下降 0.6—0.67℃，因而从低海拔到高海拔依次出现高山寒温带（海拔 3325—3600 米）、高山亚寒带（3600—4200 米）、高山寒带（4200—5200 米）、高山永冻带（5200 米以上）的垂直气候带谱。气温、降雨量在不同高度发生变化，土壤、植被也在垂直方向上呈现规律性变化，农、牧、林业表现出强烈的立体布局。

甘孜县冬有严寒，夏无酷暑，冬长夏短，春秋相连，气温低、雨量少，昼夜温差大，日照时间长，太阳辐射强。境内气温低，年变幅小，日差较大，四季不分明，地温高于气温。据甘孜县气象站资料，最低气温 -28.7℃，最高气温 31.7℃，年均气温 5.6℃，比同纬度的马尔康低 3℃。

境内雨量少，气候干燥，干季、雨季分明，水热同季。据甘孜县气象站资料，全年平均降水量 621 毫米，年蒸发量 1655 毫米，蒸发量是降水量的 2.9 倍。多年平均降雨日（以大于或等于 0.1 毫米计）145.7 天，一日降水最大值 43 毫米；历年平均降水量 636.7 毫米，年季变化小，年相对变率为 10%，降水局部均匀。

甘孜县由于太阳辐射强，地温高于气温，空气干燥，年平均相对湿度为 56%，在宽谷区湿度最高的 7—9 月，也只有 71%，达不到农作物生长需求（农作物生长需要相对湿度 80% 左右），不利于农作物生长。[1]

甘孜县下辖 21 个乡，1 个镇，219 个行政村，2 个居民委员会。全县居住着藏族、汉族、彝族、壮族、布依族、白族、土家族、羌族等 13 个民族。2010 年人口普查，甘孜县总人口 6.74 万人，其中，农牧业人口 6 万人，城镇人口 0.7 万人。甘孜镇是甘孜县人民政府所在地，是本县的政

---

[1] 《甘孜县"十二五"农村饮用水安全工程实施方案》（未刊稿），第 12 页。

治、经济、文化中心。

甘孜县是农牧业县，2011 年全县国内生产总值 26751 万元，县内工业企业只有 3 家，无重工业，产值以农业为主。粮食总产量 22045 万千克，农业总产值为 22732 万元，畜牧业总产值为 14694 万元，林业总产值为 46 万元，财政收入仅 713 万元，财政支出为 32542 万元，农牧民平均收入 1779 元，远远低于四川省平均水平。[①] 农业生产方面，种植结构单一，土地获益率较低。糌粑是甘孜农牧民的主食，青稞、小麦是其主要种植的农作物，据 2004 年的统计，全县青稞、小麦种植面积达到 1033 公顷，占农作物播种面积的 89.2%。收益较高的经济作物，播种面积小，管理不到位，难以获益，制约了农民增收。油菜、蔬菜瓜果等经济作物，2004 年的播种面积只有 1000 亩左右，仅占农作物播种面积的 0.5%，果园布局不合理，经营分散，管理粗放，收益非常有限。林地生态功能显著，但经济收益微乎其微。甘孜县森林保持原始状态，主要分布在雅砻江、达曲、泥曲河两岸，植被随海拔呈垂直分布，上接高寒草甸，下连旱生河谷灌丛，有较强的水土保持功能。但由于林业经营管理粗放，林种配置单一，经济收益微乎其微。[②]

甘孜县集"高、大、边、远、穷、少"于一体。2005 年农牧民年均纯收入 1232 元，远远低于全省平均水平。1994 年被确定为四川省扶贫工作重点县，2012 年被确定为国家扶贫工作重点县。按照 2011 年 1196 元的扶贫标准，全县的贫困面为 60.2%，有 3.28 万人生活在贫困线以下。按照 2300 元的标准，全县的贫困人口大增，达 1.3 万人。

（二）8 个个案村庄所在乡镇的基本情况

8 个个案村庄的具体情况在行文中将有详细叙述，在此简要介绍个案村庄所在县（乡、镇）的基本情况。

（1）东俄洛三村所在的康定县新都桥镇。东俄洛三村是康定县新都桥镇的一个村。新都桥镇是康定县辖镇，位于县境西部，距县城 81 千米。面积 508.3 平方千米，人口 0.7 万。国道 318 线过境。辖新都桥 1 村、新都桥 2 村、上柏桑 1 村、上柏桑 2 村、下柏桑 1 村、下柏桑 2 村、下柏桑 3 村、柏桑 1 村、柏桑 2 村、东俄洛 1 村、东俄洛 2 村、东俄洛 3 村、东俄洛 4 村，共 13 个村委会。

---

① 《甘孜县"十二五"农村饮用水安全工程实施方案》（未刊稿），第 9 页。
② 四川省甘孜县水利局、四川省甘孜县水土保持委员会办公室：《四川省甘孜县水土保持县级规划（2006—2015）》，第 15 页。

（2）杰珠村所在的雅江县西俄洛乡。杰珠村所在的西俄洛乡位于四川省甘孜藏族自治州雅江县境内，距县城西南 63 千米处，这里深处横断山脉崇山峻岭中，森林草原植被丰富，雅砻江支流穿行其间。清属理塘崇喜土司，1958 年置西俄洛乡，1974 年改西俄洛公社，1984 年复西俄洛乡。西俄洛乡面积 650.6 平方千米，人口 0.2 万。辖杰珠、俄洛堆、汪堆、苦则、牛角桐 5 个村委会。西俄洛乡以牧业为主，草原面积广阔，畜产品有牛羊肉、皮毛等。

（3）胜利二村所在的道孚县鲜水镇。鲜水镇位于鲜水河与柳日河交汇处北岸，地势开阔平坦，从设县以来是县级机关和部队驻地，也是该县的政治、经济、文化中心。东与格西乡，西与孔色乡，南与瓦日、麻孜乡，北与玉科区接壤，面积 84 平方千米。鲜水镇有居民委员会 3 个，行政村 12 个，共 2670 户 9781 人。

该镇原为鲜水乡，1986 年改建为鲜水镇，镇址名道坞（现称为道孚），称"日斯尼"。据记载，公元 6 世纪时，道坞就有了城堡。1863 年移觉洛汛于道坞，称道坞汛。随之川陕汉族商人、泥木工匠、无业之民陆续来此，经营商业、建筑业，开发农业，定居 80 余户，世代繁衍。中华人民共和国成立前虽有东至康定，西达玉树的康青公路，但有名无实，建成试车后未投入使用。现在川藏公路贯穿全县。

（4）炉霍县的 3 个村庄及其所在乡。阿初村、克木村位于炉霍县斯木乡，斯木乡位于县境南部，距县城 15 千米，面积 109 平方千米，人口0.2 万，317 国道过境。农业主产有青稞、小麦、豌豆。拉恰玛村位于炉霍县宗塔乡，中华人民共和国成立前属瓦西部落管辖，宗塔乡位于县境东北部，距县城 65 千米，面积 201.4 平方千米，人口 0.2 万。宗塔乡属牧业乡，产酥油、奶渣，牛羊皮毛、肉等畜产品。

（5）甘孜县的两个村庄及其所在乡。多拖村所在的呷拉乡原名多拖乡，1957 年建立。因与东谷区夺多乡近音，故于 1958 年更名呷拉乡。呷拉乡海拔 3390 米，距县城 3 千米，全乡辖区面积 163 平方千米，属于半农半牧乡。1960 年为雅砻江人民公社呷拉大队，1961 年撤销雅砻江人民公社，恢复呷拉乡。呷拉乡位于雅砻江南岸，乡人民政府驻多拖村，海拔3390 米。卓达曲（卓达河）由南向北流经西部，北部靠雅砻江边有广阔的低洼沙滩，面积达 166 公顷之多。2008 年统计全乡共 413 户 2223 人。2008 年，全乡农作物播种面积 9238 公顷，粮食播种面积 7524 公顷，粮食产量为 1391 吨，人均收入 1646.00 元。有乡小学 1 所，卫生院 1 所。多拖村距乡政府所在地 1.5 千米处，距离甘孜县城 3.5 千米。辖内有 1 所寺庙（夺拖寺）。人畜饮水工程完备，电力设施比较完善。2008年多拖村粮食播种面积862亩，产粮71.1吨，各类牲畜682头，林地1365亩，没有商品林地。多拖村是呷拉乡整村推进示范村，住房改善以及村内连户路建设全面完成。洛戈一村所在的下雄乡，1960年建立前进乡，同年3月更名为雅砻江人民公社牧业大队。1961年撤销雅砻江人民公社，建立牧业乡，1978年更名为下雄乡。下雄乡位于洛戈梁子山上，是牧业乡，总面积39平方千米，是全县最小的一个乡。乡政府驻茶错卡，海拔3960米，有洛泥（洛戈梁子至泥柯乡）公路相通。2000年下辖10个村民委员会，共608户3017人。

第二章　脆弱到反脆弱：
公共产品供给

脆弱性是连片特困地区的基本特征，也是甘孜藏区的区域特质，分析甘孜藏区的发展拟以脆弱性为起点。甘孜藏区是生态脆弱区，在区域功能划分中，属于生态保护区域，主要提供生态产品。受自身经济社会发展制约，甘孜的发展能力相对有限，脆弱性表现在生态环境、经济发展、社会发展等诸多方面。脆弱性研究大多指向风险，灾害是最为重要的风险之一。不仅如此，某一区域及其民众长期处于慢性贫困状态，是因自然、经济、社会各方面的脆弱性所致，慢性贫困是持续性脆弱。换言之，脆弱性包含着慢性贫困。

研讨甘孜的反脆弱发展，脆弱性及其分析框架是基本的研究视角。有别于先发地区，反脆弱发展是甘孜藏区突破发展陷阱的路径。反脆弱发展以改善农牧民生计为核心，以实现社会—经济—自然复合生态系统良性耦合为目标。脆弱性和抗逆力共同作用于农牧民生计，影响复合生态系统内部的结构状况、结构特征。公共产品供给可激发抗逆力，减少脆弱性，由此改善农牧民生计，促使复合生态系统由不良耦合逐渐转变为良性耦合。政府供给的公共产品性质上属于均衡性公共产品，均衡性公共产品供给体现了社会公义，它更强调政府责任。

脆弱性—公共产品供给—反脆弱之间的关系可如图2-1所示。

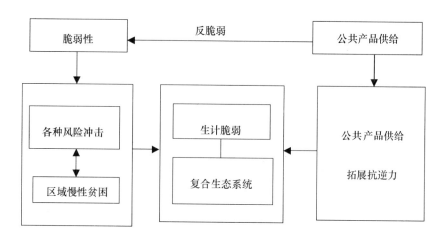

图2-1 "脆弱性—公共产品供给—反脆弱"的分析框架

第一节 研究视角:脆弱性理论

脆弱性研究经历了短时期的流变,但形成了基本共识。脆弱性与风险、暴露度、敏感性、适应能力等诸多概念紧密相关。脆弱性分析框架众多,Dercon 的"风险与脆弱性分析框架""人类—环境"耦合系统(SUST)脆弱性分析框架最有代表性。脆弱性总是与贫困紧密相连。

一 脆弱性理论研究的流变

脆弱性研究最初源于灾害研究,主要涉及自然系统领域而较少涉及社会系统领域。随后,由于灾害理论无法充分揭示灾难的起因及其导致的后果,许多学者"将灾害研究的重点由研究灾害本身转向承载体的社会经济属性对灾害结果的放大或缩小作用",[1] 社会系统中的人文因素被逐步纳入脆弱性研究之中。当前,脆弱性研究越来越关注人文与自然要素综合作用下的耦合系统脆弱性过程与机制。[2]

---

[1] 陈萍、陈晓玲:《全球环境变化下人—环境耦合系统的脆弱性研究综述》,《地理科学进展》2010 年第 4 期。

[2] 李鹤、张平宇:《全球变化背景下脆弱性研究进展与应用展望》,《地理科学进展》2011 年第 7 期。

在不同研究背景下，脆弱性的研究范式有所不同。Adger 认为脆弱性研究有两大传统（见图 2－2）[1]，并梳理了脆弱性研究领域及研究的变化。

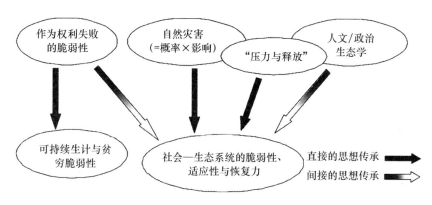

图 2－2　脆弱性研究传统及其演变

图 2－2 显示，从脆弱性的内容来看，脆弱性研究的流变是由传统的两种脆弱性范式演化为新的两种。传统的脆弱性范式包括"权利失败的脆弱性"和"自然灾害脆弱性"，新的脆弱性范式包括"自然系统脆弱性"和"人文系统脆弱性"。

传统的脆弱性被分为"权利失败的脆弱性"和"自然灾害脆弱性"，其中"自然灾害脆弱性"被细分为"人文/政治生态学""自然灾害""压力释放"三类相互具有一定重叠性的研究范畴。"权利视角下的脆弱性研究聚焦于社会领域的制度、福利并将阶层、社会地位和性别作为重要的解释变量"，而自然灾害脆弱性研究将环境风险、人类反应等社会因素归于其中。[2] 新的脆弱性研究范式，已演化为自然系统和人文系统两大系统，即"可持续生计与贫穷脆弱性"和"社会生态系统的脆弱性、适应性与恢复力"。

在范式转换中，脆弱性研究领域和研究对象不断变化，如表 2－1 所示。

---

①　Adger WN, "Vulnerability Global", *Global Environmental Change*, 2006 (16), p. 271.

②　Ibid. , p. 270.

表 2 - 1 脆弱性研究传统及发展①

时期	脆弱性研究领域	研究对象
早期	饥饿与食物安全中的脆弱性	解释粮食歉收和食物短缺对饥饿问题的影响，把脆弱性描述为丧失权利和缺乏能力
	灾害学的脆弱性	通过已经发生的和可能发生的灾害情景识别脆弱人群和灾害危险地带（经常用于气候变化影响研究）
	人类生态学	从社会结构的角度分析人类社会对自然灾害的脆弱性及其潜在原因
	压力和释放模型	在人类生态模型之下进一步把风险、资源政治经济、规范的灾害管理和政府干预连接起来
近期	气候变化中的脆弱性	用更为广泛的方法和研究传统解释目前社会、物理或生态系统对未来风险的脆弱性
	贫困和可持续生计的脆弱性	从经济因素和社会关系等方面解释为什么人们变得贫困或难以脱贫
	社会—生态系统中的脆弱性	解释人类与环境耦合系统的脆弱性

早期的脆弱性研究领域包括饥饿与食物安全中的脆弱性、灾害学的脆弱性、人类生态学等。

饥饿与食物安全中的脆弱性关注粮食歉收和食物短缺对饥饿问题的影响，把脆弱性描述为权利丧失和能力缺乏。20 世纪 80 年代初，国际食品安全领域中开始运用权利理论来解释饥饿问题产生的原因。该理论认为，食品不安全状况和其他社会危机的发生与人们权利的丧失密切相关。脆弱性被解释为一系列与经济和制度相互关联的不安全因素。食物安全的脆弱性评价主要关注社会、经济的获取能力而不是食物需求的有效性。②

灾害学通过已经发生的和可能发生的灾害情景识别脆弱人群和灾害危险地带。灾害学的脆弱性研究中，由于在解释人类社会对灾害表现出的不同脆弱性时各自理论基础不同，产生了许多学派和对脆弱性的不同解释。

---

① Adger WN, "Vulnerability Global". *Global Environmental Change*, 2006（16），p. 275.

② 方修琦、殷培红：《弹性、脆弱性和适应——IHDP 三个核心概念综述》，《地理科学进展》2007 年第 5 期。

主要有权利理论、人类生态学理论和压力释放模型等。Cutter 等①把脆弱性研究分为三种类型：第一种把脆弱性理解为一种暴露状况，即使人或地区陷入危险的自然条件；第二种是把脆弱性看成各种社会因素，衡量其对灾害的抵御能力（弹性）；第三种则是把可能的暴露与社会弹性在特定的地区结合起来。目前，又出现将环境心理感知因素和社会方面的风险因素引入灾害研究中，将环境风险和人类的反应整合起来研究的趋势。② 人类生态学从社会结构的角度分析人类社会对自然灾害的脆弱性及其潜在原因等。

近期的研究领域延展为气候变化中的脆弱性、贫困和可持续生计的脆弱性、社会—生态系统中的脆弱性，它们关注的对象不断拓展。

气候变化中的脆弱性研究，用更为广泛的方法和研究传统解释目前社会、物理或生态系统对未来风险的脆弱性。气候变化中的脆弱性评估主要源于气候变化的影响评价、灾害和粮食安全等研究领域。这里的脆弱性评价使用更为广泛的工具，系统地考察哪些地区或人群是脆弱的，他们对什么脆弱和为什么脆弱等问题。③

贫困和可持续生计的脆弱性研究，从经济因素和社会关系等方面解释为什么人们变得贫困或难以脱贫。可持续生计和贫困研究领域中的脆弱性，主要是在个人、家庭、社区尺度上，从谋生能力和消除贫困的角度研究脆弱性，脆弱性被理解为谋生能力对环境变化的敏感性以及不能维持生计。谋生能力与谋生技能、资产状况、生态风险和生态服务功能等密切相关。④

社会—生态系统中的脆弱性研究，解释人类与环境耦合系统的脆弱性。

相比较而言，自然灾害、气候变化等自然科学领域认为脆弱性是系统由于灾害等不利影响而遭受损害的程度或可能性，侧重研究单一扰动所产生的多重影响；贫困、可持续生计等社会科学领域认为脆弱性是系统承受

---

① Cutter S. L, "Vulnerability to Environmental Hazards". *Progress in Human Geography*, 1996 (20): 529 – 539. Cutter S. L., Boruff B. J., SHirley W L., "Social Vulnerability to Environmental hazards." *Social Science Quarterly*, 2003 (84), pp. 242 – 261.

② 方修琦、殷培红：《弹性、脆弱性和适应——IHDP 三个核心概念综述》，《地理科学进展》2007 年第 5 期。

③ 同上。

④ Adger WN, "Vulnerability Global". *Global Environmental Change*, 2006 (16), pp. 268 – 281.

不利影响的能力，注重分析脆弱性产生的原因。① 食物安全研究领域中的脆弱性被理解为一系列与经济和制度相关联的不安全因素导致食物需求的有效性得不到满足；灾害学主要采用权利理论、人类生态学理论和压力释放模型等理论研究脆弱性，涉及"暴露""弹性"等相关概念；可持续生计和贫困研究领域中的脆弱性被理解为个体和家庭的谋生能力对环境变化具有较高敏感性且导致生计不能维持；气候变化中的脆弱性研究主要考察系统是否容易遭受及有无能力应对气候变化所造成的不利影响。②

二　脆弱性概念及其内涵扩展趋势

脆弱性概念最早由 Timmerman P.（1981）提出，③ 目前已被运用到很多领域，成为分析人地相互作用程度、机理与过程、区域可持续发展的一个非常基础性的科学知识体系，④ 也成为贫困治理研究中的重要术语。

Birkmannn 将具有代表性的脆弱性定义进行了系统的分类（见图 2－3）⑤。图 2－3 中，各个圈层的脆弱性概念有所不同：第一圈层的是"作为内在风险因素的自然的脆弱性"；第二圈层的是"作为可能受到伤害的程度的脆弱性"；第三圈层的是"具有敏感性与应对能力双重结构的脆弱性"；第四圈层的是"作为多结构的脆弱性：敏感性、应对能力、暴露程度、适应能力等"；第五圈层的是"多维度的脆弱性，包括自然、社会、经济、环境和制度等特征。"由此，可以认为脆弱性概念的内涵不断扩展，由自然的脆弱性演变到人类的脆弱性，脆弱性的内在结构也由单一演变到多维，即从单纯针对自然系统的脆弱性逐渐演化为针对自然—社会系统的意义更为广泛的综合概念；对脆弱性的关注由以环境为中心、注重自然环境导致的脆弱性评价发展到以人为中心、注重人在脆弱性形成以及降低脆弱性的作用；由仅仅消极或被动地面对和评价自然或者社会所受到的

---

① 李鹤、张平宇、程叶青：《脆弱性的概念及其评价方法》，《地理科学进展》2008 年第 2 期。

② 方修琦、殷培红：《弹性、脆弱性和适应——IHDP 三个核心概念综述》，《地理科学进展》2007 年第 5 期。

③ Timmerman P, *Vulnerability, Resilience and the Collapse of Society: A Review of Models and Possible Climatic Applications.* Toronto: University of Toronto, 1981.

④ 史培军、王静爱等：《当代地理学之人地相互作用研究的趋向》，《地理学报》2006 第 2 期。

⑤ Birkmannn J. eds., *Measuring Vulnerability to Hazards of National Origin.* Tokyo: UNU Press, 2006.

损害，变为把人的主动适应作为脆弱性评价的核心问题。[①]

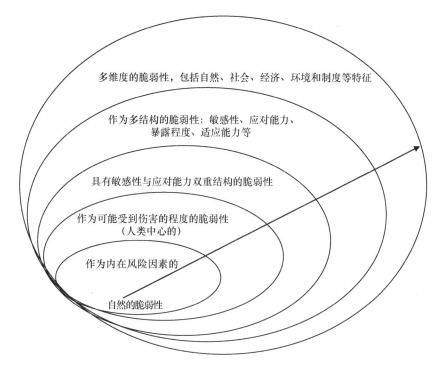

图 2 - 3　脆弱性概念内涵扩展的变化趋势

通过一些典型定义，我们可以看出以上转变过程。

1. Turner II 认为脆弱性是系统、子系统或系统组成部分因暴露在灾害[②]下可能经历的损害程度。[③] 该定义侧重描述自然系统中特定扰动作用

---

① Birkmann J. eds., *Measuring Vulnerability to Hazards of National Origin.* Tokyo：UNU Press，2006；方修琦、殷培红：《弹性、脆弱性和适应》，《地理科学进展》2007 年第 5 期。

② 此定义中，灾害是指对一个系统的威胁，它由扰动、压力以及二者导致的结果构成。扰动是指系统中出现超出常规的变异过程，如特大台风或强烈地震，扰动通常来自系统的外部；压力是在正常变化范围内连续和缓慢增长的力量，如土地退化，压力起源于系统内部；风险是扰动或压力造成的结果的可能性和严重程度，它取决于暴露在危险事件中的概率。参见陈萍、陈晓玲《全球环境变化下人—环境耦合系统的脆弱性研究综述》，《地理科学进展》2010 年第 4 期。

③ Turner II BL, Kasperson RE, Matson PA., "A Framework for Vulnerability Analysis in Sustainability Science." *Proceedings of the National Academy of Science*, 2003, 100（14），pp. 8074 – 8079.

下系统所受到的损害。

2. 联合国开发计划署的危机预防与恢复项目（UNDP for Crisis Prevention and Recovery，2004）定义人类脆弱性为自然、社会、经济和环境因素引起的状态或过程，它们决定了灾害导致的损害的可能性和严重程度。① 多重因素导致的损害程度是以上定义的着重点。英国国际发展署（DFID）认为，脆弱性可以从个人或家庭遭遇各种风险，以及遭受风险受到损害的程度来理解，也可以从个人或家庭减轻或降低威胁、灾害和各种风险的能力来理解。②

3. 世界银行认为脆弱性指个人或家庭面临某些风险的可能，并且由于遭遇风险而导致财富损失或生活质量下降到某一社会公认的水平之下的可能。③ 世界粮食计划署认为脆弱性受风险可能、抵御风险能力和社会服务体系三方面影响。④ Adger 和 Cutter 认为（社会）脆弱性是指生计受到灾害和环境风险冲击和压力时，受害者应对能力的大小，它由个人和集体脆弱性以及公共政策决定。⑤

以上三种定义基于脆弱性与"敏感性""应对能力"双重结构，并认为脆弱性的深层原因根植于扰动而存在的系统属性。

4. 某些学者以综合的视角来界定脆弱性。Alwang、Siegel 和 Jorgensen 认为，脆弱性作为概念包括：①它是事前对一些福利水平在未来经历损失的概率的解释；②一个家庭由于不确定事件引起的未来福利损失可以被定义为脆弱性；③脆弱性的程度取决于风险的特点和家庭应对风险的能力；④脆弱性是随着时间对风险发生的响应，如家庭可能在下一个月或年对风险是脆弱的；⑤穷人或接近贫困的人由于资产（广义）的限制和应对风险的能力限制趋于脆弱。⑥ Cutter 将脆弱性定义为潜在的损失，认为脆弱性研究应包括 3 个部分：①暴露于灾害下的脆弱性，主要研究灾害发生的分布范围，人类对易发生灾害的地区的占有状况和灾害导致的潜在损害；

① UNDP，"Reducing Disaster Risk：A Chanllenge for Development"．*Equity Health*，2004.

② DFID，*Sustainable Livelihoods Guidance Sheets*. London：Department for International Development，2000，pp. 68 – 125.

③ 韩峥：《脆弱性与农村贫困》，《农业经济问题》2004 年第 10 期。

④ 韩峥：《广西西部十县农村脆弱性分析及对策建议》，《农业经济》2002 年第 5 期。

⑤ Adger WN，"Social and Ecological Resilience：Are They Related?" *Progress in Human Geography*，2000（3）；Cutter SL．"Vulnerability to Environment Hazard"．*Progress in Human Geography*，1996（4）．

⑥ 黄承伟、王小林、徐丽萍：《贫困脆弱性：概念框架和测量方法》，《农业技术经济》2010 年第 8 期。

②社会脆弱性，关注社会对灾害的响应与应对能力，以及从灾害损失中的恢复能力；③地方脆弱性，它是特定地理单元上暴露于灾害的脆弱性和社会脆弱性的总和。[1]

我国学者李鹤等将学术界关于脆弱性的概念界定划分为四类（见表2-2）[2]。

表2-2　　　　　　　　　　　　脆弱性概念分类

种类	典型界定	侧重点
脆弱性是暴露于不利影响或遭受损害的可能性	（1）脆弱性是指个体或群体暴露于灾害及其不利影响的可能性 （2）脆弱性是指有强烈的外部扰动实践或暴露部分的易损性，导致生命、财产及环境发生损害的可能性	与自然灾害研究中"风险"的概念相似，着重对灾害产生的潜在影响进行分析
脆弱性是遭受不利影响损害或威胁的程度	（1）脆弱性是系统或系统的一部分在灾害事件发生时所产生的不利影响的程度 （2）脆弱性是指系统、子系统因暴露于灾害（扰动或压力）而可能遭受损害的程度	常见于自然灾害和气候变化研究中，强调系统面对不利扰动（灾害事件）的结果
脆弱性是承受不利影响的能力	（1）脆弱性是社会个体或社会群体应对灾害事件的能力，这种能力基于他们在自然环境和社会环境中所处的形势 （2）脆弱性是指社会个体或社会群体预测、处理、抵抗不利影响（气候变化），并从不利影响中恢复的能力	突出了社会、经济、制度、权力等人文因素对脆弱性的影响作用，侧重对脆弱性产生的人文驱动因素分析

---

[1] Cutter L, "Vulnerability to Environment Hazards." *Progress in Human Geography*, 1996, 20 (4), pp. 529 – 539.

[2] 李鹤等:《脆弱性的概念及其评价方法》,《地理科学进展》2008 年第 2 期。

续表

种类	典型界定	侧重点
脆弱性是一个概念的集合	（1）脆弱性应包括三层含义：①它表明系统、群体或个体存在内在的不稳定性；②该系统、群体或个体对外界的干扰和变化（自然的或人为的）比较敏感；③在外来干扰和外部环境变化的胁迫下，该系统、群体或个体易遭受某种程度的损失或损害，并且难以复原 （2）脆弱性是指暴露单元由于暴露于扰动和压力而容易受到损害的程度以及暴露单元处理、应付、适应这些扰动和压力的能力 （3）脆弱性是系统由于暴露于环境和社会变化带来的压力及扰动，并且缺乏适应能力而导致的容易受到损害的一种状态	包含了"风险""敏感性""适应性""恢复力"等一系列相关概念，既考虑了系统内部条件对系统脆弱性的影响，也包含系统与外界环境的相互作用特征

脆弱性的四类概念是：脆弱性是暴露于不利影响或遭受损害的可能性，脆弱性是遭受不利影响损害或威胁的程度，脆弱性是承受不利影响的能力，脆弱性是一个概念的集合。这四类概念对脆弱性的认知不断深入，"脆弱性是一个概念集合"表述了耦合系统脆弱性的基本内涵。从这组概念可以看出，耦合系统脆弱性关注点从单一扰动所产生的多重影响扩展为对多重扰动背景下的脆弱性分析，开始关注在特定空间尺度上脆弱性要素的系统分析，探讨脆弱性产生的多因素、多反馈、跨尺度过程。[1]

综合国内外对脆弱性的研究分析，不难看出，对脆弱性的定义没有本质区别，主要集中于面临的风险、冲击、应对处理风险的能力以及之后的福利水平的变化。

三　与脆弱性紧密相关的基本概念

脆弱性的界定与风险、暴露、敏感性、弹性、适应、恢复力等概念密

---

[1] Turner II BL, Kasperson RE, Matson PA, "A Framework for Vulnerability Analysis in Sustainability Science". *Proceedings of the National Academy of Science*, 2003, 100 (14), pp. 8074 – 8079.

切相关。

有学者认为脆弱性是风险大小与抵御风险能力的综合反映（见图 2 - 4）。[1] "风险指能够损害人们福利的未知事件"，"风险因素包括自然灾害、社会风险（犯罪、暴力、政治等）、个人风险（疾病、受伤、事故、家庭变动等）、经济风险（失业、资产损失等）"[2]。抵御风险的能力指系统能够将风险影响降至最小及从风险损害中恢复的能力。总体来说，风险与脆弱性之间存在密切关联，风险越大，抵御风险的能力越低，脆弱性越高。

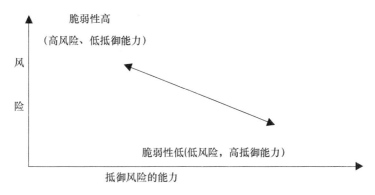

图 2 - 4　脆弱性与风险、抵御风险的关系示意图

导致脆弱性的冲击的种类很多，包括了社会、经济、政治等各个方面。对于某一地区，最常见的有自然灾害（洪水、干旱、地震、冰雹、台风等）、环境危机（土地沙漠化、水土流失、气候恶化等）、经济波动（通货膨胀、滞胀等）、政策改变、种族冲突等。对于家庭和个人，除了上述冲击会产生直接影响外，疾病、失业、突发事故等都可能导致家庭财产的损失和生活水平的下降。[3]

个人或家庭处于经济、社会和自然环境之中，环境中始终存在各种风险。经济危机、健康打击、家庭结构变化、失业或自然灾害等风险因素对

---

[1]　韩峥：《脆弱性分析和制图系统在中国扶贫项目的应用》，《中国农业资源与区划》2001年第1期。

[2]　黄承伟、王小林、徐丽萍：《贫困脆弱性：概念框架和测量方法》，《农业技术经济》2010年第8期。

[3]　韩峥：《脆弱性与农村贫困》，《农业经济问题》2004年第10期。

家庭或个人的直接影响使家庭或个人福利水平降低，非贫困人口陷入贫困，已经贫困的人口持续或永久贫困。然而，家庭或个人是风险规避型的，家庭自身存在风险抵御能力，也会采取各种行动来抵御风险，这些统称为风险抵御机制。风险抵御机制包括两部分，一部分是家庭的风险抵御能力即家庭拥有的资本，包括物质资本和劳动力资本、金融资本和社会资本等。家庭为了满足支出积极创造物质资本、社会资本、人力资本，获取经营收入、资产性收入、转移性收入等。另一部分是家庭采取事前和事后抵御风险的行动，减少风险暴露。事前抵御风险的行动，如积累资产、加入网络等；事后抵御风险的经济行为，如减少食品数量和质量、延迟健康相关的支出、不让儿童上学或让儿童成为劳动力、临时打工、减少投资等。①

　　脆弱性既是风险的产物，也是抵御风险的能力和行动的产物。如果风险打击程度相同，风险抵御能力强的家庭脆弱性较小，风险抵御能力弱的家庭脆弱性较强。脆弱性的程度依赖于风险的特点和抵御风险的能力。抵御风险的能力依赖于家庭特征，即他们的资产。贫困者的生计更脆弱，因为他们的风险抵御能力较低或风险抵御能力不能完全保护他们。风险打击导致个人或家庭福利降低或贫困的前提是家庭缺少抵御风险的能力。因此，家庭抵御风险的能力低也是贫困者持续贫困的一个原因。②

　　Blaikie 认为社会经济和政治体制问题造成一个地区的脆弱，脆弱性最关键的部分是遭遇的各种压力，与之相关的预测能力、应对能力和恢复力，以及压力之下的结果。③ 世界粮食计划署通用的农村脆弱性分析方法，脆弱性分析指标一般有三大类，每大类中包含若干具体指标。三大类指标为：（1）风险因素，特别是面临的粮食安全风险，即地区或人群面临的食物不足的风险；风险越高，则该地区或人群的脆弱性越高。（2）抵御风险的能力，即地区或人群所具有的应付风险的能力。抵御风险的能力越强，该地区或人群的脆弱性越低。（3）社会服务体系，反映某一地区的整个社会发展水平。发展水平越高，越有利于该地区或人群抵御各种风险。综合以上三种因素，则可以较为全面地反映一个地区或人群的脆弱性程度，从而客观地识别最脆弱的群体，找出造成脆弱性的直接

---

① 黄承伟、王小林、徐丽萍：《贫困脆弱性：概念框架和测量方法》，《农业技术经济》2010 年第 8 期。

② 同上。

③ Blaikie P, Cannon T, Wisner B, *At Risk*, *Natural Hazards*, *Peoples Vulnerability and Disasters*. London：Routledge，1994.

原因。

一些学者认为脆弱性有暴露度（Exposure）、敏感性（Sensitivity）和适应能力（Adaptive Capability）三个构成要素。[1] 暴露度是系统经历环境和社会压力或冲击的程度；敏感性是暴露单元容易受到胁迫的正面或负面影响的程度；[2] 适应能力是系统能够处理、适应胁迫以及从胁迫造成的后果中恢复的能力，它由财富、技术、教育、信息、技能、基础设施、稳定能力和管理能力等决定。[3]

此外，与脆弱性相关的还有"弹性""适应""恢复力"等概念，它们均体现了脆弱系统的属性——抗逆能力。

四　脆弱性界定中的核心争议及基本共识

当前，在脆弱性的不同界定中存在以下核心争议。

1. 脆弱性的根源是什么？就此问题，一种观点认为脆弱性是系统本身的一种状态和特质，当系统面临外界或内部扰动时，这种特质就会显现出来；另一类观点认为脆弱性是系统因受到胁迫时可能造成的严重后果，这种后果的严重程度取决于系统对胁迫的暴露程度。[4]

2. 脆弱性是状态还是事件后果？这一问题的争论与脆弱性的根源的争论密切相关。一种观点视脆弱性为系统自身的属性和动态状态，是研究问题的起点（Start-point）；另一种观点认为脆弱性是灾害等胁迫发生的后果，是结束点（End-point）。[5]

3. 脆弱性与抗逆力之间是什么关系？就此问题的争论，有三种观点：（1）脆弱性和抗逆力分别处于二维连续谱的两极，一极为脆弱性，另一极为抗逆力；（2）脆弱性与抗逆力并存，即抗逆力（恢复力）是构成脆

---

① Robert MG, Yang GA, "The International Progress of Sustainable Development Research：A Comparison of Vulnerability Analysis and the Sustainable Livelihoods Approach". *Progress in Geography*, 2003（1）：11 – 21；Adger WN, "Vulnerability". *Global Environmental Change*, 2006（16）, pp. 268 – 281.

② 陈萍、陈晓玲：《全球环境变化下人—环境耦合系统的脆弱性研究综述》，《地理科学进展》2010 年第 4 期。

③ McCarthy JJ, Canziani OF, Leary NA, *Climate Change* 2001：*Impacts*, *Adaptation and Vulnerability*. London：Cambridge University Press, 2001.

④ 陈萍、陈晓玲：《全球环境变化下人—环境耦合系统的脆弱性研究综述》，《地理科学进展》2010 年第 4 期。

⑤ O'Brien K, Eriksen S, Schjolden A, *What's in a Word? Conflicting Interpretations of Vulnerability in Climate Change Research*. Norwag：University of Oslo, 2004.

弱性的结构性要素，因此，脆弱性同时包含正面和负面的双重作用，并且脆弱性是正负双重作用结果的表征；（3）脆弱性与抗逆力是"双螺旋结构"。

脆弱性的不同界定之间虽存在争议，但仍有一些共同点。Birkmannn 认为，一个基本共识是"脆弱性与社会群体的敏感性、灾害暴露程度以及与社会经济文化背景相关的应对灾害事件的各种能力相关"。[①] 刘燕华等认为脆弱性的研究对象分为自然系统和人文系统两类，但是，无论研究对象是二者中的哪一种，脆弱性都有三层含义：①它表明该系统、群体或个体存在内在不稳定性；②该系统、群体或个体对外界的干扰和变化（自然的或人为的）比较敏感；③在外来干扰和外部环境变化的胁迫下，该系统、群体或个体易遭受某种程度的损失或损害，并且难以复原。[②]

五 脆弱性分析框架

脆弱性虽然是对社区或家庭一种状态的描述，但它具有不确定性，即对于各种冲击发生的可能、发生的时间和程度以及冲击的结果等都是推测。脆弱性实际上是一个前瞻性的概念，它着眼于未来可能出现的各种冲击，结合社区或家庭应对冲击的能力进行预测，是一种防患于未然的思维起点。[③] 伴随着脆弱性内涵的丰富以及应用领域的拓展，涌现出众多探讨脆弱性成因及其影响因素相互作用关系的分析框架，如早期的风险—灾害模型（RH）与压力—状态—响应模型（PAR）、地方灾害脆弱性分析框架、双重结构的脆弱性分析框架、SUST 脆弱性分析框架等。[④] 1995 年，联合国粮农组织推出关于贫困人口脆弱性的分析框架，认为贫困人口容易受风险因素、抵御风险的能力、社会服务体系的影响。[⑤]

国内外脆弱性分析主要运用两种框架：[⑥] 一是联合国世界粮食计划署在进行项目选择时应用的脆弱性分析方法，该方法综合分析决定粮食安全风险的因素，评估正常情况下粮食安全状况及出现短缺时的应对机制。韩

---

① Birkmannn J. eds., *Measuring Vulnerability to Hazards of National Origin.* Tokyo：UNU Press，2006.

② 刘燕华、李秀彬：《脆弱生态环境与可持续发展》，商务印书馆 2007 年版。

③ 韩峥：《脆弱性与农村贫困》，《农业经济问题》2004 年第 10 期。

④ 李鹤、张平宇：《全球变化背景下脆弱性研究进展与应用展望》，《地理科学进展》2011 年第 7 期。

⑤ 韩峥：《广西西部十县农村脆弱性分析及对策建议》，《农业经济》2002 年第 5 期。

⑥ 李阳、黄家飞：《自然保护区周边社区脆弱性分析》，《干旱区资源与环境》2008 年第 10 期。

峥根据我国扶贫开发与经济发展的需要，设计了一套由省级—县级—乡级的关于脆弱性分析指标体系。二是 Dercon 建构的可以将各种资源、收入、消费以及相应的制度安排很好地纳入在内的体系，在这个框架内，居民就当期消费需求与将的福利进行动态决策，考虑不同情况下出现风险的可能性，避免仅仅考虑外部环境危害的可能性，将市场、信息、制度等影响居民决策的非制度安排纳入分析中，是目前被广泛采用的一种分析体系。我国学者陈传波按此框架，对来自中国贫困地区 108 户的调查数据进行了实证分析，认为"多种风险交织是农户面临风险的突出特点"。在众多框架中，Dercon 的"风险与脆弱性分析框架"和 Turner II 的"'人类—环境'耦合系统脆弱性（SUST）分析框架"具有一定的代表性。

（一）Dercon"风险与脆弱性分析框架"

Dercon 的"风险与脆弱性分析框架"主要从农户资源禀赋出发，围绕着农户所面临资产风险、收入风险以及福利风险三大类外部冲击而展开（见表 2-3）。该框架将农户的生产生活作为循环过程，农户利用资产以及资产转换获得收入，并通过使用收入购买商品和服务从而获得福利。在以上循环过程中的每一环节均存在遭受风险影响的可能性，并集中体现为资产风险、收入风险以及福利风险。该分析框架的突出优点是将农户的各类资源、收入、消费以及相应的制度安排纳入同一分析体系，并可以通过"生计"概念与贫困治理研究中的"可持续分析框架"进行有效衔接。

在 Dercon 的"风险与脆弱性分析框架"中，风险包括资产风险、收入风险和福利风险。资产风险来源于人力资本、土地资本、物质资本、金融资本、公共物品和社会资本等方面；收入风险来源于生产活动、资产回报、资产处置、储蓄投资、转移汇款、经济机会等；福利风险来自营养、健康、教育、社会排斥、能力剥夺等方面。

资产方面可能遭受的风险有：失业或者因疾病丧失劳动力，土地制度的不稳定，自然灾害使资产毁损，通货膨胀、汇率导致贬值，公共物品的难以获得，社会资本匮乏。收入方面可能遭受的风险包括：自然灾害导致的粮食减产以及粮价波动、资产价值的变动、生产中获得投入及支持的不确定性、储蓄与投资收益风险、非正规金融安排的不确定性和不可靠性、对经营机会不完全的信息和知识。福利方面可能遭受的风险包括：消费品价格波动，健康与营养方面的知识与条件不完备，教育、医疗公共服务提供中的不确定性，被排除在安全网之外，缺乏获取正常效用的能力。

表 2-3　　　　　　Dercon 的农户脆弱性风险类型与分析框架①

风险种类	风险来源	可能遭受的风险
资产风险	人力资本	失业或者疾病丧失劳动力
	土地资本	土地制度的不稳定性
	物质资本	自然灾害使资产毁损
	金融资本	通货膨胀、汇率导致贬值
	公共物品	公共物品的难以获得
	社会资本	社会资本维系得弱小而不稳定
收入风险	生产活动	自然灾害导致粮食减产及粮价波动风险
	资产回报	资产价值的变动
	资产处置	生产中获得投入及支持的不确定性
	储蓄投资	储蓄与投资收益风险
	转移汇款	非正规金融安排的不确定性与不可靠性
	经济机会	对经营机会不完全的信息和知识
福利风险	营养	消费品价格波动
	健康	健康与营养方面的知识与条件不完备
	教育	教育、医疗公共服务提供中的不确定性
	社会排斥	被排除在安全网之外
	能力剥夺	缺乏获取正常效用的能力

　　Dercon 的"风险与脆弱性分析框架"显示，农户可以通过拥有、运用或处置自身拥有的各种资产来维持生计。农户拥有或可依赖的资源可分为人力资本、物质资本、社会资本、公共资源（土地和灌溉等）以及公共物品（公路、电网等基础设施）。这些资产单独或通过资产组合得以生成不同形式的收入，包括运用资产而生成的收益、变卖资产的收入以及社会资本带来的转移收入和经济机会，而收入可以换取多种消费性商品与服务，如教育、健康、营养，从而满足不同形式的需要，获得一定水平的效用。农户以资源为基础获取的收入，不仅用来满足当前的消费，也用于积累或者维持资产，即一部分收入被用于储蓄或投资。投资有多种形式，教

---

① 陈传波：《农户风险与脆弱性：一个分析框架及贫困地区的经验》，《农业经济问题》2005 年第 8 期。

育与培训、转移支付（获取社会资本）都可以视为投资。资源、收入与效用又由信息（交易机会）、市场（商品市场）、公共服务（教育与医疗）以及非市场制度（规范、规则、权力等）的相应安排来联结。在资产转化为收入的过程中，各类市场的可接近性，包括要素市场（信贷、保险、产品、投入品）是否存在及是否完善，农户是否有关于这些市场的知识和信息，公共政策和制度安排对这些市场以及相应的合约安排实施是起促进还是阻碍作用，所有这些因素决定了农户活动类型、资产的持有与处置、储蓄与投资等选择行为的结果。

在这一框架中，农户就当期消费需要与将来的福利进行动态决策，将来的状态或多或少具有不确定性，因此必须考虑不同状态出现的可能性（即风险）。传统观点对风险的考察仅仅局限于外部环境危害，基本上只包括自然灾害与流行性疾病。这是不全面的，实际上，市场机制、公共政策、社会资本、资源禀赋以及利用这些机制和资本转化为收入，再由收入转化为福利和下一轮投资的整个过程中，时时处处都受到风险的影响。农户决策中的限制因素——信息、市场、正规制度以及当信息不完全、市场不完善、正规制度缺失时，由非正规制度安排的重构等才是政策干预可以发挥作用的着力点。

具体来说，脆弱性风险分析框架包含着各种风险。

1. 资产风险。物质资产可能因为自然灾害（火灾、水灾等）、社会冲突（盗窃、暴乱等）而遭受损失，如房屋被火烧，耕牛被盗；也可能因为权责不清而不稳定，比如土地产权不完善导致频繁调整或被廉价征用。储蓄性资产主要是现金存款和粮食储备，现金存款主要的风险来自通货膨胀，急速贬值可能将老年人积蓄一生的劳动成果毁于一旦；粮食储备风险主要是储存中相当大的损耗及品质下降。由于健康及教育等原因可能导致的失业构成了人力资本风险的主要来源，在主要依靠劳动力谋生的小农户家庭，主要劳动力的劳动能力丧失是灾难性的。

2. 收入风险。农业受自然风险与市场风险的双重影响，实际上，农户在利用资产获取收入的过程中所受到的风险冲击远远不止这些，比如因为在农忙季节家庭劳动力生病耽误农事而造成损失，因为缺乏经验使母畜流产导致损失等。在变卖资产过程中，各类风险之间的相关性可能构成显著的负面影响，尤其是当社区内的人都受同样的风险影响时，因为农户被迫在同一时期采用同样的策略来应对风险，资产价格的变化使贫困农户面临双重损失。例如在干旱年份，大多数人都变卖资产应对困难，导致资产供过于求，资产价格大幅度下降，而在经济恢复过程中，重置资产的人增多，资产价格往往大幅度上升。要素市场的约束将影响收入的创造过程，而这些约束主要是因为存在着不确定性。

3. 福利风险。收入向"能力"或福利转化并非一帆风顺，最显著的风险来源于基本需求品价格的波动。能否接近公共产品和社区资源也是不确定的，贫困或边远地区的农户往往因为不能接近公共产品而遭受损失，例如无电或使用不稳定的小水电，电器更容易损坏。没有学校或医疗机构，或虽然有学校或医疗机构，但其所提供的服务质量低劣等。

（二）"人类—环境"耦合系统（SUST）脆弱性分析框架

Turner II 提出了"人类—环境"耦合系统（SUST）脆弱性分析框架（见图 2 - 5）①。

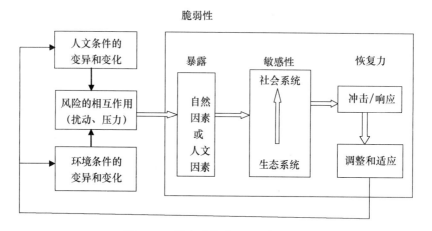

图 2 - 5　耦合系统脆弱性分析框架

该框架认为脆弱性存在于人类—环境耦合系统的状态和运行过程之中，主要包括：（1）作用于人类—环境耦合系统的动态过程，目标系统与更高尺度系统社会、环境状况间的联系；（2）来自这些过程和联系的扰动和压力，以及它们之间的相互作用；（3）人类—环境耦合系统，包括其对扰动和压力的暴露程度和响应过程；（4）灾害—人—环境耦合系统和它们的相应尺度特征。该分析框架强调扰动的多尺度与多重性，突出

---

① Turner II BL, Kasperson RE, Matson PA, "A Framework for Vulnerability Analysis in Sustainability Science". *Proceedings of the National Academy of Science*, 2003, 100 (14), pp. 8074 - 8079.

了脆弱性产生的内因机制、地方特性及其跨尺度的转移传递过程，是综合性的脆弱性分析框架。

六　脆弱性与贫困

脆弱性与贫困有着内在联系，学术界在贫困以及贫困治理研究中拓展了脆弱性的研究。

（一）贫困研究的脆弱性范式：传统研究视角

脆弱性与贫困之间具有密切关联。有学者从"PPE 怪圈"的角度来解读二者关联。PPE 怪圈指贫困（Poverty）、人口（Population）和环境（Environment）之间形成的"贫困—人口—环境退化"的恶性循环。郭劲光认为"PPE 怪圈"体现了贫困人口生存方式的脆弱性：贫困导致人口增长和生态环境趋向脆弱；人口增加又使贫困程度加深，并致使生态环境更加脆弱；脆弱的生态环境使得贫困人口更难摆脱贫困陷阱。[①] 然而，"PPE 怪圈"仅是从宏观角度对贫困、人口、环境之间关系进行简略概述，对脆弱性的论述着重于生态系统的脆弱性而忽略了贫困人口自身的脆弱性。

阿玛蒂亚·森拓展了脆弱性与贫困内在关联的相关研究。在《贫困与饥荒》中，阿玛蒂亚·森分析了埃塞俄比亚饥荒、孟加拉国饥荒发生的原因，认为贫困人口更容易成为饥荒的受害者，即具有更强的脆弱性；贫困人口在饥荒中的高脆弱性是基于其"交换权利"[②] 的失败，而"交换权利"具有社会建构性。由此，他揭示了社会制度、社会政策、公共行动是造成脆弱性的深层次原因，开拓了贫困研究的脆弱性范式，[③] 将贫困的内涵经由基本需求维度转向权利、脆弱性等多重维度。贫困的脆弱性研究范式侧重于研究贫困人口的脆弱性，在界定脆弱性时多采用世界银行和英国国际发展署（DFID）的定义，从个人或家庭可能遭受的风险及风险造成的损害来理解脆弱性，脆弱性高被认为既是贫困的原因又是贫困的结

---

① 郭劲光：《脆弱性贫困——问题反思、测度与拓展》，中国社会科学出版社 2011 年版，第 19 页。

② 阿玛蒂亚·森所指的"交换权利"主要指商品的交换权利。在市场经济中，个人通过贸易、生产或两者的结合方式将自己所拥有的商品转换成另一组商品。"交换权利"指在以上转换过程中，个人能够获得的各种商品组合所构成的集合。参见阿玛蒂亚·森《贫困与饥荒》，商务印书馆 2001 年版，第 8 页。

③ 沈小波等（2005）认为贫困的研究范式可以分为四类：收入贫困（income poverty）范式、能力贫困（capabilities）范式、脆弱性（vulnerability）范式及社会排斥（social exclusion）范式。参见沈小波、林擎国《贫困范式的演变及其理论和政策意义》，《经济学家》2005 年第 6 期。

果。当前，"贫困脆弱性"以及"贫困脆弱性的量化研究"逐渐成为贫困脆弱性研究范式中的一个前沿热点，这是基于学术界逐渐认识到贫困的动态特质，而通过对贫困脆弱性的度量可以较为有效地识别贫困人口，并掌握未来贫困状况的变化特征。根据 Alwang 等人（2001）的总结，贫困脆弱性的定义大致归结为三类：由于风险或冲击所导致的收入或消费的波动，由于风险或冲击对家庭福利所造成的影响，由于风险或冲击而导致的在未来跌落到贫困线以下的概率。[①] 对应于贫困脆弱性的三种定义有三类度量方法：（1）预期的贫困脆弱性（Vulnerability as Expected Poverty，VEP），即用个人或家庭的消费或收入的变动性来预测其未来陷入贫困的脆弱性；（2）低期望效用脆弱性（Vulnerability as Low Expected Utility，VEU），即用个人或家庭消费支出的效用与贫困线的预期效用之间的差来度量脆弱性；（3）风险暴露脆弱性（Vulnerability as Uninsured Exposure to Risk，VER），即通过评估由于风险打击而产生的消费变化敏感性来判断脆弱性。[②] 总之，贫困脆弱性关注风险与家庭福利之间的动态关系，侧重于将脆弱性作为风险冲击发生的事件及贫困形成的原因，在一定程度上简化了脆弱性的信息基础，并且隐含了脆弱性与贫困直接的相互因果关联，但是忽略了对两者之间的内在关联机制进行深入探讨。

（二）交换权利与信息基础拓展：脆弱性研究的新视角

阿玛蒂亚·森在《贫困与饥荒》中有关"交换权利"的论述，对于如何理解脆弱性和贫困的内在关联，具有很强的启发意义。阿玛蒂亚·森认为饥荒中贫困人口具有较高的脆弱性，这种高脆弱性来源于自然风险和公共行动缺失导致的贫困人口的交换权利的失败。透过"交换权利"这一概念，可以窥见脆弱性的产生机制，即风险作用于交换过程并破坏交换平衡，而个人或家庭拥有较少资源甚至没有资源和能力抵御风险的破坏。由此可见，个人或家庭的交换过程可以作为分析脆弱性与贫困内在关联的切入点。

Dercon "风险与脆弱性分析框架" 与阿玛蒂亚·森的 "交换权利" 思路一脉相承，其关注农户生产生活循环过程中每一阶段（即资产转化为收入、收入转化为福利两大阶段）可能遭受的风险，以此为切入点来分析脆弱性。然而，阿玛蒂亚·森和 Dercon 的论述均具有一定的局限性：

①　徐伟、章元、万广华：《社会网络与贫困脆弱性——基于中国农村数据的实证分析》，《学海》2011 年第 4 期。

②　黄承伟、王小林、徐丽萍：《贫困脆弱性：概念框架和测量方法》，《农业技术经济》2010 年第 8 期。

（1）两者论述的脆弱性信息基础较为狭隘。虽然分析了"风险扰动—脆弱性—贫困"三者的内在关联，但交换中脆弱性产生的内在根源有待进一步深入分析。（2）阿玛蒂亚·森分析了公共行动缺失条件下饥荒这一特殊风险类型下的脆弱性，具有较强的特殊性；此外，"交换权利"中的交换主要指商品市场中的交换，并未将社会交换纳入分析之中。（3）Dercon 的"风险与脆弱性分析框架"在资产分析中，并未区分出私人产品与公共产品，虽然风险对两类产品的破坏结果可能较为类似，但是，由于两类产品的生产、供给、获得的机制存在差异，因此，未区分产品性质便不利于抗逆力的研讨。（4）脆弱性分析关注贫困的动态特征，以风险冲击为切入点关注"冲击式脆弱性"，在一定程度上忽略了"累积式脆弱性"，[①] 然而"累积式脆弱性"是形成慢性贫困的重要因素。

随着贫困内涵的不断深入，贫困的不同研究范式不断整合，这使得有关脆弱性与贫困两者内在关联的认知得以深化。较为综合性的研究将脆弱性作为研究背景而拓展了脆弱性的信息基础，脆弱性不仅作为直接致贫因素，而且作为间接致贫因素。这些研究综合了有关"冲击式脆弱性"与"累积式脆弱性"的认知，并从可持续发展的角度将社会系统的脆弱性拓展至社会—生态耦合系统的脆弱性。在这些拓展研究中，可持续生计分析框架具有较强的代表性。延续了阿玛蒂亚·森关于"交换权利"的思想，可持续生计框架关注了家庭和社区在循环交换过程中的生计资本、生计策略、生计输出状况，将脆弱性及公共行为作为生计结构性背景。由此可见，生计作为脆弱性与贫困相互关联的中间变量，生计脆弱是脆弱性与贫困的内在关联及外在体现。

第二节 公共产品供给：突破发展陷阱

如果说，对于甘孜地区而言，脆弱性是一种常态，也是其发展陷阱，那么不禁要问：在甘孜藏区，如何突破发展陷阱？可否效仿先发地区的"先导式发展"？较之于先发地区，甘孜藏区可否反其道而行之，在助强

---

① 张炜熙认为"累积式脆弱性"是系统中社会、经济和环境一项或者几项因素逐渐小量负向发展且不易发现，如果不进行调整而累积到一定程度可致使系统无法恢复而崩溃；"冲击式脆弱性"指系统对外界或者内部某一项或者几项干扰极其敏感，当其变化时系统在极短的时间内产生质变而无法改变，甚至崩溃。详见张炜熙《区域发展脆弱性研究与评估》，博士学位论文，天津大学，2006 年。

的同时，更重要的是补齐短板，是扶弱，是反脆弱，进而推动社区和社会发展？如果是，那就是"反脆弱发展"。

一　反脆弱：框架修订与设计

Turner II[1] 提出人类—环境耦合系统脆弱性的研究框架，笔者将之简单修改，在恢复力建构中预设发展干预，如图 2 - 6。

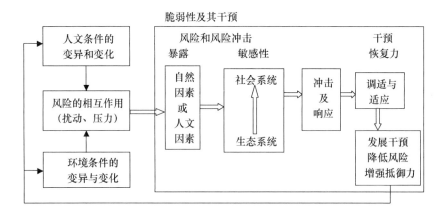

图 2 - 6　脆弱性分析框架的修订[2]

修订的脆弱性分析框架应用于解释区域脆弱性及其应对时，可理解为三个环节。

（一）风险存在及其扰动：脆弱性背景

人文条件、环境条件的变异和变化，产生一系列风险因素，这些风险因素相互作用、相互影响，形成扰动和压力。导致脆弱性的风险种类很多，包括自然环境、政治、经济、文化等。对于某一区域而言，最常见的风险有自然灾害、环境危机、经济波动、政策改变等。对于区域内的家庭和个人，除了上述风险会产生直接影响外，疾病、失业、突发事故等都可能增强脆弱性。我们可将区域面临的风险具体化为两个方面：一是区域面

---

[1] Turner II BL, Kasperson RE, Matson PA., et al., "A Framework for Vulnerability Analysis in Sustainability Science," *Proceedings of the National Academy of Sciences of the United States of America*. 2003, 100 (14), pp. 8074 - 8079.

[2] 本框架借鉴李方一、赵晓彤的《脆弱性研究中生态学与人类学的视角比较》，《中央民族大学学报》2010 年第 4 期，并稍作修改。

临的外部风险；二是区域内农牧民生计风险。区域面临的外部风险包括自然灾害、流行性疾病、社会冲突、福利供给不足等。区域内农牧民生计风险可表现为生计资源禀赋状况，它是农牧民拥有或可依赖的各种资源，农牧民生计资源可具体分为人力资本、物质资本、社会资本、社区公共产品等。其中，社会资本是指农牧民的社会交往、社会关系等；社区公共产品包括社区福利和社区公共资源，社区福利包括最低生活保障、计生服务、九年制义务教育的实施等；社区公共资源包括农牧民共同享受的资源，如道路、供电、供水、照明、安全、绿化等。需要指出的是，我们在讨论区域脆弱性时，与学术界常常将脆弱性界定为面对某种"冲击"有所不同，我们所指的脆弱性不仅是"冲击"，也是指区域长期面临的一种环境和状况，如慢性贫困、公共产品匮乏等。

（二）敏感性：风险冲击的影响程度

敏感性是风险环境的人文因素、自然因素聚合并形成冲击时，系统受影响的程度，它取决于人文因素和环境因素的相互作用。对区域而言，敏感性就是内外部风险因子聚合并对区域形成冲击以及区域受到的影响程度。例如，相比较而言，面临相同的冲击，脆弱性越强的区域和群体的损失越大，正如贫困群体遭受灾害时，被剥夺得更为彻底。

（三）调整和适应：风险冲击的回应

恢复力中的调整和适应，主要是指区域在面临长期性的不利环境以及在遭受冲击后，汇聚各种资源，聚合各种力量，以减少脆弱性，激发抗逆力，增强抵御力。脆弱性及其干预可如图 2-7 所示。

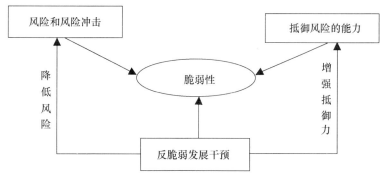

图 2-7　风险、脆弱性及干预框架①

---

① 本框架借鉴黄承伟、王小林的《贫困脆弱性：概念框架和测量方法》，《农业技术经济》2010 年第 8 期，并根据需要稍作修改。

图 2 - 7 认为，区域脆弱性受风险冲击与抵御风险能力这两个因素的影响，对风险冲击积极的回应是反脆弱，反脆弱的主要方式是进行发展干预，即反脆弱发展干预；通过反脆弱发展干预，既降低风险以及风险冲击，又增强抵御风险的能力。

二 新范式：反脆弱发展

基于脆弱性分析，有学者提出了"反脆弱性发展"的新范式。美国学者 Mc Entire 认为："'反脆弱发展'是一种以重视和减少脆弱性为导向的发展方式。"[①] 与"可持续发展"不同，"反脆弱发展"是一种视野更广、直接面向灾难应对的具体路径，它倡导降低风险性，提高反应力、抵抗力和恢复力的决策与行动，反脆弱发展聚焦于导致脆弱性的各种诱因上。反脆弱发展与以往的发展模式相比，首先，它以是否减少了脆弱性作为评判发展的标准；其次，着眼于未来，注重在当前的社会发展中削减脆弱性，防患于未然；最后，强调人在减少脆弱性中的主动性。[②] 反脆弱发展所指涉的区域可大可小，从全球到民族国家，再到某一地区，再到社区，再到家庭；反脆弱发展涉及社会、文化、政治、经济、技术等各个方面。

如果在公共产品供给视野下探讨区域反脆弱发展，我们认为区域反脆弱发展便是指利益相关者在互动中整合资源，积极应对，规避风险，并在满足区域民众公共产品需求的同时，增强区域应对力、恢复力的过程。由此，区域反脆弱性发展的基本内涵包括：（1）风险分析、应对、调适是区域反脆弱发展的基本环节，其间涵盖着规避风险，降低敏感性，增强应对力、恢复力等诸多方面。（2）区域利益相关者是反脆弱发展的能动主体，它们包括中央政府等上级政府、区域政府及其各个职能部门以及区域内外企事业单位、社会组织、民众等。（3）互动中反脆弱发展主体不断联结。（4）整合资源是反脆弱发展的手段，包括人力资源、物力资源、组织资源整合等。（5）反脆弱发展最基本的内涵是满足当地民众的公共产品需求。

（一）政府服务民众：反脆弱发展的主体格局建构

反脆弱发展强调利益相关者在互动中联结，并整合各种资源。利益主

---

① 夏保成：《西方国家公共安全管理的理论与原则刍议》，《河南理工大学学报》2006 年第 2 期。

② 李宏伟、屈锡华、严敏：《社会再适应、参与式重建与反脆弱发展》，《社会科学研究》2009 年第 3 期。

体包括中央政府等上级政府、区域政府、区域内企事业单位、社会组织、区域内的民众等,它们在互动中联结,并在互动中整合资源等。区域发展主体格局建构如图2-8所示。

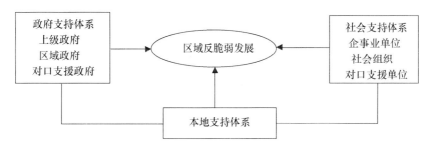

图2-8　区域反脆弱发展主体格局建构示意图

区域发展有三大支持体系,一是政府体系,内含中央政府、省级政府、州级政府、县政府以及对口支援政府;二是社会支持体系,包括国内外企事业单位、社会组织、民众等;三是当地支持体系,包括当地企事业单位、社会组织、民众等。三个体系合力,促成区域反脆弱发展。应该说,上述主体格局适用于任何区域的发展,同样也适用于甘孜藏区。但针对甘孜这样的连片特困地区,尤其强调上级政府支持体系的作用,因区域自我力量相对较弱,上级政府的支持显得尤为重要,这与甘孜藏区公共产品供给是均衡性公共产品供给的性质一致,是"多种方式的公共产品外部输入"。[①]

(二)增强地域力:反脆弱发展的能力建构

减少暴露,降低敏感性,增强恢复力,需要各主体合力建构反脆弱发展的能力。对于甘孜藏区而言,反脆弱发展的能力建构,除了上级政府增强均衡性公共产品供给之外,增强地域力是区域发展的内在促进方式。地

---

① 本书所指的"多种方式的公共产品外部输入"主要是指我国目前采用的援藏体制,如中央财政转移支付、地方政府对口支援、行业及部门对口支援等。正如扎洛认为,中央政府不遗余力地给西藏各种支持,使具有现代意义的公共服务(如教育、医疗、兽防、社会保障等)得以在西藏农村全面发展。笔者认为,西藏农村在多方援助下得到全面发展,西藏城镇社区也是如此。那么,同为藏民族聚居区的甘孜藏区,从理论上也应该如此,但是,因为四省藏区的行政管辖体制等原因,甘孜藏区等未能得到如西藏那样的全国性支持。参见扎洛《西藏农区村级组织及其公共服务供给》,《中国西藏》2005年第1期。

域力是蕴含在社会内部的力量，相对于来自地域外部的力量，地域力是蕴藏于社会内部的力量，主要包括地域资源蓄积力、地域自治力和民众对地域的关心力等，地域力的具体构建过程主要是通过地域社会的协动力、组织力加以展开。所谓协动主要是指利益相关者为了某种共同目标而采取合力行动。①

增强地域力，需要整合资源，增强地域资源蓄积力；组织起来，增强地域自治力；心力聚集，建构地域关心力。地域关心力一般是指建立在地域认同基础上地域居民对区域问题所保持的带有持续性特征的关注力，换言之，地域关心力在很多情况下也可表述为对地域事务的参与意识与参与能力。笔者调研发现，藏区的城镇及乡村社区发展中，居民参与程度较高，对本社区的关注程度也较高，这内源于藏民族长期文化发展中的濡化，例如自我认同度较高，对故土故乡的认同度、依恋度都较高，长期形成的守望相助情感依然深厚。

（三）均衡性公共产品供给：反脆弱发展的关键环节

美国管理学家彼得提出的短板理论认为，由多块木板构成的水桶，其价值在于盛水量的多少，但决定盛水量多少的关键不是其最长的板块，而是最短的板块，在不改变其他条件的情况下，要想增加盛水量，需要补齐短板。如果把弱势群体和落后地区比作短板，把基本公共服务均等化比作水桶，则意味着，要实现基本公共服务均等化，应重点增加均衡性公共产品供给，把短板补起来。因为公共产品短缺是导致贫困产生、积累和传递的重要根源。把短板补起来，目的之一是通过补偿弱势群体和落后地区，实现底线公平。实现底线公平是基本公共服务均等化的基本原则，也有助于缩小弱势群体与强势群体之间、先进地区与落后地区之间的差距，从而缓解由差距引发的冲突，实现相对稳定的发展。

第三节　反脆弱的微观目标：改善农牧民生计

要在"外助内应"下实现反脆弱发展，以什么为起点？选择怎样的发展内容？甘孜的实践，给我们的启示是，生计是农牧民最敏感的问题，发展效应最直接、最显著地体现在农牧民生计改善上，这就意味着反脆弱发展应以农牧民生计为起点和落脚点，即反脆弱发展应是以农牧民生计为

---

① 田毅鹏、张炎：《地域力与社会重建》，《福建论坛》2008 年第 8 期。

轴心的发展。换言之，如果说甘孜通过供给大量的公共产品促进发展，那么这些公共产品的供给应是围绕农牧民的生计而为。

一 "脆弱性—抗逆力"结构下生计分析

受自然、历史、经济、文化等多种因素的影响，脆弱性是甘孜州经济社会发展的根本特性。"脆弱性—抗逆力"结构下生计方式分析图示是对 DFID 可持续生计框架的拓展，是本部分的理论基础。

（一）"脆弱性—抗逆力"结构下生计分析图示建构的逻辑过程

1. "脆弱性—抗逆力"结构下生计分析图示建构的逻辑基础

"脆弱性—抗逆力"结构下生计方式分析框架的基本内涵是指脆弱性和抗逆力共同作用于农牧民生计方式，形成"贫"或"减贫"（相对富裕）的两种生计结果。其间关系描绘如图 2 - 9。

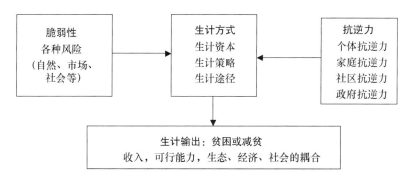

图 2 - 9 "脆弱性—抗逆力"结构下生计分析的逻辑基础

图 2 - 9 所表示的基本含义是多方面的。（1）生计方式内含生计资本、生计策略、生计途径等诸多方面。（2）脆弱性和抗逆力是影响农牧民生计方式的两个重要因素。脆弱性与抗逆力相互作用，影响生计输出。脆弱性是甘孜藏区农牧民生计的分析背景，脆弱性主要是指来自自然、市场、社会等诸方面的各种风险。抗逆力来自个体、家庭、社区和政府，形成个人抗逆力、家庭抗逆力、社区抗逆力和政府抗逆力，政府抗逆力更多地体现为政府供给公共产品。（3）脆弱性和抗逆力作用下，生计输出有两种可能，或贫困或减贫，它们集中体现在农牧民收入、可行能力以及自然—经济—社会复合生态系统耦合等方面。

总体说来，图 2 - 9 认为，脆弱性和抗逆力同时存在，并同时影响农牧民的生计方式。生计方式是农牧民在脆弱性和抗逆力的作用下的一种理性选择，这种选择也是农牧民对区域环境、政治、经济、社会发展的适应与调适。脆弱性和抗逆力对生计方式的影响力并不一定等量。长期以来，因脆弱性极强，甘孜藏区农牧民生计方式单一，形塑区域慢性贫困。① 这也可以认为，长期以来，在甘孜藏区，脆弱性的作用力大于抗逆力。当脆弱性大于抗逆力时，生计输出更多地显现出贫困，即农牧民收入、可行能力较低，生态—经济—社会复合生态系统形成不良耦合。理论上讲，也可能出现另一种状况，即当抗逆力大于脆弱性时，生计输出中可能更多地显现出减贫特征，如农牧民可行能力增强，收入提高，生态—经济—社会复合生态系统呈现出良性耦合。

2. 公共产品供给视角下增强抗逆力的生计分析图示

"脆弱性—抗逆力"结构下的生计方式分析图示的建构基于脆弱性、生计方式、抗逆力之间的内在关系，也基于两个重要命题：生计资源、可行能力、生计结果之间呈正相关关系；公共产品供给与生计资源、可行能力、减贫效应呈正相关关系。这两个基本命题是脆弱性—抗逆力在生计过程中的具体化，意思是生计资源匮乏、可行能力低下，会导致贫困。生计资源匮乏与可行能力低下之间相互作用，形成脆弱性的"因果链"。公共产品供给增强抗逆力，打破脆弱性的"因果链"，增加农牧民生计资源，提高农牧民可行能力，扩展生计渠道，达致减贫。这就是说，抗逆力与脆弱性并构，当抗逆力增大，并足以抵消脆弱性的作用时，可导致减贫。

脆弱性和抗逆力都共同作用于生计，导致不同的生计输出。对于甘孜藏区农牧民，脆弱性是其生产生活的基本背景，这直接呈现为慢性贫困。慢性贫困状态下，若遭遇稍强风险冲击，生计难以可持续。抗逆力作用于脆弱的生计过程，目前，个体抗逆力、家庭抗逆力、社区抗逆力、政府抗逆力共同起作用（虽然历史上并非如此），促进生计改善；政府供给公共产品增强抗逆力，成效显著。公共产品供给增量，提高农牧民可行能力，增量生计资本，增加生计渠道，改善农牧民与自然、经济、社会的交换关系，促进生计可持续，这便是抗逆结果。用图描绘，可见图 2 - 10。

---

① 邰秀军、李树茁：《中国农户贫困脆弱性的测度研究》，社会科学文献出版社 2012 年版，第 49—50 页；何福昌、吴海涛：《暂时贫困和慢性贫困：定量分析方法综述》，《农业经济》2011 年第 4 期。

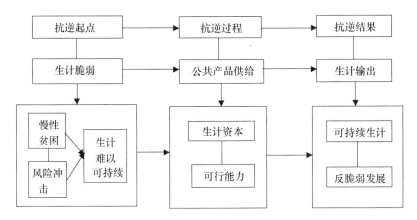

图 2 - 10　公共产品供给视角下增强抗逆力的生计分析图示

公共产品供给视角下增强抗逆力的生计分析图示的基本认知包括：

（1）脆弱是抗逆的缘起。抗逆缘由、起点或基础是农牧民的生计脆弱，生计脆弱既源于慢性贫困（可视为长期性脆弱），也源于甘孜藏区自身自然、经济等多方面的脆弱性交织。

（2）抗逆过程。在藏区，从长远的发展过程来看，抗逆过程是由外助到自我发展的不断演绎；但就目前而言，抗逆过程处于外助阶段，即外力资助下的公共产品供给激发、建构其抗逆力，培育自我发展能力。此阶段公共产品供给直接作用于农牧民生计，可提高可行能力，增强农牧民与自然、市场、社会的交换能力，增量其生计资本。

（3）抗逆结果。抗逆结果表现为生计可持续及减贫。

图 2 - 10 的基本内容将在下文中详细叙述。以生计为轴心，联结"脆弱性—抗逆力"所形成的反脆弱发展图示，可描绘如图 2 - 11。

从图 2 - 11 可知，脆弱性和抗逆力同时作用于社区、农户，形塑着社区存续、发展状况以及农牧民的生计状况。脆弱性是社区及其农牧民生计背景。抗逆力与脆弱性并构，当脆弱性过强，呈现慢性贫困（既是区域的贫困，也是社区及其农牧民的贫困）；抗逆力增大，可削减脆弱，增强社区能力。公共产品供给为可削减脆弱性、增强抗逆力、改善农牧民生计、提高农牧民收入、促进区域发展，实现生态、经济、社会形成良性耦合。

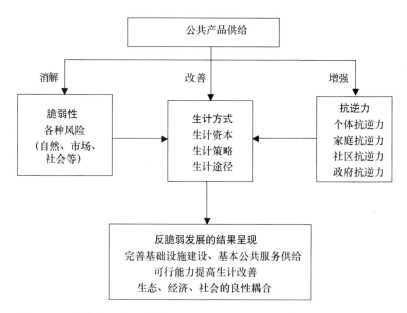

图 2 - 11 公共产品供给视角下联结"脆弱性—抗逆力"的生计分析图示

（二）抗逆力：改善生计的基本能力

由于主张对弱势群体资源或优势的关注，抗逆力理论成为心理学、社会学等学科新的理论分析和实践范式。抗逆力理论认为个人、家庭、社区、组织等层面都有抗逆力的因素。

抗逆力（Resilience）一词来源于机械力学与工程学，表达的是一个物体在受到外力产生形变没有断裂的情况下恢复到初始状态的能力，后来被用到心理学领域。20 世纪 70 年代，抗逆力研究兴起，到现在，经历了四个发展阶段：20 世纪 70 年代至 80 年代中期，是抗逆力、保护因素和风险因素特质的确定阶段；20 世纪 80 年代中期至 90 年代，是抗逆力保护因素和危险因素作用机制研究阶段；20 世纪 90 年代，是抗逆力干预和预测策略研究阶段；进入 21 世纪至今，是多元的、跨学科的整合分析和实践阶段。目前，抗逆力理论完成了研究范式、研究视角、研究对象、研究内容的转型。研究范式从问题取向转变为优势取向。研究视角实现了从单一的学科到多元的跨学科转变，形成整合性的多元的跨学科研究，关注环境互动、社会互动等对抗逆力发展的影响。研究对象从儿童、青少年转变为更多的逆境中的人群和组织，从个体抗逆力到组织抗逆力、家庭抗逆力、社区抗逆力、社会抗逆力等概念相继提出。研究内容从描述研究转变为理论与实证研究并重的整合研究，内含理论研究与社会政策和实践的整合研究。① 总的来说，自 20 世纪 90 年代以来，国外的抗逆力研究重心已经从个体转向组织层面，开始以一种交互性的视角来探讨在风险情境下人与人、人与资源、人与环境之间的相互作用以及在这种作用机制下如何实现抵御风险能力的获得与提升。②

因研究侧重点不同，抗逆力的界定有所不同。在抗逆力研究最为深厚的心理学研究中，抗逆力定义一般有四种类型:特质、结果、过程和多面向。Linquanti 认为抗逆力是个体的一种品质，该品质使个体即使面对压力和困境也不会做出问题行为。③ Masten 和 Coastworth 认为抗逆力会随着个体面对的压力和困境的变化而变化，因而抗逆力是适应性的结果。④ Titus 认为抗逆力是由稳定、应对与建构等多重因素构成的心理变化过程。⑤ Howard 等人将抗逆力的构成因素归纳为风险因素（risk factor）与保护因素（Protect factor），其中风险因素指个体的生存与发展造成消极影响的外在环境因素，而保护因素则是指当风险因素出现后，与其相互作用以抵消或者降低消极影响形成的因素。尽管学者们对抗逆力的界定有所不同，但亦取得了一定共识，即抗逆力是具有抵抗风险能力与资源的个体在遭遇风险过程中脱离风险的过程及其积极的应对结果。抗逆力的核心始终包含三个部分:暴露在困境中，抵消困境影响的资源或者优势的出现，展示积极的适应结果。也有学者表述为遭遇风险、用于抵抗风险的能力与资源、脱离风险的过程及其积极的应对结果。⑥ 所以，抗逆力的本质是指个体或组织、社区在逆境中克服困难，展示积极适应结果的能力。这种能力受到

① 刘玉兰:《西方抗逆力理论:转型、演进、争辩和发展》，《国外社会科学》2012 年第 6 期。

② 朱华桂:《论风险社会中的社区抗逆力问题》，《南京大学学报》（哲学社会科学版）2012 年第 5 期。

③ Linquanti R, *Using Community – Wide Collaboration to Foster Resiliency in Kids: A Conceptual Framework*. San Francisco: Western Regional Center for Drug – Free Schools and Communities, Far West laboratory for Educational Research and Development, 1992.

④ Masten AS, Coastworth D. "The Development of Competence in Favorable and Unfavorable Environments", *American Psychologist*, 1998 (2), pp. 205 – 220.

⑤ Titus CS, *Resilience and the Virtue of Fortitude: Aquinas Indialogue with the Psychosocial Sciences*, Washington, D. C: The Catholic University of America Press, 2006, pp. 3 – 9.

⑥ 朱华桂:《论风险社会中的社区抗逆力问题》，《南京大学学报》（哲学社会科学版）2012 年第 5 期。

个体或组织、社区与外部环境系统的影响。[①]

　　社区抗逆力是对个人抗逆力概念的拓展。Ganor 将抗逆力解读为个人和社区面对长期持续压力，找到内部优势和资源以便有效应对的能力。Coles 和 Buckle 将社区抗逆力等同于社区从灾难中充分恢复的能力、技巧和知识。Pfefferbaum 认为抗逆力指社区成员采取有意义的、慎重的行动以及集体行动，以补救由问题带来的影响，包括对环境的解释、干预及行动的能力。社区抗逆力的不同界定在三个方面达成基本共识：一是社区面临风险等不利环境；二是社区拥有或潜在拥有良好的适应性和恢复能力；三是优势视角，即更关注社区可运用的资源。诱发抗逆力作用的风险情境主要是社会风险（我们认为，慢性贫困对于区域发展来说，也是一种社会风险）；在抗逆过程中，调动区域内的各种资源，通过协调区域内人员的合作来应对压力，抵抗风险。社区抗逆力的资源，既可来自社区内部也可来自社区之外。当然，来自社区之外的资源和能力，其作用的着力点和结果也是为了促进社区自身的抗逆力。在我们看来，社区抗逆力是指家庭及社区具有的应对风险冲击或者摆脱长期贫困的能力。应该说，社区抗逆力的相关解释同样适宜于甘孜这样的区域范围。

　　抗逆力和脆弱性的关系可从静态、动态两个方面来看待。

　　就静态的关系而言，抗逆力与脆弱性之间的关系可类比于双螺旋结构。脆弱性高代表了在风险面前受损的概率大，概率大被破坏程度就高，系统可获得的反弹恢复资源会变少，因而抗逆力会降低。而抗逆力大的系统则会恢复得快且好，这会影响系统在面对下一次风险时的脆弱性大小。正因为这样，抗逆力和脆弱性在不同场合既可能是正相关，也可能是负相关。这种双螺旋结构关系意味着不能将抗逆力和脆弱性简单地看作硬币的两面或一条线的两端，而强调它们之间的简单直接关联。脆弱性与抗逆力一样，都受到多个复杂因素的影响，而在影响脆弱性和抗逆力的因素中，存在着重合与冲突，也就是说，一个对抗逆力有正面影响的因素可能对脆弱性有正面、负面或负直接影响。[②]

　　脆弱性和抗逆力都可以看作动态的过程量，它们在一定区域受到风险破坏时依次发挥主导作用。在风险发生的初期，风险对区域所造成的直接

---

①　刘玉兰：《西方抗逆力理论：转型、演进、争辩和发展》，《国外社会科学》2012 年第 6 期。

②　朱华桂：《论风险社会中的社区抗逆力问题》，《南京大学学报》（哲学社会科学版）2012 年第 5 期。

损失取决于社区自身脆弱性的强弱，这个时期是脆弱性在发挥主导作用，社区被破坏程度会影响紧接而来的抗逆过程。而风险发生后，抗逆力则会影响风险造成的间接损失大小和持续伤害程度，这个时期是抗逆力主导。总之，脆弱性和抗逆力是区域抵抗风险的两个重要属性，脆弱性强调区域在面对风险时直接损失的可能性，研究脆弱性有助于发现区域的弱点。抗逆力强调区域快速地恢复正常功能水平的能力及过程，通过抗逆力的研究，可以快速调整区域的适应性，尽可能地减少损失。

二　生计、可持续生计及其分析框架

（一）生计、可持续生计

"livelihood"（生计）的基本含义是指"生活的手段或方式"，"生计"概念被认为比"工作""收入"和"职业"等具有更丰富的内涵。在贫困治理研究中，"生计"更能完整地描绘穷人生存状态的复杂性。[①]

不同语境下，生计的内涵和外延有所不同。Chambers 和 Conway 从创造生存所需的角度出发，认为"生计是谋生的方式，该谋生方式建立在能力、资产和活动基础之上"。[②] 能力包括个体处理打击和冲击的能力，发现和利用机会的能力。资产可分为有形资产（包括储备物、资源）和无形资产（要求权、可获得权）；储备物包括食物、存款、黄金、珠宝、收藏等有价值物品；资源包括土地、牲畜、水、动植物和生产工具等；要求权是指能够给人带来物质或精神支持的要求和呼吁；可获得权指实践中使用资源、储备物的机会，以及获取信息、就业、物质等的机会。阿玛蒂亚·森认为生计中的能力是指人能够生存和做事的潜质发挥出来的能力。人们在拥有充足的营养和健康的身体素质的同时，还应该具有发展的技能、人生阅历和积极参与社会活动等相应的经济社会地位。他的能力概念，扩展了生计的内涵，不仅关注食物或收入的获得，还重视人的能力发展。Scoones 从生计完整性的角度认为"一个完整的生计维持系统包括能力、资产（包括物质资源和社会资源）以及维持生活所必需的活动。只有当一个生计维持系统能够应付压力和打击并可从中恢复过来，可以保持

---

①　李斌、李小云等：《农村发展中的生计途径研究与实践》，《农业技术经济》2004 年第 4 期。

②　Chambers R，Conway G，"Sustainable Rural Livelihoods：Practical Concepts for The 21st Century"．IDS Discussion Paper 296．Brighton：IDS，1992．

或者提高自身能力和资产且不损害自然资源的基础时，它才具有可持续性"。① Camey 从资产选择的角度提出，生计包括能力、资产以及这种生存方式所需的活动。Ellis 认为"生计包括资产（自然、物质、人力、金融和社会资本），行动和获得这些资产的途径（受到制度和社会关系的调节），这一切决定了个人或农户生存所需资源的获取"。② 基于前述研究，英国国际发展部认为，生计由一整套复杂多样的经济、社会和物质策略通过对个体借以谋生的行为、财产和权利得以实行。英国国际发展部在Scoones 的基础上，将金融资产细分为金融资产和物质资产。自然资产是指可以用来生产消费的土地、水、森林、动物等自然资源及储备。物质资产是指用于生产过程的基础设施和生产工具。金融资产是指可以用于消费的现金、存款和正式与非正式贷款。人力资产是指个人所拥有的谋生知识、技能、劳动能力和健康状况。社会资产是指社会关系资源，亲朋好友关系、个人参与的组织关系和领导关系等。

由学者们的认识看来，生计是一整套系统，包括能力、资源、行动，即人们依据自己的能力，采取行动，使用资源，得以生存并改善生存状态。同时，生计以个人或家庭的能力与资源为基础，通过一系列交换活动，实现能力与资源、资源与资源之间的转换。

生计方式指的是人类群体为了适应不同的环境所采取的整套的谋生手段。每个民族都有其生计方式，"每个民族在其生存的过程中都有一种主要的用以维持其生活的方式，以实现其基本的生存以及更进一步的发展。"③

可持续生计概念是生计概念的演进，即"什么样的生计是可持续的？"Scoones 认为，可持续生计是能够应付压力和冲击进而恢复，并且在不过度消耗其自然资源基础上，维持或改善其能力和资产，那么该生计具有可持续性。纳列什·辛格和乔纳森·吉尔曼在《让生计可持续》中认为消除贫困的大目标在于发展个体、家庭和社会改善生计系统的能力。英国国家发展署（DFID）认为，"生计包含了人们为了谋生所需要的能力、资产（包括物质和社会资源）以及所从事的活动。只有当一种生计能够

① Scoones, "Sustainable Livelihood: A Framework for Analysis". IDS Working Paper 72. Brighton: IDS, 1998.

② Ellis F, *Rural Livelihoods and Diversity in Development Countries*. New York: Oxford University Press, 2000, pp. 26 – 78.

③ 秦红增、唐剑玲：《定居与流动：布努瑶作物、生计与文化的共变》，《思想战线》2006年第 5 期。

应对、并在压力和打击下得到恢复;能够在当前和未来保持乃至加强其能力和资产,同时又不损坏自然资源基础,这种生计才是可持续性的。"①

由前述各种界定推知,可持续生计应该是以维持和提高资产的生产能力来保障财产、资源以及收入的稳定来源,并且储备足够消耗和应对损失的食物和现金,以满足基本生存的需求。

到了21世纪,生计可持续的内涵由当代人扩展到下代人。哈特利·迪安从社会政策选择的角度提出政策的制定必须考虑当代人和下代人的生计,合理分配代与代之间的需求和期望。再后来,Chambers 和 Conway 把可持续性分为社会和环境两个类别,其分类目的既强调生计对全球自然资源的外在影响(即环境可持续性),又强调生计的内在能力以保持承载力的持续和增强(即社会可持续性)。②

(二)可持续生计分析框架

可持续生计分析框架是围绕可持续发展而提出的研究工具,旨在分析社会和物质环境之间多维复杂关系。由于研究者的发展理念和追求目标不同,提出了不同的可持续生计分析框架。主要有 Scoones 提出的可持续分析框架、Ellis 提出的生计多样化分析框架、Bebbington 提出的以资产和能力为核心的生计和贫困分析框架、美国 CARE 的生计安全框架、DFID 建立的 SLA 分析框架等。③

美国 CARE 提出的生计安全框架,认为当农户能够从冲击和打击中恢复或提高生计能力和资产,并为下一代提供了生计的资源和机会,同时获得长期稳定的收益,生计就是可持续的。CARE 生计安全框架包含三个基本属性,即个人能力的具备(如教育、技能、健康、心理倾向),对可见和不可见资产的可获得性以及存在的经济活动。这三者之间的互动关系决定了农户所追求的生计策略。CARE 生计安全框架将家庭作为分析单元,关注家庭内部的男女分工和生育关系,分析儿童、妇女、男性和老人在社会中的作用。生计安全框架分析原则包括:综合的视角(即分析是有概念的、区分的和分解的),理解脆弱性的内容(如大范围的打击以及生计的限制因素),清楚地理解生计的关键因素(即生计内容、生计策略和生计输出)。

① DFID, *Sustainable Livelihoods Guidance Sheets.* London: Department for International Development, 2000, pp. 68 – 125.

② Maetha G. Roberts、杨国安:《可持续发展研究方法国际进展》,《地理科学进展》2003年第1期。

③ 赵靖伟:《农户生计安全问题研究》,博士学位论文,西北农林科技大学,2011年。

　　DFID 提出了可持续生计的概念并构建可持续生计的分析框架（the Sustainable Livelihoods Approach，即 SLA）。这一框架应用最为广泛，它建立在 Sen、Chamberse 和 Conway 等对贫困性质理解的基础上，并且把他们的工作规范化，使之成为一套单独的、可共享的发展规划方法。DFID 绘制了一个二维平面图来展示生计构成要素间的结构和关系，如图 2 - 12 所示。DFID 的可持续生计是一个系统性概念，涉及脆弱性背景、外部冲击、内部能力、资产状况、生计活动、发展策略以及这些方面之间的相互作用，[①] 其基本概念及其结构如图 2 - 13 所示。

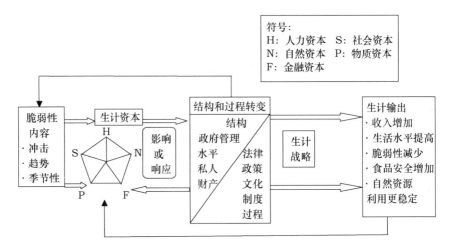

图 2 - 12　DFID 可持续生计框架（SLA）示意图

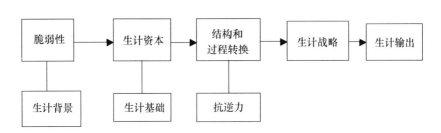

图 2 - 13　DFID 可持续生计分析框架结构

---

① 张大维：《生计资本视角下连片特困地区的现状与治理》，《华中师范大学学报》2011 年第 4 期。

1. 脆弱性背景。脆弱性是生计分析的基本背景。生计受到自然、社会、经济等多种环境因素的影响,这种影响涉及生计资本、生计战略以及生计输出等多方面。SLA 中的脆弱性环境主要是指:①冲击,包括突然的自然灾害、经济萧条、人类健康受到威胁、庄稼的歉收以及牲畜的病害、社会和技术的重大变革等。②趋势,包括人口、资源、政治、经济和市场的发展趋势。③季节性,包括周期性的价格变动和生产、就业的波动。①

2. 生计资本。生计资本是生计分析的基础。DFID 可持续分析框架提供这样一个思路:农户为实现可持续的生计策略,会在脆弱性环境以及外部支持或阻碍的作用下,主动配置所拥有的五种生计资本,使得各种资本都不短缺。农户生计资产的组成可用五边形表示,五边形的中心代表不拥有价值(或零拥有),而外部边界代表最大化的价值,如图 2-14 所示。②

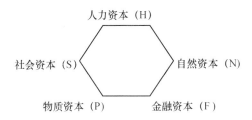

图 2-14 生计资本结构

五种生计资本包括自然资本、物质资本、金融资本、人力资本和社会资本。③(1)自然资本是描述自然资源存量的术语,泛指生计的资源流及其相关服务。自然资本可分为无形的公共资本(大气、生物多样性)和有形可分的直接用于生产的资本(土地、树木等)以及生态服务。自然资本与脆弱性环境联系最为密切。农民的生计对自然资源的依赖性普遍很强,一个地方自然资源基础的贫富决定了人们面临的风险和不确定性。很

---

① 苏芳、徐中民、尚海洋:《可持续生计分析研究综述》,《地球科学进展》2009 年第 1 期。

② Baumgartner R, Hogger R, *In Search of Sustainable Livehhood Systems.* London:Sage Pubkications Ltd, New Delhi:Thousand Oaks, 2004, pp. 48 - 125.

③ 苏芳、徐中民、尚海洋:《可持续生计分析研究综述》,《地球科学进展》2009 年第 1 期。

多对贫困者生计的冲击本身就是削弱自然资本的过程，如火灾毁坏森林、洪水和地震破坏土壤等。（2）物质资本包括用以维持生计的基本生产资料和基础设施，其意义在于提高贫困人口的生产力。生产资料是指人们为了提高生产效率所使用的设施，往往通过租赁或有偿服务市场被个人或集体所拥有。（3）金融资本是指人们在消费和生产过程中为了实现生计目标所需要的积累和流动资金。这里主要指金钱，但往往其他的实物也能起到钱的积累和交换作用。这种资本一般来源于存量（如储蓄）以及定期的资金流入（如抚恤金等）。（4）人力资本代表着知识、技能、能力和健康状况，它们能够使人们去追求不同的生计手段并取得相应的生计目标。在家庭层面上，人力资本水平取决于家庭劳动力的数量、家庭规模、技能水平以及健康状况等。人力资本的内在价值在于它能更好地利用其他四种生计资本，从而取得积极的生计结果，因此它是最为基础的生计资本。（5）社会资本意味着人们在追求生计目标的过程中所利用的社会资源，它包括社会关系网和社会组织（如宗教组织、亲朋好友和家庭等），也包括垂直的（与上级或领导）和水平的（与具有共同利益的人）社会联系。社会资本的作用是增强人们的相互信任及合作能力，并使其他机构对他们的需求给予更及时的回应。在五种生计资本中，社会资本与外部变革中的组织机构和程序规则最为密切，可以简单地把它看成是这些组织机构和程序规则外部环境的产物。

有学者将五种社会资本的内容具体化，认为针对农户而言：物质资本包括道路交通、运输工具、住房、饮水与卫生设施、能源、通信、生产工具、种子、肥料、农药等；人力资本包括劳动者的健康、营养、教育、知识和技能、劳动能力等；自然资本包括土地和产出、水和水产资源、树木和林产品、生物多样性和环境服务；社会资本包括社会关系、正式和非正式的组织；金融资本包括储蓄、贷款、借债、工资和报酬。[①] 农户的生计状况是五种生计资本综合作用的结果，农户实施不同的生计策略的能力取决于所拥有的资产状况，在不同的资产状况下，生计活动呈现多样性，并且相互结合起来以实现生计策略。[②] 在不同的条件下，五种生计资本可以相互转化。

3. 结构与制度转换。"结构与制度转换"指在与风险背景、生计资本

---

① 张志风：《可持续生计框架下的扶贫开发分析》，《农业考古》2010 年第 6 期。
② 李斌、李小云、左停：《农村发展中的生计途径研究与实践》，《农业技术经济》2004 年第 4 期。

相互建构过程中形成生计组织机构以及相应的政策制度的完善，其内容"涉及从个人、家庭到集体、公共领域的各个层面，它们有效地决定着不同种类资本的拥有与相互转换、任一给定资本战略的实施和反馈等"。①

结构是一种硬件，它包括公共与私人机构，这些机构多见于政府组织，它们设置实施政策、制定法律、提供服务并以影响生计的其他功能的所有方式来表现。制度是一种软件，它决定结构和操作的方式，制度本身作为一种常规实践（或者说是一种行为模式），往往受到社会准则和规则的制约，并且拥有持久和广泛的效用。制度也是一种社会集合体，它定义了一种人们通往积极或消极的生计适应性的路径。

4. 生计战略。生计战略也被学者们理解为是生计策略。生计战略（或策略）是家庭及其成员采取的活动组合选择，以维持、保障和改善他们的生计，这个特定的选择基于资产获取、机会认知以及活动者本身的愿望。② 简言之，生计策略是指人们配置、利用资产和选择经营活动，以便实现他们的生计目标，其中包括生产活动、投资策略、生育安排等。

农户生计策略是动态的，随着外界环境条件的变化而调整、改变。在不同的资产状况下，生计活动呈现多样性，并相互结合起来呈现出不同的生计策略。如在落后偏远的农村贫困地区，农户更多地依赖自然资源来维持生计，但是往往因为产出不足，生计难以维持，就会采取其他方式（如受雇于他人、进城务工等），改善生计状况。不同的生计策略是为了赢得更多收入、增进福利、减少脆弱性以及自然资源的可持续使用等。

生计策略以人为中心，即人们把他们所拥有的资本转化成为积极的生计成果。人们要取得积极的生计成果，必须拥有不同类型的资产；单靠一种类型的资产是不可能产生人们所追求的生计多样化的结果的。对于穷人来说尤其如此，因为他们对每种资产的可获得性都是有限的。于是，他们不得不寻求能够开发和综合利用他们现有资产的途径来维持生活。

5. 生计输出。生计输出是指生计策略或目标的实现或结果。SLA 列举了五种可能的生计成果类型，即更多的收入、福利的提升、降低了脆弱性、保障食物供给和可持续地利用自然资源。

二维的 SLA 分析框架是理解多种原因引起的贫困并给予多种解决方案的集成分析框架，展现了生计构成要素间的结构与关系，整合着影响生

---

① 苏芳、徐中民等：《可持续生计分析研究综述》，《地球科学进展》2009 年第 1 期。

② Chambers R，Conway G，"Sustainable Rural Livelihoods：Practical Concepts for the 21st Century"．IDS Discussion Paper 296．Brighton：IDS，1992．

计的宏观与微观要素。首先，从微观层次来看，农户、社区的生计由生计资本、生计策略及生计输出三大要素构成。以生计资本为基础，采用生计策略，获得生计输出，生计输出的资源部分转变为生计资本。以上微观生计循环过程是可持续生计的内源性动力。（2）生计嵌入脆弱性背景，生计资本、生计策略、生计输出都受到脆弱性背景的影响和制约。（3）结构与制度转换作用于生计要素、脆弱性背景，同时也受二者的影响。

当前对于 SLA 的批判有以下几点：一是把整个社会、经济、政治、自然环境脆弱性视为当然，重视不够；二是忽视了对权利不平等性以及利益冲突的分析，无法使可持续性生计真正体现出公平性；三是没有重视对社会制度、社会过程和社会关系的分析，以及缺乏对国家政策和市场力量的可操作性分析和干预，使得可持续生计局限在微观的住户的资产管理能力上，失去了这个框架所标榜的微观和宏观的链接，也难以促进基层群体的生计可持续发展①。此外，SLA 中并未将脆弱性背景、结构与制度转变如何作用于生计阐述清楚。

三 可持续生计分析框架重构

基于 SLA 中存在的不足，我们认为重构可持续分析框架，需要拓展脆弱性背景并具体化结构与制度转变的核心机制。首先，深入探讨脆弱性因素间"既因也果"的关系及其对农牧民生计的影响；其次，贫困地区如何通过优化结构与制度转变，改善社区、农户生计。

（一）脆弱性背景拓展

脆弱性背景的拓展，主要是整合可持续生计分析框架与脆弱性分析框架。

生计嵌入脆弱性背景中，脆弱性背景对生计具有较强的约束力，但两者之间的密切关联及关联方式分析在 SLA 中未受到应有的重视。Martha G. Roberts 等认为，将脆弱性分析方法与可持续分析方法结合更利于对贫困现象进行理解。② 可持续生计分析框架侧重于强调消除贫困，脆弱性分析框架侧重于强调缓解脆弱性，两者虽有差异，但是可持续发展是两者的共同目的。此外，生计是脆弱性与贫困相互关联的中间变量，因此，脆弱

---

① 郭伟和：《"身份之争"——转型中的北京社区生活模式和生计策略研究》，北京大学出版社 2010 年版，第 49 页。

② Martha G. Roberts、杨国安：《可持续发展研究方法国际进展——脆弱性分析方法与可持续生计方法比较》，《地理科学进展》2003 年第 1 期。

性分析框架与可持续生计分析框架之间,可植入"生计"这一重要连接点。从分析单位来看,脆弱性分析框架与可持续生计分析框架,也具有衔接之处。可持续分析框架多以家庭及社区为分析单位,而脆弱性分析框架虽有多层次分析尺度,但是社会—生态耦合系统脆弱性分析强调以地域单元作为基本分析单位,因此,两个分析框架可以以社区作为分析单位进行整合。

Turner II 有关社会—生态耦合系统的脆弱性分析框架中,脆弱性由"暴露""敏感性"及"恢复力"三要素构成,其侧重于胁迫性脆弱而较为忽略了累积式脆弱;可持续生计分析框架中的脆弱性背景虽然对胁迫性脆弱及累积式脆弱均有涉及,但没有对与生计密切关联的脆弱性产生的过程及机制进行深入阐述。因此,将两者进行整合,既可以同时论及胁迫性脆弱与累积式脆弱,又可以对脆弱性产生的过程与机制进行较为详细的阐述。

我们将两者进行整合,形成公共产品供给视角下增强抗逆力的生计分析图示(见图 2 - 10),该图示认为农牧民生计脆弱总体呈现为生计不可持续,缘由在于以慢性贫困为典型特征的累积性脆弱以及以风险冲击为典型特征的冲击式脆弱。生计不可持续"既因也果"的主要因素是可行能力相对较低、生计资本匮乏。

(二) 结构与制度转变核心机制的具体化

结构与制度转变核心机制的具体化在于引入抗逆力机制。

贫困地区常常集多方面的脆弱性于一体:高山峡谷土地稀少贫瘠伴之自然灾害频发,少数民族相对聚居或散居伴之以公共产品供给严重不足、人们行动能力较弱,经济欠发达伴之以资本、人力资源匮乏,产业发展脆弱伴之以市场风险巨大,等等。[1] 学术界目前就农村公共产品供给与减贫的研究已形成共识,公共产品供给尤其是均衡性公共产品供给可多方面地缓解贫困,有利于农户达致可持续生计。因此,在贫困地区,公共产品的有效供给是结构与制度转变的核心机制。在公共产品供给视角下增强抗逆力的生计分析图示(见图 2 - 10)中,我们认为公共产品供给直接作用于农牧民的可行能力、生计资本,其效应是提高农牧民可行能力,增量生计资本。

研究认为生计脆弱是连片特困地区的普遍特点,也是甘孜藏区农牧民的共性。社区是社会、政府、个人联系的纽带,增强社区的抗逆能力,提

---

① 李雪萍、龙明阿真:《村庄公共产品供给:增强可行能力达致减贫》,《社会主义研究》
　　2011 年第 1 期。

升抗逆力作用的起点，建立社区抗逆的资源储备，完善社区抗逆过程的运行机制，有着重要意义。

联结脆弱性与抗逆力，建构公共产品供给视角下增强抗逆力的生计分析图示（见图 2 – 10）有三个环节：抗逆力的起点、抗逆过程和抗逆结果。在图 2 – 10 中，生计脆弱是抗逆起点或应激源，针对甘孜藏区而言，具象为慢性贫困加之风险冲击，导致农牧民生计难以持续。抗逆过程强化着抗逆力。社区生计资本容量是社区抗逆力的内在动力，社区生计资本容量越大则社区抗逆力越强，因此，增强生计资本容量可以增强社区抗逆力。生计资本容量体现为五种生计资本的数量以及生计资本转化的能力，因此增强生计资本容量亦可以从以上两方面入手，即直接增加五种生计资本的数量以及间接增强生计资本转化的能力。供给公共产品对生计资本容量的增加有直接及间接的意义。可持续生计是理想的抗逆结果，其是社区抗逆力强的体现；而当社区抗逆力弱的时候，社区可能仍然摆脱不了贫困，处于低水平的社区功能——贫困的恶性循环之中。

（三）公共产品供给：增强贫困地区社区抗逆力的核心机制

贫困地区农牧民的生计脆弱，生计资本容量较少。供给均衡性公共产品，减轻其生计脆弱，增强社区抗逆力，这是反脆弱发展的必要途径，同时亦是改善脆弱性环境的重要措施。一般而言，均衡性公共产品包括：为贫困人口提供的医疗卫生、教育等社会服务项目，向落后地区提供的基础设施项目；为社会弱势群体提供的福利和社会援助项目；为协调人与自然的矛盾，向全社会提供的环境保护服务项目等等[1]。对于贫困地区而言，供给均衡性公共产品，可增加农牧民生计资本。社会福利和社会援助项目可以直接增加生计资本的数量和质量，如低保、医保、教育等；经济发展政策、基础设施建设、环境保护服务项目可以优化交换系统，提高生计资本之间的交换能力，间接增加生计资本容量。可持续生计强调一种内源式的发展，即"发展必定是成长的人自己的一种行动（一种努力、一种创举等）"[2]。短期而言，通过公共产品供给直接增加生计资本的数量和质

---

① 均衡性公共产品是指向落后地区和贫困人口提供的公共产品，包括：为贫困人口提供的医疗卫生、教育等社会服务项目，向落后地区提供的基础设施项目；为社会弱势群体提供的福利和社会援助项目；为协调人与自然的矛盾，向全社会提供的环境保护服务项目，等等。详见胡卫钧《论当前我国社会结构的分化与协调》，《理论与改革》2005 年第 6 期。

② 阿卜杜勒·马克立、黄高智：《发展的新战略》，中国对外翻译出版公司和联合国教科文组织1990 年版，第 120 页。

量，对于反贫困有显著效果；从长远来看，由于社区嵌入地域性的环境之中，实现社会—经济—生态的良性耦合，达致交换系统的优化，这是实现可持续生计的必要条件，而且，这对均衡性公共产品供给的种类、数量、供给方式等提出了不同的要求。

有研究显示，大多数农户的经济困难来自家庭成员生病后的高额医疗费用、高额的大学学费和结婚费用等，这些超出普通家庭年收入10倍左右的支出困扰着家庭的生计决策①。笔者长期在甘孜藏区观察发现，因病致贫、因病返贫以及因教致贫、因教返贫现象非常常见。各种病症中，地方病的危害很明显。对农牧户而言，一旦家庭成员长期患病或患重病，致贫（或返贫）在所难免。在甘孜藏区，中小学教育实行免费义务教育，中职教育实行"9＋3"，因教致贫或返贫的，主要是子女接受非义务教育或非免费教育（例如高中教育、高等教育等）的家庭。换言之，包括教育、医疗、养老保险等在内的公共产品供给，对农牧民生计改善，有着至关重要的影响。

甘孜藏区具有自然脆弱性和社会脆弱性交织的特性。在多重脆弱性交织背景下，政府须不断整合公共服务资源，协调地区间公共产品供给，保证全国范围内的绝大多数社会公众享有最基本的公共服务。这就是说，甘孜藏区农牧民的生计方式，虽然是其文化、制度、环境、历史的长期选择和留存，但是，公共产品供给可直接影响农牧民生计。

甘孜藏区的突出特点是大量贫困人口、弱势群体集中生活在落后地区，即集"贫困人口"和"落后地区"为一体。人们趋利避害的理性，使其尽量选择居住在自然环境较好的地方。贫困群体中，先摆脱贫困的人通常迁居生存条件更好的地方，经年累月，形成了"最穷的人正居住在最危险的地方"。历史演进中，贫困群体居住在自然环境恶劣、灾害频发的区域，这就导致社会发展历史范畴中贫困群体的脆弱性。最危险的地方往往是生存资料产出极少而自然灾害又最为频发的地方。总体上看，甘孜藏区属于连片特困地区，是藏民族聚居区、经济欠发达地区、城镇化率最低的地区，也是自然灾害频发的主要地区。现实中，甘孜藏区的公共产品极其匮乏，与此对应，则是公共产品需求种类多、数量大；遭遇贫乏的财

---

① 邰秀军、李树苗：《中国农户贫困脆弱性的测度研究》，社会科学文献出版社2012年版，第5页。

力支撑，其公共产品供给优先次序有别于其他地区，且外部依赖性强①。

为藏区供给的公共产品，性质上属于均衡性公共产品，这些均衡性公共产品是基本公共服务中的最基本的公共产品，与面向全民供给的基本公共服务相比，均衡性公共产品针对贫困人口、弱势群体、落后地区供给。甘孜藏区突出存在基本公共服务均等化的双重缺口，即甘孜州的公共产品供给，应存在于基本公共服务均等化的框架下，蕴含在均衡性公共产品供给理论的语境中。

经济学理论认为，均衡性公共产品中，环境保护属于纯公共产品，此外都是准公共产品。均衡性公共产品供给最为突出的特点不在于产品本身，而在于产品供给的社会特性。由于均衡性公共产品供给对象是落后地区、弱势群体，使得均衡性公共产品供给的福利性、公平性、外部性尤为突出。福利性、公平性是公共产品的一般性，均衡性公共产品供给，因其供给对象的特殊性，衍生出极强的公平性。

均衡性公共产品供给对象是弱势群体、落后地区，由于弱势群体、落后地区难于自给基本公共产品，政府采用行政机制无偿供给，使其免费消费，集中体现其福利性，凸显社会公平②。例如在甘孜藏区，以福利形式供给公共产品，就集中体现了公平性。连片的慢性贫困限制了甘孜藏区依赖自己的财力供给公共产品，而公共产品供给不足又反过来抑制了经济增长。甘孜藏区贫困群体的脆弱性累积，尤其是在频发的自然灾害面前，贫困群体的脆弱性累积尤为剧烈。打破贫困群体的脆弱性累积链，外力介入必不可少。外力介入的手段之一是供给均衡性公共产品，以满足贫困人口基本生活生产需要，这是公民的基本权利，也是社会公平的底线。

甘孜藏区自身经济社会特殊，其公共产品供给内容繁多，因社会建构的差异，许多在内地已经不作为公共产品的，在甘孜藏区必须以公共产品的属性来供给（例如大量老百姓的吃穿住）；在内地不需供给的公共产品，在甘孜藏区却成为必须（如基本的交通条件、反分裂斗争的需求等）。总而言之，从目前公共财政保障的范围来看，甘孜藏区公共产品供给范围比内地省区宽泛，公共产品供给优先次序呈现出自身特点。其主要需要是基本生活资料需求、基本生产资料需求、基本公共服务需求、边境

① 李雪萍、汪智汉：《短板效应：西藏公共产品供给——兼论均衡性公共产品供给特点》，《贵州社会科学》2009 年第 6 期。
② 陈志楣、刘澜楠：《我国公共产品供给的不均衡分析》，《北京工商大学学报》2008 年第 2 期。

建设需求、反分裂斗争需求、宗教方面的公共需求、保护极为脆弱的生态环境的需求等。

从需求的角度来看，甘孜公共产品供给的外部依赖性很强。由于财政收入有限，其公共产品供给不仅依赖地方政府，更为主要的是依赖上级政府或中央财政的转移支付。甘孜有限的财政收入却遭遇极高的公共产品供给成本，这是形成外部依赖的现实根源之一。在这一点上，甘孜州与西藏有相同之处。因为它们地处同一地理区域、文化区域和民族区域。①

总之，本书在联结脆弱性与抗逆力的理论语境下，以社区公共产品供给作为结构和制度转换的重点，研讨甘孜州农牧民历史上以及现在的生计方式，探究其中的变化，并探讨公共产品供给对生计方式改善的贡献。

四 联结生计和资源、能力

联结脆弱性和抗逆力分析农牧民生计方式的改变，在具体层面上指涉农牧民时，需要联结农牧民的生计和能力，这是反脆弱的核心。

阿玛蒂亚·森认为生计中的能力是指人能够把生存和做事的潜质发挥出来的能力。人们在拥有充足的营养和健康的身体素质的同时，还应该具有发展的技能、人生阅历和积极参与社会活动等相应的经济社会地位。换言之，阿玛蒂亚·森所讨论的生计中的能力，也就是可行能力。"一个人的'可行能力'（capability）指的是此人有可能实现的、各种可能的功能性活动组合。可行能力因此是一种自由，是实现各种可能的功能性活动组合的实质自由。""'功能性活动'（functioning）的概念，反映了一个人认为值得去做或达到的多种多样的事情或状态。有价值的功能性活动的种类很多，从很初级的要求，如有足够的营养和不受可以避免的疾病之害，到非常复杂的活动或者个人的状态，如参与社区生活和拥有自尊。""一个人的实际成就可以由一个功能性活动向量来表示。一个人的'可行能力集'由这个人可以选择的那些可相互替代的功能性活动向量组成。"② 阿玛蒂亚·森的可行能力概念，不仅关注食物或收入等物质的获得，还重视

①　喻廷才：《西藏公共财政建设面临的挑战与对策》，《西藏日报》2006年8月12日。中国藏学研究中心：《西藏经济社会发展报告》，《西藏日报》2009年3月31日。李雪萍、汪智汉：《短板效应：西藏公共产品供给——兼论均衡性公共产品供给特点》，《贵州社会科学》2009年第6期。

②　阿玛蒂亚·森：《以自由看待发展》，中国人民大学出版社2002年版，第62—63、85页。

人的能力发展。同时，可行能力概念也扩展了贫困内涵，从收入贫困扩展到能力贫困、权利贫困等，这使得反脆弱发展既要增加收入，更要增强可行能力。

联结生计方式与可行能力，形成区域发展研究的分析基础，这一基础建构在两个基本命题之上：一是生计资源、可行能力与生计结果之间呈正相关关系；二是公共产品供给与资源禀赋、可行能力、减贫效应呈正相关关系。

生计资源禀赋状况（即拥有的生计资源的数量及其质量）直接影响人们的生活、生产及发展的可行能力，可行能力又直接影响其生计结果。生计资源越贫乏，可行能力越低，生计结果就会呈现贫困；如果生计资源越丰富，可行能力越高，生计结果就会呈现为富裕。反过来，生计结果是贫困或富裕，对人们的可行能力以及资源禀赋状况也产生不同的影响。学界普遍认为，生计建立在资源、能力和行动基础上，即在一定的资源条件下，具备一定能力的人们会采取能力可及、资源可承载的行动。从这一基本共识出发，可行能力与生计方式是一枚硬币的两面：人们获取生产的、生活的物质资源、文化资源的方式形成"生计方式"的概念，人们获取生产的、生活的物质资源、文化资源的能力形成"可行能力"概念。在一定的资源条件下，有什么样的能力一般就会建构什么样的生计方式，有什么样的生计方式说明该群体已具备了什么样的可行能力（或者说是一定的生计方式呈现了已具备的可行能力）；要建构别样的生计方式，就必须具备别样的可行能力。如果从可行能力与生计方式的"因果链"来考察，在一定的资源条件下，能力是"内在的"，能力的大小、高低直接影响着人们采用何种方式获取生产的、生活的资源；生计方式是"外显的"，即在一定能力下，人们采取与能力相匹配的行为。可行能力和生计方式不论是一枚硬币的两面，还是"内在"与"外显"的关系，可行能力的提高与生计方式的改善都相辅相成，可行能力提高的同时，生计方式得以改善；生计方式改善的同时，可行能力得以提高。提高可行能力，改善生计方式，是反脆弱发展的必经路径。我们将生计资源分为三部分，一是直接生计资本及其积累，包括自然资本、物质资本、人力资本和金融资本；二是直接生计支持系统，主要是基础设施包括村庄道路、饮用水、电力供应、通信等；三是间接生计支持系统，它包括基本公共服务和社会资本。我们将可行能力分为生活可行能力、生产可行能力和发展可行能力。我们将减贫效果分为收入的增加、生产和生活水平的提高、抵御灾害能力的提高、自然资源利用的有效。生计资源、可行能力、生计结果之间的关系如图 2 - 15 所示。

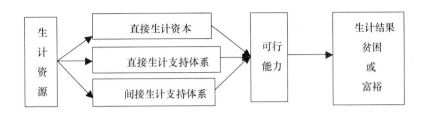

图 2 - 15 生计资源、可行能力、生计结果关系示意图

公共产品供给与资源禀赋、可行能力、减贫效应呈正相关关系。如果生计资源贫乏，可行能力较低，却想生计结果呈现为富裕，这就需要结构及制度的转换。结构及制度转换的重点之一是大量供给公共产品，改善生计资源禀赋状况，提高可行能力，并由此在生计结果中呈现出减贫效应，如收入增加，生活水平提高，抵御灾害能力提高，自然资源利用率提高，等等。反过来，减贫效应的呈现，会改善资源禀赋状况及可行能力，由此影响公共产品供给的社会安排。基础设施、基本公共服务供给，直接影响贫困人口的生计资源以及可行能力，已是学术界的基本共识。公共产品供给的效应是多方面的，最根本的是让贫困人口享受基本公共服务。享受基本公共服务是发展的基本要义，发展是扩展人们享受真实自由的一种过程。发展要求消除那些限制人们自由的主要因素：贫困以及暴政，经济机会的缺乏以及系统化的社会剥夺，忽视公共设施以及压迫性政权的不宽容和过度的干预等。① 同时，自由还是发展的主要手段，五种工具性自由包括政治自由、经济条件、社会机会、透明性保证和防护性保障，它们能帮助人们更好地生活。基本公共服务均等化具有建构性意义和工具性意义。基本公共服务均等化的建构性意义在于公共产品供给满足社会公共需要，维护社会公平正义。基本公共服务均等化的工具价值与阿玛蒂亚·森所强调的五种工具性自由有不谋而合的内在联系。森的五种工具性自由的建构，意味着向落后地区的弱势群体供给公共产品，通过公共政策补齐公共服务的短板。② 均衡性公共产品供给可在多方面直接改善落后地区、弱势

① 阿玛蒂亚·森:《以自由看待发展》，中国人民大学出版社 2002 年版，第 2、30 页。
② 李雪萍、龙明阿真:《村庄公共产品供给：增强可行能力达致减贫》，《社会主义研究》 2011 年第 1 期。

群体的生活状况，增强人们的可行能力，实现实质自由。公共产品供给、资源禀赋、可行能力、减贫效应之间的关系如图2-16所示。

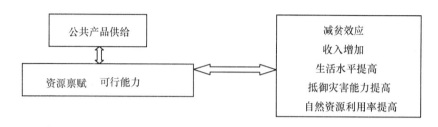

图2-16　公共产品供给、资源禀赋、可行能力、减贫效应关系

第四节　反脆弱的宏观目标:促成复合生态系统良性耦合

如果说，反脆弱发展是甘孜的发展路径，那么这一发展达致什么目标? 如前所述，其最直接的目标是提高农牧民的可行能力，改善农牧民生计。那么，宏观层面应达致何种状态? 我们认为终究还是希冀达致区域的社会—经济—自然复合生态系统的良性耦合，区域复合生态系统的良性耦合是一个区域可持续发展最根本、最深层次的内在机理。

一　社会—经济—自然复合生态系统的结构

马世骏较早地论述了社会—经济—自然复合生态系统的内在结构及其相互关系，即社会、经济和自然是三个不同性质的系统，各有其结构、功能和发展规律，但它们各自的存在和发展，又受其他系统结构、功能的制约。因此，必须当成一个复合系统来考虑，即社会—经济—自然复合生态系统。组成此复合系统的三个子系统，各有特性。社会系统受人口、政策及社会结构的制约，文化、科学水平和传统习惯都是分析社会组织和人类活动相互关系必须考虑的因素。价值高低通常是衡量经济系统结构与功能适宜与否的指标。自然界为人类生产提供的资源，随着科学技术的进步，在量与质方面，将不断有所扩大，但是有限度。稳定的经济发展需要持续的自然资源供给、良好的工作环境和不断的技术更新。大规模的经济活动必须通过高效的社会组织、合理的社会政策，方能取得相应的经济效果;反过来，经济振兴必然促进社会发展，增加积累，提高人类的物质和精神生活水平，促进社会对自然环境的保育和改善。自然社会与人类社会的此种互为因果的制约与互补关系，可描绘如图2－17。[①]

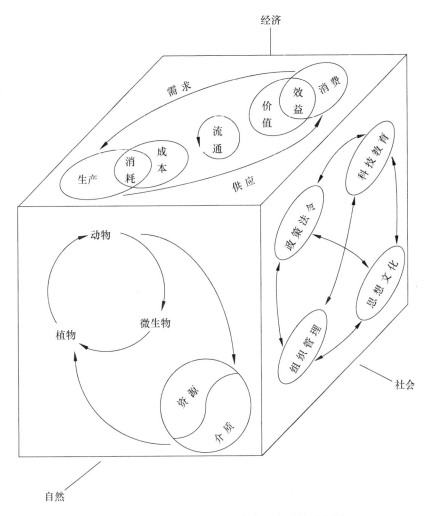

图2－17　社会—经济—自然复合生态系统示意图

社会—经济—自然复合生态系统内含三个基本子系统，但为了研究方便，我们将社会系统主要呈现为区域内农牧民的生计方式，并以此为核心

①　马世骏、王如松：《社会—经济—自然复合生态系统》，《生态学报》1984年第1期。

来探讨其与自然子系统、经济子系统的相互关系；自然系统含义广泛，包括通常所指的生态环境、资源环境，具体结构如图 2 – 18 所示；我们将经济子系统的基本内容界定为区域内的产业结构、产业基础（包括基础设施）等。

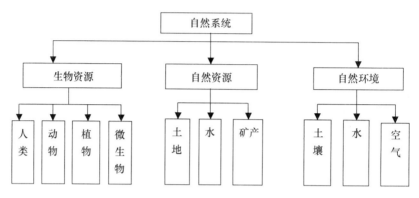

图 2 – 18　自然子系统结构示意图

二　复合生态系统内三个子系统之间的关系

从供求交换的角度来看，复合生态系统内的子系统相互作用、影响，可形成不良耦合或良性耦合，其内在机理有所区别。

（一）三个子系统之间的供求交换

从需求与供给（保障）的角度而言，复合生态系统内三个子系统之间相互作用、相互影响，其间的关系结构如图 2 – 19 所示。

社会子系统、经济子系统、自然子系统之间，经济子系统向社会子系统提供财物，而社会系统的良性发展可为经济子系统提供良好的社会环境等社会保障。经济发展过程中，人类社会一方面以经济收入为自然子系统的发展提供投入，另一方面也向自然环境排放各种废弃物；自然子系统为经济子系统提供生产环境、生产资料等。社会子系统消耗自然资源的同时，向自然排放各种废弃物、污染物；自然子系统向社会子系统提供物质产出。社会子系统、经济子系统、自然子系统之间，不断重复进行着能源、资源转换，但是其间转换可能有两种情况，一种是不良耦合，另一种是良性耦合。

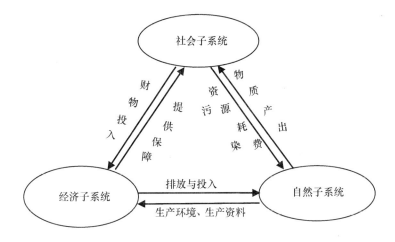

图2-19　三个子系统之间的需求—供给（保障）结构图

（二）三个子系统不良耦合及内在机理

若从三个子系统之间的需求与保障的角度而言，供给不能满足需求，或者是需求超过供给能力，就会使得三个子系统之间不能良性运转，形成不良耦合。不良耦合的具体情况可如图2-20所示。

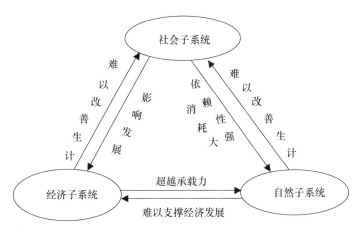

图2-20　三个子系统不良耦合结构图

在不良耦合的情况下，经济子系统的发展难以支撑或改善民众生计，而社会子系统如果运行不良，也难以为经济发展提供良好的社会发展空间。经济子系统的发展如果超越自然子系统的承载力，自然子系统也就难以支撑经济的发展。在较为落后的地区，农牧民生计对自然子系统的依赖性较强，对自然资源的消耗也比较大，当自然子系统不能较好发展（如出现生态恶化等），也就难以支撑和改善农牧民的生计。

在不良耦合的状况下，各个子系统之间作用机理如图2－21所示。在社会子系统中，当农牧民生活贫困、生计方式单一，购买力和储蓄率都很低，投资需求、投资供给也不足，形成低生产率。反过来，经济欠发达，又加剧生计困难。也因为农牧民生活贫困，生计方式单一，他们对自然子系统的依赖性较强，难免更多地消耗自然资源，容易形成水土流失、草场退化等，久而久之，生态退化、资源枯竭，又反过来加剧了生计困难。

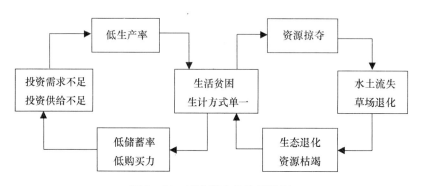

图2－21　不良耦合的作用机理

（三）三个子系统良性耦合及内在机理

若从三个子系统之间的需求与保障的角度而言，也可能形成良性耦合，如图2－22所示。良性耦合的情况下，经济子系统的发展促使农牧民生计改善，而良好的社会环境也促进经济发展。经济子系统的发展在自然子系统的可承载范围内，自然子系统也能促进经济发展。良好的自然环境改善着农牧民的生计，同时农牧民对自然的消耗也较为适度，不至于破坏环境。在良性耦合的状况下，各个子系统之间作用机理如图2－23所示。在社会子系统中，当农牧民生活富裕，生计方式多样的情况下，农牧民的生计资本、社会资本增加，投资需求、供给需求增量，提高生产率，促进经济发展，从而使得农牧民生计进一步改善，生活更加富裕。也因为农牧民生活富裕，生计方式多样，他们对自然子系统的依赖性降低，减少资源消耗,使生态得以恢复与改善,增强自然承载力,使得生活更为富裕,生计更为容易。

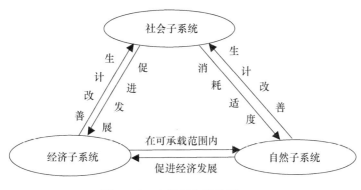

图 2-22　良性耦合结构图

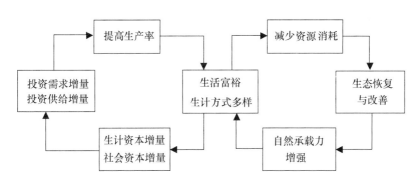

图 2-23　良性耦合下,各个子系统的相互作用机理

三　脆弱性、抗逆力与复合生态系统

来自自然地理环境、社会、政治、经济、文化、技术等各方面导因引发的脆弱性,都会作用于社会—经济—自然复合生态系统,在一定程度促成其不良耦合。需要思考的是,如何实现由不良耦合转换到良性耦合。在我们看来,甘孜藏区这样的连片特困地区,实现不良耦合到良性耦合转换的关键就是政府大量、全方位地供给公共产品,因为政府供给公共产品是增强抗逆力的关键。

从脆弱性和抗逆力对复合生态系统的作用来看，脆弱性促成复合生态系统的不良耦合，而抗逆力却反其道而行之，增进复合生态系统的良性耦合。脆弱性、抗逆力与复合生态系统之间的相互作用可如图 2 - 24 所示。即脆弱性促成不良耦合，而抗逆力改变不良耦合，增进良性耦合。

图 2 - 24　脆弱性、抗逆力对复合生态系统的作用

公共产品供给建构抗逆力，减少脆弱性，促成复合生态系统良性耦合。公共产品供给建构着抗逆力，一方面直接或间接地作用于复合生态系统中的三个子系统及其内部转换，增进其良性耦合；另一方面，直接减少脆弱性，从而有助于增强区域自我发展能力，也有利于促进复合生态系统走向良性耦合。公共产品供给与脆弱性、抗逆力、复合生态系统之间的关系，如图 2 - 25 所示。

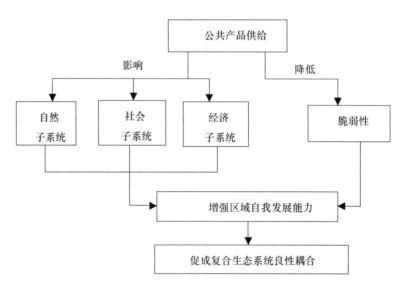

图 2 - 25　公共产品供给与脆弱性、抗逆力、复合生态系统的关系

对于甘孜藏区而言，社会—经济—自然复合生态系统从不良耦合到良性耦合,最主要的影响因素是政府强力供给大量的公共产品,公共产品供给各个子系统及其良性耦合的影响的具体环节是:(1)对自然子系统而言,公共产品供给可提高其承载力,具体途径是实施退耕还林、退牧还草、灾害防治等。(2)对社会子系统而言,公共产品供给改善民生,具体路径是提供福利保障、基础设施、基本公共服务等。(3)对经济子系统而言,公共产品供给可增强区域经济力,具体路径是优化产业结构、产业基础等。公共产品供给作用如图2-26所示。

总之,在脆弱性环境下,社会—经济—自然复合生态系统形成不良耦合;制度和结构的转换中,因公共产品供给,可能将不良耦合渐渐转变为良性耦合。反过来,当公共产品供给增强区域自我发展能力之后,自我发展能力作用于自然、社会、经济三个子系统。

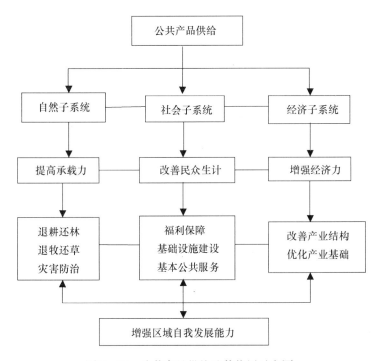

图2-26 公共产品供给及其作用示意图

第五节　反脆弱的关键:均衡性公共产品供给

人类社会是政治、经济、文化、社会诸要素的综合，这就是总体社会。主体社会是总体社会的四要素之一，是人的现实生活领域。和谐社会建设经由公共产品供给，其中，均衡性公共产品供给是在公共权力的运行范围内，以政治上的均衡手段为经济发展的天然不均衡"解毒"，保证经济社会协调发展。向藏区供给均衡性公共产品便是"解毒之举"。

一　国家、市场、社会互动演化

关于改革开放三十多年来我国的制度变迁，主流的理论解释有一个共同的基本假设，即国家、市场是塑造制度变迁的两股基本力量，形形色色的制度变迁轨迹和后果都是国家与市场之间权力游戏的结果。关于这场权力游戏的内在逻辑和机制的解说，学术界曾出现"市场转型论""地位权力论"。市场转型论认为，新兴市场的扩展在不断地削弱国家资源分配权力的同时，还在国家主导的政治经济体制之外向劳动者提供了新的刺激、机会和社会流动渠道，从而成为推动制度兴替的主要力量。地位权力论认为，国家在改革过程中仍然保持甚至提高了自己相对于新兴市场的权力，因而仍然主导着整个制度变迁。综合"市场转型论""地位权力论"两种理论路线的基础上，互动演化论认为，国家和市场之间的权力游戏不是一场此消彼长的零和博弈，国家和市场之间除了相互竞争、削弱和制约之外，还可以相互加强，甚至相互适应和改变对方。① 三种理论阐释，强调国家与市场的博弈，缺失"社会"话语，竟是遗憾。

现实中，国家、市场、社会三位一体，相互作用，演绎社会结构变迁。从理论上看，国家、市场、社会三个子系统，虽各有不同的目标取向和运作逻辑，但彼此有机结合，形成一种相对平衡的张力关系，制约着其中任何一个维度走向极端，以保持整个社会的相对稳定和生活在其中的人们各得其所。显然，假如三者中任何一个系统过于扩张，都会导致梦魇和大转型。例如波兰尼指出，19 世纪的古典经济学家试图创造一个完全自然调节的市场经济，并让社会运转从属于市场。不过，人类的实践证明，经济完全"脱嵌"的社会只是一个乌托邦；古典经济学家的目标不曾也

---

① 冯仕政:《国家、市场与制度变迁》,《社会学研究》2007 年第 2 期。

不可能实现。事实上，19 世纪以来的人类社会目睹的是一个双向运动：市场力量的扩张或早或晚都会引发旨在保护人、自然和生产组织的反向运动；保护性立法与其他干预手段是这种反向运动的特征。[①]

我国改革开放三十多年来的制度变迁便是大转型的例证，20 世纪 70 年代末到 90 年代末，我国分三个阶段经历了从伦理经济到市场社会的转变。我国转向市场社会后，市场干预的范围极广，触及教育、医疗卫生等非经济领域。短暂经历"市场社会"的梦魇之后，已出现了反向运动，正在催生"社会市场"。在社会市场里，市场仍然是资源配置的主要机制，但政府通过再分配，整合社会力量，出台一系列社会政策，以期缩小不平等，让全体人民分享改革开放的成果，让社会各阶层分担市场运作的成本，[②] 创建公平正义的和谐社会。

政府出台的一系列社会政策，着力点是加大公共产品供给力度，并把重心放在均衡性公共产品供给。近十多年来，新出台的社会政策，集中地惠及了落后地区和低收入群体，低收入群体涵盖农村和城市，1999 年开始实施西部大开发，中央政府采用大规模的财政转移支付，缓解各地区间财政收支的不平衡，促进各地区协调发展，其实质也是针对西部落后地区，供给均衡性公共产品。通过社会政策，公共产品供给向农村倾斜，向城市低收入群体倾斜，向落后地区倾斜，实质是供给均衡性公共产品。通过社会公共政策，加大公共产品供给力度，并重点供给均衡性公共产品，其目的之一是把市场"嵌入"社会，催生"社会市场"。把市场"嵌入"社会，催生社会市场过程中，政府扮演着积极的角色。州县区域是实施社会政策的重要场域，催生"社会市场"，实则体现了国家、市场、社会的互动演化。

二 均衡性公共产品供给

"社会市场化"是 20 世纪 90 年代以来我国社会体制重建的一个主要取向。以市场化的经济资源分配方式来组织社会生活的重要结果，从宏观上来看，形成了多元立体的不平衡格局；从公共产品供给的角度来看，形成公共产品供给总量不足和分配不合理。地区差距、城乡差距以及由此表现出来的贫富分化，便是社会市场化恶果的集中体现。贫富分化造成"社会结构紧张"，出现"公正失衡"，这就是说，若任由社会结构紧张下

① 王绍光：《大转型：1980 年代以来中国的双向运动》，《中国社会科学》2008 年第 1 期。
② 同上。

去，任由多元立体的不平衡格局发展下去，政府缺乏足够的公共产品供给能力，也无力实现基本均衡，社会将会被由自己产生的财富所分化，国家也将被随心所欲的财富所腐蚀。这将导致社会失范和认同危机，使一部分人、阶层甚至地区在物质上和精神上被甩到社会结构之外，使社会矛盾日益积累和突出，从而对政治稳定和经济可持续发展构成越来越明显的挑战。[①]

为了避免一部分人、阶层甚至地区被甩到社会结构之外，国家、市场、社会在互动演化过程中，国家的力量及其作用应有所凸显，集中表现为均衡性公共产品供给。均衡性公共产品是指国家以设定权利义务关系或提供行政给付的方式，为经济落后地区和社会弱势群体提供的，旨在降低经济和社会差别的各种公共产品的总称。我国学者根据 1997 年世界银行发展报告认为，均衡性公共产品主要包括：为贫困人口提供的医疗、卫生、教育等社会服务项目，以及向落后地区提供的基础设施建设项目；为社会弱势群体提供的福利和社会援助项目；为协调人与自然的矛盾，向全社会提供的环境保护服务项目。[②] 从均衡性公共产品的内容可以看出，均衡性公共产品的供给对象主要是落后地区、弱势群体，供给均衡性公共产品的实质，是公共产品分配向落后地区、弱势群体倾斜。

通过公共产品供给来解决社会利益群体分化、地区利益分化导致的问题，是世界各国通行的做法，这一政策行为内源于公共产品的供给、分配在制造和缓解收入差距方面作用重大。显然，均衡性公共产品也不例外，甚至作用更大、更直接，由于均衡性公共产品供给直接作用于弱势群体和落后地区。正如阿南德和瑞威连认为，政府支出在结构上应优先投资于公共服务领域；在支出领域上，应首先照顾低收入群体和贫困地区，因为这些领域才是获得最大边际效用的所在。[③]

首先，贫富差距不仅表现为收入水平差异，也反映在基本公共产品供给方面。我国的城乡差距、地区差距，内在地包含着城乡公共产品供给、地区公共产品供给的严重失衡。农村居民，尤其是农村贫困群体，难以获得基本的公共产品，导致其最基本的生存权和发展权得不到保障，直接限

---

①　李强：《改革开放 30 年来中国社会分层结构的变迁》，《新华文摘》2009 年第 2 期；孙立平：《我们在开始面对一个断裂的社会》，《战略与管理》2002 年第 2 期；渠敬东：《断裂与缺席——有关失范的社会学研究》，上海人民出版社 1999 年版，第 29 页。

②　胡位钧：《论当前我国社会结构的分化与协调》，《理论与改革》2005 年第 6 期。

③　中国（海南）改革发展研究院课题组：《实现人的全面发展》，载《基本公共服务与中国人类发展》，中国经济出版社 2008 年版，第 24 页。

制了农村人口素质的全面提高。中国城乡差距也许是世界上最大的,这构成中国收入分配格局的一个最为重要的特点。① 2004 年我国城乡收入差距名义上是 3.2:1,若把义务教育、基本医疗等因素考虑在内,有学者估计我国城乡收入差距实际上已经达到 5:1 或 6:1。按照这个分析,公共产品因素在城乡实际收入差距中的比例在 30%—40%。

其次,公共产品供给拉大居民收入差距的作用非常明显。近年来,教育与医疗费用上涨幅度大大高于中低收入家庭可支配收入的增长速度,并成为拉大贫富差距的重要因素之一。有学者估计,导致收入分配差距的各种因素中,教育因素大概占 20%。健康状况严重威胁中低收入群体(特别是广大农民),据统计,农村贫困者中,有 70% 是因疾病所致。因此,要缓解贫富差距,必须以有效供给公共产品为重点,例如为弱势群体提供公共医疗等基本公共产品,才可能有效地减少贫困群体的数量。② 公共产品供给的不均衡本身就是拉大地区差距的一个主要原因,在缩小地区差距的过程中,供给均衡性公共产品具有显著的效率和公平含义,因为它们能增强落后地区贫困人口的能力,增加其发展自己,保护自己的机会。

目前,加大公共产品供给力度,重点供给均衡性公共产品,必须完善社会保障制度,既供给一般性公共产品,又供给均衡性公共产品。一般性公共产品又称为"社会性公共产品",是整个社会共同消费的纯公共产品;均衡性公共产品又称为"扶助性公共产品",是专门针对弱势群体、落后地区供给的公共产品。③ 完善社会保障制度所供给的一般性公共产品是社会保险、社会救助、社会福利、慈善事业相衔接的覆盖城乡居民的社会保障体系;所供给的均衡性公共产品包括救助困难群体、优抚安置、发展残疾人服务和老年人服务等。其中,救助困难群体包括完善城市低保、农村五保供养、特困户救助、灾民救助、城市生活无着落的流浪乞讨人员救助等。

三　均衡性公共产品供给是社会的基本价值取向

市场转型论、地位权力论、互动演化论中,国家和市场的博弈是基本语境,"社会"没有现身,毕竟遗憾。改革开放三十多年来,我国民间组

---

① 联合国开发计划署:《中国人类发展报告(2005):追求公平的人类发展》。

② 迟福林:《建立公共服务体制与政府转型》,详细网址:http://chifulin.blog.sohu.com/6582968.html,2006 年 7 月 13 日。

③ 胡位钧:《论当前我国社会结构的分化与协调》,《理论与改革》2005 年第 6 期;王勇兵:《地方政府创新:制度空间与路径选择》,《学习时报》2006 年 2 月 27 日。

织不断发育，个人权利意识不断张扬，社会治理主体逐步多元化，一个相对开放、自主的"多元社会"正在浮现。思想史上，社会的目标被界定为"公平正义"。社会可以具体化为保障人们的基本生存机会、条件和权利的领域，或者更直白地说，就是公共产品配置领域。社会体制就是围绕公共产品配置而进行的一系列制度安排，其效率在很大程度上取决于能否协调好不同社会主体之间的利益关系。因此，在制定相关制度安排时不能不考虑如何在公共产品配置中使公平正义得到有效体现，从而最大限度地满足不同社会成员的利益诉求，协调好不同社会主体之间的关系，提升社会整体的满足感。①

有效体现公平正义，理应在实现公共服务均等化的过程中，有差别地为弱势群体、落后地区供给均衡性公共产品，正如平等的自由主义公平观主张的那样。平等的自由主义公平观主张机会平等，但各人、各地区因各种原因，导致现实的不公平，在机会平等的原则下，应差别对待弱势群体、落后地区。差别原则的目的不是以社会结构来确立和保障那些状况较好者、较好地区的较好前景，而是通过制度安排来改善那些状况较差者、较差地区的生活前景。罗尔斯认为，出身和天赋的不平等是不公平的，那么这种不平等就应该得到补偿。因此，为了提供真正的机会均等，社会应该更重视那些出身于地位较低家庭而天赋较少的人，必须付出更大的代价，即补偿。显然，不同地区也是如此。这就是说，要实现公共服务均等化，必须首先补偿弱势群体、落后地区，而补偿的直接方式之一，就是通过制度安排供给均衡性公共产品，补齐短板。

把短板补起来，通过补偿弱势群体和落后地区，实现"底线公平"。实现底线公平是基本公共服务均等化的基本原则，基本公共服务均等化是指一国范围内全体居民应当享有水平大致相当的基本公共服务，目的是保证起点公平，人们有自由选择的机会，实现公平效率兼顾，促进社会和谐发展。② 公平的内涵与外延丰富多彩，每一个国家对公平的理解也存在差异，西方社会保障理论所倡导的公平原则与其发达的经济基础、高扬的主体意识以及独特的历史文化紧密相连。我们所依据的公平应该是体现并追求那种以解决民生最基本生存需求的生存公平、机会公平，也就是底线公

---

① 李友梅：《关于社会体制基本问题的若干思考》，《新华文摘》2008 年第 22 期。
② 李雪萍、刘志昌：《基本公共服务均等化的区域对比与城乡比较》，《华中师范大学学报》2008 年第 3 期。

平。① 实现"底线公平"，有助于缩小弱势群体与优势群体之间、先进地区与落后地区之间的差距，从而缓解由差距引发的冲突，实现相对稳定的发展。

应该说，修补短板，社会不可缺位，因为社会功能型结构中，社会不可或缺。马克思主义的社会结构既包括社会利益性结构，还包括社会功能性结构。所谓社会利益性结构是指权力和资源在不同阶级、阶层、社会集团中的分配关系；所谓社会功能性结构是人的需求结构和供应结构的相互适应性关系。前者反映了社会结构的差异性，即不同社会形态的差异；后者反映了社会结构的一般性，即不同社会形态的共同性。从人们需求与供给相互适应性角度来看，需求与供给双向互动；需求是不断变化的结构性系统，存在多样性、动态性和复杂性；与需求结构相适应，供给也是一种结构性系统，也存在多样性、动态性和复杂性；任何单一的供给主体和供给机制都无法有效地满足人们的需求；与私人产品、公共产品、准公共产品的多重组合相适应，需要国家、市场、社会分别来供给。如果从人们需求结构与供给结构的相互关系来看，社会功能结构就是以国家、市场、社会三个子系统为构成要素以及它们之间相互影响、相互作用的关系总和。其中，市场是私人产品的需求与供给相适应的组合机制，国家是纯公共产品的需求与供给相适应的组合机制，社会是准公共产品的需求与供给相适应的组合机制。这就是说，经济产品内在属性的差异，需要市场、国家、社会既分工又协作地供给。②

四　国家、市场、社会合作供给均衡性公共产品

供给多样化的公共产品，内在要求国家、市场、社会合作，显然，供给均衡性公共产品也不例外。

根据拥有排他性、竞争性的不同情况，经济学将经济产品分为私人产品、纯公共产品、准公共产品。

私人产品是指具有竞争性和排他性的产品，而市场是个人表达私人产品偏好和实现个人福利最大化的有效机制。"市场是交易伙伴就一定的物或服务之间所自愿达成的合作秩序。"③ 对于消费者而言，私人产品成本与收益"内部化"，消费者主动表达需要偏好，自由选择。企业明确界定

---

① 高和荣：《论中国特色社会保障理论的建构》，《新华文摘》2009年第2期。

② 陈伟东：《社区自治：自组织网络与制度设置》，中国社会科学出版社2004年版，第96—99页。

③ 李建德：《经济制度演进大纲》，中国财政经济出版社2000年版，第214页。

付费者，有了生产销售积极性。

纯公共产品既具有竞争性又具有排他性，国家是公民表达对纯公共产品需求偏好和追求全社会福利最大化的有效机制。国家供给纯公共产品是其使命使然，主要包括：政治生活、市场生活、社会生活所必需的行为规范；全体公民受益的同质性产品，如基础教育、基础科学研究、公共卫生、司法体系、国防外交等。纯公共产品是非零和性公共产品，也是全国性公共产品。非零和性公共产品是指当享用这些公共产品的人数增加时，群体中每个个体从中能获取的好处并不会减少。全国性公共产品是指覆盖全国，对国家范围内的所有人都不实行排他的公共产品，或者说是一国公民都能毫无额外成本地享用的公共产品。均衡性公共产品中，向全社会提供的环境保护服务等属于纯公共产品，主要应由国家供给。

学术界认为纯私人产品和纯公共产品这两个概念更多只是理论上的抽象，现实中大量的经济产品具有的非竞争性和非排他性的程度是不一致的。"事实上，很少有物品是纯粹的共同消费物品；大多数物品都落在纯粹个人消费物品和纯粹共同消费物品构成的连续体之内，就像落在排他性和非排他性构成的连续体内一样。"① 如果把私人产品作为"一极"而纯公共产品作为"另一极"的话，现实中的经济产品是从私人产品"这一极"到纯公共产品"另一极"逐渐过渡的一系列产品，而处于从私人产品"这一极"到纯公共产品"另一极"逐渐过渡的一系列产品，我们称之为准公共产品，准公共产品包含了俱乐部产品和公共资源，如图 2 - 27 所示。

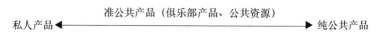

私人产品 ◀━━━━━━━━━━━━━━━━━━━━━▶ 纯公共产品

准公共产品（俱乐部产品、公共资源）

图 2 - 27　准公共产品的二维连续分布图

对经济产品"二维连续分布"的认知，旨在说明准公共产品供给应建立多主体秩序，实现政府、企业、社会组织、民众合作参与。多主体中，政府是由不同层级的机构组成的综合体，现实中，中央政府通过财政转移支付，向落后地区提供的基础设施建设；各级地方政府为贫困人口提供医疗、卫生、教育等社会服务项目，为社会弱势群体提供的福利项目

---

① ［美］E. S. 萨瓦斯：《民营化与公私部门的伙伴关系》，周志忍等译，中国人民大学出版社 2002 年版，第 48 页。

等，这都是在供给均衡性公共产品。

均衡性公共产品主要是准公共产品，均衡性公共产品供给，企业、各类社会组织不可缺位。供给主体采用各种供给机制，即使是企业，在供给主体的规制中，在有利可图的前提下，也能参与均衡性公共产品供给。各种社会组织也是如此。

五　均衡性公共产品供给的特点

（一）更强调政府责任

均衡性公共产品供给需要国家、市场、社会通力合作，但与一般性公共产品供给相比，甚至与基本公共服务供给相比，藏区的均衡性公共产品供给更强调政府责任，尤其突出强调中央政府等上级政府的责任。

从理论和实践来看，人们对公共产品的认定及政府责任的确定有两种不同的思路。[①] 第一种思路是从公共产品本身属性出发来确定政府责任。该思路认为，纯公共产品由政府供给，纯私人产品由市场供给，准公共产品由政府、社会、市场合作供给。然而，现实却是另外一幅场景：某些公共产品不完全由政府供给，某些私人产品也要求政府供给，例如极端贫困人口的吃饭、住房等，再如个人因病、因灾而无力生存时，政府不能"见死不救"。根据公共产品的"纯度"确定政府职责，但涉及不同层级间政府职责划分时，公共产品理论认为，按照受益区域大小，公共产品可分为全国性公共产品和地方性公共产品，还可细分地方性公共产品。全国性公共产品应由中央或联邦政府供给，范围大小不同的地区性公共产品由不同层次的地方政府供给，几个地区共同受惠的公共产品主要由有关地区联合供给。其中，中央政府原则上应当主要负责供给三类基本公共产品：公益性覆盖全国范围的公共产品、具体跨地域的外部性的公共产品和促进代际之间收益平衡的公共产品。[②] 第二种思路是根据需求及供给状况来确定政府的责任：凡是人们需要而社会、市场不愿意供给或供给不好的产品，均是政府的责任。其潜在逻辑是：不论是否是公共产品，只要是人们必需的而其他方式不能有效供给的产品，即使是私人产品，也应由政府承担；反之亦然。

---

① 项继权：《基本公共服务均等化：政策目标与制度保障》，《华中师范大学学报》2008 年第 1 期。

② 中国（海南）改革发展研究院：《基本公共服务与中国人类发展》，中国经济出版社 2008 年版，第 348 页。

　　两种思路不约而同地把藏区的均衡性公共产品供给任务,指向政府。这就是说,藏区均衡性公共产品供给更强调政府责任,这不仅内源于产品属性、需求的紧迫性,还源于以下各种因素。首先,从供给的角度来看,财政收入是供给公共产品的基本资源,政府供给均衡性公共产品具有"刚性"优势。诚然,公平正义是社会的核心价值取向,社会供给均衡性公共产品责无旁贷,事实上,社会也正如斯运行,如扶贫济弱。但是社会供给均衡性公共产品的激励机制和约束机制不具"刚性"特征,政府以公共财政为支撑供给均衡性公共产品,方具"刚性"特征。尤其是在经济社会发展的"拐点时期",通过政府的"刚性"优势,把经济嵌入社会,催生"社会市场",意义极其重大。其次,从需求的角度来看,藏区公共产品供给外部依赖性很强。由于财政收入有限,公共产品供给不仅仅依赖地方政府,更为主要的是依赖中央财政的转移支付、上级政府对藏区的各种建设项目投入以及内地发达省市的援助。

　　藏区有限的财政收入却遭遇极高的公共产品供给成本,这是形成外部依赖的现实根源之一。与西藏一致,甘孜地域辽阔,人员居住极为分散,行政运行成本高,社会各项事业发展特别是涉及农牧区教育、文化、科技、卫生事业发展的成本很高。① 甘孜州的行政成本和社会事业成本较高,公共设施建设成本远远高于内地,原因主要有:(1)公共产品覆盖半径很大。甘孜地广人稀,人口密度极低,远远低于全国每平方千米117人的水平。因此,覆盖全州的公共产品的服务半径非常大,这严重影响公共产品供给的数量和质量,也使得供给成本远远高于内地。(2)工期限制。甘孜的高原地理环境和恶劣的气候条件,间接地提高了公共设施建设成本。每年11月中旬,甘孜所有工程建设项目一律都得停工,一直到下一年的4月初才重新开工。工程建设的可施工期短,工程造价高。"经过测算,高寒地区同样质量要求的工程造价比一般地区高出20%左右。"②(3)高额运输成本。由于没有系统的工业体系,产业结构极不合理,甘孜地区公共设施建设的众多需求一般都从内地购入,这样使得甘孜的物价大大高于内地。

　　(二)藏区公共产品需求及供给次序的特殊性

　　确定公共产品优先次序的主要依据有:当期经济发展水平下,财政用

---

① 喻廷才:《西藏公共财政建设面临的挑战与对策》,《西藏日报》2006年8月12日。

② 王朝才、王继洲:《建立规范的财政转移支付制度中扶持民族地方发展的措施研究》,《经济研究参考》2004年第12期。

到公共产品供给的支出，即公共产品供给能力；公共产品需求的紧迫性，即越关系基本生存需求越紧迫，越成为公共产品供给的重点内容；需求层次，按照生存—发展—可持续发展路径选择，供给公共产品。

藏区的公共产品需求种类多、数量大，而公共财政资源极为有限，其公共产品供给优先次序有别于内地省份。

理论上，从目前公共财政保障的范围来观察公共产品现实需求，是可行路径之一。甘孜藏区公共产品供给范围比内地省区宽泛，公共产品供给优先次序也呈现出自身特点。

首先，满足基本生活资料需要。甘孜藏区公共产品供给次序中，首位的应是供给绝对贫困人口以及部分相对贫困人口的基本生活资料，包括粮食、衣物、基本住房等基本生活必需品，以及人畜饮水、家庭能源、卫生设施、移民搬迁等，这是甘孜公共产品供给的基础。

其次，满足基本生产资料需要。甘孜农牧区基本生产需要主要包括：其一，农牧区冬季饲料的公共需求。甘孜地处高寒，生物量极少，冬季牧草不足已经成为牧区的常态。按照近几年甘孜地区雪灾救助的经验数据，每年要有大量投入，才能保证冬季牧草的紧急调运。其二，农区水资源供给以及农田基本建设需要。其三，农牧区生态环境保护需要，例如解决草场超载问题。其四，开发利用物产资源的需要，例如开发活立木资源、水力资源等。① 这些生产资料需要，涵盖了农牧业生产中资源不足以及合理利用和开发资源，这就是说，向贫困群体供给最基本生产资料，是甘孜公共产品供给的重点。

再次，满足其他基本公共服务需要。其他基本公共服务包括教育、医疗卫生、社会保障、交通通信等基础设施，等等。马斯格雷夫和罗斯托的经济发展阶段论认为，经济发展的起飞阶段，政府需要为经济发展提供必需的基础设施，如道路、桥梁和教育等。这意味着对公共产品供给提出了更高要求。与此同时，在起飞准备阶段，教育、医疗卫生、基础设施等公共产品供给，对甘孜经济社会发展将起到至关重要的作用。①医疗卫生需要。高原居民健康脆弱性，使得基本公共服务均等化过程中，医疗卫生保障中的内容要多于内地。例如地方病、传染病（如大骨节病、肺结核等）的防治，这是内地省份不需要的。②人力资本需要。人力资本是体现在人

---

① 西藏农牧区社会事业发展的财政需求及解决路径课题组：《西藏农牧区社会事业发展的财政需求及解决路径》，《地方财政研究》2007 年第 11 期。文中所指区域是西藏，实质上也同样适用于甘孜藏区。

身上的技能、体能、知识和经验的总和，具有其他资本无法替代的价值。目前，人力资本成为推进经济社会发展的决定性资本。教育发展滞后，特别是基础教育滞后是制约西藏社会发展的"瓶颈"，我们认为同样也是制约甘孜发展的瓶颈。甘孜经济增长模式仍未实现由"外生—粗放型"向"内生—集约型"的根本转变，其主要原因在于基础性人力资本投资以及基础教育对经济增长的边际贡献率低。① ③基础设施建设需要。当前甘孜能源基础设施、交通设施、通信设施严重不足，公路密度较低，电力人均装机水平低，水利等设施开发滞后，生态环境脆弱，资源优势发挥不充分。② 农牧区基础设施建设，包括电网改造、广播电视"村村通"工程、道路及给排水工程，等等。

大量的基本公共服务需要，意味着满足贫困人口的发展需要，必须供给最基本的医疗卫生服务；必须通过基础教育、职业技术教育和各个层次、各种内容的技术培训，提高贫困人口的农业生产技能、非农产业技能、劳务输出技能以及择业技能，提高他们在市场经济条件下的自我生存能力、自我选择能力和自我发展能力；必须通过基础设施建设，确保基本生活生产需要以及保证基本公共服务供给。这是目前甘孜藏区公共产品供给的目标。

总之，在甘孜藏区，公共产品供给优先次序应该是：首先供给基本生活资料，保障生存；其次，供给基本生产资料，保障生产、再生产需要；再次，供给其他基本公共服务。现实中，公共产品供给也是如斯运行。在甘孜藏区，满足农牧民基本生活、生产需要依然是公共产品供给的重中之重。与甘孜藏区相比，其他的非连片特困地区，基本生活资料已不再是公共产品供给的首要任务和重要内容。东部农村地区经济发达，不再仅仅满足维持基本生活、生产的公共产品，而是追求较高水平的公共产品供给，如较高档次的文化娱乐设施和教育环境。中西部农村，财力主要用于维持生产的大型农用机械设备以及基本的生活保障等。③

此外，甘孜藏区还有内地其他省区所不必的大量的公共产品需要，也必须同时得到满足。①反分裂斗争需要。长期以来，西藏以及甘孜地区一直是国外分裂势力的目标，各种分裂言论、活动屡见不鲜。加强反分裂斗

---

① 何景熙、王文川、马红莉：《基础性人力资本投资与西藏经济增长方式的转变》，《中国藏学》2006 年第 3 期。
② 杨春伟：《西藏农村公共产品的供给研究》，硕士学位论文，四川大学，2007 年。
③ 陈志楣、刘澜楠：《我国公共产品供给的不均衡分析》，《北京工商大学学报》2008 年第 2 期。

争,需要加大对电台、广播建设资金的投入,需要加强对寺庙僧尼、信教群众的宣传等。这些方面的经费需求逐年增加。②宗教方面的公共需要。藏传佛教是藏区农牧区文化、精神生活的重要组成部分,修缮宗教场所、保护文物等,都成为公共产品需求。目前,有很多寺庙存在不同程度的险情,需要继续修缮。③保护极为脆弱的生态环境的需要。甘孜藏区生态环境十分脆弱,一些微小的破坏都将可能导致不可逆转的生态环境恶化。

中　篇

公共产品供给促进区域反脆弱

第三章　甘孜藏区区域脆弱性

潜藏于各种贫困现象的背后，从脆弱性视角来看，脆弱性交织是甘孜藏区贫困的区域特质。依据不同标准，脆弱性可分为多个种类。复合生态系统脆弱性内含自然脆弱性、经济脆弱性、社会脆弱性。整体的复合生态系统脆弱中，交织着时间维度上的历史范畴的脆弱性、现实范畴的脆弱性、未来范畴的脆弱性以及空间维度上的个体脆弱性、家庭脆弱性、社区脆弱性、社会脆弱性；交织着来自内部结构不稳定的"由内到外"的"张力"以及外部因素"由外而内"扰动的"冲击"等。脆弱性交织可具象为"PPE 怪圈与 RAP 怪圈耦合"。以甘孜藏区为例，清晰可见脆弱性交织状态，由此也可见其贫困的区域特质。对甘孜来说，脆弱性体现在诸多方面：于环境，是严酷多灾；于产业特征，是无工不富；于财政收入，是外部依赖性强；于基础设施建设，是形成瓶颈制约。

第一节　区域脆弱性特征:脆弱性交织

民族地区研究应看重对民族社会得以存在和运行的宏观背景，以期凸显民族问题本来具有的社会底蕴。郑杭生强调社会中民族范畴的两种属性：自在属性和自为属性，自为性是指在社会互动的过程中，民族的出现和民族关系的形成与人们的社会建构行为分不开。对民族自为属性的强调即是对于民族得以存在和发展的社会属性的强调，没有民族存在和发展的前提和环境，就不可能实现民族地区社会的整体发展和全面进步，更不能实现社会全面发展的有序性。[①] 对宏观背景的注重，意味着需要看到甘孜藏区的脆弱性，也需要关注公共产品供给对脆弱性影响的研究，这是甘孜藏区经济社会发展的宏观背景。

---

① 郑杭生：《民族社会学概论》，中国人民大学出版社 2005 年版。

如前所述，甘孜藏区是连片特困地区的一个组成部分，脆弱性是其基本特征，也是我们的研究的逻辑起点。甘孜藏区所体现的脆弱性是多方面的，依据不同的标准，可以有多种划分。

一　多重脆弱性

脆弱性是指系统在一定机制作用下，容易从一种状态演变成另一种状态，遭变后又缺乏恢复到初始状态的能力[①]。脆弱性一般具有三个共同特征：稳定性差，变化概率高、幅度大；敏感性强，抗外界干扰能力差；易损性强，在外来干扰和外部环境变化的胁迫下系统容易遭受某种程度的损害或损失，并且难以复原。自然地理环境、社会、政治、经济、文化、技术等是造成脆弱性的导因。从根源来看，脆弱性内生于现代人类社会的发展进程。工业革命以来片面强调经济增长的发展模式带来了前所未有的物质繁荣，但同时也将前所未有的脆弱性植入了人类社会……对发展主体的忽视所造成的社会公平的丧失和社会部分群体的边缘化，使得落后地区的人们成为脆弱性最高，最易受到灾害损害的群体。由于这种脆弱性内生于经济发展过程，潜伏在社会结构中，与社会不利因素直接相连，遂具有结构性特征。[②] Blaikie 认为社会经济和政治体制问题造成一个地区的脆弱，脆弱性最关键的部分是遭遇的各种压力，与之相关的预测能力、应对能力和恢复力以及压力之下的结果。[③] 这就是说，因不同的导因、不同的作用力方向等可呈现不同类型的脆弱性，即依据不同的标准，脆弱性有不同的类型。

1. 复合生态系统及其要素：要素脆弱性—复合生态系统脆弱性

依据复合生态系统及其结构，可分为要素脆弱性（包括自然脆弱性、经济脆弱性、社会脆弱性）和复合生态系统脆弱性。脆弱性既可以是整个复合生态系统的脆弱，也可以是其中某一要素或三个要素的脆弱性。在一定区域范围内，如果自然脆弱性、社会脆弱性、经济脆弱性并存，便可认为该区域范围内存在复合生态系统的脆弱性。

2. 脆弱性成因：两对脆弱性

依据脆弱性成因，可将脆弱性分为结构性脆弱性—胁迫性脆弱性、自

---

① 周劲松：《山地生态系统的脆弱性与荒漠化》，《自然资源学报》1997 年第 1 期。
② 李宏伟、屈锡华、严敏：《社会再适应、参与式重建与脆弱性发展》，《社会科学研究》2009 年第 3 期。
③ Blaikie P，Cannon T，Wisner B，*At Risk*，*Natural Hazards*，*Peoples Vulnerability and Disasters*. London：Routledge，1994.

然建构的脆弱性—社会建构的脆弱性。依据脆弱性导因是来自事物内部还是事物外部，可分为结构性脆弱性—胁迫性脆弱性。结构性脆弱是指系统自身的内部结构存在先天的不稳定性和敏感性；胁迫性脆弱性是指在外界自然变化或人类活动的压力或干扰下容易使系统遭受损失或产生不利变化。① 这一对脆弱性又可称为内部脆弱性—外部脆弱性，因为结构性脆弱性成因于事物内部，可称为内部脆弱性；胁迫性脆弱性成因于事物外部，可称为外部脆弱性。依据形成脆弱性的因素，是来自自然还是社会，可分为自然建构的脆弱性和社会建构的脆弱性。

3. 内外部表现：累积式脆弱性—冲击式脆弱性

所有区域发展系统的脆弱性的外部特征是由两方面表现出来的：累积式脆弱性和冲击式脆弱性。不同的成因下，脆弱性显现不同的外部表现。脆弱性是任何系统内部都存在的本质特征，是系统在发展中副作用的量变，当量变积累到一定程度，系统质变后崩溃。累积式脆弱性是区域在发展过程中，社会、经济和环境一项或者几项因素逐渐小量负向发展，不易发现，如果不进行调整，使系统朝着不利的方向发展，累积到一定程度，区域系统无法恢复进而崩溃。② 系统脆弱性另一个显著特征是不稳定性和对外界干扰的敏感性。区域发展系统冲击式脆弱性是指区域系统对外界或者内部某一项或者几项干扰极其敏感，当其变化时系统在极短的时间内产生质变而无法改变，甚至崩溃。区域系统的冲击式脆弱性需要随时进行监控，并及时对系统的整体发展进行调整。区域系统冲击式脆弱性最显著的外部特征就是当系统敏感因素变化时，系统迅速崩溃，恢复能力差，长时间不可恢复。区域系统的事物都是多维地互相联系、互相制约和互相转化。对于区域系统来说，自然—经济—社会是其发展的基础，这三个子系统在同时演化并相互影响，系统在发展的同时，外部或者内部的一项或几项因素变化会给区域系统带来巨大的经济损失，甚至是毁灭性的损失。目前我们把冲击式脆弱因素分解为外部因素（如地震、海啸、飓风等自然灾害）及内部因素（如疾病流行、战争和金融危机等）。冲击式脆弱性因素造成区域系统大量的经济损失、区域发展各系统间失衡，使区域系统失去稳定。冲击式脆弱性敏感因素对区域发展的影响是多方面的，而且关系十分复杂，后果异常深远。③

---

① 何爱平：《中国灾害经济：理论构架与实证研究》，博士学位论文，西北大学，2002 年。
② 张炜熙：《区域发展脆弱性研究与评估》，博士学位论文，天津大学，2006 年。
③ 同上。

4. 存续时间：慢性脆弱—暂时脆弱

就脆弱性存续时间的长短可分为慢性脆弱和暂时脆弱。前者是指较长时段的脆弱，后者较短。如果我们借鉴学术界对慢性贫困的界定以 5 年为期的话，可认为一个区域超过 5 年的脆弱为慢性脆弱，不超过 5 年的可称为暂时脆弱。

5. 存在时态：历史范畴的脆弱性—现实范畴的脆弱性—未来范畴的脆弱性

就脆弱性存在的时态来看，可分为历史范畴的脆弱性、现实范畴的脆弱性、未来范畴的脆弱性，或者说是历史积累的脆弱性—现实呈现的脆弱性—未来可能的脆弱性。历史范畴的脆弱性是指在历史上因各种因素所导致的较长时间存在的脆弱性，诸如一个地区历史上就是慢性贫困地区，因此，可以认为贫困是该地区历史范畴的脆弱性。现实范畴的脆弱性主要是指在目前环境下所体现出来的脆弱性。由于历史积累以及现实表现出来的脆弱性，很可能影响未来，由此导致了未来可能的脆弱性。

6. 空间形态：个体、家庭、社区、社会脆弱性

空间形态上，依据脆弱性存在的空间，从微观到宏观，可分为个体脆弱性、家庭脆弱性、社区脆弱性、社会脆弱性等。

7. 表现形态（即是否显现出来）：显性脆弱性—隐性脆弱性

脆弱性有各种分类方法，脆弱性的各要素、各种表现相互联结，并以多样的结构形式存在，例如脆弱性交织，"怪圈耦合"是脆弱性交织的具象化。

二　脆弱性交织：甘孜藏区之经济社会结构状况

多种脆弱性的划分是学理研究的抽象，现实中脆弱性往往是交织存在，复合生态系统脆弱的整体状态下，包含自然脆弱性、经济脆弱性、社会脆弱性，其间贯穿着时空、内外部结构的脆弱交织，在藏区也是如此。

（一）复合生态系统脆弱性：藏区脆弱性的整体状况，以立方体为图示

以甘孜为个案来考察脆弱性，从整体内容来看，是复合生态系统的脆弱，内含自然脆弱性、社会脆弱性、经济脆弱性，自然、社会、经济的脆弱性耦合起来，相互作用，相互影响，形塑了甘孜地区的区域复合生态系统脆弱性。我们可以将区域复合生态系统脆弱性比拟为一个立方体，立方体代表这一区域存在着的复合生态系统脆弱性及其自然脆弱性、社会脆弱性、经济脆弱性，如图 3 - 1 所示。

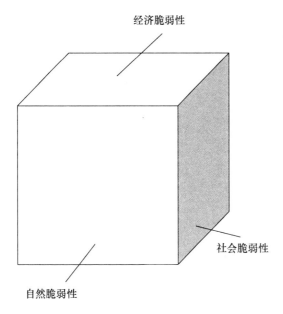

经济脆弱性

社会脆弱性

自然脆弱性

图3-1 区域脆弱性整体状况

图3-1中，立方体的基本含义是区域脆弱性，即立方体代表的是甘孜藏区整体的脆弱性及其内在的自然、经济、社会等方面的脆弱性。立方体是指区域脆弱性交织，即"自然脆弱性+社会脆弱性+经济脆弱性"，这是甘孜藏区的基本状况，也是甘孜藏区研究及其脆弱性分析的基本场景。

总体来说，甘孜藏区明显存在着复合生态系统脆弱；具体来说，对于甘孜藏区，脆弱性之于环境呈现出严酷多灾，经济脆弱性表现为产业结构方面的无工不富以及财政收入的外部依赖性强，社会脆弱性表现为基础设施的瓶颈制约显著以及农牧民生计单一、增收困难。

复合生态系统脆弱性总体上表现为迟发展交织着极为复杂的矛盾。学术界已普遍认识到迟发展交织着极为复杂的矛盾，内部缺少现代性因素积累，却要在短时间内加速实现现代化，诸多矛盾促使西部少数民族地区在现代化初始阶段必然面临这样的情形：有利的因素和不利的因素在某种特定的时期里共同存在于某种社会现象之中，这两种因素从本质上讲是相互排斥的，但在客观上却是同时并存，相互制约。[1] 这种两难现象使迟发展地区面临传统与现代的两难选择、学习与内化问题、相对高的期望值与相对低的兑现能力之间的矛盾、稳定与发展关系。[2] 甘孜藏区同样面临如此纷繁复杂的问题。研究还认为，经济社会发展的非均衡性十分突出地表现在连片特困地区内部不同区域的差异性十分明显，例如少数民族地区自治州与其内部的县域之间的差异。（1）经济发展水平、市场条件不同，资源优势也不尽相同。（2）各地亟须解决的问题不同：有的地方亟须解决"路不通""路难走"问题；有的地方则需要解决饮水难、灌溉难的问题；有的地方需要解决上学难、看病难问题；有的地方亟须解决技术、资金，甚至基层民主等问题；有的地方却是有钱花不出去，迫切需要基本公共服务体系完善；等等。[3] 学者们是就全国总体状况而言，具体到甘孜藏区亟须解决的问题，上述论述未必适宜，因为在甘孜藏区不是有钱花不出去，而是需要花钱却没有钱；路不通、路难走、饮水难、灌溉难、上学难、看病难、缺资金、缺技术、基本公共服务亟待完善等问题都普遍存在。如果以复合生态系统的要素来看，甘孜藏区范围内，自然脆弱性、社会脆弱性、经济脆弱性并存，尤以自然脆弱性最为直观。

自然脆弱性研究散见在各学科中，其学理基础是人地关系。人地关系的演进与发展体现了人类社会对周围自然资源的开发和利用的不断深化，其基本动力来自人类不断寻求改善自身生产和发展环境的渴望和努力。资源环境是人类社会生存和发展的基础，区域发展是人类社会发展在空间上的表现形式，资源环境也是区域发展的基础，且基础性地位不断提升。学者们分别从历史演进、技术进步、运输费用、资源禀赋，甚至成长周期等角度，阐释了地理环境与区域发展之间的关系。[4] 他们认为，地形条件是制约资源环境开发的约束性条件，也是区域发展的约束性条件。相对于地形简单的地区，在地形条件相对复杂的地区进行资源环境开发活动，所付出的努力程度要大得多。地形条件能够通过交通运输负担影响区域发展，地形条件简单的地区，经济社会活动承担的交通运输负担较轻，经济社会发展水平较高，而山地丘陵地区应该选择物质流动负担较小的经济活动。

---

① 吴忠民：《中国社会发展论》，湖南出版社 1995 年版，第 150 页。

② 赵利生：《迟发展与发展——西部民族地区社会现代化的一种思考》，《甘肃政法学院学报》2002 年第 2 期。

③ 齐晔、李小云等：《县域发展向国外学什么》，《人民论坛》2009 年第 13 期。

④ 郑林昌、张雷、蔡征超：《地形条件约束下的区域发展模式选择》，《山地学报》2012 年第 2 期。

学者在对西部 12 省区进行考察的基础上，将西部地区划分为三大区域，其中之一是青藏地区（含四省藏区），青藏地区的基本特点是处于较低的发展层次，地处高寒，自然条件差，生态脆弱，人口稀少，远离内地，经济落后，基础设施差、交通运输不便，不利于外向型经济的发展。资源约束的强制性是西部少数民族地区自然脆弱性的集中体现。伴随着市场经济发展，少数民族地区内部已经产生了较为明显的内在生长力，但长期以来，这种动力被局限于传统的农牧业圈子，依然主要停留在种田和放牧的积极性上。问题是"在当前正在发生的转型过程中，资源约束的强制性力量作为中国村寨经济转型动力的新的实现方式，其重要性和生成为主导性的趋势已初露端倪"，而且"资源约束的强制性在中国民族村寨的经济转型中日益突出"。这种强制性约束要么表现为人多地少的矛盾，要么表现为草原退化和牧群过载的普泛化现象。[①] 所以，在少数民族社会发展进程中，农牧业活动受到外在资源的极大限制，亟须形成由农牧业活动向社会和市场的全面转化和深层次推进。[②]

　　上述分析极切合甘孜藏区，甘孜藏区的人地矛盾、资源环境约束非常明显。甘孜藏区自然生态环境具有青藏高寒区的一般特征，即气温高寒、积温严重不足、生态环境严峻、自然灾害频繁。由于特殊的地理环境，形成的大陆性高原季风气候，大部分地区气候干燥，局部地区水资源短缺十分突出。甘孜州 18 个县中有 13 个县的平均海拔在 4000—4500 米，其余 5 个县平均海拔在 3600—4000 米，全州年平均气温 7.8℃，是典型的高寒民族地区。全州 70% 人口生活在高山峡谷和交通闭塞区域，1/3 地区缺乏生存条件，广大农牧民至今仍然靠天吃饭，靠天养畜。例如甘孜县是甘孜州现有的 5 个国家扶贫工作重点县之一，资源环境约束更为突出。甘孜县气候恶劣，旱灾、雪灾、雹灾、泥石流等自然灾害频繁，预防和治理难度较大，土地荒漠化、土壤沙化、草场退化、水土流失问题日趋严重，极端脆弱的生态环境和严酷的自然灾害，导致农牧业生产大起大落，是全州的多灾、低产的贫困地区。这就是说，甘孜县生态地位重要，但自然条件严酷、生态环境脆弱；地处交通要冲，区位优势明显，但基础设施薄弱，瓶颈制约严重；资源相对富集，开发条件具备，但工业发展起步晚，自我

---

①　陈庆德、潘盛之、覃雪梅：《中国民族村寨经济转型的特征与动力》，《民族研究》2004 年第 4 期。

②　岳天明：《甘肃少数民族地区农村社会发展动力机制研究》，博士学位论文，兰州大学，2006 年，第 29—37、94—114 页。

发展能力不足；发展愿望迫切，但社会事业落后，贫困问题突出。[①] 自然脆弱性也形塑了甘孜州的经济脆弱性、社会脆弱性。

（二）时空交织：区域脆弱性结构特征之一

甘孜藏区的区域脆弱性结构特征之一是时空交织，时空交织可描绘如图3-2。

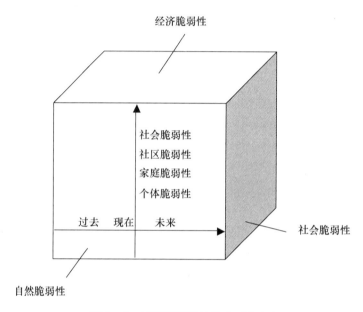

图3-2 区域脆弱性结构之时空交织

图3-2中的立方体表示复合生态系统脆弱性存在的区域范围。在立方体中取一截面，截面中的横轴标识着从时间维度来看，共存着历史范畴的脆弱性、现实范畴的脆弱性以及未来可能的脆弱性。截面中的纵轴意味着从空间结构来看，由微观到宏观，共存着个体脆弱性、家庭脆弱性、社区脆弱性、社会脆弱性，它们相互作用、相互影响。总体说来，藏区在复合生态系统脆弱的整体背景下，存在着时空结构的脆弱性交织，业已存在的慢性贫困这一最为深刻的脆弱性，存在于过去到现在，甚至波及未来。在这一历史进程中，复合生态系统脆弱性可散现在个人、家庭、村庄、区域层面。

---

① 甘孜县人民政府：《甘孜县国民经济和社会发展第十二个五年规划纲要》（内部资料）。

具体说来，较之于图 3-1，图 3-2 增添了立方体内部的纵横轴及其交叉。图 3-2 的含义是多方面的。第一，纵横轴及其所揭示的内容都包含在立方体之内，这一立方体规制了我们分析问题的起点或场域，即甘孜区域脆弱性。换言之，甘孜藏区的区域脆弱性是我们分析甘孜藏区问题的整体背景。第二，图中横轴是指从时间的角度来看，存在着三种脆弱性交织，包括历史范畴的脆弱性、现实范畴的脆弱性以及未来可能的脆弱性。第三，图中纵轴意思是从空间结构来看，由微观到宏观，共存着四层脆弱性，即个体脆弱性、家庭脆弱性、社区脆弱性、社会脆弱性，它们相互作用和相互影响。第四，纵横轴交叉，表达着脆弱性交织。第五，无论是横轴的历史范畴的脆弱性、现实范畴的脆弱性、未来范畴的脆弱性，还是纵轴的个体脆弱性、家庭脆弱性、社区脆弱性、社会脆弱性，它们都体现在自然、经济、社会等诸多方面。

总之，图 3-2 的基本含义是指甘孜藏区在复合生态系统脆弱性的整体背景下，存在着时空结构的脆弱性交织。时空结构的脆弱性交织意思是指在甘孜藏区业已存在的慢性贫困这一最深刻的脆弱性背景下，历史的累积，建构着慢性脆弱，脆弱体现在个人、家庭、社区和县域范围；因历史脆弱性累积所致，现实的脆弱性依然呈现，也散现在个人、家庭、社区、县域和州域。

在一定区域，长久存在的区位自然禀赋、长时间浸润着的民族文化意识及固化的传统文化和体制等，它们在时空上构造了区域脆弱性，也凸显了社会脆弱性。

在自然条件的表象表述背后，学术界关注区域区位的自然禀赋。民族区位的自然禀赋包括地理环境、气候条件、生态依靠等。地理环境影响人类的社会生活实践活动，也影响人的认知活动。文化生态学认为，自然环境虽然对社会价值观念的影响较为间接，对人类的社会化行为的影响程度也较弱，但它毕竟可以依次通过科学技术、经济体制、社会组织和价值观等中介因素影响人的行为。因此，自然的地理环境也构成影响社会变迁的因素。① 从区位的自然禀赋角度来看，甘孜地区虽然地域广袤，但资源匹配较差，气候恶劣，有效生存空间狭小，这在很大程度上制约人们的眼界、心理和行为。亨廷顿认为传统社会的农业模式及与之相适应的社会结构比工业模式更加依赖于自然环境，"简言之，在农业社会中，地理塑造

---

① 岳天明：《甘肃少数民族地区农村社会发展动力机制研究》，博士学位论文，兰州大学，2006 年，第 29—37、94—114 页。

了社会结构",[1] 并塑造了生存于特定社会结构中的社会成员的经济发展的"生存性"特征。相对而言，有不少的少数民族成员将自己乃至后代的人生目标局限在求得生存的有限视域之内，这无疑对加快少数民族地区的社会变迁，具有十分明显的制约作用。换言之，区位的自然禀赋也直接形塑社会脆弱性和经济脆弱性。

从行为选择的角度而言，社会脆弱性制约着社会发展任务及其特征，于甘孜藏区，社会脆弱性使其社会发展任务艰巨而复杂。甘孜藏区的传统社会里，行政势力和宗教势力在基层社会并存，经过社会主义革命，行政权力占据绝对地位，改革开放以来，行政组织不再包揽一切地方事务，宗教势力恢复，并发挥着重要作用，这在一个侧面说明其社会发展任务的艰巨性和复杂性。社会发展任务的艰巨性和复杂性致因多样，但民族文化意识的旧有沉淀是其中之一。[2] 民族文化意识包括民族的文化素质、心理素质、道德素质、情感倾向、精神皈依等。在一个变化缓慢的社会里，人们更为关注的是维护传统，而不是弹性和适应，当这种社会和处于这种社会中的人们被要求必须跟上迅速变化的工业社会时，他们就茫然不知所措了。[3] 许多民族国家在"满怀希望的革命"过程中遇到了难以消除的阵痛，因为传统人的"自我系统"在面对新的境况时所做出的新的"情景定义"和新的选择及行为无法使作为个人的"人格"倾向转变为适合于整个社会发展的基调，这种"价值困境"来源于文化上的保守性。"文化是保守的，通常在比较安定的社会里，一个人的社会观和价值观与上一辈人的差别不明显，而且会一代一代照样传下去，特别在精神文化方面很少变革，只有在特殊情况下，才会有急剧的变革"。[4] 这在一定程度上就会抑制和影响对作为社会变迁的基本前提的社会需要及其层次，致使当地人们的文化消费具有低层次性和负面性等特点，从而影响到由社会需要所引发出来的新要素（如新思想、新技术、新发明等）的导入、接受和传播，使社会变迁缺乏初始动因和具体途径。与"经济抉择的合理性受到文化条件的深刻制约"一样，旧有文化意识沉淀，当地人们恬静无为、安分

---

① ［美］塞缪尔·亨廷顿：《文明的冲突与世界秩序的重建》，周琪等译，新华出版社 2002 年版，第 59—60 页。

② 岳天明：《甘肃少数民族地区农村社会发展动力机制研究》，博士学位论文，兰州大学，2006 年，第 29—37 页。

③ ［法］H. 孟德拉斯：《农民的终结》，李培林译，社会科学文献出版社 2005 年版，第 37—49 页。

④ 黄淑娉、龚佩华：《文化人类学理论方法研究》，广东教育出版社 1998 年版，第 178 页。

守己、安于现状。具体到甘孜藏区，由于传统在日常实践中具有重要功能，旧有文化意识沉淀使得社会发展相对缓慢。"'传统'是理所当然的，是生活和工作必须遵循的正常方式。"①

体制的固化也是社会脆弱性的根源之一。越是处于欠发达阶段的社会和地区，对传统文化和体制的认同和继承就越明显，建立在此基础上的社会结构和权力结构体系，因此具有超强的稳定性。这种超强的稳定性，体现在社会发展起点较低以及社会发展的迟缓性，即社会发展遭遇多重阻力，处于"双重迟发展状态"或面临"双重挤压困境"。岳天明认为无明确取向的自然进化式变迁，以温饱为基本需求焦点的低层次变迁或者有生活而无生存质量突破的民族社会结构的再复制，使得甘肃少数民族地区的农村社会发展呈现出与其生存环境演化的"同步性"、迟缓性甚至反复性特征。② 甘孜藏区的农村社会变迁特点与甘肃少数民族地区村庄类似，社会发展动力的模糊性导致社会脆弱性。

社会脆弱性表现在诸多方面。在甘孜藏区，民族教育经费投入不足、欠账多，师资力量薄弱，教学质量和办学效益不高；卫生资源配置不合理，公共卫生服务体系不健全，绝大多数乡村卫生人员不具备职业资格，以包虫病为主的地方病防治难度大；城乡广播电视、体育文化及农牧业服务等基础设施建设滞后，无法满足群众需求；基础设施匮乏，基本公共服务能力弱。例如甘孜县，公路里程少、通达性差，网络密度仅15.88公里/平方千米，远远低于全省平均水平，且85%以上为沙石路面；电力设施落后，装机容量不足需求量的1/2，且发电能力弱，丰枯水期处理差异大，电力严重短缺；城市供排水管网不完善，供水能力不足，排污设施差；通信干线密度小，设备落后；农业机械化程度低，水利设施严重老化，抗御自然灾害能力弱。③

（三）内外交加：区域脆弱性结构特征之二

从内外因素来考察甘孜区域脆弱性，可知甘孜区域脆弱性结构的又一特征是内外交加，如图3-3所示。

在图3-3中的立方体依然指代区域复合生态系统脆弱性。复合生态系统脆弱性的存在，一方面是因其内部结构不稳定，形成"由内而外"

---

① ［法］H. 孟德拉斯：《农民的终结》，李培林译，社会科学文献出版社2005年版，第37—49页。

② 岳天明：《甘肃少数民族地区农村社会发展动力机制研究》，博士学位论文，兰州大学，2006年，第29—37、94—114页。

③ 四川省甘孜县人民政府：《甘孜县国民经济和社会发展第十二个五年规划纲要》。

的张力；另一方面是因面临多元的外部冲击力，扰乱其系统内部结构，形成"由外而内"的冲击。

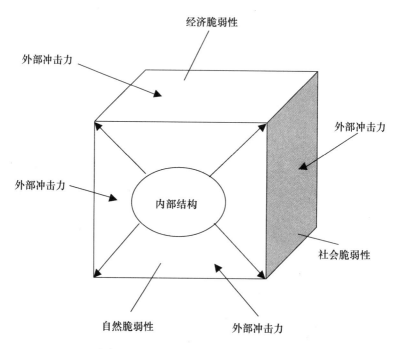

图 3 – 3　区域脆弱性结构之内外部交织

立方体内的箭头（箭头方向由立方体内指向立方体外）意为"张力"，因内部结构不稳而形成；立方体之外的箭头（箭头方向由立方体外指向立方体内）意为"外部冲击力"，因来自事物外部。具体说来，冲击来自两个方面，一方面是因为内部结构不稳定，形成事物内部"由内而外"的张力或冲击，我们简称为"内部冲击"；另一方面是来自外部的冲击，我们称为"外部冲击"。

从理论上说，一个社会发生变迁，出于内生的和外生的两种力量。当社会系统成员在几乎没有外界影响的条件下，能够创造和发明新的思想，并在系统内部得以推广，属于内在动力作用的结果，可以称为内发变迁；同时，社会系统之外的新思想传送进来，也可引发社会变迁，称为外引变迁。对于甘孜藏区来说，由于民族社会成员的文化素质水平，还很难适应民族社会变迁和时代发展的新要求，文化的保守性造成了作为社会变迁中介的人的"价值困境",从而使民族文化结构严重缺乏现代理性因素的冲撞,对任何在实质上不同于传统的新思想、新行为和新事物缺乏主动接受的意志,造成变迁内在动力的不足。[1] 这是问题的一个方面,另一方面是受外部环境的影响,社会发展中的各种价值理念、思维方式等也日渐冲击藏区,改变着人们的理念、思维及行为方式,加剧"价值困境",不少藏族同胞尤其是青少年,处于价值焦虑以及行为难题中,强化社会脆弱性。

三 脆弱性交织之具象:怪圈耦合

现实中,脆弱性的结构特征可具象为"PPE 怪圈与 RAP 怪圈耦合",换言之,"PPE 怪圈与 RAP 怪圈耦合"是藏区各种脆弱性交织的形象化或具体体现。学术研究认为,西部农村问题的深层机理是"PPE 怪圈与 RAP 怪圈耦合",我们认为,"PPE 怪圈与 RAP 怪圈耦合"实质上也是甘孜藏区各种脆弱性交织的具象化。

"PPE 怪圈"是区域脆弱性以及社会—经济—自然复合生态系统不良耦合的集中表现之一。"PPE 怪圈"是指贫困(poverty)、人口(population)、环境(environment)间形成的一种恶性循环。它充分体现了贫困人口生存方式的脆弱性:贫困导致人口增长和生态环境趋向脆弱,反过来,人口增加又使贫困加剧,致使生态环境更加脆弱;脆弱的生态环境使得贫困主体难以摆脱贫困的陷阱。一般来说,越是贫困的地区,其对自然资源与环境的依存程度越高。最贫困的人们直接依赖自然资源以获取他们必需的食物、能源、水和收入,通常他们生活在世界上恢复能力较低、环境破坏最为严重的地区。对压力和冲击的低恢复能力意味着任何外部事件的干扰,比如气候变化的发生,都可能使贫困主体的福利水平进一步恶化,使得他们利用环境的行动更具不可持续性。[2]

聂华林等人认为,西部地区的"三农"问题深层机理是 PPE 怪圈("贫困—人口过度增长—环境退化"的恶性循环)的结果,也是 RAP 怪圈的结果,更是"PPE 怪圈与 RAP 怪圈耦合"的结果。"RAP 怪圈"是指因农村、农业、农民各自发展不足所形成的恶性循环,即西部的"农村社会分工欠发育,社会发育程度低—农业经济结构单一,传统农业所占

① 岳天明:《甘肃少数民族地区农村社会发展动力机制研究》,博士学位论文,兰州大学,2006 年,第 29—37、94—114 页。
② 郭劲光:《脆弱性贫困:问题反思、测量与拓展》,中国社会科学出版社 2011 年版,第 19—20 页。

份额较大—农民文化素质低，缺乏进城谋生的必要劳动技能"的恶性循环现象。①

"PPE 怪圈"与"RAP 怪圈"并不相互隔离，而是耦合。其耦合的机理如图 3-4 所示。

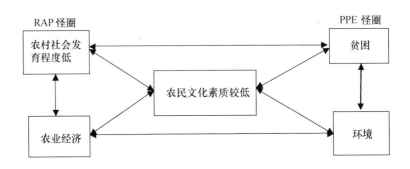

图 3-4 PPE 怪圈与 RAP 怪圈耦合机理②

由图 3-4，即"PPE 怪圈"与"RAP 怪圈"耦合所揭示的关于脆弱性的基本观点是：

1. 脆弱性是多因素的互构，由互构形塑了复合生态系统脆弱性。脆弱性由农村社会发育程度、农业经济结构单一、农民文化素质、贫困、环境退化等多因素互构而成。这些因素不外乎是社会—经济—自然因素。这些因素间相互影响、相互作用，由此形塑了复合生态系统的脆弱性。

2. 农民文化素质低且人口过度增长是脆弱性的耦合点。"PPE 怪圈"与"RAP 怪圈"耦合节点在于农民文化素质较低且人口过度增长，这意味着，农民文化素质低且人口过度增长是脆弱性的根本点。由这个节点出发，引发农村社会发育程度低、农业经济结构单一、贫困、环境退化等。

3. 多种因素形塑了农民文化素质状况及数量增长。多种因素形塑了农民文化素质状况及数量增长，这些因素包括农村社会发育程度低、农业经济结构单一、贫困、环境退化等。

由图 3-4 也可得知，区域脆弱性是多方面脆弱性交织。

---

① 聂华林、路万青：《西部"三农"问题的"RAP 怪圈"》，《甘肃理论学刊》2004 年第 5 期；聂华林、李长亮：《西部农村人力资本投资于"三农"问题的破解》，《中国国情国力》2007 年第 11 期。

② 本图由聂华林、李长亮在《西部农村人力资本投资于"三农"问题的破解》（《中国国情国力》2007 年第 11 期）一文中的相关图示进行一定修改而成。

　　"PPE 怪圈与 RAP 怪圈耦合"可用于理解藏区脆弱性交织的基本区域特质。就耦合节点来看,甘孜藏区人口特征是个体及家庭脆弱性强,贫困发生率高,贫困程度深。甘孜藏区的地方病高发,因病致贫、因病返贫、贫病交加、代际相传的趋势难以遏制。2007 年,包虫病流行乡覆盖率达 60% 以上、流行村覆盖率达 80% 以上,受危害人口占全州总人口的 78.8%。脆弱的身体素质,降低劳动能力的同时,剥夺其创造美好生活的信心。2007 年四川省贫困人口 458 万,占农业人口 6152 万人的 7.4%,其中,阿坝州贫困人口 17.4 万,占其农业人口(66.87 万人)的 25.26%;凉山州贫困人口 80.13 万,占其农业人口(396.3 万人)的 20.21%;而甘孜州有贫困人口 36.3 万人,占本州农业人口(80.15 万人)的 45.29%。甘孜州贫困发生率高出全国 39.39 个百分点,高出全省 37.89 个百分点,高出阿坝州、凉山州 20 个百分点以上,贫困率很高。[1] 与贫困程度深、贫困面大相对应的是农牧民增收渠道狭窄,社会保障覆盖面小,城镇就业和农村劳动力转移十分困难。2007 年,甘孜县 5.28 万农村人口中,人均纯收入在绝对贫困线 693 元以下的有 6960 户 32221 人,占 61.9%;2010 年,甘孜县农牧民人均纯收入 2360 元,居全州最后几位;[2] 2014 年,按国家最新的贫困线,甘孜县有贫困人口 1.3 万人。

　　遭遇经济流动困境,凸显甘孜藏区"PPE 怪圈与 RAP 怪圈耦合"的特征。生产力本身具有流动性特征,生产力中人和物两种要素的流动的自然规律,使得不同区域和民族并不总是能够在生产力的现实流动中自然弥补和消除经济社会差距。在"投入—产出"的追逐中,一方面,资本为了追求更高利润,会向劳动力过剩的区域流动,另一方面,劳动力为了追求更高的工资,却向资本富裕地流动。生产力要素流动中,落后地区的人力资源向经济发达地区流动时,流出的人口往往是落后经济体中最有经济潜力和发展活力的部分,这无疑意味着落后地区发展资源的进一步流失,削弱了吸引外部资本流入而必需的人才储备。民族地区生产力流动困境具体表述为:在市场经济中,一方面人们无法拒绝民族生产力的流动;另一方面民族生产力流动的双向性很难在肯定的意义上保证民族经济社会发展相对落后地区获得不断发展的动力。[3] 甘孜藏区人才及其他资源外流严

①　成卓:《中国农村贫困人口发展问题研究》,博士学位论文,西南财经大学,2009 年,第 2、102—107 页。

②　甘孜县人民政府:《甘孜县国民经济和社会发展第十二个五年规划纲要》,内部资料。

③　岳天明:《甘肃少数民族地区农村社会发展动力机制研究》,博士学位论文,兰州大学,2006 年。

重，而外地流入其他资源却异常艰难，这是其不得不面对的长期的流动困境。

第二节　脆弱性之于自然环境：严酷多灾

于甘孜藏区，在复合生态系统中，自然子系统的特征表现了生态环境的脆弱性，形成生态贫困。生态贫困是指因环境的先天脆弱性以及资源的不合理利用等人类活动导致生态环境恶化和退化而最终形成的贫困。[①] 生态贫困体现在环境容量小（环境承载力限制与约束）、生态弹性力小、自然恢复力差以及生态环境敏感性强、系统稳定性差等诸多方面。甘孜藏区属于青藏高寒区，其自然生态环境具有青藏高寒区的一般特征，即气温高寒、积温严重不足、生态环境严峻、自然灾害频繁。例如甘孜县生态环境十分脆弱，气候恶劣，旱灾、雪灾、雹灾、泥石流等自然灾害频繁，预防和治理难度较大，土地荒漠化、土壤沙化、草场退化、水土流失问题日趋严重，极端脆弱的生态环境和严酷的自然灾害，导致农牧业生产大起大落。甘孜县是全州多灾、低产的贫困地区。[②]

一　环境容量小：环境承载力限制与约束

环境承载力是指某一时期，某种环境状态下，某一区域环境对人类社会经济活动的支持能力的阈值，或一定环境系统所能承受的生物和人文系统正常运行的最大支持阈值。"能承受"是指不影响环境系统正常功能的发挥。由于环境所承载的是人类的活动（主要指人类的经济活动），因而承载力的大小可以用人类活动的方向、强度、规模等来表示。[③] 在既定的技术条件下，资源对人类活动可容纳量有一个"可持续性界限"，这一界限并不取决于当地的幅员大小，而是取决于当地的资源能够维持多少人的生存和发展。生态脆弱地区因脆弱的生态环境和较低的经济发展水平，环境容纳量有限，其人口增长、经济发展等必然受到比较严格的环境承载能力的约束。甘孜藏区的环境承载力限制与约束体现在以下多个方面。

---

① 陈南岳：《我国农村生态贫困研究》，《中国人口资源与环境》2003 年第 4 期。
② 甘孜县人民政府：《甘孜县国民经济和社会发展第十二个五年规划纲要》（未刊稿），第 8 页。
③ 王永莉：《生态脆弱地区的经济发展研究》，中国农业出版社 2010 年版，第 47 页。

（一）自然环境严酷，产能小，环境承载力较小

甘孜藏区气候严酷影响产能。甘孜州土地资源产能很低，位于四川省的末端。[①] 在土地资源中，中低产田比重较高，更影响产能。例如甘孜县的中低产田占耕地面积的 86.56%，主要类型为石砾地、瘠薄干型、土壤质地低劣型、缺水型、坡高耕地型，产能更低。[②]

高寒地区的平均气温低，动植物生长期长，产出量相对较少。一般说来，在海拔 3400—4200 米的地方种植的经济林的生长周期长，需要 80—120 年后才能成材利用。在海拔 4700 米左右放牧区的牛羊生长发育较为迟缓，一般要 4 岁才能成熟，6 岁才可以达到成畜的体尺、体重。例如甘孜县位于北纬 31°34′—32°53′，纬度虽然不高，但因处于青藏高原腹地，海拔较高，年平均气温为 5.6℃，1 月平均气温为 -4.4℃，7 月平均气温为 14.4℃。高寒地区的高寒环境使得动植物生长期远远长于非高寒地区，由此，相同面积土地的产能低于非高寒地区。

甘孜的无霜期短、封冻期长，限制了农作物和牧草的生长发育及其产量。例如甘孜县的宽谷区初霜期最早出现在 8 月 21 日，最晚终霜期出现在 6 月 10 日，无霜期为 35—75 天；峡谷区丘状高原的无霜期仅仅为 30—45 天。甘孜县平均冻土日期为 12 月 3 日，平均解冻日期为 2 月 5 日，封冻期为 64 天，最大冻土深度为 95 厘米。此外，封冻期长，影响各种工程的施工。

（二）环境严酷，自然资源利用有限，限制了环境承载力

总体说来，甘孜州土地开垦程度不高，耕地面积比重较小。例如甘孜县现有农耕地 19.64 万亩，常年播种面积 1033 公顷左右，均为旱地。土地主要分布在海拔 3325—3600 米的山地寒温带半干旱气候区，有 89.4% 的耕地相对集中在拖坝乡与来马乡的 46 千米的雅砻江沿岸高山宽谷地带。耕地面积小、水土流失严重。由于耕地分布零星、不连片、坡地多、沙地多，土壤有机质含量低，耕种困难；加之土壤发育程度低、土层薄、粗骨性强、保水性弱、土壤肥力差以及对耕地掠夺性生产，使得一旦遭遇暴雨，耕地面积就会大量减少。甘孜县境内 455 条河流均为季节性很强的河流，由于可利用土地绝大部分均分布在山腰的坡地，远离河流，因此农田

---

① 蒋贵国：《四川省农用地区划分及综合生产能力评价研究》，博士学位论文，成都理工大学，2012 年。

② 四川省甘孜县水利局、四川省甘孜县水土保持委员会办公室：《四川省甘孜县水土保持县级规划（2006—2015）》，第 16 页。

灌溉与人畜饮水主要靠天然降雨。甘孜县的春旱、伏旱尤为严重，年平均为45天，造成大面积农作物减产。[1]

（三）环境严酷，农业生态系统脆弱，环境承载力有限

缺水与不合理的垦殖以及山林、沟谷纵横，使得甘孜州农业生态系统十分脆弱，集中表现之一是水土流失。四川省第二次利用卫星遥感技术探测土壤侵蚀面积，探测出甘孜县水土流失面积为3668.6平方千米，占辖区面积的49.8%。水土流失平均侵蚀总量为475.71万吨，其中轻度侵蚀面积为1338.38平方千米，占总侵蚀面积的18.32%；中度侵蚀面积为2240.64平方千米，占总侵蚀面积的30.68%；强度侵蚀面积为78.98平方千米，占总侵蚀面积的1.08%；极强度侵蚀面积为10.21平方千米，占总侵蚀面积的0.13%；微度侵蚀面积未计入总侵蚀面积。[2] 甘孜县水土流失状况详见表3-1。

表3-1　　　　　　　　甘孜县水土流失面积及其比重　（单位：平方千米，%）

水土流失总面积及其比例	轻度流失	中度流失	强度流失	极强度流失	沟壑密度（千米/平方千米）	水土流失特征	土壤侵蚀量
7358 52.8	1338.38 18.32	2241 30.68	79 1.08	10.2 0.13	2.63	水力冻融	258.86万吨

水土流失造成耕地肥力下降、草场沙化，危害农牧业生产。第一，表层土壤丧失，土层变薄，肥力下降。甘孜县每年流失土壤不少于50吨，损失N、P、K元素约4吨。年复一年的水土流失，使甘孜县大片林地和草地含水量和抗旱能力逐渐降低，部分地域的树木生长减缓，甚至枯黄萎缩致死，草地发育减缓，产草量逐年下降。第二，天然林和天然草场退化，林牧业生产发展缓慢。第三，水土流失使得洪水期河水含沙量大而淤积河道，河床抬高，度汛能力降低，洪水泛滥成灾。1995—2005年，甘孜县水力侵蚀频繁发生，程度加重。由于年年出现暴雨天气，导致山体滑坡、泥石流频繁发生，民房被毁、农田被冲、水利工程淤塞，交通中断，

---

[1]　四川省甘孜县水利局、四川省甘孜县水土保持委员会办公室：《四川省甘孜县水土保持县级规划（2006—2015）》，第13—14页。

[2]　甘孜县水土流失资料来源于四川省甘孜县水利局、四川省甘孜县水土保持委员会办公室：《四川省甘孜县水土保持县级规划（2006—2015）》，第14—15、17、20页及其附表2、表2-1。

年均直接经济损失 1000 万元以上。近年来，随着天保工程、水土保持工程项目的实施，甘孜县的小气候有所改变，保水、保耕、保土效益明显，水土流失已明显减缓，但是因地质、土壤等自然因素造成的耕作性水土流失仍然严重。

二　灾害频繁、破坏巨大，集中体现了自然环境脆弱性

灾害是自然脆弱性的典型表现，集中体现了甘孜自然环境脆弱性。

甘孜县主要的灾害类型有地震、旱灾、水灾、霜雹灾害，此外，每年 11 月至次年 3 月的积雪、3—5 月的大风沙、9—10 月的连阴雨等，也是农牧区生产的自然灾害。历史上灾害情况具体如下。[①]

（一）县志记载的地震

据资料统计公元前 13 年到 1990 年期间，甘孜县境发生 2.5 级以上地震 78 次，其中 5 级以上 16 次，6 级以上 13 次，7 级以上 2 次。十多次地震的简况如下。

1. 1746 年，一天早上 8 点多钟，绒坝岔、生康、甘孜地带发生地震，生康附近的打拉、然西下、宗郎、孔扎多空、嘎绒顶、勒则底、洛呷等 7 个自然村被毁，传说大金寺内的喇嘛死亡 8090 人左右。

2. 1811 年 9 月 27 日 10 时，侏倭土司管辖地带发生地震，孔萨、麻书土司地带尚轻，共倒塌房屋 5898 间，死亡 481 人。

3. 1866 年 3 月 15 日，百利土司辖地发生地震，孔萨、麻书土司辖地和绒坝岔一带也遭受破坏，死亡 2000 多人，霍尔土司由此绝后。

4. 1919 年 8 月 26 日，县境内发生 6.25 级地震。

5. 1930 年 4 月 28 日，县境内发生 6 级地震。

6. 1967 年 8 月 30 日 12 时 23 分，县境内发生 6—7 级地震，拖坝区、城关区和东谷区的 7 个公社，100 个生产队受灾，受灾面积 3300 平方千米，倒塌房屋 276 间，半倒塌 600 户，裂缝房屋 2460 间，死亡 4 人，受伤 21 人。

7. 1973 年 2 月 6 日 18 时 37 分，炉霍发生 7.8 级地震，甘孜县东谷区的四通达乡和夺多乡损失尤为严重，倒塌房屋 791 幢，死亡干部群众 190 人，重伤干部群众 107 人，压死牲畜 4208 头（只、匹），损失口粮种子

---

① 相关内容来自甘孜县地方志编纂委员会编撰的《甘孜县志》（四川科学技术出版社 1999 年版），第 71—73 页以及《甘孜县志续编》（四川人民出版社 2002 年版），第 27—28 页。特别指出之处除外。

399716 千克。

8. 1982 年 6 月 16 日 7 时 24 分，扎科乡发生 6 级地震，受灾 14 个公社，56 个生产队，862 户人家，其中 192 户房屋全部倒塌，357 户房屋半倒塌，受伤 16 人，死亡 11 人，直接经济损失 962 万元。

9. 1997 年 1 月—5 月 15 日，甘孜县周边 50—300 千米左右地区，发生 3—4 级地震共 49 次。6 月 3 日下午 14 点 02 分、14 时 12 分，县境内连续发生有感地震，虽最大震级只有 2.5 级，但震源浅，离县城人口集中区仅 13 千米，影响较大。

10. 1998 年，甘孜县城西北方向多次发生地方小震群，最大震级 3.1 级。

11. 1999 年 5 月 26 日—6 月 5 日，在距县城 30 千米左右发生 500 多次小地震，最大震级 2.6 级。同年 7 月，共发生小震 105 次，最大 3.2 级。

（二）旱灾

甘孜县的旱灾一般分为春旱、伏旱，尤以春旱最为严重。

据气象站统计，1956—1988 年共发生过春旱 44 次、伏旱 13 次。几次旱灾情况如下。

1. 1958 年春旱和伏旱并存，全县粮食总产量下降到 4570 吨，比中华人民共和国成立初的 1950 年还减产 3.6%。

2. 1982 年从播种到 6 月初，降水量只有 26.4 毫米，粮食作物出苗不齐，推迟了牧草返青。

3. 1983 年 4 月 6 日—6 月 3 日的 60 天中，降水量 15.6 毫米，是历史上同期降水量最少的一年，造成 2560 公顷春播作物的禾苗干枯和 2144 公顷的冬麦不能有效分蘖，粮食总产量比 1982 年减产 11.4%。

4. 1985 年 7 月下旬到 8 月底，连续 38 天滴雨不下，全县粮食大减产。

5. 1986 年春旱，受灾面积 2723 公顷，占全县粮食总播种面积的 31%。其中死苗率在 30% 以上的有 587 公顷，基本无收成的有 29 公顷。

6. 1987 年春旱，受灾面积 4180 公顷，占全县粮食总播种面积的 4%，其中只能收回种子的 837.5 公顷，基本无收成的 362 公顷，直接经济损失约 50 万元。

7. 1993 年春旱长达 40 多天，粮食减产。

8. 1994 年，伏旱长达 38 天，由于抗旱救灾及时，未造成大量减产。

9. 1998 年春旱长达 40—50 天，粮食减产。

（三）洪水灾害

1. 洪灾发生的基本情况

1951—1988 年的 37 年中，县境共发生过较大水灾 11 次，灾情发生概率为 29.7%。

（1）1953 年 7 月 19 日整天暴雨，平地起水半米左右，川藏公路沿县城段（县解放街）被冲毁 70%，达曲的 8 座桥梁和干海子（兵站仓库）一带的 50 多户简易住房被冲毁。

（2）1965 年 6 月中旬连续暴雨，山洪暴发，冲毁耕地 52.6 公顷，桥梁和磨坊也遭破坏。

（3）1982 年 6 月 4—30 日的 26 天中，有 24 天下雨，降水量达 180 毫米，其中，6 月 10 日的降水达 31.2 毫米。沿雅砻江低洼地带的 15 个生产队的 175.5 公顷耕地被淹没，基本无收。东谷区的公路、桥梁和涵洞被冲毁 167 处，扎科乡境内 50 千米便道无法通行。

（4）1984 年发生洪涝，有 7 个乡，33 个村，1502 户受灾，共冲毁耕地 349 公顷，损失粮食 580 吨，折合人民币 300 万元左右。

（5）1987 年 6 月 25 日起，连续 26 天下雨，降水量比历史上同时期增长近 7 倍。东谷区和达通玛区机关住房进水近 1 米，37 户农户住房倒塌。拖坝区普玉隆山洪暴发，泥石流迫使河床改道，冲毁 6 个村庄的 93 户的 638.7 公顷耕地，其中有 14 公顷耕地变成了河流，冲毁 8 座桥梁。全县电话线路和广播线路也遭到极大破坏。

此外，1992 年发生洪灾，冲毁耕地 27 亩。1999 年绒坝岔发生泥石流，造成 20 亩青稞地颗粒无收。2000 年，四通达乡发生泥石流，使 11 亩青稞地无收成。

2. 21 世纪洪灾不断，以 2004 年为例，洪灾发生情况如下。[①]

（1）2004 年 8 月 13 日以及 14 日晚 9 时左右，生康乡、庭卡乡、来马乡、夺多乡遭受洪水袭击，冲毁电站，农作物毁损，人畜饮水困难。冲毁夺多电站进水口（损失 4 万元）、施工围堰（损失 3 万元）；冲毁庭卡电站进水口（损失 14 万元）；冲毁农田 4 亩，损失约 2.3 万元；冲毁夺多至瓦达 10kV 线路，损失约 2 万元；冲毁来马乡当达堰进水口，损失约 6 万元；冲毁生康乡（2 处）、来马乡（3 处）的人畜饮水设施，损失约 10 万元。

---

① 四川省甘孜县水利局、四川省甘孜县水土保持委员会办公室：《四川省甘孜县水土保持县级规划（2006—2015）》，第 9 页。

（2）2004 年 8 月 26 日，洪水使戈村 52 户 193 人受灾，冲毁耕地 72 亩（损失约 3.6 万元）、通村公路 400 米（损失约 20 万元）、人行便桥 5 座（损失约 5 万元）、涵桥 2 座、河堤 700 米（损失 28 万元），公路塌方 1600 立方米（公路塌方以及冲毁涵桥的损失小计 18 万元），共造成经济损失约 74.6 万元。

（3）2004 年 8 月 29 日凌晨 2 时、下午 6 时，因洪水、泥石流，使得斯俄乡、四通达乡的 6 个村 80 户 265 人受灾，冲毁耕地 17 亩、通村公路 700 米、人行便桥 4 座、涵桥 2 座、水磨坊 2 座，200 亩农作物受重灾，32 户房屋进水，房屋倒塌 25 间。

（四）霜雹

1951—1988 年的 37 年中，共发生过霜冻灾害 123 次、冰雹灾害 264 次，每年平均为 7.1 次。

1. 1956 年 6 月 17 日 18 时，城关和麻书（拖坝）等地遭受冰雹袭击，受灾面积 286.7 公顷，其中，损失 40%—70% 的 153.3 公顷，全无收成的 133.3 公顷。

2. 1965 年 5 月 30 日贡隆乡等地降冰雹，受灾面积 435.6 公顷，其中，损失 60% 以上的达 278 公顷。

3. 1966 年 7 月 15 日 15 时，东谷区降冰雹，四通达和夺多乡的 723 公顷粮食全部遭到袭击。其中，损失 20% 以上的 117.9 公顷，损失 40% 以上的 104.6 公顷，损失 60% 的 307.8 公顷，损失 80% 以上的 192.7 公顷。

4. 1978 年泥柯乡降冰雹，章达和昌古村的 130 公顷庄稼受到袭击，其中，打掉一半的 45 公顷，打掉三分之一的 37.5 公顷，全无收成的 47.3 公顷。

5. 1980 年 6 月 7 日和 7 月 20 日，东谷等地遭受霜冻，受灾面积 533 公顷，青稞和小麦的破坏率为 15%、37%，豌豆和马铃薯损失了 50%—70%。

6. 1982 年 8 月 12 日，东谷、绒坝岔、生康、城关等地连续霜冻，受灾面积 2519.6 公顷，损失粮食达 2200 吨左右。

7. 1984 年，东谷和绒坝岔遭受冰雹袭击，受灾面积 960.7 公顷，成灾面积 285 公顷，其中有 123.7 公顷基本无收成。

8. 1987 年，东谷、拖坝等地霜冻，受灾面积 1600 公顷，损失率都在 30% 以上。

此外，1993 年发生霜冻，受灾面积 47037 亩，主要受灾农作物是豌豆，损失粮食 800 吨左右。1995 年，城区一带发生大雹灾，农作物受灾面积达 23600 亩。1999 年 5 月 5 日，城区至拖坝一带发生大雹灾，受灾面积达到 36494 亩。

（五）雪灾

1991 年冬至 1992 年春，连降大雪，牧区和半农半牧区受灾严重，共死亡牲畜 35383 头（只）。2008 年年底到 2009 年春，发生大雪灾，损失惨重。

三　自然和人为因素，共同形塑了生态系统的脆弱性

水土流失呈现了生态环境的严酷，这既是青藏高原自身特质，也是人为的结果。甘孜县的地形地貌与其岩性、降雨、植被之间不良耦合，地形地貌易于流失水土，而且与易于风化的岩性特征、降雨短时集中、植被脆弱等因素交织在一起，水土流失严重。

（一）自然因素的形塑

受"歹"字形地质构造的严格控制，甘孜县地形地貌的总体特征是山势陡峻、河谷深切、高低悬殊，本就易于流失水土，县境的中度以及深度切割区面积占全县辖区面积的 65% 以上，谷深坡陡，为水土流失的发生提供了条件。甘孜县地表分布着白页岩、变质岩的板岩、沉积岩的砂岩、石灰岩等，它们与水土流失的发生发展，有着密切关系。在暴露的光坡，其风化剥蚀形成的碎屑物，极其容易被径流所夹带，形成风化一层就被剥蚀夹带流失一层，循环往复。在农耕地中，大约有三分之二的坡耕地土壤都是泥岩风化形成的幼年土，多为轻砾土，粗骨性强，有机质含量低，保水性差，透水性强，且由于分布地带坡度大，土层浅，水土流失严重。甘孜县多年平均降水量 703.2 毫米，每年 5—9 月为雨季，平均降水量占全年总降水量的 88.91%，这 5 个月的暴雨日数占全年的 95% 以上。由于降水持续时间长，土壤含水量饱和，突遇暴雨后形成的强大径流和土壤含水量的激增，使斜坡土体质量增加，失去稳定，土体内摩擦阻力和凝聚减少，甚至出现塑性流动状态，这是发生崩塌和泥石流、滑坡的重要原因。植被对水土保持具有极其重要的作用。

（二）人为因素的影响

相关实验认为，500 亩森林面积就相当于一座 100 立方米的水库，当植被覆盖率达 70% 以上时，不论坡度大小，植被的构成，均可防止面蚀的发生。跟青藏高原其他地区一致，甘孜的自然植被很脆弱，而且贫困的甘孜藏区还存在对自然资源的掠夺式应用。第一，把只适合林业、牧业利用的土地也开辟为农田。大量开垦坡地，以致陡坡越开越贫，越贫越垦，

生态系统恶性循环。第二，乱砍滥伐森林，甚至乱挖树根、草坪，地表裸露。曾经，甘孜州的财政收入主要依靠木材采伐，加之森林火灾以及灌木沙棘被连根挖去做燃料，使得自然植被被破坏，森林覆盖率严重减少，森林涵养水源、保土能力减弱。第三，部分牧草地过度放牧。第四，某些基本建设不符合水土保持要求。例如，不合理修筑公路、建厂、挖煤、采石等，破坏了植被，使得边坡稳定性较低，引起滑坡、塌方、泥石流等。

土地资源的利用，同样存在自然和人为合力形塑脆弱性。例如化肥和农药的使用，一定程度上污染土体、水体；耕地培肥差，掠夺式经营取代了传统的有利于培肥地力的农艺措施，耕地作物呈上升态势，养地作物相对减少；坡耕地利用不科学，导致地表物质流失。[①]

总之，如《四川省甘孜县水土保持县级规划》所认为，致灾原因包括自然原因和人为原因。山地灾害发生的自然原因是因为甘孜县的地貌属于高原平原型向高原丘陵过渡地带，且地形多由狭窄形山谷组成，所以每到汛期，因地质、地形、地貌引起多种灾害，如泥石流、滑坡等。人为原因是因为甘孜县是半农半牧县，县域内主要经济收入除农业生产外，50%靠畜牧业，人们想摆脱贫困状态，一定程度上对草地资源实行掠夺式开发利用，过度放牧、挖草药等也是造成山地灾害频繁的直接原因。近年来，草场载畜量严重超标，大部分天然草场退化、沙化，鼠虫害严重，天然草场面积逐渐呈减少趋势。[②]

第三节　脆弱性之于产业特征:无工不富

产业结构是体现经济状况的指标之一。甘孜州经济脆弱性的集中表现之一是产业结构低度化，第一产业比重大，第二、第三产业比重不够高，尤其是甘孜县的第二产业比重极低，区域经济贫困明显。甘孜州追求工业产值提高，但困难重重，凸显无工不富的区域经济脆弱性特征。

一　产业结构由低级到高级体现的区域发展

产业结构是指在社会再生产过程中，一个国家或地区的产业组成

①　四川省甘孜县水利局、四川省甘孜县水土保持委员会办公室：《四川省甘孜县水土保持县级规划（2006—2015）》，第15页。
②　同上书，第8—9、12页。

（资源在产业间的配置状态）、产业发展水平（各产业所占比重）以及产业间技术经济联系（产业间相互依存、相互作用的方式）。狭义的产业结构理论的主要内容是从"质"的角度动态地揭示产业间技术经济联系与联系方式不断发生变化的趋势，揭示经济发展过程中，其主动或支柱地位的产业部门不断替代的规律及其相应的"结构"效益。

产业结构的演进有自身规律，钱纳里将经济结构分为三个阶段、六个时期。三个阶段分别是初级产品的生产阶段—工业化阶段—发达经济阶段。按照加工的程度有原材料—轻工业—重工业——般加工组装工业—深度加工阶段。按照要素投入，沿着劳动力—资本——般技术—集约型技术—高新技术（含人力资本和制度规范）的路径演变。在某些特殊情况下，采取了先进的组织形式，有重大的技术发现和突破，出现重要的自然资源开采，也可以超越其中的某一个阶段，但主导产业在超越过程中不应出现逆转。

一般地说，产业结构运动表现形式十分复杂，从产业结构演变与工业化发展阶段关系来看，产业结构发展具有从低级向高级不断走向高度化的演进趋势；从主导产业转换过程来看，具有一定顺序性，往往先从农业主导向轻纺工业主导转换，进而向以原料和燃料动力等基础工业为重心的重化工业转换，由低度加工型工业向高加工度组装型工业转换，再进一步向第三产业、信息产业转换；从三次产业演变来看，三大产业又具有依次替代的特点。产业结构由低级向高级发展的各阶段是难以逾越的，后一阶段产业发展以前一阶段产业充分发展为基础。但产业结构演进阶段区间具有可塑性，各阶段发展过程可以缩短。

库兹涅茨（Kuznets）深入分析产业结构变动和经济增长的关系，比较一个国家或一组国家在各个时期增长的数量及其不同发展阶段，认为在未工业化时期或者说工业化初期，第一产业比重较高，第二产业比重较低；在工业化中期，第二产业占据优势地位，第一产业比重降低到20%以下；在工业化后期或者说是工业化成熟期，第三产业比重提高，第二产业比重基本稳定或稳中有降，第一产业比重降低到10%以下。经济发展过程中工业占国民经济比重总体呈现塔形结构向"倒塔形结构"转变，即传统经济结构是"塔形结构"，工业化成熟期的经济结构是"倒塔形结构"，如图3-5所示。

从"塔形结构"到"倒塔形结构"的演化是产业结构优化升级的过程。产业结构优化升级的目标是实现产业结构高度化和合理化，最终实现经济持续快速发展。产业结构优化升级过程是通过有关产业政策调整来影响产业结构变化的供给结构和需求结构，实现资源优化配置与再配置，推进产业结构合理化和高度化。产业结构高度化有多重含义。首先，在过程的意义上，高度化是一个不断演进的过程，包括：①产业结构由第一产业占优势比重向第二、第三产业占优势比重的方向演进；②产业结构由劳动密集型产业向资金密集型、技术密集型、知识密集型占优势比重的方向演进；③产业结构由初级产品、低附加值、低加工度制造业向高附加值和深度加工阶段演进。其次，在结果的意义上，产业结构高度化是达致高加工度、高附加值、高技术含量。

我们可以用产业结构的规律来检视甘孜藏区的经济状况，以此考察其经济脆弱性。

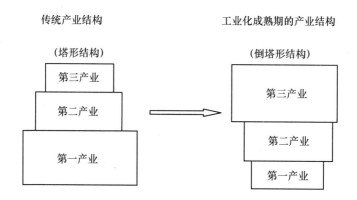

图 3-5 产业结构的塔形结构和倒塔形结构

二 甘孜县、甘孜州产业结构及其比较

甘孜县是农牧业县，2011 年全县国内生产总值 26751 万元，县内工业企业只有 3 家，无重工业，产值以农产为主。粮食总产量 22045 万千克，农业总产值为 22732 万元，畜牧业总产值为 14694 万元，林业总产值为 46 万元，财政收入仅 713 万元，财政支出为 32542 万元，农牧民平均收入 1779 元，远远低于四川省平均水平。[①] 通过州、县比较，我们寻求甘孜州产业结构的基本特征。

（一）变化微小：甘孜县近年来的产业结构

甘孜县三次产业比重，2006 年是 39.8：8.2：52，第三产业比重最

---

① 《甘孜县"十二五"农村饮水安全工程实施方案》（2011 年 8 月），未刊稿，第 9 页。

大，达 52%；第一产业次之，接近 40%；第二产业数量很小，只有
8.2%。2011 年，甘孜县的产业结构是 47.5 : 8.3 : 44.2，第一产业、第三
产业基本相当，第二产业独小，如图 3 - 6 所示。

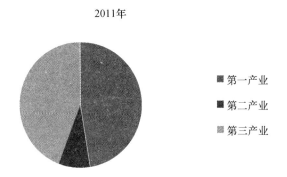

2011年

■ 第一产业

■ 第二产业

■ 第三产业

图 3 - 6 甘孜县 2011 年产业结构

　　如果一定要用塔形图来显示，塔形结构、甘孜县产业结构、倒塔形结
构之间的差异，可描绘为图 3 - 7。

　　2011 年与 2006 年相比，甘孜县第一产业比重上升了 7.7 个百分点，
第二产业基本没有变化，第三产业比重下降 8.2 个百分点。2006 年、
2011 年情况及其比较详见表 3 - 2。

　　甘孜县产业结构的细微变化，并未实现产业结构的高度化，即并未实
现产业结构由第一产业占优势比重向第二、第三产业占优势比重的方向演
进。这是否就意味着产业结构并未优化升级？这个问题值得探讨和思
考。① 可以确定的是，甘孜县走向工业化阶段是难以预期的。

① 学术研究和实践经验都认为各地有不同的发展之路，产业结构优化升级也有不同形式，
如胡荣涛认为，"十一五"时期，经济较为发达的东部产业结构优化升级的重点是要大
力发展高新技术产业，而欠发达的中西部则重点是用高新技术和先进适用技术改造提升
传统产业。胡荣涛：《产业结构优化升级的区域差异性分析》，《经济经纬》2007 年第 2
期。对于甘孜县而言，产业结构优化升级，是否也要走壮大工业之路？值得深思。

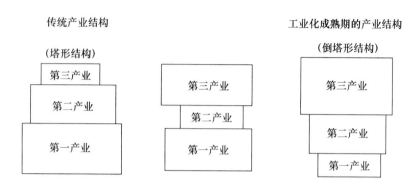

图3-7 甘孜县产业结构及其比较

表3-2　　　2006年、2011年甘孜县产业结构及其比较

	第一产业	第二产业	第三产业
2011 年	47.5	8.3	44.2
2006 年	39.8	8.2	52
2011 年较之于 2006 年	增加 7.7	增加 0.1	减少 8.2

（二）变化微小：甘孜州近年来的产业结构

甘孜县产业结构的细微变化与甘孜州基本一致。同期，甘孜州产业结构情况：2006 年是 19.2∶37.6∶43.2[①]，2007 年是 26.0∶36.2∶37.8，2011 年是 23.6∶37.8∶38.6。[②] 2011 年较之于 2007 年，甘孜州产业结构的变动幅度较小，第一产业减少了 2.4 个百分点，第二产业增加了 1.6 个百分点，第三产业增加了 0.8 个百分点，产业结构变化不大，如表 3 - 3 所示。

---

① 四川省统计局：《甘孜藏族自治州 2006 年国民经济和社会发展统计公报》，http://www.sc.gov.cn/scszfxxgkml_ 2/sbgt_ 53/gzdt/sjtj/200906/t20090604_ 759504. shtml。

② 益西达瓦：《政府工作报告》（在甘孜藏族自治州第十一届人民代表大会第一次会议上），《甘孜日报》2012 年 1 月 20 日。

表 3 - 3　　　　　　　2007 年、2011 年甘孜州产业结构及其比较

	第一产业	第二产业	第三产业
2011 年	23.6	37.8	38.6
2007 年	26.0	36.2	37.8
2011 年较之于 2007 年	减少 2.4	增加 1.6	增加 0.8

（三）差异巨大：县、州产业结构对比

我们对比甘孜县、甘孜州的产业结构，发现县、州之间产业结构的巨大差异，凸显甘孜县经济脆弱性的同时，也呈现出甘孜州经济脆弱性。

2006 年，甘孜县三次产业比重是 39.8：8.2：52，甘孜州是 19.2：37.6：43.2①。县与州之间，甘孜县第一产业比重高于甘孜州 20.6 个百分点，第二产业比重却大幅度地低于甘孜州 29.4 个百分点，第三产业比重高于甘孜州 8.8 个百分点，具体情况如表 3 - 4 所示。

表 3 - 4　　　　　　　2006 年甘孜县、甘孜州产业结构对比

	第一产业	第二产业	第三产业
甘孜县	39.8	8.2	52
甘孜州	19.2	37.6	43.2
县、州相差的百分点	县高于州 20.6	县低于州 29.4	县高于州 8.8

2011 年，甘孜县三次产业结构为 47.5：8.3：44.2，甘孜州的为 23.6：37.8：38.6。县与州之间相比较而言，甘孜县第一产业比重高于州平均水平 23.9 个百分点，第二产业比重却大幅度地低于州平均水平 29.5 个百分点，第三产业比重高于州平均水平 5.6 个百分点（见表 3 - 5）。

---

① 四川省统计局：《甘孜藏族自治州 2006 年国民经济和社会发展统计公报》，http：//www. sc. gov. cn/scszfxxgkml_ 2/sbgt_ 53/gzdt/sjtj/200906/t20090604_ 759504. shtml。

表3-5 2011年甘孜县、甘孜州产业结构对比

	第一产业	第二产业	第三产业
甘孜县	47.5	8.3	44.2
甘孜州	23.6	37.8	38.6
县、州相差的百分点	县高于州23.9	县低于州29.5	县高于州5.6

由甘孜县、甘孜州产业结构对比可知,甘孜县较之于甘孜州,发展更为迟缓,表现在相差的百分点及其结构。

甘孜县第一产业比重很高,呈上升趋势,2006年、2011年甘孜县第一产业比值分别高于甘孜州20.2个、23.9个百分点,且不断上升。最能为县域经济创造收入的第二产业比值,甘孜县却远远低于全州总体水平,始终低于近30个百分点。甘孜县的第三产业高出全州8.8个、5.6个百分点。具体情况详见表3-6。

表3-6 2006年、2011年甘孜县、甘孜州产业结构对比相差数

(单位:百分点)

县、州相差	第一产业	第二产业	第三产业
2006年	县高于州20.2	县低于州29.4	县高于州8.8
2011年	县高于州23.9	县低于州29.5	县高于州5.6

三 甘孜县、甘孜州产业发展愿景

主体功能区规约下的产业发展,是甘孜经济发展的基础,即甘孜县难以建构完整的倒塔形结构,但是,建构倒塔形结构的追求依然,希冀降低第一产业比重,增大第二产业比重。

甘孜县三次产业结构,2006年是39.8:8.2:52,2010年是48:7:45,[①]2011年是47.5:8.3:44.2,"十二五"规划设定的发展目标是2015年将三次产业结构调整为36:17:47。2015年与2011年相比,产业结构的变化见

---

① 甘孜县人民政府:《甘孜县国民经济和社会发展第十二个五年规划纲要》(未刊稿),第2页。

表3－7。

由表3－7可以看出，甘孜县的产业结构追求的主要特点是降低第一产业比例，降低11.5个百分点；增加第二产业比重，增幅为8.7个百分点。一增一降中，凸显对第二产业的追求。

表3－7　　　　　　甘孜县2011年、2015年产业结构及其比较

	第一产业	第二产业	第三产业
2015 年	36	17	47
2011 年	47.5	8.3	44.2
2015 年较之于 2011 年	减少 11.5	增加 8.7	增加 2.8

甘孜县产业结构方面的追求与甘孜州的基本一致，甘孜州的产业结构预设如表3－8所示。

表3－8　　　　　　　　甘孜州产业结构变动趋势①　　　　（单位：亿元、%）

	2010 年		2012 年		2015 年		2020 年	
	增加值	比重	增加值	比重	增加值	比重	增加值	比重
GDP	123.1	100	155	100	255.2	100	627.3	100
第一产业	27.4	22.3	31.4	20.3	38.8	15.2	55	8.8
第二产业	45.7	37.1	58.5	37.9	111.7	43.8	348.6	55.5
工业	31.0	25.2	41.1	26.5	85.2	33.4	296.9	47.3
建筑业	14.7	11.9	17.7	11.4	26.5	10.4	51.7	8.2
第三产业	50.0	40.6	64.8	41.8	104.7	41	223.7	35.7

由表3－8整理出历年三次产业各占比重，见表3－9。如表3－9所示，第一产业由2010年的22.3%下降到2020年的8.8%，下降13.5个

---

① 杨正勇、陈林：《甘孜州实现经济跨越发展的实证分析与思考》，《甘孜日报》2010年5月22日。

百分点；第三产业也在由 2010 年的 40.6% 下降到 2020 年的 35.7%，下降近 5 个百分点；第二产业不断上升，由 2010 年的 37.1% 上升到 2020 年的 55.5%，上升 18.4 个百分点。其变化趋势如图 3-8 所示。

表3-9 　　　　　　　2010—2020 年甘孜州产业结构比重 　　　　　（单位:%）

	2010 年	2012 年	2015 年	2020 年
第一产业	22.3	20.3	15.2	8.8
第二产业	37.1	37.9	43.8	55.5
第三产业	40.6	41.8	41	35.7

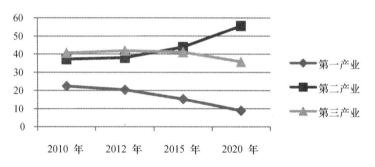

图3-8 　2010—2020 年甘孜州产业结构变化趋势（单位:%）

以产业结构发展规律来考察甘孜县和甘孜州，可以认为其产业结构尚未高度化。实现产业结构的高度化、合理化，政府起到引领作用。在经济发展中，"技术是一个政府不宜过度施加直接影响力的微观因素，应主要通过市场来调节；产业结构是政府可以施加影响并有所作为的中观变量，通过调控改变产业投资结构和投资方向，引导微观主体节能减排和能动地发展'两型产业'。"① 主体功能区约束下，甘孜州产业发展首要考虑的因素就是环境保护。

区域经济发展中，产业结构和环境是一对重要外生变量。因各种原因，甘孜的工业未能得到发展，这客观上有利于环境保护，在三次产业中，第二产业能耗、物耗水平以及污染物产生和排放水平要远远大于第一

①　张少兵:《环境约束下区域产业结构优化升级研究：以长三角为例》，博士学位论文，华中农业大学，2008 年。

产业和第三产业，对环境影响最大；在第二产业内部，因行业资源使用种类、工艺流程以及资源密集度不同，环境影响差异也很大。

环境比较优势理论的核心在于环境标准判断，依据真实环境要素禀赋来发展经济，既不会恶化环境，又不会阻碍经济增长。当长期违背环境比较优势，尤其是过度利用环境禀赋发展经济时，就会造成环境质量下降，反过来影响经济的进一步发展。当前我国区域经济发展的弊端在于，过度依赖具有相对比较优势的资源、环境、劳动力等发展要素，从而陷入所谓的"比较优势陷阱"，导致比较优势丧失。

第四节　脆弱性之于财政收入：外部依赖性强

甘孜州区域经济发展的脆弱性表现为外部依赖性强，主要依赖中央转移支付及省补助收入，本级财政收入很少。2011 年度，甘孜县公共财政收入 80986 万元，其中，全县地方公共财政一般预算收入为 2351 万元，上级补助收入 77603 万元；全县公共财政支出为 78805 万元。全县保工资、保运转的经费主要靠上级转移支付，依赖上级财政转移支付资金超过 95％，财政自给率低，是典型的"补贴型财政"。2001—2012 年财政收入增长速度远远快于 1991—2000 年，但外部依赖性依然很强。本文以1991—2000 年、2001—2012 年财政一般预算收支决算情况，从点和线的两个维度，考察其外部依赖性。

一　窘迫的财政收支：甘孜县财政一般预算收支决算总体情况

历史上甘孜县财政收入十分微薄。中华人民共和国成立初期，仅有一点商税、市场交易税、屠宰税。1959 年以后，才开始征收少量的农业税。1951 年地方财政收入 12.3 万元；1960 年地方财政收入为 160.6 万元，比1950 年增加 1205.69％；1970 年地方财政收入为 33.3 万元，比 1960 年减少 79.27％；1980 年地方财政收入为 53.03 万元，比 1970 年增加59.25％；1990 年地方财政收入为 211 万元，比 1980 年大幅增加。[1]

（一）2001—2012 年财政收入增长很快，但依赖性仍很强

甘孜县 2001—2012 年财政一般预算收支决算及其比例，见表 3 - 10。[2]

---

[1]　甘孜县地方志编纂委员会：《甘孜县志》，四川科学技术出版社 1999 年版，第 88 页。

[2]　此数据由甘孜县财政局提供。

表 3 - 10　甘孜县 2001—2012 年财政一般预算收支决算及其比例分析

（单位：千元、%）

| 年份 | 收支预算总数 | | 本级财政收入 | | 省补助收入等其他收入 | |
	预算数	决算数	预算数及占总数比例	决算数及占总数比例	预算数及占总数比例	决算数及占总数比例
2001	73746	69466	3125 4.24	3125 4.5	70621 95.76	66341 95.5
2002	78974	73325	3011 3.81	3011 4.11	75963 96.19	70314 95.89
2003	95349	92102	3245 3.4	3245 3.25	92104 96.6	88857 96.48
2004	140157	139042	3736 2.67	3736 2.69	136421 97.33	135306 97.31
2005	149650	147380	4670 3.12	4670 3.17	144980 96.88	142710 96.83
2006	183840	183840	5280 2.87	5280 2.87	178560 97.13	178560 97.13
2007	256230	256230	5960 2.33	5960 2.33	250270 97.67	250270 97.67
2008	335450	335450	7130 2.13	7130 2.13	328320 97.87	328320 97.87
2009	492400	471950	10100 2.05	10100 2.14	482300 97.95	461850 97.86
2010	585950	575650	16450 2.81	16450 2.86	569500 97.19	559200 97.14
2011	809860	788290	21510 2.66	21510 2.73	788350 97.34	766780 97.27
2012	1038150	1038150	30600 2.95	30600 2.95	1007550 97.05	1007550 97.05

由表 3 - 10 可知：

1. 进入 21 世纪，甘孜县收支预算总数、本级财政收入、省补助收入等其他收入都增长迅速。收支预算总数中，预算数、决算数在 1 亿元以内的是 3 年（2001 年、2002 年、2003 年），1 亿多元的 3 年（2004 年、2005 年、2006 年），此后 5 年每年增长迅速，由 2 亿多元（2007 年）、3

亿多元（2008 年）、4 亿多元（2009 年）、5 亿多元（2010 年），到 2011 年达到了 8 亿多元，2012 年上升为 10 亿多元。2012 年是 2001 年的 14 倍。本级财政增长也较为迅速，由 2001 年的 300 多万元上升到 2012 年的 3000 多万元，2012 年是 2001 年的近 10 倍。这一增量的速度明显快于 20 世纪 90 年代。

2. 本级财政收入占收支预算总数的比例依然很低。预算数中，所占比例最高（3.81%）的是 2002 年；决算数中，所占比例最高（4.5%）的是 2001 年。

3. 省补助收入等其他收入所占比例一直很高，预算数中，最低的（95.76%）是 2001 年，最高的（97.95%）是 2009 年。

虽然增长迅速，但对比其他非贫困地区，甘孜县的收支预算总量依然是很少的。

（二）1991—2000 年（除了 1999 年）① 财政收支预决算数量非常有限，但呈上升趋势

本文根据《甘孜县志续编》第 196—215 页的资料，整理出甘孜县 1991—2000 年财政一般预算收支决算总表，可以看到甘孜县 20 世纪 90 年代的收支预决算总数相对较小，这集中反映其财政窘迫的特征，财政窘迫是其经济脆弱性的集中表现之一，详见表 3 – 11。

表 3 – 11　1991—2000 年甘孜县财政一般预算收支决算及其比例分析

（单位：千元、%）

年份	收支预决算总数		本级财政收入		省补助收入等其他收入	
	预算数	决算数	预算数及占总数比例	决算数及占总数比例	预算数及占总数比例	决算数及占总数比例
1991	10617	11032	2038 19.05	2653 24.05	8579 80.95	8379 75.98
1992	13957	14703	2102 15.06	2508 17.06	11855 84.94	12195 82.94

① 根据四川省甘孜县志编纂委员会编纂的《甘孜县志续编》（四川人民出版社 2002 年版）第 196—215 页的资料整理而成。不知何故，1999 年的预决算数量异样，不合常规，故不采用。下同，不再专门指出。

年份	收支预决算总数		本级财政收入		省补助收入等 其他收入	
	预算数	决算数	预算数及 占总数比例	决算数及 占总数比例	预算数及 占总数比例	决算数及 占总数比例
1993	13375	13508	2560 19.14	3617 26.78	10815 80.86	9891 73.22
1994	13907	15332	2349 16.89	3156 20.58	11558 83.11	12176 79.42
1995	13749	17547	3402 24.74	5436 30.98	10347 75.26	12111 69.02
1996	23042	25463	6539 28.38	5947 23.36	16503 71.62	19516 76.64
1997	29783	32334	6407 21.51	6409 19.82	23376 78.49	25925 80.18
1998	37125	38184	5841 15.73	5454 14.28	31284 84.27	32730 85.72
2000	46655	47891	2479 5.31	2742 5.73	44176 94.69	45149 94.27

1991—2000 年，甘孜县财政收支预算总数分别为 1061.7 万元、1395.7 万元、1337.5 万元、1390.7 万元、1374.9 万元、2304.2 万元、2978.3 万元、3712.5 万元、4665.5 万元，财政收支决算总数分别为1103.2 万元、1470.3 万元、1350.8 万元、1533.2 万元、1754.7 万元、2546.3 万元、3233.4 万元、3818.4 万元、4789.1 万元。

1991—1995 年，甘孜县财政收支预算总数只有 1000 多万元，此后 3年（1996—1998）不断增长，但也只有 2304 万元、2978 万元、3712 万元，2000 年达到最高值，也只有 4665 万元；财政收支决算的状况也大致如此。1991—2000 年甘孜县财政收支预决算数量及其走势如图 3－9所示。

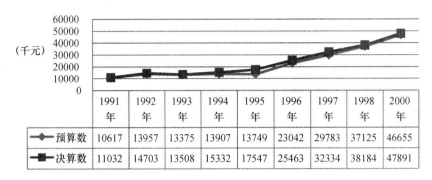

图 3 - 9 1991—2000 年甘孜县财政收支预决算数量及其走势

	1991年	1992年	1993年	1994年	1995年	1996年	1997年	1998年	2000年
预算数	10617	13957	13375	13907	13749	23042	29783	37125	46655
决算数	11032	14703	13508	15332	17547	25463	32334	38184	47891

甘孜县本级财政收入预决算的数量更是有限，且先升后降，如图 3 - 10 所示。

本级财政收入（单位：千元）

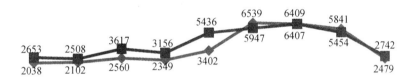

图 3 - 10 1991—2000 年甘孜县本级财政收入预算数、决算数走势

表 3 - 11 显示，1991—2000 年，本级财政预算收入数量分别为 203.8 万元、210.2 万元、256.0 万元、234.9 万元、340.2 万元、653.9 万元、640.9 万元、584.1 万元、247.9 万元，本级财政决算收入数量分别为 265.3 万元、250.8 万元、361.7 万元、315.6 万元、543.6 万元、594.7 万元、640.9 万元、545.4 万元、274.2 万元。

1991—1994 年预算收入只有 200 多万元，1995 年上升为 340 万元，1996 年、1997 年继续上升，达到 600 多万元；较之于前两年，1998 年有所下降，为 584 万元；2000 年继续下降，降至 247 万元。

决算数方面，1992 年（250.8 万元）较 1991 年（265.3 万元）有所下降，1993 年（361.7 万元）有所上升，但 1994 年（315.6 万元）又有所下降；1995 年、1996 年、1997 年有较大幅度上升，分别达到 543.6 万元、594.7 万元、640.9 万元；1998 年（545.4 万元）又有所下降，2000 年（274.2 万元）继续下降。

2000 年是本级财政预决算收入占预决算总收入最低的年份，分别仅为收支预算、决算总数的 5.31%、5.73%；与此相对应，省补助收入等其他收入所占的比例最高，分别为收支预算、决算总数的 94.69%、94.27%。1996 年是本级财政预算收入占预算总收入最高的年份，为收支预决算总数的 28.38%；1995 年是本级财政决算收入占决算总收入最高的年份，为收支预决算总数的 30.98%。2000 年与 1996 年相比，本级财政预算收入占预算总收入比例之差大约为 23 个百分点；2000 年与 1995 年相比，本级财政决算收入占决算总收入比例之差大约为 25 个百分点。这就是说，虽然省补助收入历年都有所增加，但 2000 年增加的幅度最大，致使该年本级财政所占比例最低。

由表 3-11 可以看出，1991—2000 年，省补助收入等其他收入预算数分别为 857.9 万元、1185.5 万元、1081.5 万元、1155.8 万元、1034.7 万元、1650.3 万元、2337.6 万元、3128.4 万元、4417.6 万元，省补助收入等其他收入决算数量分别为 837.9 万元、1219.5 万元、989.1 万元、1217.6 万元、1211.1 万元、1951.6 万元、2592.5 万元、3273.0 万元、4514.9 万元。具体数量及其走势可见图 3-11。

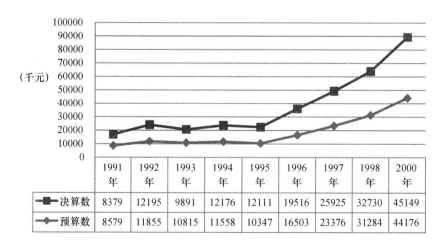

	1991年	1992年	1993年	1994年	1995年	1996年	1997年	1998年	2000年
决算数	8379	12195	9891	12176	12111	19516	25925	32730	45149
预算数	8579	11855	10815	11558	10347	16503	23376	31284	44176

图 3-11　1991—2000 年甘孜县省补助收入等其他收入数量及其走势

总体上看，省补助收入等其他收入整体上呈上升趋势，由 1991 年的 857 万元，上升到 2000 年的 4417 万元。不过，个别年份如 1993 年、1995 年较之于前一年稍有回落。

二　内轻外重：总量静态特征

从总量角度静态地分析甘孜县财政一般预算收支决算结构状况，可得出内轻外重的基本结论，即本级财政收入比例较低，来自省补助收入等其他收入的比例较高，可见其外部依赖性强的特征。

1. 1991—2000 年的平均值：8∶2

（1）1991—2000 年，地方财政预决算占收支预决算总数的比例

由表 3 - 11 可知，1991—2000 年地方财政预算所占预算总数的比例分别为 19.05%、15.06%、19.14%、16.89%、24.74%、28.38%、21.51%、15.73%、5.31%；最低值是 2000 年，为 5.31%；最高值是 1996 年，为 28.38%。1991—2000 年本级财政决算所占决算总数的比例分别为 24.05%、17.06%、26.78%、20.58%、30.98%、23.36%、19.82%、14.28%、5.73%；最低值是 2000 年，为 5.73%；最高值是 1995 年，为 30.98%。这说明甘孜县本级财政收入占预决算总数的比例起起伏伏，时升时降。这就是说，这 9 年间，甘孜县本级财政收入的预算、决算收入占预决算总收入的平均值分别是 18.42%、20.29%。

（2）省补助收入等其他收入占收支预决算总数的比例

1991—2000 年省补助收入等其他收入的预算比例分别为 80.95%、84.94%、80.86%、83.11%、75.26%、71.62%、78.49%、84.27%、94.69%，省补助收入等其他收入的决算比例与此基本相当。省补助收入等其他收入所占收支预决算总数的比例走势，相对平稳，起伏不大。

（3）8∶2 的含义

8∶2 的结构，意味着甘孜县财政每收入 10 元钱，其中大约有 8 元来自省补助收入等其他收入。当然，上述状况可以从总体上说明甘孜县的经济、财政的脆弱性。但是，同样可以理解的是，同为藏民族聚居区，甘孜县的状况好于西藏，[①] 自然，也可以理解为甘孜县所获得的资助不如西藏多而广泛。

2. 2001—2012 年的平均值：9.7∶0.3

据表 3 - 10，依照上述的推演办法，我们可以推算出甘孜县 2001—

---

① 西藏自治区的基本状况是财政支出 10 元中，有 9 元来自中央财政和对口支援。

2012 年省补助收入等其他收入与本级财政收入的比例为 9.7∶0.3，这就意味着甘孜县财政每收入 10 元钱，其中大约 9.7 元来自省补助收入等，虽然甘孜县本级财政收入数量也在逐年上升。8∶2 演变为 9.7∶0.3，这意味着上级政府支持力度加大，这是可喜的，但也可见甘孜藏区财政的外部依赖性。

三 一路上升与起起伏伏：甘孜县财政内部结构复杂性

从增长趋势动态地分析甘孜县财政一般预算收支决算结构状况，可以认为财政一般预算收支总量变动趋势与省补助收入等其他收入的变动趋势基本一致，这也同样得出了内轻外重的结论，揭示出甘孜县财政收入外部依赖性强的特征。

我们以 1991 年为基数，计算历年增加情况，具体情况见表 3－12。

甘孜县财政基数小，我们从收支预决算总数、本地财政预决算数量、省补助收入等其他收入数量的变化趋势来看其内部结构。数据分析显示收支预决算总数不断增长，增幅不断提高；本级财政收入走势是起起伏伏，经历了平缓稳步、较大增长、回落到基数三个阶段。

表 3－12 1991—2000 年甘孜县财政一般预算收支决算及其比例分析①

（单位：千元、%）

年份	收支预决算总数		本级财政收入		省补助收入等其他收入	
	预算数及其增长	决算数及其增长	预算数及其增长	决算数及其增长	预算数及其增长	决算数及其增长
1991	10617	11032	2038	2653	8579	8379
1992	13957 131.45	14703 133.28	2102 103.14	2508 94.53	11855 138.19	12195 145.54
1993	13375 125.98	13508 122.44	2560 125.61	3617 136.34	10815 126.06	9891 118.05

---

① 根据四川省甘孜县志编纂委员会编纂的《甘孜县志续编》（四川人民出版社 2002 年版）第 196—215 页的资料，整理、计算而成。不知何故，1999 年的预决算数量异样，不合常规，故不采用。

年份	收支预决算总数		本级财政收入		省补助收入等其他收入	
	预算数及其增长	决算数及其增长	预算数及其增长	决算数及其增长	预算数及其增长	决算数及其增长
1994	13907 130.99	15332 138.98	2349 115.26	3156 118.96	11558 134.72	12176 145.32
1995	13749 129.50	17547 159.06	3402 166.93	5436 204.90	10347 120.61	12111 144.54
1996	23042 217.03	25463 230.81	6539 320.85	5947 224.16	16503 192.37	19516 232.92
1997	29783 280.52	32334 393.09	6407 314.38	6409 241.58	23376 272.48	25925 309.40
1998	37125 349.68	38184 346.12	5841 286.60	5454 205.58	31284 364.66	32730 390.62
2000	46655 439.44	47891 434.11	2479 121.64	2742 103.35	44176 514.93	45149 538.84

由表 3 - 12 可知：

1. 收支预决算不断增长，增幅不断上升

（1）收支预算总数不断增长，增幅不断上升。以 1991 年为基数，1992—1995 年增长到 1 倍多，增长幅度 125.98% 到 131.45%；1996 年、1997 年增长到 2 倍多，分别达到 217.03%、280.52%；1998 年增长 3 倍多，达 349.68%；2000 年增长 3 倍多，达 439.44%。

（2）收支决算总数不断增长，增幅不断上升。1993—1995 年增长到 1 倍多，增长为 122.44%、138.98%、159.06%；1996 年增长到 2 倍多，达 230.81%；1997 年、1998 年增长到 3 倍多，分别达 393.09%、346.12%；2000 年增长到 4 倍多，达 434.11%。

（3）收支预算总数与收支决算总量的增长情况相比，后者的增幅更高。例如，1997 年前者增长到 2 倍多，后者增长到 3 倍多；2000 年，前者增长到 3 倍多，后者增长到 4 倍多。

总体说来，1991—1995 年增势平缓，1996—2000 年，增势迅速。

2. 甘孜县本级财政有所增长，但增幅起起伏伏，甚至有所回落

甘孜县本级财政预决算增长情势如图 3 - 12 所示。

（1）本级财政预算增长有所起伏

甘孜县本级财政预算增长的具体情况是：1992 年与 1991 年持平，只增长了 3 个百分点；1993 年、1994 年、1995 年分别增长约 26 个、15 个、67 个百分点；1996 年、1997 年增长到 3 倍多，分别达到 320.85%、314.38%；1998 年较之于前两年有所回落，增长到 286.60%；2000 年回落更甚，较之 1991 年只增长了 21 个百分点。

（2）本级财政决算较之于 1991 年有增有减，起起伏伏

决算增减的具体情况是：1992 年是负增长，少于 1991 年 5 个百分点；1993 年、1994 年增长了 36 个、18 个百分点；1995—1999 年，增长到 2 倍多，分别达 204.90%、224.16%、241.58%、205.58%；2000 年增幅回落，只高于 1991 年 3 个百分点。

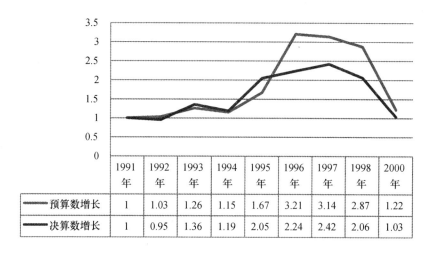

图 3-12　1991—2000 年本级财政预决算增长趋势

由图 3-12 可知，本级财政收入走势是起起伏伏，并回落，经历了平缓稳步、较大增长、回落到基数三个阶段。

3. 省补助收入等其他收入增长情况

（1）省补助收入等其他收入的预算数量不断持续增长，增长幅度由小到大。1992—1996 年增幅较小，分别增长 38 个、26 个、34 个、20 个、92 个百分点；1997 年、1998 年、2000 年增幅较大，分别增长到 2 倍多（达到 272.48%）、3 倍多（达到 364.66%）、5 倍多（514.93%）。

（2）省补助收入等其他收入的决算数量不断持续增长，增长幅度由小

到大。1992—1995 年增幅较小，分别增长 45 个、18 个、45 个、44 个百分点；1996 年增长到 2 倍多，达 232.92%；1997 年、1998 年、2000 年增幅较大，增长到 3 倍多、5 倍多，分别达到 309.40%、390.62%、538.84%。

省补助收入等其他收入增长趋势如图 3-13 所示。

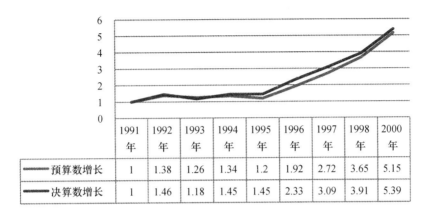

	1991年	1992年	1993年	1994年	1995年	1996年	1997年	1998年	2000年
预算数增长	1	1.38	1.26	1.34	1.2	1.92	2.72	3.65	5.15
决算数增长	1	1.46	1.18	1.45	1.45	2.33	3.09	3.91	5.39

图 3-13　省补助收入等其他收入增长趋势

由图 3-13 可知，总体上说，省补助收入等经历了 1991—1995 年基本持平、1996—2006 年的快速增长两个阶段。

4. 增长比较

（1）本级财政收入与省补助收入等其他收入的增长相比较，可知后者增长数量较多，增幅更快。这在一定程度上，可说明外部供给的"刚性优势"，即依靠上级政府，更有利于甘孜县的财政增长。

（2）我们基本可以认为，财政一般预算收支决算总数增长趋势与省补助收入等其他收入的增长趋势基本一致，这也就从增长趋势这一动态状况，证实甘孜县财政收支的外部依赖性强。

四　2000 年财政一般预算收支状况

我们根据 2000 年甘孜县财政一般预算收支决算总数表，观察甘孜县的财政结构状况及其特征。2000 年财政一般预算收支决算总数见表 3-13。

表 3 – 13 **2000 年财政一般预算收支决算总数①** （单位：千元）

预算科目	预算数	决算数	预算科目	预算数	决算数
一、增值税	229	252	一、基本建设支出	940	1782
二、营业税	400	298	二、企业挖潜改造资金	650	
三、企业所得税		1	三、地质勘探费		
四、企业所得税退税			四、科技三项费用	45	45
五、个人所得税	600	1040	五、流动资金		
六、资源税	47		六、支援农业生产	1079	40
七、固定资产投资方向调节税			七、农业综合开发支出	40	40
八、城市维护建设税	50	52	八、农林水利气象等部门的事业费	1649	1649
九、房产税	70	103	九、工业交通等部门的事业费	258	57
十、印花税		2	十、流通部门事业费	14	
十一、城镇土地使用税	2	7	十一、文体广播事业费	1701	999
十二、土地增值税			十二、教育事业费	5838	5078
十三、车船使用和牌照税	30	24	十三、科学事业费	20	
十四、屠宰税	30	14	十四、卫生经费	3253	3053
十五、筵席税			十五、税务等部门的事业费	93	105
十六、农业税	129	348	十六、抚恤和社会福利救济费	2023	698
十七、农业特产税	50	84	十七、行政事业单位离退休经费	4722	6722
十八、牧业税	80	69	十八、社会保障补助支出	1433	573
十九、耕地占用税	2	11	十九、国防支出	155	25
二十、契税	5	3	二十、行政管理费	6545	8472
二十一、国有资产经营收益		200	二十一、外交外事支出		

---

① 四川省甘孜县志编纂委员会：《甘孜县志续编》，四川人民出版社 2002 年版，第 213—215 页。

续表

预算科目	预算数	决算数	预算科目	预算数	决算数
二十二、国有企业计划亏损补贴			二十二、武装警察部队支出	149	149
二十三、行政性收费收入	125	44	二十三、公检法司支出	1969	2417
二十四、罚没收入	100	160	二十四、城市维护费	745	63
二十五、海域场地矿区使用费收入			二十五、政策性补贴支出	3070	1920
二十六、专项收入	30	30	二十六、支援不发达地区支出	10384	2820
二十七、其他收入	100		二十七、海域开发建设和场地使用费支出		
			二十八、专项支出	10	30
			二十九、其他支出	5680	6560
			三十、总预备费		
本年收入合计	2479	2742	本年支出合计	52465	43297
本年收入	2479	2742	本年支出	52465	43297
省补助收入	40295	41583	上解省支出	12	10
税收返还收入	409	201	专项上解数	12	10
原体制补助数	6217	6217			
专项拨款补助数	23323	23323			
增发国债补助					
增加工资省补助	3379	3379			
各项结算补助数	6188	6684			
其他补助数	779	1779			
			增设预算周转金		
地方向国外借款收入			地方向国外借款安排的支出		
			地方向国外借款还本付息支出		
国债转贷收入			国债转贷收入安排的支出		

续表

预算科目	预算数	决算数	预算科目	预算数	决算数
国债转贷资金上年结余			调出资金		
上年结余收入	3566	3566	年终滚存结余	−5822	4584
动用当年超支	315		其中：市地州本级		
预算差额			减：结转下年的支出		9918
调入其他资金			其中：市地州本级		
其中：1. 财政周转金调入预算内			净结余	−5822	−5334
2. 预算外资金调入预算内			其中：市地州本级		
国债转贷收入结余			总计	46655	47891

由表 3 – 13 可知：

1. 本级财政收入杯水车薪

本级财政预、决算数分别为 247. 9 万元、274. 2 万元，而本年合计支出预、决算数却是 5246. 5 万元、4329. 7 万元。收入预算数大约是支出预算数的 4. 72%，收入决算数大约是支出决算数的 6. 33%，杯水车薪。本级财政预决算与本年合计支出预决算数的对比状况可见图 3 – 14。

2. 全年收入预算依然少于支出预算

由表 3 – 13 我们可以得知，本级财政收入加上省补助收入等其他收入使得总计的预算收入数达到 4666. 5 万元，但是对于本年度支出合计预算数（5246. 5 万元）依然有 580 万元差距。

3. 本级财政收入来源渠道狭窄、数量少

以决算数为依据，本级财政有收入项目的排序及其数量状况见表 3 – 14。

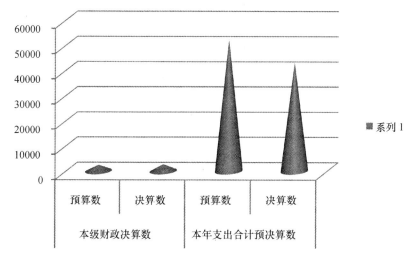

图 3-14 2000 年甘孜县本级财政与本年支出合计预决算数量对比（单位：千元）

表 3-14 甘孜县 2000 年本级财政预决算数量及其排序 （单位：千元）

排序	预算科目	决算数	预算数
1	五、个人所得税	1040	600
2	十六、农业税	348	129
3	二、营业税	298	400
4	一、增值税	252	229
5	二十一、国有资产经营收益	200	
6	二十四、罚没收入	160	100
7	九、房产税	103	70
8	十七、农业特产税	84	50
9	十八、牧业税	69	80
10	八、城市维护建设税	52	50
11	二十三、行政性收费收入	44	125
12	二十六、专项收入	30	30
13	十三、车船使用和牌照税	24	30

排序	预算科目	决算数	预算数
14	十四、屠宰税	14	30
15	十九、耕地占用税	11	2
16	十一、城镇土地使用税	7	2
17	二十、契税	3	5
18	十、印花税	2	
19	三、企业所得税	1	
20	六、资源税		47
21	二十七、其他收入		100
	本年收入合计	2742	2479

由表 3－14 可知，2000 年甘孜县财政收入有预决算数量的项目包括了 21 项，决算收入为 274.2 万元，预算收入为 247.9 万元，数量极其有限。

于决算收入而言，位于前十位的依次是：（1）个人所得税，决算数 104.0 万元，预算数 60.0 万元；（2）农业税，决算数 34.8 万元，预算数 12.9 万元；（3）营业税，决算数 29.8 万元，预算数 40 万元；（4）增值税，决算数 25.2 万元，预算数 22.9 万元；（5）国有资产经营收益，决算数 20.0 万元；（6）罚没收入，决算数 16.0 万元，预算数 10.0 万元；（7）房产税，决算数 10.3 万元，预算数 7.0 万元；（8）农业特产税，决算数 8.4 万元，预算数 5.0 万元；（9）牧业税，决算数 6.9 万元，预算数 8.0 万元；（10）城市维护建设税，决算数 5.2 万元，预算数 5.0 万元。

甘孜县财政收入主要来源于个人所得税以及农牧业生产税收收入，因缺乏工业生产，"无工不富"的特点凸显。

4. 本级财政支出范围宽，数量多

与本级财政收入渠道狭窄、数量少相对应的是支出内容多、数量大。详细情况见表 3－15。

表3-15 甘孜县2000年支出预决算数量及其排序（以决算数为依据）

（单位：千元）

排序	预算科目	决算数	预算数
1	二十、行政管理费	8472	6545
2	十七、行政事业单位离退休经费	6722	4722
3	二十九、其他支出	6560	5680
4	十二、教育事业费	5078	5838
5	十四、卫生经费	3053	3253
6	二十六、支援不发达地区支出	2820	10384
7	二十三、公检法司支出	2417	1969
8	二十五、政策性补贴支出	1920	3070
9	一、基本建设支出	1782	940
10	八、农林水利气象等部门的事业费	1649	1649
11	十一、文体广播事业费	999	1701
12	十六、抚恤和社会福利救济费	698	2023
13	十八、社会保障补助支出	573	1433
14	二十二、武装警察部队支出	149	149
15	十五、税务等部门的事业费	105	93
16	二十四、城市维护费	63	745
17	九、工业交通等部门的事业费	57	258
18	四、科技三项经费	45	45
19	六、支援农业生产	40	1079
20	七、农业综合开发支出	40	40
21	二十八、专项支出	30	10
22	十九、国防支出	25	155
23	二、企业挖潜改造资金		650
24	十三、科学事业费		20
25	十、流通部门事业费		14
	本年支出合计	43297	52465

由表 3-15 可知，有预算和决算数据的项目共 25 项，多于有预决算的财政收入项目（21 项）；支出预决算数量远远大于收入预决算数量。

位于前十位的依次是：（1）行政管理费，决算数 847.2 万元，预算数 654.5 万元；（2）行政事业单位离退休经费，决算数 672.2 万元，预算数 472.2 万元；（3）其他支出，决算数 656.0 万元，预算数 568.0 万元；（4）教育事业费，决算数 507.8 万元，预算数 583.8 万元；（5）卫生经费，决算数 305.3 万元，预算数 325.3 万元；（6）支援不发达地区支出，决算数 282.0 万元，预算数 1038.4 万元；（7）公检法司支出，决算数 241.7 万元，预算数 196.9 万元；（8）政策性补贴支出，决算数 192.0 万元，预算数 307.0 万元；（9）基本建设支出，决算数 178.2 万元，预算数 94.0 万元；（10）农林水利气象等部门的事业费，决算数 164.9 万元，预算数 164.9 万元。

甘孜县支出决算集中于行政事业费及公共服务费用，这样的支出结构显示其经济发展脆弱性背景下，财政支出处于维持行政机构运作以及基本公共服务供给的初级阶段。

上述是甘孜县 1991—2000 年财政收支情况分析，我们调查显示，这种状况在 10 年后依然改变很少，例如 "2011 年全县地方财政收入 2351 万元，上级补助收入 77603 万元。上级补助收入中返还型财政收入 335 万元、一般性转移支付收入 39231 万元、专项转移支付收入 38037 万元"。[①]

此外，就甘孜县"十二五"规划项目的投资状况，我们也发现这一共性。从甘孜县"十二五"规划的各项投资及其比例来看，国家投资达到 77.6%，占绝大部分，如表 3-16 所示。

表 3-16　甘孜县"十二五"规划各项投资量及其占总投资的比例[②]

（单位：万元、%）

总投资	国家投资		招商或贷款		其他投资	
	数量	比例	数量	比例	数量	比例
3685715	2861899	77.6	781505	21.2	42311	1.15

由表 3-16 可知，"十二五"规划中，甘孜县规划总投资为 3685715

万元，国家投资 2861899 万元，占总投资的 77.6%；招商或贷款 781505 万元，占总投资的 21.2%；其他投资 42311 万元，占总投资的 1.15%。可见，国家投资占了绝大部分。这样的投资比例结构与甘孜县长期以来的经济发展状况相一致。这就是说，长期以来，甘孜县的财政收入结构基本依赖上级政府投入。

第五节　脆弱性之于基础设施：瓶颈制约

甘孜藏区基础设施薄弱，公路里程少、通达性差，网络密度低[①]；电力设施落后，供水能力低等。例如甘孜县的公路网络密度仅 15.88 千米/百平方千米，远远低于全省平均水平，85% 以上为沙石路面；电力设施落后，装机容量不足需求量的 1/2，发电能力弱，丰枯水期数量差异大，电力严重短缺；城市供排水管网不完善，供水能力不足，排污设施差；通信干线密度小，设备落后；农业机械化程度低，水利设施严重老化，抗御自然灾害能力弱。[②] 无论是从应然还是实然的角度，基础设施薄弱都是甘孜藏区区域脆弱性的基本表现。交通和饮用水供给等是基础设施中的基础，本文以此呈现甘孜藏区基础设施之瓶颈制约特征。

一　基础设施建设促进经济社会发展

（一）基础设施建设对经济社会发展的促进作用

学术研究认为交通运输设施在经济发展以及农牧民增收中具有乘数效应。实践界将交通运输的作用描述为"要致富，先修路"。基础设施薄弱会导致马太效应，越是贫困落后之地，交通越是不发达，越是制约经济发展，越使得贫困落后地区更加贫困。

交通运输的发展对经济发展有乘数效应的内在逻辑在于：自然资源要发挥其经济效能，需要开发或提高利用率；利用率提高，影响着经济能力的释放；经济能力释放，要求改善交通条件；交通条件改善，既能释放经

---

① 2010 年四川省全省公路密度为 54.86 千米/百平方千米，成都市公路密集度为 169.27 千米/百平方千米，甘孜州仅有 15.62 千米/百平方千米。甘孜州的公路密度远远低于全省平均水平，更与成都市没法比较。参见寇莎《四川省农村居民收入差距研究》，硕士学位论文，西南财经大学，2012 年。

② 甘孜县人民政府：《甘孜县国民经济和社会发展第十二个五年规划纲要》（未刊稿），第 7 页。

济能力，又能降低运输成本；交通条件改善，降低运输成本、方便民众生产生活的同时，增加对自然资源的需求量；经济能力的释放以及对自然资源需求量的增加都提高经济效益。交通运输与资源开发、经济发展之间的关系，如图 3－15 所示。

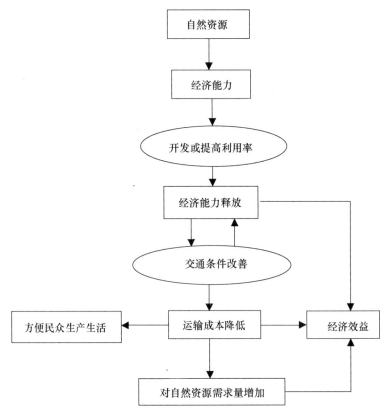

图 3－15　交通运输与资源开发、经济发展的关系①

　　我国不同地区经济发展的不平衡有多种原因，其中，交通运输状况既是一个地区富裕或贫困之因，也是其果。例如，原本较为落后的地区，交通运输也较为落后；因交通运输比较落后，经济发展也相对落后。我国高原山区蕴藏着十分丰富的矿产资源、能源资源、水力资源、森林资源和旅游资源，但是，由于地形条件复杂、地理位置偏远、路网建设不完善，使

---

①　根据张长生的《高原山区路网均衡性研究》（长安大学博士学位论文，2011 年 5 月）第 37 页的相关图示改编而成。

得不少资源开发难度大，丰富的自然资源得不到开发，不仅没有成为经济腾飞的基础，反而成为约束经济发展的桎梏。

落后地区交通相对落后的原因是多方面的，正如公路网影响因素是多方面的。实证研究结果表明交通基础设施的路网密度与经济增长指标之间具有很强的正相关关系，单位平方千米公路运营里程与 GDP 之间存在一元线性关系。这意味着一定区域的发展，除了考虑公路网规模与现有经济需求是否匹配外，更应注重潜在经济需求，挖掘贫困地区的发展潜力。此外，一个国家或地区的人口规模越大，则需要更多的交通基础设施。人口的空间分布格局也会对路网规模需求有所影响。再则，一般而言，区域面积越大，对交通网络的需求越大；地形、地质条件会影响交通线路的布局和路网规模，复杂地形、地质地区的交通基础设施建设成本高[1]，影响交通建设速度。[2] 由此观之，甘孜藏区各方面因素制约，使得在交通网络非均衡发展中，成为交通网络不发达地区。

目前，均衡发展是我国经济社会发展的基本追求，交通网络均衡发展被包括其中，这既基于可持续发展的理论应然，又基于我国的地区交通网络非均衡发展的实然要求。

实然话语下，农村贫困地区道路、供水、供电、通信等基础设施落后不仅直接影响着农牧业的发展以及区域防灾、抗灾能力，更使贫困地区在获取信息、技术、资金、人才和商品流通等方面受到限制，阻碍贫困地区资源开发、当地经济社会发展与外部社会的有机融合，弱化甚至化解了外部社会先进经济文化的冲击，强化了贫困地区内在的封闭性和资源配置的单一性，使当地社会经济发展始终处于一种被孤立、被隔绝的封闭状态。[3]

（二）甘孜县基础设施建设薄弱

基础设施建设包括道路、饮用水、供电、通信（包括广播）等。甘孜县十一五时期，基础设施建设的基本情况是：通乡、通村公路网络体系逐步健全，通车里程达到 1160 千米；打火沟水利灌溉工程开工建设，人口安全饮水工程取得阶段性成效；实施了农网完善工程，建成 35kV 输电

---

① 笔者在甘孜州了解到相关信息。受地理条件限制，甘孜州基础设施建设成本不断上升，越是深入青藏高原腹地，建筑材料成本越高，有的生产建筑材料价格高出内地 3 倍及以上。如 2008 年水泥出厂价格为 400 元/吨，运到甘孜县为 700 元/吨，运到石渠县价格为 1000 元/吨。而且许多项目在边远乡村，在此基础上还要产生二次甚至三次的转运费用。

② 张长生：《高原山区路网均衡性研究》，博士学位论文，长安大学，2011 年。

③ 成卓：《中国农村贫困人口发展问题研究》，博士学位论文，西南财经大学，2009 年。

线路 37.9 千米，10kV 输电线路 322 千米，0.4kV 输电线路 102 千米；电信、移动、联通等通信综合覆盖率达到 70% 以上。"十二五"期间，甘孜发展重点之一是基础设施建设，主要包括综合交通体系建设、农村安全饮水工程和骨干水利工程建设、通信网络和广电设施建设，缓解县域经济发展的瓶颈制约。[①]

甘孜县基础设施薄弱所体现的脆弱性既是自然建构，也是社会建构；既是历史范畴的脆弱性，也是现实范畴的脆弱性。长期以来，甘孜县基础设施建设投资少。这既受国家投资的影响，也受甘孜自身财力约束。基本建设投入主要以生产性为主，总量较少。随着国家投资政策的改变和对民族地区建设投入政策倾斜，基本建设投入开始逐年增加。改变了单一性生产投入为基础设施、市政建设、公益事业综合投入。

二 交通运输艰难

（一）历史建构的交通脆弱性

解放前甘孜的交通运输极为艰难。甘孜县是康北交通要冲。至元末明初，由雅安运往藏区的川茶始由南路改走北路，元朝在甘孜镇设有"大驿站"（驿站又名官栈，是过往官员投宿的地点）。康熙年间，清政府多在康藏地区设驿传台站。乾隆金川之战后，设麻书土司于霍尔甘孜。光绪三十三年（1907）川滇边务大臣赵尔丰在甘孜州南北路主要干道及其他支线上普设台站，以传递军事文报及军需运输。历史上川藏道以今四川雅安一带产茶区为起点，首先进入康定，自康定起，川藏道又分成南、北两条线，南线从康定向西，经雅江、理塘、巴塘、芒康、左贡至昌都（即今川藏公路的南线），再由昌都通向卫藏地区。北线是：康定—折多塘—长坝春—中谷—八美—基色中—道坞—大寨—炉霍—党卡—普玉隆—甘孜—白利—仁果—绒坝岔—德格—江达—昌都，通往卫藏地区。

因交通带动商贸，甘孜镇渐成雏形，并成为当地交通中心。19 世纪中叶，甘孜镇仅是一个普通的小村落，清同治年间在此招商设市，至民国时期甘孜镇发展成为甘孜藏区四大集市之一，系康北商业重镇。同治年间，瞻对贡布郎吉叛乱，麻书土司避难成都，羡慕商业繁华，乱定回甘孜后，"乃请川督招汉商赴甘孜设市，川督许之。"当时打箭炉（今康定）市场已具规模，陕西商人在此经商者百有余年，熟稔甘孜州风土、商情，

---

① 甘孜县人民政府：《甘孜县国民经济和社会发展第十二个五年规划纲要》（未刊稿），第 2、7、17 页。

知甘孜县为康北要道，于是纷纷在甘孜镇设立分号，形成了最初的市场雏形。民国以来，康北军事频繁，加上出关办货者云集甘孜镇，市场日渐繁多。据1931年的《西康图经》记载，当时在甘孜城区有居民100多户，内有汉商60多家、藏商13家。在13家藏商中，寺院商7家、土司商2户、平民商4户。据20世纪50年代初统计，甘孜城内大小商店100家左右，资本在1万藏洋以上的有55家，10万—20万藏洋资本的有6家，1万—5万藏洋资本的有13家，在1万藏洋以下的多系杂货馆、酒馆等。[①]

即便是交通要塞，交通艰难依然。甘孜县的交通状况与整个甘孜州一样，在历史上就非常艰难。解放前，出行或运输主要靠牦牛、马、骡、驴等牲口和步行……计算路程也以单马计算，一天单马约90华里至100华里不等，牦牛和犏牛是长途运输货物的主要工具。[②] 由康定西行，翻过折多山的广大地区，习惯称为"关外"。关外唯一的交通是通过乌拉的形式实现的。"从康定西行不比内地，没有滑竿可雇，没有旅店可以打尖歇宿，除按站支取乌拉外，其余一切便利都没有。千里荒原，四下不见人影，肚子饿了，要用石块架起锅灶，捡拾干牛粪烧茶煮食。天下雨了，或落下冰雹，要撑起帐篷或用厚毛毯做成的雨衣雨帽连头带身子从马头到马尾巴全部覆盖住，以免被鹅卵石大的冰雹砸伤。"[③]

中华人民共和国成立前，甘孜县公路极少。1943年营官寨至甘孜的公路正式开工，于当年11月修通。但该路修后失养，以后废弃，物资仍靠人背畜驮。从康定驮运货物往返一次，需要近两个月时间。甘孜人民形容当时的情况是："正二三，雪封山；四五六，麻得苦；七八九，正好走；十冬腊，当狗爬。"

中华人民共和国成立前，甘孜运输是畜力运输，绝大部分物资通过牦牛驮运，每年4—9月水草肥美，气候适宜，是运输旺季。牦牛性情温驯，耐寒耐劳，善于跋山涉水、过沼泽地，又喜合群，一般3人吆一群，日行四五十里，选水草充足处夜宿。运输物资类型包括四种：一是农牧民以物易物，即农牧民各自驮运自己的产品在市进行交换或与汉族商人交换生产生活必需品，称为"日朵"运输。二是为土司头人和寺庙的管家从事运

---

① 郑长德、周兴维：《民主改革与四川藏族地区经济发展研究》，民族出版社2008年版，第321页。

② 根旺：《民主改革与四川藏族地区社会文化变迁研究》，民族出版社2008年版，第47页。

③ 邢肃芝（洛桑珍珠）口述，张建飞、杨念群笔述：《雪域求法记——一个汉人喇嘛的口述史》，生活·读书·新知三联书店2003年版，第71页。

输和贸易，称为"从渣"运输。三是牧场主雇请驮足娃为其运送客商货物，称为"雇工运输"。四是农牧民自有牦牛驮运商货，替头人从运费中收提取部分，称为"提抽运脚费"运输。①

（二）中华人民共和国成立后交通运输事业不断发展

1. 中华人民共和国成立后到20世纪70年代末的公路建设

1954年，修通了川藏公路，国道317由东向西，横贯甘孜县经济发达的南部地区，并形成了以县城为中心，康藏线为骨架与附近各县相连的公路辐射网。1968年以来，甘孜县至新龙县、甘孜县至白玉县通车，在县境内至达通玛牧区100千米的公路通车，县城至边远的泥柯乡、扎科乡通车，紧接县区乡公路的联网路以及到达县境内的公路总长为376千米。截至《甘孜县志》付梓，甘孜县内通车里程达414.4千米，其中国道80千米、县道41.5千米、区乡道路292.9千米。全县所辖的23个乡镇，通车的有21个。此时，甘孜县的主要公路包括国道317、省道是甘（孜）—新（龙）公路；县乡道包括甘孜—白玉公路、甘孜—达通玛公路、东谷—泥柯公路、扎科路等。② 到20世纪70年代末，甘孜县区乡公路情况如表3-17所示。

表3-17　　　　　20世纪70年代末甘孜县区乡公路情况③

公路名称	起止地名	竣工时间	公路等级	里程
甘—达路	甘孜—达通玛区	1977年10月	四级	100千米
洛—东路	洛戈梁子—东谷区	1977年	等外级	61.2千米
雅—莫路	雅砻江大桥—莫绒隆	1977年	等外级	19.5千米
雅—甲路	雅砻江大桥—甲衣村	1977年1月	等外级	14.5千米
绒—昔路	绒坝岔—昔色乡	1977年	等外级	3.5千米

2. 20世纪90年代，甘孜县公路建设

20世纪90年代，甘孜县公路建设不断。1990年，全县交通总通车里程为358千米，1999年是432千米。1997年8月，完成全县最后一个乡

---

① 甘孜县地方志编纂委员会：《甘孜县志》，四川科学技术出版社1999年版，第167页。

② 同上书，第86、163—166页。

③ 同上书，第163—166页。

（达通玛茶扎乡）公路的修建。10 年间，全县增加公路 74 千米，新建公路桥 4 座。新建东谷—色达联网公路（甘色路），缩短甘孜至色达的总里程 100 千米。1999 年，国道 317 线路柏油路面修建到甘孜县城。20 世纪 90 年代甘孜县公路建设概况见表 3 – 18。

表 3 – 18　　　　　　　20 世纪 90 年代甘孜县公路建设概况①

序号	名称	性质	起止地点	长度（千米）		修建时间（年）	投资量（万元）
				全程	县境		
1	亚洛路	区乡道	洛戈梁子—色达亚龙村	83	83	1985 年修建 76 千米，1995 年修建 7 千米	123
2	达大路	区乡道	达通玛区—大德乡	24	24	1994	65
3	生扎路	区乡道	生康—扎科乡	57	57	1995	57.94
4	下雄乡公路	乡村道	洛戈梁子—下雄乡	2	2	1996	50
5	夺东路	乡村道	夺多乡—东谷区	17	17	1997	50
6	甘炉联网路	区乡道	甘孜县—炉霍县	21	21	1997	70
7	达茶路	区乡道	达通玛区—茶扎乡	25	25	1997	95.8
8	甘达路②	区乡道	县城—达通玛区	100	100	1999	66

20 世纪 90 年代，甘孜县打通州内外连通道路——亚洛路。亚洛路也称甘（甘孜）色（色达）联网路，亚洛路甘孜县段有 7 千米，路段上有一座跨度为 48 米的尼曲友谊大桥。亚洛路的总投资为 123 万元，其中修路投资 47 万元，修桥投资 76 万元，按四级双车道标准修建。建成亚洛路，实现了甘孜、色达、炉霍三县连通，可从洛戈梁子分路到色达，经马

---

① 根据四川省甘孜县志编纂委员会：《甘孜县志续篇》（四川人民出版社 2002 年版），第 167—170 页的材料整理而成。

② 这里指的是甘达路加宽整治工程。甘达路是甘孜县城通往甘孜县纯牧业区——达通玛区的交通要道，全长 100 千米，修建于 1978 年。由于高原气候影响，道路受损程度极其严重。为了便于达通玛区牧民的生产生活，甘孜县交通局分两年时间，完成甘达路 100 千米路线的加宽整治。1998 年投资 53 万元，加宽整治甘达路第 23—100 路段的 77 千米，建设永久性涵洞 10 个、木涵 37 个。1999 年投资 13 万元，完成甘达路 0—23 路段的 23 千米路路的加宽整治。

尔康到成都，为甘孜县开辟了另一条进出州内外的通道。

20世纪90年代，甘孜县大量依靠民众投工投劳修建一些公路，例如生扎路、达茶路。生扎路修建于1995年，当时上级部门拨给10千米改建资金57.94万元，工程款严重不足。于是，群众义务投工投劳，按四级单车道标准修建，全线55.75千米，并修建永久性桥梁2座（分别为8米、4米），修建永久性涵洞2道（各2米）。1995年，县交通局筹集资金20.8万元，用做茶盐补助及桥涵建设资金，与达通玛区工委共同组织1800名牧民群众，开始新建达茶路。

3.20世纪90年代至2000年甘孜县桥梁及其他工程建设

整理相关资料，20世纪90年代到2000年，甘孜县桥梁建设状况见表3-19。

表3-19　　　　甘孜县20世纪90年代到2000年桥梁建设①

年份	桥梁名称	投资（万元）	技术指标	特　征
1995	仁达村人行吊桥②	0.5	跨度40米	甘孜县与甘孜州道桥公司、泥柯乡合作，新建，永久性
1997	生康吊桥	6.5		维修
1998	纳西扶贫桥	2.49	净跨4米	新建，永久性
	柯则桥	3.0	净跨5米，宽4.5米	新建，永久性
	扎科桥	3.27		新建，永久性
2000	启珍坝大桥	69	三孔跨长39米 宽7+2×0.5米	新建，永久性
	东谷大桥	108	三孔跨长48米 宽7+2×0.5米	新建，永久性
	四通达吊桥	12	长36米	新建，永久性
	庭卡六村桥	3.0272	长6米，宽4米	新建，永久性

这九座桥梁中，较大的是启珍坝大桥、东谷大桥。启珍坝大桥位于达通玛区启珍坝，距达通玛工委3千米，横跨达曲河上。以前有一座简易的

---

① 根据四川省甘孜县志编纂委员会《甘孜县志续篇》（四川人民出版社2002年版）第170—171页的材料整理而成。

② 仁达村永久性人行吊桥的修建，结束了该村地处一河两岸异地耕种和数十名学龄儿童因河阻隔不能按期入学的历史。

人行吊桥，随时间推移，原有吊桥不能满足需要。2000年，甘孜县交通局投资69万元，修建启珍坝大桥。该桥是三孔跨长39米、宽7+2×0.5米、设计荷载汽-20、挂-100的"T"形梁桥。东谷大桥位于亚洛路26千米处，原是一座长48米、宽4米的钢架桥，于1979年修建。由于年久失修，通行能力受限。2000年甘孜县交通局投资108万元，重修了东谷大桥，该桥是三孔跨长48米，宽7+2×0.5米，设计荷载汽-20、挂-100的"T"形梁桥。

4. 运输状况变化

中华人民共和国成立之初，牦牛依然是很重要的运输工具，十八军进军西藏和修筑藏区公路时，甘孜县人民组织成千上万的牦牛为进藏部队和筑路部门运输物资，对保障进藏解放军的后勤物资供给及加快公路工程进展起到重要作用。1953年9月初建康定运输公司甘孜汽车站，设甘孜至康定的客车，每月发往康定一班。1978年前，甘孜县仅有3辆载重汽车，由于受运力限制，进出县物资不能及时到位。1978年5月，正式成立甘孜县汽车队，有解放牌汽车5辆。1978年6月，四川省运输公司发给车队10辆汽车。到1984年，有东风牌汽车10辆、解放牌汽车5辆、红桥牌大客车1辆，固定资产43.7万元。截至1990年全县有各种型号拖拉机335台，农忙耕作，农闲运输。1990年承受货运量2000吨。[①]

（三）促进发展，交通运输需要突飞猛进

无论是甘孜州，还是甘孜县，交通不便，区位优势难以转化为经济优势，因此，促进发展，需要交通运输突飞猛进。

高原山区路网建设有其内在困难，例如成本高。高原山区地形复杂，公路建设成本很高，因为单位长度公路建设成本是不同的，空间上的公路网长度也是不同的，如在高原山区直线连接距离为1千米的公路，由于高原山区地形复杂，复杂的道路线形导致最终需要建设实际3千米道路。

在非均质地区实行路网均衡性发展，不是简单地去适应经济社会环境的被动式发展，而是带动社会、经济发展的主动式发展，强调其引导作用，因此除了要考虑满足现实需要，还要考虑潜在需要及社会效益。路网均衡性包括：公路网规模与经济、区域及人口的均衡性，公路网结构与区域资源、环境及空间布局的均衡性，公路网密度与综合运输体系的均衡性。针对藏区，路网均衡性的社会政策意义是：（1）对公路网规模进行均衡配置，最大限度地体现公平，并以此为媒介，带动区域均衡发展。

---

① 甘孜县地方志编纂委员会：《甘孜县志》，四川科学技术出版社1999年版，第167页。

（2）将交通作为一种促进社会公平的手段。即以公平性为原则，综合考虑公路网服务范围和人口分布、社会经济发展、贫困地区分布、资源密集地区分布的匹配程度，以公路网建设促进并带动经济连片特困地区的发展。①

三　农村饮用水供给困境

（一）甘孜农村饮用水供给及其益贫效应

2000 年我国制定了《全国农村饮水解困"十五"规划》。2004 年，水利部、卫生部、发改委对农村饮水解困项目的评估认为，农村饮水解困工程的效应有五个方面：一是降低劳动强度，户均每年节省 53 个挑水工日；二是增加农户收入，节省的劳动力有 42% 外出务工获得收入，用水改善促进了家庭养殖业发展；三是减少了介水疾病，户均节省药费 207 元/年；四是改善生活环境，90% 的农民洗手次数增加，结合畜圈、沼气池、排水沟和植树种草养花等，改善卫生环境；五是减少纠纷，促进社会稳定。②农村饮用水问题受到政府、学术界广泛关注是在 2005 年，是年，国家水利部召开了农村饮水安全工作会议。农村饮用水供给，按内容可分为两类：供水工程，包括饮水工程的建设、运营、管理等；饮水安全，包括水资源、治污防污等。按照受益户的多少，可分为：农户自用的微型工程，如水窖、水池等；供水对象以几个自然村为单位的集中式供水工程和供水对象以自然村或十几户农户为单位的分散式引水供水工程。

甘孜州内供水设施均建于 20 世纪 80 年代初期，据初步统计，甘孜州村镇自来水普及率只有 60%，村庄不足 1/3。农村地区大部分都是直接由河道、山泉、水库、坑塘、浅层地下水取水，集中供水率低，供水设备简单，几乎不具备净水处理设施，基本饮用水建设标准不够，管理设施有待完善。甘孜州目前农村水质监测力度基本处于空白状态，底数不清，检测力量甚为薄弱。③ 在甘孜县，20 世纪 70 年代建成日产 300 吨的自来水厂，自来水安装到县城居民家庭。④ 1994 年，新建日产 3000 吨自来水新厂，

---

① 张长生：《高原山区路网均衡性研究》，博士学位论文，长安大学，2011 年。
② 李仰斌：《关于解决农村饮水安全问题的对策与措施》，中国节水灌溉网，http://www. jsgg. com. cn/Index/Display. asp？NewsID = 8099。
③ 朱丹、王建成、付云霞：《甘孜州农村饮用水安全问题及对策研究》，《四川农业科技》2012 年第 9 期。
④ 甘孜县地方志编纂委员会：《甘孜县志》，四川科学技术出版社 1999 年版，第 87 页。

供水状况开始好转，但自来水管网改造工程一直未完成，供水质量一直较差。[①] 截至 2010 年年底，甘孜县已经建成微型人畜饮水工程 117 处，供水量 231 万立方米，解决了 696 户 2.257 万人、124304 头（只、匹）牲畜的饮水困难。

就甘孜州而言，饮水工程建设的益处包括：（1）农牧民摆脱吃水困难，改变传统的到几千米以外人背马驮取水的状况，解放了农牧区劳动力。（2）提高水质，减少农村疾病，减少医药开支。例如甘孜县饮用不卫生水的农村人口主要分布在茶扎乡、大德乡、卡龙乡、查龙乡等牧区，这些地区的饮用水源经过草原动物粪便污染，严重影响牧民的身体健康，如患上包虫病等。（3）促进其他类型经济的发展。良好的供水，可促进农牧民发展庭院经济，养殖家畜，种植经济林果、蔬菜，增加农牧民收入。（4）增进安居乐业。饮水安全工程实施，促进农牧区改厨、改厕、改房的进程，改善农牧民家庭生活环境。

（二）甘孜县饮用水供给中的困难[②]

由于甘孜县饮水中存在毒理学指标超标、细菌学指标超标、物理学指标超标以及区域性缺水、季节性缺水、工程性缺水，农村饮用水供求矛盾十分突出，水量不能满足群众生产生活需求。《甘孜县"十二五"农村饮水安全工程实施方案》安排的饮用水建设工程，重点是解决供水量不足（低于 80L/人/天）、用水不方便（取水距离大于 800 米高差超过 80 米）、供水水质达不到标准（有害矿物质超标）、水源保证率低（低于 90%）的区域对象。[③]

甘孜县饮水工程建设中的困难重重：（1）由于地广人稀，农牧民居住分散，修建饮水工程量大、投资大，同一个饮水工程较之于人口集中区，能覆盖的人口数量有限。（2）甘孜县财政拮据，修建饮水工程的投入能力低，地方配套资金难以匹配。（3）甘孜县由于特殊的地理位置，气候恶劣，冰冻期长，工程建设施工时间短，每年的工期只有 7 个月左右，施工难度大，延长了工程建设周期。（4）由于特殊的地理位置，饮

---

① 四川省甘孜县志编纂委员会：《甘孜县志续编》，四川人民出版社 2002 年版，第 34 页。

② 甘孜县饮用水供给困难与该县水利设施建设落后密切相关。截至 2005 年年底，甘孜县的水利工程有 59 处，包括小型蓄水工程 35 处（蓄水量 0.21 万立方米）、小型引水工程 16 处、水力发电站 8 座（总装机 0.94 万千瓦）。全县水利设施控灌面积 3.37 万亩，有效灌溉面积 2.91 万亩，人均有效灌溉面积 0.51 亩。参见水利部四川省水利水电勘测设计研究院《四川省甘孜县打火沟水利工程可行性研究报告》，第 14 页。

③ 《甘孜县"十二五"农村饮水安全工程实施方案》（2011 年 8 月），未刊稿，第 23 页。

用水工程建设材料全部从内地运入,运输距离远,增加了工程成本。
(5)受自然条件的影响,水灾、泥石流、山体滑坡频繁,饮水工程设施
常常被冲毁,年年需要修复,维护成本大。

（三）甘孜县农村饮用水需求量大、工程浩大

《甘孜县"十二五"农村饮水安全工程实施方案》较为全面地反映了
甘孜县农村饮用水需求及工程情况。①甘孜县"十二五"期间农村饮水安
全工程包括:(1)投资848.80万元,建设自流饮水工程82处,解决
1.6976万人饮水不安全问题。(2)投资862.10万元,建设打井工程88
处,修建饮水井260口、井房260座,解决1.7242万人饮水不安全问题。
实施农村饮用水工程,可解决21个乡(镇)的140个行政村,共计6844
户3.4218万人的饮水安全问题。②

2011—2013年间,规划建设各类供水工程170处,计划总投资
1710.9万元,其中,国家投资1368.72万元,地方投资342.18万元。工
程完全实施后,安全饮水总供水规模达4250立方米。根据取水形式的不
同,将全县划分为两大区域,其中,通过取用泉水与浅层地下水的农区规
划为Ⅰ类区,通过打井解决用水问题的牧区规划为Ⅱ类区。Ⅰ类区包括
16个乡(镇)1.8873万人,主要分布在甘孜县317公路沿线的农区乡
(镇)和东谷、扎科片区。Ⅱ类区包括5个乡1.5345万人,农村学校的
0.1897万人随各乡村建设同步实施,主要分布在达通玛片区和其他乡所
属的纯牧业村。③

工程建设方式,采用自流引水和打井两种方式,修建蓄水池、慢滤水
处理设施、消毒设施,实行管网配套。水源选择有两种,一是选取无污染
的泉水并且就在泉眼处修建取水设施;二是在没有较好水源的村子取用污
染较小、植被好的小河流、溪沟水。

饮水工程分年度实施,2011年、2012年、2013年、2014年、2015
年分别解决0.8980万人、0.6943万人(含农村学校385人)、0.718万人
(含农村学校378人)、0.4161万人(含农村学校378人)、0.8851万人
(含农村学校756人)的饮水问题,共计6844户3.4218万人。

---

① 本部分内容来自《甘孜县"十二五"农村饮水安全工程实施方案》(2011年8月),特
别指出之处除外。

② 《甘孜县"十二五"农村饮水安全工程实施方案》(2011年8月),未刊稿,第21、
1页。

③ 甘孜县水务局、甘孜县发展和改革局:《关于请求审查〈甘孜县"二十五"农村饮水安
全工程实施方案〉的报告》。

《甘孜县"十二五"农村饮水安全工程实施方案》制订了详细的工程计划任务,详见表3-20。

表3-20 甘孜县"十二五"饮水安全工程计划任务[①]

序号		户数和人数		惠及户数和人数		计划投资(万元)			供水形式		工程形式	
		户数(户)	人数(人)	户数(户)	人数(人)	总投资	国家投资	群众自筹[②]	集中	分散	自流引水	打井
	全县	6844	34218	6464	34218	1710.9	1369	341.9	82	88	82	88
1	茶扎乡	878	3590	718	3590	180	144	36	0	15	0	15
(1)	亚绒村	38	153	31	153	7.65	6.12	1.53	0	1	0	1
(2)	木通1—2村	88	353	71	353	17.65	14.12	3.53	0	1	0	1
(3)	日须牧民新村	94	374	75	374	18.7	14.96	3.74	0	1	0	1
(4)	康多	80	320	64	320	16	12.8	3.2	0	1	0	1
(5)	德西村	49	195	39	195	9.75	7.8	1.95	0	1	0	1
(6)	夺呷村	34	137	27	137	6.85	5.48	1.37	0	1	0	1
(7)	木通3村	35	140	28	140	7	5.6	1.40	0	1	0	1
(8)	银多村康多	113	451	90	451	22.55	18.04	4.51	0	1	0	1
(9)	木通河切	27	109	22	109	5.45	4.36	1.09	0	1	0	1
(10)	木通多龙	37	146	29	146	7.3	5.84	1.46		1	0	1
(11)	木通各龙	26	104	21	104	5.2	4.16	1.04	0	1	0	1
(12)	银多村尼龙贡玛	51	202	40	202	10.1	8.08	2.02	0	1	0	1
(13)	亚绒村亚绒沟	99	395	79	395	19.75	15.8	3.95	0	1	0	1

① 节选自《甘孜县"十二五"农村饮水安全工程实施方案》(2011年8月),未刊稿,第4—8页。

② 除了筹集资金外,受益群众还要投劳68.42万工时。

序号		户数和人数		惠及户数和人数		计划投资（万元）			供水形式		工程形式	
		户数（户）	人数（人）	户数（户）	人数（人）	总投资	国家投资	群众自筹	集中	分散	自流引水	打井
(14)	木通2村	30	118	24	118	5.9	4.72	1.18	0	1	0	1
2	大德乡	949	3747	749	3747	187	150	38	0	8	0	8
3	卡龙乡	579	2792	558	2792	140	112	28	0	12	0	12
4	查龙乡	606	3030	606	3030	152	121	31	0	12	0	12
5	下雄乡	437	2186	437	2186	109	87	22	0	11	0	11
6	来马乡	244	1218	244	1218	61	49	12	5	0	5	0
7	甘孜镇	225	1126	225	1126	56	45	11	5	0	5	0
8	斯俄乡	466	2332	466	2332	117	93	24	7	0	7	0
9	泥柯乡	220	1099	220	1099	55	44	11	5	0	5	0
10	卡攻乡	135	674	135	674	34	27	7	5	0	5	0
11	扎科乡	421	2106	421	2106	105	84	21	13	0	13	0
12	贡隆乡	153	765	153	765	38	31	7	5	0	5	0
13	呷拉乡	131	656	131	656	33	26	7	3	0	3	0
14	生康乡	106	532	106	532	27	21	6	5	0	5	0
15	四通达乡	332	1659	332	1659	83	66	17	6	0	6	0
16	南多乡	92	459	92	459	23	18	5	2	0	2	0
17	昔色乡	240	1201	240	1201	60	48	12	8	0	8	0
18	拖坝乡	240	1201	240	1201	60	48	12	4	0	4	0
19	庭卡乡	149	744	149	744	37	30	7	3	0	3	0
20	色西底乡	133	665	133	665	33	27	6	3	0	3	0
21	夺多乡	108	539	108	539	27	22	5	3	0	3	0
22	农村学校		1897		1897	95	76	19	0	30	0	30

据表 3 – 20，需要说明的问题包括：

（1）《甘孜县"十二五"农村饮水安全工程实施方案》详细规划了 170 个饮用水工程的具体地点、惠及人口、投资数量、供水形式、工程形式。本书只节选其中县、乡（镇）的数据以及茶扎乡 15 个工程的具体情况。这 170 个饮用水工程分布于全县 22 个乡（镇）。

（2）饮水安全工程惠及 6464 户（34218 人），总投资为 1710.9 万元，其中，国家投资 1369 万元，占总投资的 80%；由于地方财政极其拮据，无力投入，差额部分由群众自筹，自筹金额为 341.9 万元，占总投资的 20%。

（3）表 3 – 20 未能详细呈现的 30 个农村学校是扎科小学、昔色小学、来马中学、来马小学、卡攻小学、仁果小学、生康小学、贡隆小学、南多小学、呷拉小学、色西底小学、汤麦小学、斯俄小学、吉绒龙小学、火古龙小学、拖坝小学、普玉龙小学、庭卡小学、下雄小学、俄措小学、四通达小学、夺多小学、泥柯小学、大德小学、茶扎小学、查龙小学、郎扎私小、香根私小、甲登私小、卡龙小学。

第四章　突破陷阱：反脆弱的基本内容

甘孜的区域脆弱性，使得反脆弱发展需要外力介入，以实现结构和过程的转换。外力介入之最重要的方式是政府大量供给公共产品。政府在供给公共产品时，进行一系列制度建构与行动选择，以实现公共产品良好供给。主要是：政府围绕农牧民生计进行规划；政府致力于基础设施建设，以突破制约发展的瓶颈；政府致力于环境治理，建设生态事业；政府保障农牧民基本生存，实施牧民安居工程等，实现居住变革。

第一节　反脆弱之突破点：公共产品供给

一　公共产品供给：反脆弱发展的"结构与过程转换"

马克思主义经典作家将生产力解释为征服自然、改造自然的能力，学者认为，社会生产力同时包括人类适应自然的能力，即人类为了适应自然而不断地改造自身的能力。如果以历史的视野动态地考察，"人类改造自身的能力和人类适应自然的能力"的意义不断得到凸显。[1] 在国家宏观政治经济社会发展背景下，民族地区的反脆弱发展，就是人类改造自身的能力和人类适应自然的能力的提升过程。

"少数民族经济（和社会）的发展很轻易地被理解为以资源配置、投入产出、福利增加等为基本内容的物的变化的过程。"[2] 不同的民族似乎总是试图通过这种变化过程获得发展的契机。[3] 我们观察认为，甘孜藏区在对发展的理解和实践中，也注重以资源配置、投入产出、福利增加为基

---

[1] 岳天明：《甘肃少数民族地区农村社会发展动力机制研究》，博士学位论文，兰州大学，2006年。

[2] 远蔚：《中国少数民族经济研究导论》，民族出版社2004年版，第61页。

[3] 岳天明：《甘肃少数民族地区农村社会发展动力机制研究》，博士学位论文，兰州大学，2006年。

本内容的物的变化过程，但不仅如此，甘孜藏区还在民族适应性的基础上，提升民族生产力，即实现民族社会成员对外在环境的认识、控制和改造能力的跃迁，内含着文化适应性的建构，例如机械化生产方式的逐步建构，新品种、新技术的广泛使用等。

我国政府关注少数民族地区的发展及其扶贫开发工作，先后组织实施了《国家八七扶贫攻坚计划（1994—2000年）》《中国农村扶贫开发纲要（2001—2010年）》《中国农村扶贫开发纲要（2011—2020年）》等减贫计划，使减贫成为社会共识和行动。赵曦认为"制度和治理是反贫困的关键环节"，[1] Ravallion认为"小农生产率的增长"和"政府强有力的领导作用和公共管理能力"是已取得减贫成就的两大成功因素。[2] 当前，我国扶贫开发仍然面临着较大的挑战，这主要体现为：第一，按照农民人均纯收入2300元的扶贫新标准，我国有1.28亿绝对贫困人口，并且贫困人口的地域分布呈现"大分布、小集中"的趋势。《中国农村扶贫开发纲要（2011—2020年）》提出的将作为新十年扶贫开发主战场的全国14个连片特困地区，农民人均纯收入2676元，仅相当于全国平均水平的一半；在全国综合排名最低的600个县中，有521个在片区内，占86.8%。[3] 连片特困地区贫困程度深、贫困面积大、致贫因素复杂、扶贫难度大。第二，以收入为基础的贫困测量是一种狭义上的贫困，这种"简单化"的测量方式"极大地增强了国家的能力，使得国家可以有区别地介入各种各样的事物……却未能成功地表达它们所描述的真实社会活动"。[4] 狭义上的货币贫困掩盖了贫困的多维度，基于收入/消费测量的贫困已经无法解释贫困的新特点。[5] 第三，政府主导的扶贫格局中，由于实际参与扶贫的政府组织系统、扶贫项目及资源流向的操作设计、扶贫对象等方面存在问题，扶贫资源经常流向非目标群体或领域。[6]

将连片特困地区作为新扶贫阶段的主战场强调了跨区域协作的重要

---

[1]　赵曦、成卓：《中国农村反贫困治理的制度安排》，《贵州社会科学》2008年第9期。

[2]　Martin R，"Are There Lessons for Africa from China's Success against Poverty?" *World Development*，2008，37（2）：303–313.

[3]　范小建：《集中连片特困地区成为主攻区》，《人民日报》2011年12月7日。

[4]　[美]詹姆斯·C. 斯科特：《国家的视角：那些试图改善人类状况的项目是如何失败的》，社会科学文献出版社2011年版，第3—6页。

[5]　王小林、Sabina A：《中国多维贫困测量：估计和政策含义》，《中国农村经济》2009年第12期。

[6]　姚迈新：《对扶贫目标偏离与转换的分析与思考》，《云南行政学院学报》2010年第3期。

性，但是区域扶贫开发的作用仍然十分关键。连片特困地区的内源①发展能力不足，贫困人口的"可行能力"②欠缺，因此，均衡性公共产品供给更强调政府责任。在压力型体制下，地方政府如何有效供给均衡性公共产品，提高均衡性公共产品的益贫效益，是值得探究的问题。

贫困概念的建构是贫困研究领域的核心内容，其内涵逐步从一种简单的"相对较少的收入"和"生活必需品的缺乏"的经济贫困向多维度和多元化的"权利和机会的被剥夺"的人类贫困再到"发展的自由缺乏"转变。③贫困内涵的丰富与拓展形塑了贫困人口发展目标的多样化（基本生存、教育、健康、就业等多重目标，并非单一的货币收入及市场消费），地方性知识与主流发展话语的逐步融合，贫困个体与中宏观结构及政策相互建构过程中主体性的增强。基于贫困内涵拓展及减贫实践而形成的"可持续生计方法"是理解多种原因引起的贫困并给予多种解决方案的集成分析框架。④

"可持续生计"的内涵基于"生计"这一核心概念的界定。当前，被学者广泛采用的定义是"生计是谋生的方式，该谋生方式建立在能力（Capabilities）、资产（Assets）（包括储备物、资源、要求权和享有权）和活动（Activities）基础之上"⑤。基于生计的基本内涵，英国国际发展署（DFID）提出了可持续生计的概念并构建可持续生计的分析框架（SLA）。DFID 认为，"只有当一种生计能够应对，并在压力和打击下得到恢复；能够在当前和未来保持乃至加强其能力和资产，同时又不损坏自然资源基础，这种生计才是可持续性的。"可持续生计是一个系统性概念，涉及脆弱性背景、外部冲击、内部能力、资产状况、生计活动、发展策略以及这些方面之间的相互作用。在二维的 SLA 分析框架中，生计资本作为发展的内生性要素，是获得可持续生计的核心。生计资本的"可获得性"与"活动"（即生计策略）的类型"嵌入"于脆弱性背景、政策及制度等宏观背景之中，作为"活动"结果的生计输出反作用于生计资本。

① "内源"一词，从其原本的意义上来讲，是指生物有机体发育的内部自组织过程，而外部的因素可以起推动作用，但不能决定生命有机体自身的发展。

② "可行能力"由阿玛蒂亚·森提出，指"一个人选择有理由珍视的生活的实质自由"。

③ 唐丽霞、李小云等：《社会排斥、脆弱性和可持续生计：贫困的三种分析框架及比较》，《贵州社会科学》2010 年第 12 期。

④ Martha G. Roberts、杨国安：《可持续发展研究方法国际进展——脆弱性分析方法与可持续生计方法比较》，《地理科学进展》2003 年第 1 期。

⑤ Chambers R，Conway G，"Sustainable Rural Livelihoods: Practical Concepts for the 21st Century". IDS Discussion Paper 296. Brighton: IDS, 1992.

由以上分析可知，可持续生计框架的优势是将注意力集中到人类的能动性和结构化过程，把家庭层面的生计策略和社区层面的资源环境以及宏观制度结构层面的政策因素整合到一个分析框架中。学者们普遍认为家庭或个人的资产状况是理解家庭或个人拥有的选择的机会、采用的生计策略和所处的风险环境的基础，也是针对农村贫困地区扶贫和发展项目设计和实施、政策制定的切入点。[①] 贫困人口的生计资本积累水平低，贫困脆弱性高，"结构与制度转变"作为制度性输入生计资本的一种方式对于贫困人口达致可持续生计十分重要。"结构与制度转变"指在与"风险背景"及"生计资本"相互建构过程中形成生计组织机构以及相应的政策制度的完善，其内容"涉及从个人、家庭到集体、公共领域的各个层面，它们有效地决定着不同种类资本的拥有与相互转换、任一给定资本战略的实施和反馈等"。[②]

　　总之，藏区反脆弱发展，关键在于公共产品供给。藏区公共产品供给与反脆弱发展的关系如图 4-1 所示。

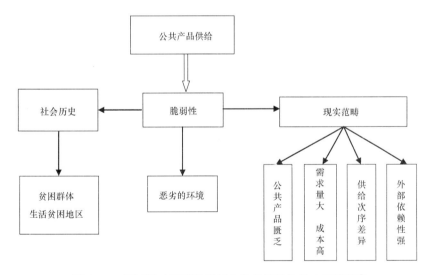

图 4-1　藏区针对脆弱性进行公共产品供给的分析进路[③]

---

① 李斌、李小云等：《农村发展中的生计途径研究与实践》，《农业技术经济》2004 年第4 期。

② 苏芳、徐中民等：《可持续生计分析研究综述》，《地球科学进展》2009 年第1 期。

③ 本图借鉴了黄承伟在《汶川地震灾后贫困村恢复重建规划设计与实施展望》一文，有关"灾害对贫困影响的分析框架"，见《扶贫与减灾》2008 年第 11 期。

均衡性公共产品的内容都属于基本公共服务，与面向全民供给的基本公共服务相比，均衡性公共产品针对贫困人口、弱势群体、落后地区供给，是基本公共服务中最基本的公共服务。公共产品供给涉及供给数量、种类、供给主体、供给机制等系统要素。生计资本的系统性内在地要求均衡性公共产品供给需形成集中的供给机制。

福利性、公平性是公共产品的一般性，均衡性公共产品供给，因其供给对象的特殊性，衍生出极强的公平性。连片特困地区，贫困群体的脆弱性累积，尤其是在频发的自然灾害面前，贫困群体的脆弱性累积尤为剧烈。在最危险地方生存的贫困群体，在灾害发生前，防御能力较差；灾害发生时，被灾害剥夺最为彻底；灾害发生后，恢复重建能力差。因灾致贫、因灾返贫，在甘孜层出不穷。例如，全州人口大约 95 万，2008 年 1—11 月中旬，遭受雪灾、"2·27"康定 4.7 级地震和"5·12"汶川地震波及，泥石流、洪涝、滑坡、旱灾、雹灾等自然灾害不同程度地发生。全州累计受灾人口达 515528 人/次（约占全州人口的 55%），因灾死亡 13 人，伤病 11744 人/次，饮水困难 18608 人，紧急转移安置 51752 人；房屋倒塌和严重损坏 2220 户 5341 间，一般性损房 32869 间；农作物受灾面积 34356 公顷，其中绝收 3299.4 公顷；因灾死亡大牲畜 228561 头（匹）。直接经济损失高达 71239.23 万元，其中农业经济损失 23978.5 万元。[①]

溢出效应下，均衡性公共产品供给的正外部性凸显。溢出效应是指公共产品供给的外部性超出一个行政区域之外，在不同行政区域之间存在的正外部效应。外部性是指"在市场之外影响生产条件或其他家庭的满足程度的正面的或负面的影响"。[②] 一般意义上讲，外部性就是指一个生产者的成本或收益未内部化，要么收益外溢给其他人，要么成本外溢给其他人。如果收益外溢给其他人，这种外部效应被称为"正外部效应"；如果成本外溢给其他人，这种外部效应就被称为"负外部效应"。公共产品供给有很强的正外部性和溢出效应，已成共识。均衡性公共产品直接向弱势群体、落后地区供给，其正外部性向外溢出的特点，尤为明显。

总之，我国幅员广大，地区差异性很大，在甘孜这样的贫困落后地区，如何突破发展陷阱？应该说，与先发地区不一致，反脆弱发展路径在

---

① 四川省甘孜藏族自治州 2008 年 1—11 月受灾情况的数据，为笔者 2009 年 1 月在甘孜州民政局调研时与局领导座谈时获知。

② ［美］丹尼斯·C. 缪勒：《公共选择理论》，杨春学等译，中国社会科学出版社 2002 年版，第 37 页。

贫困落后地区是更为合适的发展路径。这也就是说，多重脆弱性交织是贫困落后地区发展的陷阱；贫困落后地区难以遵照"先导式发展"路径，突破发展陷阱，需要反其道而行之，在助强的同时，补齐短板，建构"反脆弱发展"。

在贫困落后地区实现反脆弱发展，更依赖于政府的规制及投入，以此大量供给公共产品，促进发展。不言而喻，区域内各种力量的聚集与整合，是实现发展的内在力量。

二　2006—2011 年，甘孜县公共产品供给的基本内容简况

2006—2011 年，甘孜县公共产品供给的相关内容。[1]

（一）兑现的各种补贴

兑现村干部和"三老干部"补贴 2195.11 万元、特困农牧民群众生活救助 3197.39 万元、粮食直补和综合直补 3287.72 万元、退耕还林补助 4189.99 万元、退牧还草补助 2352.22 万元、廉租住房补贴 65.37 万元、离退休职工住房财政补贴 2066 万元、燃油改革补贴 628.46 万元。

（二）牧区基础设施建设

牧民定居工程建设的四年任务三年基本完成。投资 63754.87 万元新建牧民定居点 28 处，发放帐篷 3985 顶、篷内九大件[2] 3985 套；投资 7743.01 万元建成定居点道路 352.8 千米；投资 1842.4 万元打井 204 眼、建自流水饮水工程 13 处；投资 2621.47 万元建成 28 个村民活动中心并配备了相应设施。定居点内部设施现代化、后续产业培育等各项任务同步推进，3965 户 17971 名牧民实现"一步跨千年"的梦想。

（三）农区基础设施建设

投资 24044 万元在全县 179 个行政村实施新农村整村推进工作，完成住房解困以及 D 级危房改造工程 2019 户、安全饮水工程 37 处，新建通村公路 280 千米，村内联户路硬化 91.3 千米，建成村民活动中心 55 个、糌粑磨坊 9 座；投资 935 万元在呷拉乡实施土地整治开发项目。

（四）社会保障体系逐步完善

投资 1025 万元，建成甘孜县中心敬老院、扎科和达通玛农村敬老院；投资 600 多万元，建成甘孜州救灾物资储备仓库甘孜县分库。五年共发放

---

[1]　中共甘孜县委宣传部：《甘孜县形势政策宣讲材料》（2012 年 1 月），第 29—32 页。

[2]　帐篷内九大件包括折叠床、钢炉、奶渣晒垫、马夹凳、牛奶分离器、多功能组合桌、太阳能照明、多功能组合架、多功能提水袋等生活设施。

城市低保金 1123.96 万元、农村低保金 5114.58 万元、五保供养金 355.4 万元，兑现医疗救助金 1278.78 万元、救灾救济金 1215.17 万元、优抚补助金 310.51 万元，覆盖城乡的社会保障体系逐步完善。五险参保人数达 35949 人（次），征收五险基金 7552.1 万元，发放五险费用 3823.2 万元。

（五）扶贫工作的相关投入

投资 750 万元完成 15 个村新村扶贫、移民扶贫任务；投资 2500 万元实施了 2005 户扶贫建房、民政建房、地质灾害搬迁、灾后重建等项目。投资 2070 万元实施"百桥"工程和"四小"扶贫工程，投资 2471.5 万元实施拖坝乡生计扶贫集中连片开发和呷拉乡州级示范片建设项目。

（六）公共服务建设

投入 5800 万元，新建、改扩建 35 所学校。整合了县民族中学普通部和藏文部；投资 7400 万元，迁建第二小学；全面免除义务教育阶段学生学杂费，足额拨付生均公用经费，兑现 3810 名寄宿制学生生活费 1957.15 万元；选送 260 名学生到内地接受"9+3"免费中职教育[①]，选送 55 名学生参加"富民安康"内地高中班代培学习；成功实施公路沿线 10 所学校规模性集中办学。

（七）卫生服务设施建设等

建立了卫生行政管理机构，改扩建了 4 所县级医疗机构、7 个中心卫生院、15 个乡卫生院、201 个村卫生室。其中：投资 1049 万元新建、改扩建了 18 个乡镇卫生院；投资 2200 元，改扩建县人民医院传染病区、门诊、医技和住院楼等；投资 1200 万元迁建县中藏医院；投资 210 万元改扩建了县妇幼保健院、县疾控中心；投资 300 万元建设了 3 个景区急救站，投资 1560 万元添置各类医疗设施设备 2600 台（件）。农村孕产妇住院分娩率由 36% 提升到 80%，孕产妇、婴儿死亡率逐年下降，传染病发病率控制在 374.59/10 万以内。兑现计生家庭奖励扶助、"少生快富"工程资金 465.36 万元，人口自然增长率控制在 6‰ 以内。

---

① "9+3"，即在 9 年义务教育的基础上，对四川藏区孩子提供 3 年的免费中职教育。这是四川探索少数民族地区教育事业发展的一个创举。2009 年，四川省财政投入 2 亿多元专项资金，为实施这项计划提供了强有力的财政支持。按照规划，参加"9+3"的藏区学生，每人每年免除学费 2000 元；在前两年中，每年生活补助 3000 元，第三年生活补助 1500 元。对于交通、住宿、书本等杂费，每生每年补助 1500 元；新生还有冬装补助 300 元。与此同时，到内地中职学校就读的藏区学生，整体被纳入当地城镇居民基本医疗保险范围。优惠的政策让藏区贫寒学子完成职业教育。2009 年秋季开学，来自四川甘孜藏族自治州、阿坝藏族羌族自治州和凉山彝族自治州的 1 万多名藏区学生，陆续到省内 18 个市的 85 所中职学校就读，这也是四川教育史上藏区学生赴内地读书规模最大的一次。

（八）文化广电设施建设

投资618.8万元发放广播电视"村村通"工程设备9520套，发放价值585万元的太阳能便携式电视机900台，建成农家书屋171个、乡镇综合文化站22个、农民健身场地13处；开展了第三次文物普查，完成"十八军窑洞群遗址"国家级文物保护单位申报工作，全面启动白利寺国家级文物保护工作，推进旭日岭民族风情度假村开发。完成"格达弦子"等非物质文化遗产申报，2010年甘孜县被文化部命名为"中国藏族踢踏舞之乡"。

（九）寺庙五通工程

投入1500万元，实施寺庙五通工程，优先解决了爱国爱教寺庙的饮水、人寺道路、吊桥和用电难问题；投资270万元，改造了18座寺庙的危房；投资25万元为5座寺庙购买电视机15台，建设图书室5个，配套图书5000册；将符合条件的僧尼纳入社会保障范围，落实低保910人、五保28人，每年向考察合格的宗教界代表人士发放工作补贴，2008年以来共向336位发放补贴112.3万元，每逢节日，慰问宗教界人士，共发放慰问金60多万元，共访谈慰问1500多人次。

第二节　反脆弱之于政府：制度建构与行动选择

贫困治理需要置于国家发展结构中，设置和实施一系列社会政策。在不同区域，社会政策的设置和实施显现出不同特征。在甘孜藏区，社会政策的再分配、生产性属性突出；惠民政策内容广泛；惠民政策的制定及资金来源更依赖于上级政府；针对脆弱点供给公共产品，应成为制度设置与实施的价值理念与追求。

一　社会政策之再分配、生产性属性凸显

设置和实施一系列社会政策涉及国家能力建设，促进区域发展的国家能力建构，需要强调三个重要方面：构建有效的政治能力、调动资源与为生产和提高福利部门分配资源并执行保障它们使用的规则。减贫需要"嵌入广阔的发展结构之中，主张多种政策和措施的配置组合：需要相互补充和协同的结构型转变，宏观经济政策和社会政策的实施过程……对于那些已经成功实现增进大多数人口福利的国家来说，公共政策的中心，应

该是结构变革的长期进程，而非减贫本身"。① 我国幅员广阔，区域差异巨大，减贫任务繁重，需要将减贫置于更高层级的"发展结构"中。现实中政府分为不同层级，制度设置、实施由不同层级的政府机构来完成。这就意味着在不同层级的政府间，公共政策的中心会有所差异。

就全国而言，公共政策的中心应是在国家平衡发展、平衡配置资源以及实现"社会包容性的结构转变"。"包容性的结构转变战略应基于以就业为中心的增长以及再分配政策，解决因阶层、性别和种族造成的多方面的不平等问题。"创造就业机会应作为结构转变的核心目标，缩小收入不平等。再分配政策可以帮助缓解种族和区域不平等，减少性别不平等。社会包容性的结构转变，于整个国家而言，需要制定和实施一系列社会政策，并在不同层级的政府部门和不同地区间合理配置资源，以期均衡发展，因为"平等的内在价值及其与实现增长和减少贫困的相关性"是被公认的，公共政策尤其是"再分配政策能够帮助缓解种族和空间上的不平等"。② 不同层级政府的制度设置、行动选择之间相互影响、相互作用，一般意义上，在我国现有的政府体制下，上级政府的制度设置及其所承载的理念，直接影响下级政府。于藏族地区的政府，制度建构的主要内容是根据上级政府的规定，设置并实施相应的社会政策。

社会政策建构在贫困治理中有着极其重要的作用，这已经被贫困治理的实践所证明。社会政策建构之所以重要，源于社会政策既具有再分配属性，还具有生产性。社会政策是国家以立法和行政干预为主要途径所制定的一系列解决社会问题，保证社会安全，改进社会环境，增进社会福利为主要目的的行为准则、措施、法令、条例的统称。社会政策关注的是"社会"与"公众"，它是民生所求，也是公众所需。联合国有关人类公平发展理念将社会政策归纳为三个方面，即对结果公平进行调节，对资源的公平配置，保证社会关系的公平。③ 社会政策的作用就是通过调节，达致公平。如果这三方面调节不成功，发展失衡，危害是多方面的。首先，它会加大将贫困人口和弱势群体纳入经济增长过程的难度，限制他们的生产能力以及可能对发展的贡献。其次，在高度不平等的社会，贫困人口更有可能纯粹地为生计奔波，这会限制国内市场的规模，破坏持续增长的潜

① 联合国社会发展研究院：《反对贫困与不平等》，《清华大学学报》（哲学社会科学版）2011 年第 4 期。

② 同上。

③ Peter H Lindert, *Growing Pulic：Social Spending and Economic Growth Since the Eighteen Gentury.* London：Cambridge University Press，2004.

力。再次，高度连锁式的不平等可能损害民事、政治和社会权利的实现，助长犯罪率提升以及使社会陷入纷争。最后，高度的不平等可能使贫困人口落入贫困陷阱而无法脱离。解决不平等问题，国家可以实施一系列社会政策：为贫困人口提供更多机会获得生产资料；投资社会基础设施；在框架内为弱势群体寻求扶持政策，将所有公民都纳入国家发展和福利提供计划；刺激农村基础设施投资，创造公共项目，增加信贷获得。这些社会政策在连片特困地区的实施，实际上起到了均衡性公共产品供给的效应，即补齐"短板"。这就是说，社会政策及其变革是营造社会平等的重要手段。

实践中，无论短期性的、长期性的社会政策，其再分配效果都非常明显。社会政策再分配效应可体现为让"短板"直接性增长。例如 2011年，甘孜县的新春慰问发放了 5133.76 万元、大米 75.5 万斤、清油 3590桶，直接增加了农牧民的现金收入和过节粮油。5133.76 万元的构成及惠及的贫困人口分别是：草原生态保护补助奖励资金 2709 万元—11203 户，特困群众生活困难救助金 762.32 万元—11728 人，贫困党员、老党员慰问金 15.2 万元—380 人，贫困职工慰问金 7.3 万元—153 人，退耕还林补助金 381 万元—40512 人，农村低保、五保供养、贫困群众生活救助金、孤儿慰问金、优抚金 1258.94 万元—17252 人。抗震救灾粮油补助大米 75.5 万斤、清油 3590 桶，11441 名五保户、低保户、优抚人员和特贫户受益。[①]

社会政策除了再分配属性外，还具有生产性。社会政策是一种生产性要素的观点，已有多方面的理论支持和实践的验证。"肯定社会政策是生产性要素的根由，是认为良好的宏观经济和社会政策设计可增加经济增长，促进更大的平等，减少贫困。这改变社会政策是经济发展的负担等误解。"[②] 这就是说，社会政策不是一种纯粹的政府财政支出，更不是经济增长和发展的负担或束缚因素，而是生产发展、经济增长或持续发展必不可少的促进因素。风险社会理论认为良好的社会政策通过保证所有人基本的社会和经济安全，满足人们生存的基本需要，可增强社会稳定，推进社会公正和聚合，营造经济长期稳定增长所必需的有利环境；发展和释放人

---

① 中共甘孜县委宣传部：《甘孜县形势政策宣讲材料》（2012 年 1 月），第 27 页。
② 王凤鸣、谢有光：《社会政策是"生产性要素"》，《光明日报》2008 年 6 月 4 日；卢汉龙：《社会政策转型：从消除不平等到生产性的要素》，《中国浦东干部学院学报》2010 年第6 期。

的潜能，减低社会风险，直接促进生产率提高。社会政策是生产性要素的思想可以说与社会资本理论一脉相承。布坎南等认为，社会资本是生产性的，它使得实现某种没有它就不可能实现的目的成为可能。

实践中，国家出台一系列社会政策，在不同程度上改善生产环境和条件，并支持农牧民发展生产，凸显了社会政策作为生产性因素的特征。例如财政综合直补（包括粮食直补、农资综合直补政策）惠及人口众多，有效地改善农牧业生产环境。再如，家电下乡财政惠民政策以及石油、农机购置财政补贴政策直接改善农牧民生产条件。截至 2012 年年初，甘孜县累计兑现家电下乡补贴 59 万元；国家、州、县财政共投入资金 1281 万元补贴农机购置，兑现燃油改革补贴 628.46 万元。这些政策促使更多的农牧民购买农机，改善生产条件。此外，2006 年以来，甘孜县本级财政累计筹集资金 680 万元对种粮农民进行生产资料价格补贴，解决群众春耕资金短缺问题，稳定粮食生产。[1] 上述惠民政策的实施，对优化生产环境、改善生产条件产生了积极的影响。

二　脆弱点众多，社会政策涉及的内容更为广泛

藏区经济社会发展中，有各种突出脆弱点与农牧民的基本生活、基本生产资料以及基础教育、卫生事业等密切关联。[2] 对照脆弱点，我们发现，甘孜藏区各种惠民政策直接针对农牧民的生产生活，即针对经济社会发展的一系列脆弱点。

源于均衡发展的追求以及对社会稳定和社会秩序的需求，针对甘孜藏区，国家实施一系列社会政策来保障贫困民众的生活生产。按照地方政府的习惯，我们将这些社会政策统称为"惠民政策"。实施的惠民政策有七大类：（1）民政惠民政策，包括农村最低生活保障制度、城市最低生活保障制度、城乡大病医疗救助、农村五保户供养、城乡居民临时救助、孤儿救助、残疾人救助等；（2）卫生计生惠民政策，包括少生快富奖励补助、计生家庭奖励扶助、计生家庭特别扶助、农村孕产妇住院分娩补助、百万贫困白内障患者复明工程；（3）教育惠民政策，包括两免一补政策、贫困高中生生活补助、午餐补助、营养改善计划、非义务教育资助、生源地助学贷款、省属高校毕业生学费奖补、"9＋3"免费中职教育、高中免费教育等；（4）林业惠民政策，包括退耕还林粮改现、天然林资源保护

---

① 中共甘孜县委宣传部：《甘孜县形势政策宣讲材料》（2012 年 1 月），第 27 页。
② 李雪萍、汪智汉：《短板效应：西藏公共产品供给》，《贵州社会科学》2009 年第 12 期。

二期工程等;(5)劳动人事惠民政策,包括新型农村养老保险、新型农村合作医疗;(6)农牧业生产惠民政策,包括农业机械购置补贴、草原生态保护补助奖励机制、退牧还草饲料补助、粮食直补、综合直补、特困群众生活救助等;(7)扶贫移民优惠政策。具体如表4-1所示。

表4-1　　　　　　　　惠民政策类别及其名称

政策类别	政策名称
民政惠民政策	农村最低生活保障制度
	城市最低生活保障制度
	城乡大病医疗救助
	农村五保户供养
	城乡居民临时救助
	孤儿救助
	残疾人救助
卫生计生惠民政策	少生快富奖励补助
	计生家庭奖励扶助
	计生家庭特别扶助
	农村孕产妇住院分娩补助
	百万贫困白内障患者复明工程
教育惠民政策	"两免一补"政策
	贫困高中生生活补助
	富民安康内地甘孜高中班
	午餐补助
	营养改善计划
	非义务教育资助
	生源地助学贷款
	省属高校毕业生学费奖补
	"9+3"免费中职教育
林业惠民政策	退耕还林粮改现
	天然林资源保护二期工程

续表

政策类别	政策名称
劳动人事惠民政策	新型农村社会养老保险
	新型农村合作医疗
农牧业生产惠民政策	农业机械购置补贴
	草原生态保护补助奖励机制
	退牧还草饲料补助
	粮食直补
	综合直补
	特困群众生活救助
扶贫移民优惠政策	

上述惠民政策涉及农牧民的生活、生产、学习、发展等方面，即生活类制度、生产类制度、学习发展类制度。生活类制度主要有民政惠民政策、劳动人事惠民政策、卫生计生惠民政策、扶贫移民优惠政策等；生产类制度主要有林业、农牧业生产惠民政策；学习发展类制度包括教育惠民政策等。

上述惠民政策不同程度地涵盖着救济性制度、托底性制度、保障性制度、促进性制度。救济性制度是对最困难群体无力自保时的救护，包括民政惠民政策中的城乡大病医疗救助、农村五保户供养、城乡居民临时救助、孤儿救助和残疾人救助等。托底性制度是保障农牧民最基本的生存需要的制度，主要包括最低生活保障制度、扶贫移民优惠政策、教育惠民政策①和卫生计生惠民政策等。保障性制度主要是指保障农牧民病有所医、老有所养等生活需要的制度，主要包括新型农村社会养老保障、新型农村合作医疗。促进性制度主要是指促进农牧业生产、环境保护的制度，主要包括林业惠民政策、农牧业惠民政策等。

---

① 这里需要指出的是，教育惠民政策实际上包含着托底性制度和促进性制度两种，因为教育惠民政策中的中小学生"两免一补"、午餐补助等属于义务教育，应当属于托底性制度；而"9+3"免费中职教育、省属高校毕业生学费奖励补助等不属于义务教育的内容，应属于促进性制度的范畴。但为了分析的方便，本文将教育惠民政策作为一个整体放入托底性制度。

三 区域脆弱,减贫更依赖于上级政府的政策设置

惠民政策的制度设计者是多层级的,包括国家、省、州、县级政府。各级政府设置制度,筹集、分配各种资源,实施各项制度。制度设计者层级显示出甘孜藏区减贫、反脆弱发展更依赖上级政府。与其他非连片特困地区相比,甘孜藏区等地的惠民政策更多地来自上级政府,也可以理解为是连片特困地区发展的外部依赖性较强。

我们将政策依据为法律、国务院及其各部委下发文件的,简称为国家政策;将政策依据为省政府及有关部门的文件的,简称为省级政策;以此类推,还有州级政策、县级政策。甘孜县实施的惠民政策的层级结构如表4-2所示。在这里需要指出的是,省级、州级政策的制定和执行很多又是依据中央政策进行相应的设置。不言而喻,在诸如甘孜藏区这样的连片特困地区,国家层级的制度设置最为重要,它可以制约省级政府行为选择,并可以此类推下去。

表4-2 **惠民政策的层级结构**

政策类别	政策名称	政策依据
国家政策	残疾人救助	残疾人保障法
	农村最低生活保障	国发〔2007〕19号
	城乡大病医疗救助	民发〔2009〕81号等
	农村五保户供养	民发〔2006〕146号
	计生家庭奖励扶助	国办发〔2004〕21号
	农业机械购置补贴	农业部财政部《农业机械购置补贴方案》
	营养改善计划	国办发〔2011〕54号
	退牧还草饲料补助	发改西部〔2010〕311号等
	计生家庭奖励扶助	国办发〔2004〕21号、川办发〔2004〕25号
	计生家庭特别扶助	国人口发〔2008〕60号
	百万贫困白内障患者复明工程	《全国防盲治盲规划(2006—2010)》

续表

政策类别	政策名称	政策依据
省级政策	天然林资源保护二期工程	川林发〔2011〕14 号
	新型农村社会养老保险	川府发〔2009〕35 号
	新型农村合作医疗	川卫办发〔2007〕6 号
	特困群众生活救助	四川省财政厅《高海拔少数民族自治州财务补助的通知》
	少生快富奖励补助	川人口发〔2006〕40 号
	农村孕产妇住院分娩补助	川府目标〔2009〕2 号
	城市最低生活保障制度	《四川省城市居民最低生活保障实施细则》
	生源地助学贷款	川办函〔2008〕250 号
	省属高校毕业生学费奖补	川财教〔2009〕184 号
州级政策	"两免一补"政策	甘财教〔2011〕61 号
	贫困高中生生活补助	甘财预〔2011〕113 号
	富民安康内地甘孜高中班	
	午餐补助	甘财预〔2011〕113 号
	非义务教育资助	甘府发〔2007〕54 号
	"9 + 3"免费中职教育	甘委办发电〔2009〕5 号
	高中免费教育	
	孤儿救助	甘府发〔2011〕17 号
	退耕还林粮改现	甘财农〔2000〕31 号、甘财建〔2004〕35 号
	草原生态保护补助奖励机制	甘府发〔2011〕41 号
	粮食直补	甘财建〔2012〕9 号
	综合直补	甘财建〔2012〕9 号
县级政策	城乡居民临时救助	

由上表可知，中央政府、省政府、甘孜州、甘孜县都是制度设置者，最为主要的制度设置者是中央政府、省政府和州政府。一般说来，低层级的政府主要任务之一是实施高层级政府设计的制度规范。政府层级结构中，基层的县、乡镇政府的主要职责是实施制度规范，但这并不意味着它们不进行制度设置。甘孜县设置了相应的制度，如城乡居民临时救助等。

四　针对脆弱点供给公共产品：社会政策设置的理念、价值和追求

中国农村贫困人口的发展一般应该包括三个层次：一是促进贫困人口脱贫，即满足贫困人口最基本的生存需求；二是鼓励贫困人口生产，即为满足贫困人口基本生产需要创造条件；三是促进贫困人口发展，即加强对贫困人口自我发展能力的培育，巩固脱贫成果，推动其走上持续发展之路。[①] 在其他非连片特困地区，满足民众基本生存需求以及为基本生产需要创造条件，这一般不是政府制度设置的重点，但是在甘孜藏区，这恰恰是制度设置的重点，更是政府努力为之的方向。简言之，满足基本生活需要、创造基本生产条件、促进自我发展，这三方面在一定程度上概括了政府制度设置的基本内容。对于基层政府来说，其行动选择更受制于上级的制度设置。县级政府作为基层政府，依据制度设置而进行行为选择。我们调查得知，满足民众基本生存需求以及为基本生产需要创造条件，这正是甘孜县已有实践的理念、正在实践的价值和未来规划的追求。

从已有的实践来看，甘孜藏区的社会政策实施，体现出同步提升农牧民生活水平、生产能力的理念。惠民政策实施，提高民众生活水平，如前所述之 2006—2011 年甘孜县公共产品供给状况。

目前正在实施的"幸福甘孜工程"也体现了针对脆弱点进行公共产品供给的价值理念。

"幸福甘孜工程"的实施时段是 2012 年 6 月到 2015 年 6 月，内容包括百姓安居行动、农牧民增收行动、全民保障行动、教育助学行动、健康关爱行动、文化共享行动、农村甘露行动、远村点亮行动、交通便民行动、新村示范行动。呈现"幸福甘孜工程"的具体内容，便于直观而详细地观察甘孜藏区脆弱性及其反脆弱发展的特征（幸福工程的具体内容及年度实施计划详见附录一）。

（1）百姓安居行动：改造危房 4133 户（其中 D 级危房 2753 户、C 级危房 1230 户、棚户区 150 户）；建设保障性住房 248 套；为 1080 户发放廉租房租赁补贴；实施地质灾害避险搬迁 322 户、易地扶贫搬迁 826 户。

（2）农牧民增收项目：新增城镇就业 910 人，新增下岗失业人员和失地无业农民再就业 110 人；开展农民工技能培训 740 人、实用技术培训 6.6 万人次；转移农村劳动力 1.2 万人，实现劳务收入 0.6 亿元。

---

① 成卓：《中国农村贫困人口发展问题研究》，博士学位论文，西南财经大学，2009 年。

（3）全民保障行动：城市低保对象、农村低保对象累计月人均补助水平在 2012 年基础上每年提高幅度不低于 15 元、12 元；新型农村养老保险覆盖人群达 2.3 万人，城镇居民基本医疗保障覆盖人群达到 2198 人，新型农村合作医疗参合率达到 98%。

（4）教育助学行动：完成校舍安全工程 5320 平方米，新建幼儿园 4 所。对就读州内高中的贫困生，每年免除书本费、学杂费；对升入高职学校的贫困生，每人一次性资助 500 元；升入专科预科的贫困生，每人一次性资助 1000 元；升入本科预科的贫困生，每人一次性补助 2000 元；升入专科学校的贫困生，每人一次性资助 3000 元；升入一般本科学校的贫困生，每人一次性补助 4000 元；升入重点本科院校的贫困生，每人一次性资助 5000 元。对达通玛片区、东谷片区和扎科乡、下雄乡农牧民家庭，保障子女不间断完成九年义务教育的，一次性奖励 2000 元；保障子女不间断完成高中教育的，一次性奖励 3000 元；凡就读中职学校的初（高）中应届毕业生，给予一次性补助 1000 元。

（5）健康关爱行动：筛查贫困白内障患者 180 例，适当减免手术费用；筛查包虫病患者 1.8 万人，有 1692 人次全程免费药物治疗，其余患者减免手术费；农村孕产妇免费住院分娩，还发放补助 500 元，免费为准备怀孕和怀孕 3 个月内的农村妇女增补叶酸。

（6）文化共享行动：基本实现全县乡镇综合文化站有配套文化活动设施设备、乡乡有农民体育健身广场、乡乡有流动数字电影放映设备、广播电视户户通。

（7）农村甘露行动：解决 25636 人（含农村学校师生）的安全饮水问题。

（8）远村点亮行动：解决 53 个边远村 19291 人缺电问题。

（9）交通便民行动：建设通乡油路 139.4 千米、通村通达公路 46.8 千米、通村通畅公路 44.2 千米、桥梁 1 座，解决 6 个村 1722 人的行路难（按通达计）问题；建设乡村客运站点 6 个，4 个乡镇 12 个村开通客运班线。

（10）新村示范行动：建成新村（聚居点）22 个，新建及改造提升农房 681 户。

这 10 个方面与我们实地观察到的甘孜县农牧民生产生活的脆弱点基本一致，即居住环境差、增收不易、基本社会保障不足、教育发展迟缓、健康问题明显（尤其是女性健康问题更明显）、文化资源难以共享、饮水难、边远村庄照明问题、交通艰难等。换言之，幸福工程之所以是"幸福工程",是因为它直接服务于农牧民生产生活。如果按"满足农牧民基本生活需要,提高生产能力,促进自我发展"三方面内容来划分,可分类如下:满足基本生活需要的工程包括百姓安居行动、全民保障行动、健康关爱行动、农村甘露行动、远村点亮行动、新村示范行动;提高生产能力的工程包括农牧民增收行动、交通便民行动;促进自我发展工程包括教育助学行动、文化共享行动。细分如表4-3所示。不言而喻,这里的划分是相对的,因为各项目的实施可能导致的结果本身就是综合性的,例如改善交通条件,既满足了基本生活需要,又提高了生产能力,也促进农牧民的自我发展;文化共享行动既可以促进自我发展,又能提高农牧民生产能力。总之,"幸福甘孜工程"涵盖了提高农牧民生活生产水平、可行能力等诸多方面,希冀藏区人民"学有所教、劳有所得、病有所医、老有所养、住有所居",以此提高基本公共服务能力和水平,提升民众生活质量和幸福指数。

表4-3　　　　　　　　"幸福甘孜工程"类别及项目名称

类　别	项目名称
满足基本生活需要	百姓安居行动
	全民保障行动
	健康关爱行动
	农村甘露行动
	远村点亮行动
	新村示范行动
提高生产能力	农牧民增收行动
	交通便民行动
促进自我发展	教育助学行动
	文化共享行动

"幸福甘孜工程"涉及民众的基本生产生活,实施过程中,政府部门既分工,又合作。这也体现甘孜藏区反脆弱发展的特征之一,即更加依赖政府。作为甘孜县的一项很大的建设工程,县政府及其各个职能部门都参与其中,包括县住房和城乡规划建设局、县财政局、县教育局、县民政局、县扶贫和移民工作局、县国土资源局、县林业局、各乡镇人民政府、

县委农办、县人力资源和社会保障局、县农牧和科技局、县卫生和人口计划生育局、县食品药品监督管理局、县文化旅游和广播影视体育、县外事台侨办、县牧定办、县水务局、县交通局、县公安局、县安全生产监督管理局以及县新农村建设领导小组成员单位等。"幸福甘孜"的每一项行动都有牵头单位和责任单位，它们各司其职，又相互合作。例如"百姓安居行动"的牵头单位是县住房和城乡规划建设局，责任单位是县民政局、县扶贫和移民工作局、县国土资源局、县林业局以及各乡镇人民政府。"远村点亮行动"的牵头单位是县发展和改革局，责任单位是县水务局、县扶贫移民局以及各乡镇政府。

第三节　反脆弱之于基础设施建设:突破瓶颈制约

基础设施建设、基本公共服务供给，是反脆弱的基础性内容。甘孜县公共产品供给中大量的基础设施建设，旨在突破发展瓶颈。

一　基础设施建设、基本公共服务与减贫的关系

阿玛蒂亚·森认为减贫不能简单地理解为促进贫困人口的收入水平提高，减贫的真正目的是帮助他们提升自己的身价和增加创造财富的能力。在这一前提下，政府要做的就是尽量为贫困人口提供一些基本生活保障条件，涉及衣食住行、医疗卫生条件、文化教育等。政府的公共投资可以改善贫困地区的医疗卫生环境，提高文化教育水平等，最终帮助贫困地区积累起人力资源，提高劳动力自身素质，利用人力资源缓解贫困。

国内外学术界研究了基础设施建设、基本公共服务供给对减贫的作用。Fan 等估算了印度各州的公共支出对农村减贫的效应，认为农业研发、农村道路、农村教育和针对性农业发展项目都具有显著的正向作用。与此同时，Fan 等对我国的省际数据进行了类似研究，发现农村教育投资对减贫的作用最大，其后是农业研发支出，然后是农村道路建设。Gomanee 和 Mosley 运用跨国数据，估计政府支出在不同区域对贫困人口数量的影响。他们发现教育、农业、住房等方面较高的政府支出对减贫的影响是很显著的。世界银行在《1990 年世界发展报告》中提出了发展中国家消除贫困的策略，即通过基础设施建设和促进劳动密集型产业发展，同时为贫困人口提供基本的健康和教育服务；在《2000 世界发展报告》中提出减贫的三条根本途径是提供机会、赋权和增加保障，也就是为贫困人口

提供更多的工作、信贷、道路、电力以及卫生服务等机会。这些研究不约而同地肯定了基础设施建设、基本公共服务的减贫效应。

国内学者普遍认为基础设施建设可促进农村经济增长、扩大市场范围、促进资本流动、提高资源利用率。李伯溪认为对我国区域收入差异影响较大的基础设施主要包括直接参与生产过程以及那些影响劳动力在选择就业地区和企业选址的基础设施类型。有学者认为，公路建设影响减贫的途径是通过农民多样化收入来源和改善就业结构以及提高农业生产率；公路建设缓解贫困的关键是提高了贫困人口对道路的利用程度。实证研究也证实了上述观点，胡江辉的计量结果显示，公共投资促进农业生产增长，同时减贫作用明显，其中教育投资对减贫效应最为显著，其后依次是农业的研发投资、公路交通设施的投资、电话通信投资、电力事业、水利灌溉投资和贫困贷款。政府的公共投资在西部农村地区减贫效应最为显著。[①]

基础设施对于物质资本积累、人力资本积累意义重大，基本公共服务对于人力资本积累作用显著。从发展经济学的视角来看，向贫困地区进行公共投资的主要目的就是促进该地区的资本积累，提高人口素质，培养和积累人力资源，促进城乡劳动力转移，实现农业人口的非农就业转移。人力资本理论认为促进农业经济发展的主要原因不是土地、劳动力和资本存量的增加，而是人的知识与技能的提高。基本公共服务丰富和提升人力资本，实现减贫并促进发展，已是学术界基本共识。总之，基础设施、基本公共服务与减贫之间的内在逻辑联系可如图 4-2 所示。

在图 4-2 中，公共产品供给的基本内容包括基础设施、基本公共服务、技术、定向投资等，其中基础设施、基本公共服务、技术等会影响农业生产和非农业生产。影响的直接结果是非农产业的兴起、发展，农业生产要素向非农业生产转移；影响的中间环节是农业生产者向非农业生产转移，即非农就业者增加，农业就业减少，伴之以工资作为非农就业者及其家庭的主要收入形式之一；影响的最终结果是缓解贫困或脱贫。定向投资主要是政府经过资格认定，选择特定对象并针对其供给的各种补助等，如前述各项惠民政策，定向投资直接作用于贫困者，减贫效应无须转换而直接呈现。

基础设施建设与农牧民收入增加两者之间的作用机制：第一，基础设施可以有效降低农业生产成本，提高农业生产率，增加产值；第二，交通运输、邮电通信、能源等基础设施建设可以促进非农产业快速发展，为农

---

① 胡江辉：《中国农村公共投资的减贫效应研究》，博士学位论文，华中科技大学，2009 年。

牧民创造更多的非农就业机会，提供更多的商品和服务，增加非农收入，消费更加多元化；第三，在农民收入水平不发生改变的情况下，农村基础设施完善可大幅度提高农民的购买力，因为各种商品和服务的费用会由于更为便利的条件而下降，农民的实际收入水平得到提高；第四，农村基础设施建设可以直接提高农民的工资水平，增加农民收入，因为一些基础设施建设项目属于劳动密集型，比如修建公路、架设电网、定居工程等，这创造一定的就业机会，增加劳动力需求，促使农民工收入水平上升，增加农民收入。

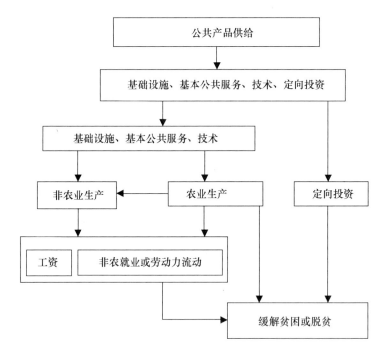

图 4 - 2　公共产品供给与减贫的关系①

二　优先发展"两基"：甘孜县公共产品供给次序

"两基"是指基础设施和基本公共服务。优先进行基础设施建设和基

---

① 参照胡江辉的《中国农村公共投资的减贫效应研究》（博士学位论文，华中科技大学，2009 年）第 58 页的图示修改而成。

本公共服务供给,是甘孜县反脆弱的基本理念之一。甘孜县清楚地认识到自己的问题:除省、州项目资金外,由于自身财政拮据,拿不出更多的资金用于民生工程;农村基础等各方面起步晚、条件差,有限的投入只能勉强解决最基本、最突出、最迫切的实际问题;群众住房、道路等相关工程建设规模小、后续产业培育难、群众致富增收渠道狭窄等。于是,甘孜尤其注重基础设施建设和基本公共服务供给,"十二五"规划项目基本都是基础设施建设和基本公共服务供给,参见表4-4。

表4-4　　甘孜县"十二五"期间重大建设项目规划汇总表①

序号	项目名称	总投资	国家投资	招商或贷款	其他投资
	合计(共380项)	3685715	2861899	781505	42311
一	强化农牧业基础(共33项)	85465	82804	1000	1661
(一)	发展生态农业(20项)	45729	43688	1000	1041
(二)	发展生态畜牧业(13项)	39736	39116		620
二	壮大商贸产业(共16项)	25250	13920	9130	2200
(一)	现代物流产业发展(12项)	22010	11180	9130	1700
(二)	商贸中心集镇建设(4项)	3240	2740	0	500
三	培育电矿产业(共33项)	973171	216967	753026	3178
(一)	综合能源体系建设(13项)	900571	201767	625926	2878
(二)	矿产资源开发(4项)	56000	10500	45500	0
(三)	发展工业园区(15项)	16200	4600	11600	0
(四)	能源节约利用(1项)	400	100	0	300
四	基础设施建设(共53项)	1443993	1443993	0	0
(一)	交通设施建设(17项)	1070770	1070770	0	0
(二)	水利设施建设(12项)	322565	322565	0	0
(三)	信息基础设施建设(24项)	50658	506458	0	0
五	教育卫生事业(共62项)	198052	198052	0	0
(一)	教育事业建设(23项)	82790	82790	0	0
(二)	卫生事业建设(25项)	83695	83695	0	0

---

① 整理甘孜县人民政府《甘孜县国民经济和社会发展第十二个五年规划纲要》第71—73页的内容而得。

续表

序号	项目名称	总投资	国家投资	招商或贷款	其他投资
（三）	人口计生事业（3 项）	1300	1300	0	0
（四）	科技事业（5 项）	6777	6777	0	0
（五）	体育事业（6 项）	23490	23490	0	0
六	旅游文化事业（共 29 项）	49830	35710	13380	740
（一）	开发旅游资源（8 项）	23740	10120	12880	740
（二）	繁荣文化事业（21 项）	25840	25340	500	0
七	构筑生态屏障（共 18 项）	219049	219049	0	0
八	改善人居环境（41 项）	355206	341677	0	13529
（一）	城镇化建设（18 项）	165284	165284	0	0
（二）	基层政权建设（14 项）	92300	92300	0	0
（三）	改善居住条件（9 项）	97600	84093	0	13529
九	和谐甘孜建设（共 95 项）	335699	309727	4969	21003
（一）	拓展农牧民增收渠道（14 项）	212157	193286	4969	13902
（二）	完善社会保障体系（10 项）	11310	11310	0	0
（三）	健全安全保障体系（11 项）	6468	6468	0	0
（四）	构建防灾减灾体系（15 项）	17140	17140	0	0
（五）	维护社会稳定（45 项）	88624	81523	0	7101

就表 4-4 来看，上述九大类建设项目中，属于基础设施建设的包括强化农牧业基础、壮大商贸产业（农牧产品基础设施建设）、培育电矿产业（以供电为重心的建设）、基础设施建设、构筑生态屏障、改善人居环境；属于基本公共服务的主要包括教育卫生事业、旅游文化产业。和谐甘孜建设中的拓展农牧民增收渠道、构建防灾减灾体系、完善社会保障体系、安全保障等都指涉基础设施建设以及基本公共服务。仔细查阅甘孜县"十二五"期间规划项目的具体内容，更可清楚地知道，其建设项目基本属于基础设施建设与基本公共服务，这在前文已有所述及。

三　已有两基建设的实践

已有的实践中,甘孜县将建设重点指向基础设施和基本公共服务。"十一五"期间基础设施建设基本情况如下。

1. 交通设施。截至 2012 年年底,完成国道 317 线升级改造。通畅、通达工程不断进展。2006 年以来,累计投资 4144 万元改建通乡公路 98.6 千米,投资 11725 万元新建通村公路 741.9 千米,投资 644 万元建成通村油路、水泥路 28.9 千米;投资 750 万元完成麦玉龙桥至德格联网路建设;投资 2400 万元建成贡隆大桥等大中型桥梁 28 座。全县公路里程达 1329.6 千米,乡通畅率达 63%,村通达率达 96%,覆盖城乡的公路网络正在形成。

2. 电力供应。投资 3000 万元建成打火沟三级电站,全县电站装机容量达 9695 千瓦。完成炉霍旦都至甘孜东谷 35 千伏联网线路架设;投资 2170 万元实施农村电网升级改造;投资 13.6 万元开工建设打火沟三级电站至扎科 35 千伏输变电工程。总装机 2400 千瓦的索达沟电站即将建成。

3. 水利灌溉设施建设。总投资 8980 万元的打火沟水利灌溉工程已完成总工程量的 41%;投资 200 多万元修复了呷拉乡苦多堰;投资 2978.47 万元的城区防洪堤工程已经完成工程量的 89%。

4. 饮用水供给。投资 1724 万元新建、改建人口安全饮水工程 93 处,有效解决 3 万多人安全饮水问题。

5. 信息化建设。投资 9500 万元建成移动、电信通信基站 60 个,移动通信用户达 34400 户,固定电话用户达 3700 户;完成 15 个乡 1700 户宽带接入。

四　基础设施建设个案:打火沟水利工程

基础设施建设成功个案在甘孜有很多,打火沟水利工程建设是其中之一。

打火沟水利工程距离甘孜县城 34 千米,灌区位于甘孜县绒坝岔、生康的山间盆地,辖区面积 68.57 平方千米,涉及 5 个乡的 46 个村,区域内人口 0.85 万,耕地 6.50 万亩、草地 2.79 万亩。灌区是甘孜县第二个粮食主产区以及青稞生产基地。灌区东西向长 12—14 千米,南北向宽 4 千米,地面高程 3400—3600 米。

工程包括农业灌溉和农村人畜供水。打火沟工程建设前,区域内的水利设施仅有 5 条引水堰,灌溉面积为 2.96 万亩,有效灌溉面积为 1.20 万亩。工程修建后，有效灌溉面积达 6.50 万亩，净增 5.3 万亩。工程完成后，供水量达 86.9 万立方米，解决区域内人畜饮水不安全或不方便问题。工程以灌溉为主，兼有农村人畜供水、发电、环境保护等功能。

甘孜县水利设施匮乏，打火沟工程建设有显著的经济、社会效益。

（1）减少南水北调西线工程影响。南水北调西线一期工程调水后，减少区域的水资源量，对绒坝岔区的社会经济发展有一定影响。兴建打火沟水利工程，有助于减轻南水北调西线工程的影响。

（2）推动产业发展。打火沟工程兴建，可缓解水资源供需矛盾，带动县域交通、能源、旅游、通信、建材等产业的发展，提高农业生产水平。

（3）提高农业生产水平。打火沟工程建设有助于克服干旱，保证区域灌溉。甘孜县干旱严重，据 1971—2004 年统计，在农作物生长期中，春旱严重，发生率为 79.4%，夏旱频率达 44.1%，伏旱频率高达 67.6%。区域内人均有效灌溉远远低于全国以及四川省的平均水平。打火沟工程区是甘孜县自然条件、社会条件、交通条件最好的地区，也是甘孜县最具发展潜力的地区。该区域平均海拔 3540 米，低于全县平均海拔约 800 米，属于雅砻江干暖河谷气候，适合多种经济作物生长；辖区面积仅有全县的 0.3%，但耕地面积却占全县的 36.7%，且土壤肥力、耕作条件都为县域内其他地方所不能及。打火沟工程建设之后，可大幅度提高粮食产量，增加蔬菜等高经济效益与社会效益的作物的种植范围，可使区域的粮食、蔬菜等社会基本消费品达到自给有余。

（4）保障民众安居乐业。打火沟工程建设，可使灌区内农牧民旱涝保收，解决灌区人与水土资源的矛盾，提高农业的自给能力，减少内地长途运输，提高农牧民收入水平；减轻灌区农牧民找水负担，解放劳动力。

（5）打火沟工程经济效益明显。经计算，灌区总增产粮食及牧草 3340 万千克，总增产值 4218 万元，灌溉增产量为 1186 万千克，灌溉效益为 1266 万元。打火沟工程的经济净现值为 2393 万元；效益费用比为 1.31，大于 1.0；经济内部收益率大于社会折现率。

五 饮水工程建设成功个案

（一）自流饮水工程——下雄乡德堆加沙村

1. 工程地的基本情况。德堆加沙村位于甘孜县城东面 30 千米的甘孜—东谷公路边，是 2011 年牧民定居工程新建的牧民新村，总面积 10.45 平方千米，全村 49 户 278 人，各类牲畜 3000 余头（只、匹）。饮水工程建在牧民新村，便于满足更多牧民的需求。该村海拔高度3500米，属于高海拔地区。根据该村的总体布局和附属设施分布情况，饮水安全工程采用自流引水形式，集中供应。

2. 饮水工程参数选择

（1）水源。选用距离该村4000米的地下水为水源。德堆加沙村的地下水资源十分丰富，来水量完全能满足工程需求。县卫生防疫站检测结果是水质完全达标，不需要进行消毒处理就可以直接饮用。

（2）用水量。根据当地实际，结合《农村供水设计规范》的要求，选择人、畜用水量标准为80升/人/天、120升/头/天。

（3）工程设计年限。按相关规定为15—20年，选择15年。

（4）用水人口。2010年全村人口278人，设计年限15年内人口自然增长率为15‰计，用水人口数为294人。

（5）供水方式，采用人力提水供给。

（6）供水规模。目前用水规模为35.28立方米/日，设计供水规模为100立方米/日。

（7）水位高于村庄120米左右，泉水日出水量远远大于用水量，水量平衡不需计算。

3. 工程设计

引水采取PE管材引用浅表层地下水，取水构筑物为1.5米高的挡水构筑物，并有泄水和冲淤设施，蓄水池长9.4米、宽9.4米、高2.87米，蓄水容量为100立方米；附有过滤点、沉淀池。工艺流程见图4-14。

（1）取水构筑物。取水构筑物外包M10浆砌石块50厘米，内存为20厘米混凝土。内孔尺寸为长5米、宽3米、高1.5米。将流出的水全部拦断，采用钢丝网包蜂窝管埋于其内，上覆盖木炭及碎石以保护水源点并达致过滤目的。

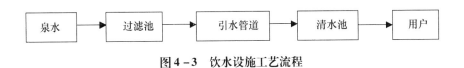

图4-3　饮水设施工艺流程

（2）蓄水池。蓄水池设计为外包M10浆砌石块50厘米，内存为20厘米的钢筋混凝土。内孔尺寸为长8米、宽8米、高2.3米。由50毫米的PE管道将泉水引入，供水管离池底20厘米达到沉淀效果。水池设进入口，定期安排人员清洁维护水池。水池深埋地下 30 厘米—50 厘米，防止冬季冰冻。

（二）打井饮水工程——卡龙乡瓦比村

1. 工程地的基本情况

瓦比村位于达通玛区北缘，平均海拔 4100 米，地层下约 15 米处即可取水。该村总面积 10.45 平方千米，村内有乡政府、乡卫生院、乡派出所以及龙村大部分村民和其他村的小部分村民，全村 73 户 328 人，各类牲畜 1 万余头（只、匹），距离县城约 130 千米。

2. 饮水工程参数选择

（1）水源。选用地下水为水源。该村地下水源十分丰富，来水量完全能够满足需要。县卫生防疫站检测结果是水质完全达标，不需要进行消毒处理就可以直接饮用。

（2）用水量。根据当地实际，结合《农村供水设计规范》的要求，选择人、畜用水量标准为 80 升/人/天、120 升/头/天。

（3）工程设计年限。按相关规定为 15—20 年，选择 15 年。

（4）用水人口。一口井满足 50 人使用，在设计年限 15 年内人口自然增长率为 15‰计，用水人口数为 63 人。

（5）供水方式，采用人力提水供给。

（6）供水规模。经计算，设计供水规模为 6.656 立方米/日。

（7）牧区地下水丰富，打井工程取水水位在地下水水位以下，且取水速度相对缓慢，故来水远远大于用水，因此水量平衡不需计算。

3. 工程设计

水井设计直径 1.0 米，深 16.0 米（其中水下 1 米深），开挖边坡系数为 0.3。井壁预支钢筋混凝土井筒 10.0 厘米厚，井底铺 20 厘米厚片石垫层，井台浇筑 20.0 厘米厚混凝土防滑保护层，井水的取用设计为木轮绑绳的人力提水，因当地地下水非常丰富，且打井取水在地下水水位以下，所以来水远远大于用水，一口井能满足 63 人饮水需求。

（三）庭卡乡饮水工程建设：捉襟见肘的县财政投资

庭卡乡饮水工程的最大特征是甘孜县政府利用极为有限的财政收入支持饮水工程建设，这是甘孜 18 个县中首屈一指的。

1. 庭卡乡饮水工程建设前，村民饮水困难。（1）水质差。村民饮用河水，矿物质含量超标，引发结石病等。（2）距离远。以前曾有的水源点到庭卡乡政府集中供水点的距离是 9.5 千米，水源点到集中供水点距离最远的是 1 村，距离 13 千米；最近是 6 村，距离 7.3 千米。村民到河里背水的,最近的也相距约 1 华里。(3)以前曾经修建的供水点供水量不足。以前用的是小水池,学校开学时,用水多,其他供水点就没水。

2. 工程建设特征。(1)多主体合作。修建庭卡乡饮水工程,政府共投入资金 382 万元,其中中央预算内资金 272 万元,县政府配套投资 110 万元。村民投工投劳和投资。村民投工投劳可折资 6 万多元,例如村民们从水务局将管道运到村里并抬到供水池。村民直接投资近 20 万元,主要是请挖掘机开挖、填埋安装水管的水沟。此外,驻扎甘孜县的 8744 部队,有 100 位官兵帮助抬管子。(2)建设成本低。按照国家招投标程序建设,管道从厂家进入施工现场,节省交易费用。

3. 工程状况。采用大管道供应水给多个村,水源点到清水池的距离是 7.3 千米,清水池以下供水管道 16 千米。

4. 工程惠及人口大约 8000 人,具体包括庭卡乡的 5 个村、1 座寺庙、1 所乡小学以及乡级机关单位(乡政府、派出所、乡卫生院)。

5. 饮水工程建设后,供水状况变化。(1)水量充足,对现在以及以后供水有保证。(2)水质好,能够达到安全饮用水标准,雨季无浑水现象。

6. 饮水工程建设后的用水状况。庭卡乡政府位于庭卡村,该村有 1 所小学、乡政府机构、53 户住户。该村建设了 5 个集中供水点:1 个在小学、1 个在乡政府,其余 3 个在村里住户房屋旁边。住户中,离集中供水点比较近的就在家门口,有 6 户;相距 10 来米的有 25 户;相距 40 米的有 20 户;离供水点最远的是 100 米,只有 2 户。2013 年庭卡乡饮水工程建成后,调查组访问村民巴巴家(巴巴,女,62 岁),巴巴告诉我们:以前喝河水,离家 150 米,背水艰难,河水不好。现在供水点离家只有 10 米,很近,到供水点洗衣服,方便,还免费。

7. 饮水工程建成后的管理方式。每个村有分池子,村干部义务负责管理。乡上监督,乡干部经常下村观察。管理内容是观察蓄水池储水量情况,开关、闸刀运用是否顺畅,池水是否漫溢,管道是否破裂等。

8. 效应。村民的普遍认知是从来没有谁花费 400 多万元来解决饮水问题,这次国家花了这么多钱解决了问题,都表示非常满意,非常开心。他们感谢国家,并且愿意投工投劳投资。

第四节　反脆弱之于环境保护：生态安全

恶劣多灾的环境是甘孜藏区自然脆弱性的集中体现，反脆弱发展建构在生态安全的基础上。保护生态安全是甘孜藏区主体功能区的定位，也是其发展的视野。

一　环境保护是甘孜反脆弱发展的核心内容

环境是指自然界提供给区域人口生存和发展的所有条件的总称。自然资源的永续利用和生态环境的动态平衡是实现区域可持续发展的重要基础。良好生态环境能源源不断地为区域经济发展提供资源支持，并且自身也能遵循自然规律不断更新。保护生态环境，意在建构人与环境的良性互动关系，希冀达致区域人口赖以生存的各种资源和环境条件的可持续性。生态安全涉及环境质量、基本的生态条件及人在改善环境质量方面所采取的积极措施等。

生态文明是现代人类生活方式的重新选择。经济至上与生态文明是人类历史上先后出现的两种不同的生活价值取向和发展模式，准确地说，是近代以来人类生活方式变迁进程中出现的两种生活态度和变迁方式。所谓经济至上就是以经济增长为社会发展基本标准，以物质财富增长和福利社会为生活目标的生活态度和生活模式。这种生活态度建立在自然资源永不枯竭的理念基础之上，认为人是自然的主宰和中心，物质财富的无限增长是社会进步的最主要标志，发展意味着经济增长和技术进步，技术进步必然推动经济增长，从而加速社会向更加有利于人类生活的状态运动变化，人类追求幸福的生活就在于追求物质财富和感官享受。这是一种工业文明时代提倡高投入、高增长、高收入、高消费的生活方式。而生态文明是一种坚持人与自然和谐相处，经济效益、社会效益和生态效益三者有机统一，以改善人的生活质量为发展目的的生活理念。生态文明认为人民的幸福是全方位的，人的需求是多层次的，经济越发展未必越幸福，财富越多未必就越快乐；发展应以人民幸福为目标，用较少的资源和环境牺牲来使人民接受一种更科学、合理的生产生活方式，不断满足人在生理、社会、自然、物质、精神等多方面多层次的需要，提高人们福利和生活质量。[①]

---

① 宋涛：《传统裂变与现代超越》，民族出版社 2006 年版，第 131 页。

无论是基于生态文明的视野，还是基于主体功能区的定位，甘孜藏区的发展都应保障生态安全。在主体功能区划分中，甘孜藏区基本属于限制开发区。

所谓主体功能区就是基于不同区域的资源环境承载能力、现有开发密度和发展潜力等，将特定区域确定为特定主体功能定位类型的一种空间单元。其中，优化开发区域是指国土开发密度已经较高、资源环境承载能力开始减弱的区域；重点开发区域是指资源环境承载能力较强、经济和人口集聚条件较好的区域；限制开发区域是指资源环境承载能力较弱、大规模集聚经济和人口条件不够好并关系到全国或较大区域范围内生态安全的区域；禁止开发区域是指依法设立的各类自然保护区域。限制开发区在很多方面呈现出自身的特点而且国家政策对其也有诸多特殊规制。

限制开发区和禁止开发区都面临解决少数民族聚居区经济社会发展中的突出民生问题和特殊困难。优先安排与少数民族聚居区群众生产生活密切相关的农业、教育、文化、卫生、饮水、电力、交通、贸易集市、民房改造、扶贫开发等项目，积极推进少数民族地区农村劳动力转移就业，鼓励并支持发展非公有制经济，最大限度地为当地少数民族群体提供更多就业机会，扩大少数民族群众收入来源。

《全国主体功能区规划》指出青藏高原是生态屏障，要重点保护好多样、独特的生态系统，发挥涵养大江大河水源和调节气候的作用；川滇生态屏障要重点加强水土流失防治和天然植被保护，发挥保障长江中下游生态安全的作用。根据《国家重点生态功能区名录》，甘孜州全州属于川滇森林及生物多样性生态功能区。也就是说，甘孜藏区作为重点生态功能区要推进天然林资源保护、退耕还林还草、退牧还草、风沙源治理、防护林体系建设、野生动植物保护、湿地保护与恢复等，增加陆地生态系统的固碳能力。有条件的地区积极发展风能、太阳能、地热能，充分利用清洁、低碳能源。换言之，甘孜藏区的主要功能一是区域稳定与发展，二是建构生态空间，提供生态产品。

生态空间包括绿色生态空间、其他生态空间。绿色生态空间包括天然草地、林地、湿地、水库水面、河流水面、湖泊水面；其他生态空间包括荒草地、沙地、盐碱地、高原荒漠等。生态产品是指维系生态安全，保障生态调节功能，提供良好人居环境的自然要素，包括清新的空气、清洁的水源和宜人的气候。生态产品同农产品、工业品和服务产品一样，都是人类生产发展所必需的。生态功能区提供生态产品的主体功能体现在：吸收二氧化碳，制造氧气，涵养水源，保持水土，净化水质，防风固沙，调节气候，清洁空气，吸附粉尘，保护生物多样性，减轻自然灾害等。

国家的主体功能区划分规制着甘孜藏区的发展路径，要求保障生态安全，这种规制也得到了实践界、学术研究界的共同认可。例如国家发改委国土地区研究所课题组强调自然条件对功能分区的决定性作用。他们认为海拔高于 3000 米或年降水量低于 200 毫米是确定保护区的依据，因为在高海拔地区，不仅发展经济要支付高昂的成本，而且生态环境也容易遭受破坏，在水资源特别是淡水资源缺乏的地区，人们的日常生活都难以保证，更别说经济发展和生态建设了。[①] 陈云琳等以四川省的 181 个县级行政区为单位，划分主体功能区。[②] 他们认为，以海拔高于 3000 米或者降水量小于 200 毫米为依据，四川省的限制开发区有 15 个单位，这 15 个单位中，甘孜州就占 11 个，它们是石渠县、理塘县、色达县、稻城县、甘孜县、德格县、炉霍县、白玉县、新龙县、道孚县、九龙县。也就是说，在甘孜州，这 11 个县应该是限制开发区。

二 甘孜县的绿色发展

相关政策规制着甘孜的发展必须以保护环境为基础，即使是经济发展，也只能发展绿色经济。绿色经济是一种充分利用现代科技，以实施生态资源开发创新工程为重点，开发绿色资源，推动发展少污染、无污染产业，在所有行业中加强环境保护，发展与推动清洁生产，不断改善和优化生态环境，促进人与自然和谐发展，人口、资源和环境相互协调，实现生态效益、经济效益和社会效益良性循环的可持续发展的经济方式。

甘孜藏区与其他欠发达地区一样，具有发展绿色经济的比较优势。欠发达地区虽然在地理位置、交通条件、人力资本等方面存在劣势，但丰富的自然资源和良好的生态环境是发展绿色经济的明显优势。在生态文明的视野下，应以绿色理念统揽区域建设规划和产业发展，发展无污染、文化氛围浓、资源消耗少、经济效益好的绿色产业。

---

① 袁朱：《我国主体功能区划相关基础研究的理论综述》，《开发研究》2007 年第 2 期。

② 陈云琳、黄勤：《四川省主体功能区划分探讨》，《资源与人居环境》2006 年第 20 期。

　　在甘孜藏区，绿色产业涵盖第一、第二、第三产业，包括低消耗、无污染、高产出、循环型的生态农业、生态旅游等。例如在甘孜县，生态农业包括青稞、紫皮马铃薯、俄色茶、油菜等的种植；生态牧业；生态工业主要是发展水电、矿产开发；生态旅游；商贸产业。

　　学术研究认为，一系列环境保护措施难以得到地方政府认可，例如退耕还林还草增加地方政府成本，地方政府面临高成本、低收益的问题，缺乏执行相关政策的积极性。[①] 作为我国生态环境保护和生态建设重大举措的退耕还林工程，如果没有中央政府的严格要求和不断推进，地方政府是难有积极性去主动进行该项工程的。因为根据中央政府退耕还林的相关规定，退耕还林地方所需检查验收、粮食调运、兑付等费用，由地方财政承担，这是直接成本。间接成本包括地方政府所支付的额外成本，例如实行退耕还林之后，耕地面积减少、生态林禁伐、禁牧等，减少地方农牧业生产资源，可能引发农村发展滞后、农民生存困难和粮食安全等一系列问题，最终影响地区经济发展目标的实现。[②]

　　环境保护确实会增大地方政府成本，但与上述研究预设不同的是，甘孜藏区致力于环境保护。例如，甘孜县在"十一五"期间，有效管护森林1870.5万亩，巩固退耕还林成果3.8万亩，实施退牧还草415万亩，建设公益林15.7万亩，治理水土流失面积10平方千米，全县森林覆盖率达5.7%。[③] 2006—2011年：管护天然林资源374万亩，完成天保工程人工造林9.05万亩、飞播造林6.6万亩、封山育林22.6万亩、退耕还林成果巩固3.8万亩，义务植树65万株，全县森林覆盖率达35.84%。（1）建立冷达沟自然保护区，完成集体林权制度改革。（2）完成阿日然、绒岔沟等13平方千米水土保持治理。（3）绒岔河防洪工程、拉西河、吉绒龙小流域治理等项目前期工作进展顺利。（4）草原围栏建设295万亩，草原无鼠害治理230万亩，草场补播88.5万亩。[④]

---

① 危丽等：《退耕还林中的中央政府和地方政府最优激励合约》，《财经研究》2006年第11期。

② 王永莉：《生态脆弱地区的经济发展研究》，中国农业出版社2010年版，第167—168页。

③ 甘孜县人民政府：《甘孜县国民经济和社会发展第十二个五年规划纲要》（未刊稿），第3页。

④ 中共甘孜县委宣传部：《甘孜县形势政策宣讲材料》（2012年1月），第28—29页。

三 环境保护个案：甘孜县水土流失治理①

近年来，甘孜县水土流失治理的方式多种多样：4 万亩退耕还林还草，对 5 万亩坡度在 15 度左右的农耕地进行坡改梯，造林 100 万亩，改良 100 万亩水土流失比较严重的草地。相应的水利水保工程包括：护岸工程 7 千米，蓄水池 62 个（设计容量为 50 立方米/个），谷坊工程 51 座，综合治理水土流失面积 168 平方千米。

（一）甘孜县水土流失治理措施

甘孜县结合天然林保护、退耕还林还草、保土耕作及成片造林、草原建设、小型水利水保工程建设，增大森林、草地覆盖率，减轻水土流失。

1. 退耕还林还草与坡改梯。甘孜县土地面积 7358 平方千米，耕地面积 19.64 万亩，但坡耕地多，这是水土流失严重的原因之一。农田改造的主要方式：一是对坡度较大的农耕地按照宜林则林、宜果则果、宜草则草的原则进行退耕还林还草；二是对坡度在 15 度以下的农耕地实行坡改梯。1999 年，退耕还林还草 4 万亩，4 万亩缓坡地进行坡改梯，栽植防护林。

2. 天然林保护与造林。（1）封禁管护。甘孜县从 1998 年 9 月 1 日起，全面启动林区封管护工程，以村为单位，落实管护队伍和管护责任。（2）零星植树、成片造林和迹地更新。在半农半牧区农耕地以外的荒坡、荒沟、"四旁"和已采伐林区、火烧林区的宜林地全部植树种草。在 10 年规划期内，计划造林 1380 万亩，并实行封禁管育，削弱雨水对地面土壤的溅击能量，提高造林区植被覆盖率和水土保持能力。根据甘孜县各地海拔、地力条件差异，在不同区域种植各自适宜的树种，构成防冲林。在海拔 3000—3500 米的水土流失严重的坡地和侵蚀沟，种植杨柳科的山杨和青杨、桦木科的红桦和白桦、松科的黄果冷杉等。在海拔 3500—4000 米的侵蚀严重地区，种植松科的鳞皮冷杉、山毛科的高山栎树、柏科的大果圆柏等。在海拔 4000—4500 米的水土流失严重的地区，种植柏科的高山柏等适宜树种。在溪河、石河堰、渠道两岸种植杨柳科的柳树、杨

---

① 本部分治理水土流失的相关资料来自四川省甘孜县水利局、四川省甘孜县水土保持委员会办公室制定的《四川省甘孜县水土保持县级规划（2006—2015）》（未刊稿），以及甘孜县水利局提供的年度工作报告等。

树等。

3. 保土耕作。从 1999 年起启动退耕还林还草和保土耕作,逐步改善土壤,增强土壤抗蚀力,提高土壤有机质含量,提高地力,保持水土。(1)将全县农耕地稳定在 19.61 万亩左右,并按保土耕作计划改变坡耕地零星小块种植和顺坡种植的不良习惯,进行保边,开挖沿山沟、排洪沟,配套修建蓄水池、沉沙凼等,同时实行带状横坡种植等高沟垄、等高间作方法,以缩短坡长,减缓坡度,减轻地表径流冲刷,增强土壤蓄水能力,减少水土流失。(2)提高复种指数,推行间作、套作、轮作,合理密植,合理搭配作物品种,提高植被覆盖时间,增大植被覆盖率。(3)增施绿肥,提倡秸秆还田,推广配方施肥,挑沙面土等耕作措施,以提高土壤保水保肥和抗蚀能力。

4. 草原建设。甘孜县草原资源丰富,居甘孜州第七位。草原资源情况见表 4-5。

表 4-5　　　　　　　甘孜县草原资源情况

草种类型	面积(万亩)	产草量(万斤)	载畜量(万头、只、匹)	植被度
高山草甸	570.78	310276.01	85.06	57.1%
高寒灌丛草甸	120.3	26742.69	7.32	27.69%
高寒沼泽地	6.55	4643.95	1.26	0.25%
亚高山草甸	41.62	17064.2	4.67	5.54%
农隙地	12.44	11419.92	3.10	1.65%

全县草场 916 万亩,可利用草场 750 万亩,草地大部分分布在海拔 4000 米以上的丘状高原区。主要草种为高山草甸、高寒灌丛草甸、高寒沼泽地、亚高山草甸、农隙地等。高山草甸的面积为 570.78 万亩,产草量为 310276.01 万斤,载畜量为 85.06 万头(只、匹),植被度为 57.1%;高寒灌丛草甸的面积为 120.3 万亩,产草量为 26742.69 万斤,载畜量为 7.32 万头(只、匹),植被度为 27.69%;高寒沼泽地的面积为 6.55 万亩,产草量为 4643.95 万斤,载畜量为 1.26 万头(只、匹),植被度为 0.25%;亚高山草甸的面积为 41.62 万亩,产草量为 17064.2 万斤,载畜量为 4.67 万头(只、匹),植被度为 5.54%;农隙地的面积为

12.44 万亩，产草量为 11419.92 万斤，载畜量为 3.10 万头（只、匹），植被度为 1.65%。

甘孜县草原辽阔，但是草原建设起步晚，投资严重不足，草原建设欠账太多，草地严重退化，草地植被遭到不同程度破坏。通过"人、草、畜"三配套建设、牧区示范工程建设、牧民新村试点工程建设等，改良草地 100 万亩以上，占可利用草地面积的 10%。其中，围栏草地 30 万亩、人工草场 10 万亩、生物改良草地 60 万亩。不同海拔高度的水土流失区选择不同草种：海拔 3000—3500 米的，选择高山蒿草、垂穗披碱草等优质草种；海拔 3500—4000 米的，选择四川蒿草、早熟禾和落草等草种；海拔 4000—4500 米的，选择高山蒿草、落草等草种。

5. 小型水利水保工程建设

小型水利水保工程是各项治理措施的主体工程，通过兴修整治沟、渠、池、堤、凼、坊、坝、槽等工程，改善坡面水系，有效地蓄水、拦沙、抗冲、保土保肥，做到水不乱流，泥不下山入河。护岸工程可以稳定河床，防止沟岸垮塌而造成新的水土流失，也保护了流域内的沟岸以及台地内的耕地。谷坊工程的作用是防止沟床继续发生冲刷下切和沟岸崩塌和扩宽，可稳定河床，平缓坡降，稳定侵蚀基点，拦蓄泥沙，改善沟床植物生长条件。

水利水保工程配置原则是因害设防配置水平沟、池渠、坊、凼为主的蓄水、拦沙、排洪坡面水系工程，并在恰当位置配套修建拦沙坝、引水渠、护岸骨干小型水利水保工程。在各个流域内，根据不同地形、地质条件和地面坡度，从山顶到山脚，从沟尾到沟口，从上游到下游划分不同的拦蓄区，采用不同的配置方式。（1）小流域总体拦蓄区。以原有的水利设计为基础，增配适宜小型水利水保工程，使之为沙土的最后沉淀、坡面水的最后蓄积提供有效的工程容量，并为农牧业生产及生活用水提供可靠的保障体系。（2）农耕拦蓄区。以小型分散的沟、池为主进行配置。坡面较长的地段，分段设置排水沟、沉沙凼；在低洼处修建截水沟、蓄水池；在有条件的地方，修建人工湖和引水排水沟。既蓄水又排沙排洪。（3）林草、裸岩拦蓄区。由于坡度较陡、坡面长，因此修建拦沙埂（坝）等挡拦沙土，并适量修坑、凼、池拦蓄沙土及坡面水，在林地里修建沿山沟、截水沟，既拦沙又截水，增加土壤含水量，改善林草生长条件，沿山沟、截水沟的沟深 0.8 米，宽 0.6 米。

（二）甘孜县水土流失治理年度项目（2006—2015）

甘孜县水土流失治理规划了 2006—2015 年的各年度项目，我们整理了历年规划项目的具体情况，详见表 4－6。其中 2006 年、2011 年、2015年的具体规划是：

2006 年治理区域为绒岔沟小流域，总投资 1000 万元，治理面积 20平方千米，新建的主要工程项目及其投资为：护岸 1 千米，投资 70.84万元；谷坊 5 座，投资 21.86 万元；蓄水池 10 口，投资 32.57 万元；营造沙棘林 1.3 万公顷，投资 15.12 万元；种植中药材 100 公顷，投资800 万元；坡改梯 40 公顷，投资 16.8 万元；修建排水沟渠 1 千米，封禁治理 1500 公顷，投资 30 万元。工程效益：拦沙容积达到 1.418 万立方米，灌溉面积为 0.225 万亩，保护耕地面积 1.99 万亩，建成后增加粮食 2 万千克/年，第三产业产值约为 80 万元/年，年综合经济效益 90万元左右。

2011 年治理打柯、吴中曲。打柯治理总投资 240 万元，治理水土流失面积 22 平方千米。新建工程项目及投资量为：护岸 1 千米，投资 70.84 万元；谷坊 5 座，投资 21.86 万元；蓄水池 1 口，投资 3.258 万元；营造沙棘林 130 万公顷，投资 15.12 万元；种植中药材 100 公顷，投资 100 万元。工程效益：拦沙容积达到 6.005 万立方米，灌溉面积为0.260 万亩，保护耕地面积 8.66 万亩，建成后累计增加粮食 58.298 万千克，产值为 250.846 万元。吴中曲治理总投资 100 万元，治理水土流失面积 10 平方千米。新建工程项目及投资量为：谷坊 5 座，投资 21.86万元；蓄水池 1 口，投资 3.258 万元；营造沙棘林 130 公顷，投资15.12 万元；种植中药材 60 公顷，投资 60 万元。工程效益：拦沙容积达到 0.236 万立方米，灌溉面积为 0.057 万亩，保护耕地面积 0.351 万亩，建成后累计增加粮食 2.362 万千克，产值为 10.16 万元。

2015 年治理拉西地区，总投资 800 万元，治理水土流失面积 16 平方千米。新建工程项目及投资量为：护岸 0.5 千米，投资 35.42 万元；谷坊 5 座，投资 21.86 万元；蓄水池 5 口，投资 16.3 万元；营造沙棘林 1.3 万公顷，投资 15.12 万元；种植中药材 89 公顷，投资 712 万元。工程效益：拦沙容积达到 0.367 万立方米，灌溉面积为 0.014 万亩，保护耕地面积 0.532 万亩，建成后累计增加粮食 3.587 万千克，产值为16.432 万元。

表4-6　　　　　甘孜县水土流失治理年度项目（2006—2015）①

		2006	2007	2008	2009	2010	2011	2012	2013	2014	2015
治理区域		绒岔沟小流域	吉绒隆小流域	火古隆小流域	普玉隆小流域	麦玉曲	打柯吴中曲	纳达柯小流域	燃达柯小流域	卓达曲小流域	拉西地区
总投资		1000	800	250	300	1000	340	1000	130	800	800
治理面积		20	19.78	7.7	7.34	20	32	20	17	16	16
新建的主要工程项目及其投资	护岸	1千米	1	1	0	1	1	0.5	0.5	0.5	0.5
		70.84	70.84	70.84	0	70.80	70.84	35.42	35.42	35.42	35.42
	谷坊	5座	5座	0	5	5	10	5	5	5	5
		21.86	21.86	0	21.86	21.86	43.72	21.86	21.86	21.86	21.86
	蓄水池	10口	10口	1	1	10	2	5	5	5	5
		32.57	32.58	3.25	3.26	32.58	6.516	16.3	16.3	16.3	16.3
	沙棘林	1.3	1.3	0.8	1.3	1.3	2.6	1.3	1.3	1.3	1.3
		15.12	15.12	9.31	15.10	15.12	30.24	15.12	15.12	15.12	15.12
	种药	100	75	14	25	100	160	100	95	89	89
		800	600	106	200	800	160	800	760	712	712
	坡改梯	40	40	40	40	40	0	92	0	0	0
		16.8	17.00	—	—	16.80	0	38.64	0	0	0
	沟渠	1千米	0	1	1	1	0	1	0	0	0
		—	0	—	13.27	—	0	13.27	0	0	0
	封禁	1500	1500	1500	1500	1500	0	3000	0	0	0
		30	—	—	36.8	30.00	0	60	0	0	0

我们整理了10个小流域水土流失治理工程效益，详见表4-7。

① 表格解释：（1）投资单位为万元，每年小流域治理面积单位为平方千米，沙棘林的面积单位是万公顷，种植中草药的面积单位、坡改梯的面积单位、封禁面积单位皆为公顷，沟渠长度单位为千米；（2）2011年治理的是打柯、吴中曲两个小流域，制作本表时，加总了两个小流域治理的相关数量；（3）表中"—"表示该数据缺失。

表4-7　　甘孜县10个小流域水土流失治理工程效益（2006—2015）①

		2006	2007	2008	2009	2010	2011	2012	2013	2014	2015
拦沙容积		1.418	0.381	0.151	0.144	3.295	6.241	0.336	0.44	0.562	0.367
灌溉面积		0.225	0.08	0.041	0.64	—	0.317	0.074	0.049	0.029	0.014
保护耕地面积		1.99	0.537	0.221	0.21	—	9.011	1.212	0.652	0.816	0.532
增加粮食	数量	2	2	1.48	1.413	—	60.66	8.159	4.394	5.493	3.587
	产值	—	—	6.392	6.079		260.85	35.106	18.907	23.637	16.432
第三产业产值		80	80	—	—	—	—	—	—	—	—
年综合经济效益		90	90	—	—	—	—	—	—	—	—

（三）水土流失治理措施的典型设计

1. 坡改梯的设计。按等高线布设，大弯随弯，小弯取直，做到埂坎牢固，沟、渠、池、凼、路配套齐全。

2. 水土保持林设计。（1）林种。根据不同用途布设林种，主要有水保型经济林、水保型薪炭林、水保型用材林。根据不同地形及坡度与水土流失特点布设林种，分别布设在坡面的上部、中部和下部，与农耕地、草地成带状或块状相间。沟壑水土保持林，按沟头、沟坡、沟底三个部位布设。林型采用纯林和混交林两种。（2）分别圈定材林、经济林和果园林以及以灌木为主的乔灌林和薪炭林的造林密度。（3）保土耕作设计。在坡耕地上，主要采用等高耕作、沟垄种植、穴状种植、休闲地水平犁沟等。在增加地面植物覆盖的保水保土耕作方面，实行草田轮作、间作、套种、带状间作、合理密植、休闲地上种草等；在提高土壤抗蚀性能的保水保土耕作方面，实行深耕、深松，增加有机肥。（4）蓄水池、排洪沟、

---

① 表格注释：（1）拦沙容积单位为万立方米，灌溉面积单位为万亩，保护耕地面积单位为万亩，建成后增加粮食单位为千克/年，第三产值单位为万元/年，年综合经济效益万元。（2）2011年治理的是打柯、吴曲曲两个小流域，制作本表时，加总了两个小流域治理的相关数量；（3）表中"—"表示该数据缺失。

渠堰设计。圈定工程地点后，视蓄、排、引、池需要从不同地势情况，灵活设计其外形、容量和排水、引水、泄水能力。

（四）水土治理的效益分析

1. 经济效益。10 年间累计治理工程直接经济效益为 32956.5 万元，按实际治理面积 168 万亩计算，每年每亩增加效益值为 17.64 元。其中：（1）坡改梯工程产生的直接经济效益为 1252.35 万元，占总效益的 3.8%；（2）中药材种植产生的直接经济效益为 12622.34 万元，占总效益的 38.3%；（3）草原建设工程产生的直接经济效益为 8403.9 万元，占总效益的 25.5%；（4）封禁治理产生的直接经济效益为 9293.7 万元，占总效益的 28.2%；（5）保土耕作产生的直接经济效益为 1384.18 万元，占总效益的 4.2%。

2. 蓄水保土效益。水利水保工程治理措施将有效地拦截表面径流，增加地下水渗入量，加大土层含水量，起到蓄水保土保肥作用。同时，可延长雨水汇流时间，削弱洪水对地表土壤的侵蚀和切割能力，减少河道的洪峰流量和含沙量，较大地减轻洪水灾害，而且工程措施和生物措施在拦沙固土、保护土层厚度、减少土壤有机质的流失等方面有显著效果，对农牧业可持续发展起到积极作用。全部工程实施后，每年可拦蓄地表径流，增加蓄水量 1850.73 万立方米；减少泥沙流失 68.2 万立方米；年均泥沙流失量减少 68.5%。

3. 社会效益。治理区域是甘孜县经济建设重点区域，治理后，减少危害，改变流域内一遇暴雨就成灾的状况，促进水土流失区的经济稳定发展。具体说来，可每年减少泥沙淤积 346.7 万立方米，减少直接经济损失 2100 多万元；解决全县贫困村寨人畜饮水问题；较低程度地减轻洪水灾害造成的财产、生命损失。对全县的教育、文化、卫生以及县域综合发展，都将起到不可估量的作用。

4. 生态效益。综合治理 168 平方千米的水土流失，拦截沙石 346.7 万吨，保水能力提高 3.3 万立方米，保土能力提高 33.43 万吨，降低了河床泥沙淤积量，保证流域安全度汛，提高抵御自然灾害能力。通过治理，新增林地面积 500 公顷，封禁治理、种草等，使治理区林草覆盖率达到 80% 以上，改善生态环境。

第五节　反脆弱之于基本生活：居住变革

甘孜县农牧民的居住变革主要体现在牧民定居工程建设、住房解困、村容村貌整治等。2012 年甘孜县基本完成牧民定居工程，改善了偏远牧区牧民的生活条件，提升了当地基础设施和公共服务建设水平，促进了偏远地区的发展。[①] 住房解困、村容村貌整治等改善了农区住户的居住条件和环境。

一　甘孜县牧民定居工程的基本情况[②]

（一）牧民定居工程的基本内容

牧民定居工程主要内容有三部分，一是牧民定居房建设；二是牧民定居点配套设施建设；三是定居户及配套基础设施的档案建设。

1. 牧民定居房建设。按照规划，甘孜县定居房建设任务是 3965 户，其中 2009 年为 1000 户，2010 年为 1228 户，2011 年为 1737 户。2009 年、2010 年完成规划任务，2011 年实际完成 1381 户，2012 年查漏补缺，完成了全部规划任务。此外，2012 年进行风貌改造 246 户。

2. 完成 28 个牧民定居点配套设施建设。牧民定居点内，修建公路 9.066 千米，打井 19 眼，新建自流饮水点 2 处，改建自流引水 6 处，建设查龙乡政府防洪堤 1 处，垃圾收集点 35 处和填埋场 1 处，以及部分定居点电力供应、公厕、文化站等配套设施。

3. 完成 3965 户以及配套基础设施的档案建设。

（二）截至 2012 年 6 月，甘孜县牧民定居点建设情况[③]

1. 规划并实际完成的定居户数、人数分别是 3965 户、17971 人。

2. 资金投入情况：建房补助 9912.5 万元，到位资金 9112.34 万元，配套投入 15860 万元，实际投入 5265.537 万元（见表 4—8）。

---

① 李中锋：《四川藏区牧民定居与彝区"三房"改造工程效应分析》，《天府新论》2013 年第 4 期。

② 本部分资料由甘孜县牧定办提供。

③ 资料来源为甘孜县牧定办《牧民定居点建设情况汇总表》（2012 年 6 月）。

表4-8　　　　　　甘孜县牧民定居工程资金投入情况　　　　（单位：万元）

建房补助	到位资金	配套投入	实际投入
9912.5	9112.34	15860	5265.537

3. 牧民定居点的生产设施建设情况：计划修建牲畜棚圈6703500平方米，实际完成数为12600平方米；计划修建牲畜暖棚330000平方米，实际完成2240平方米；计划修建贮草棚194500平方米（见表4—9）。

表4-9　　　　　甘孜县牧民定居工程生产设施建设情况　　　（单位：平方米）

牲畜棚圈		牲畜暖棚		贮草棚	
计划数	完成数	计划数	完成数	计划数	完成数
6703500	12600	330000	2240	194500	

4. 村民活动中心规划修建面积为7975.27平方米，已全部完成。

5. 学校建设的规划面积为3740平方米，实际完成3210平方米。

6. 饮水设施修建情况：规划打井182眼，实际完成140眼；规划水源点12处，实际建设13处；规划管道建设17.15千米，实际完成19.62千米；防冻设施建设17.15千米，实际完成数量为19.62千米（见表4—10）。

表4-10　　　　　甘孜县牧民定居工程饮水设施建设情况

（单位：眼/处/千米）

打井		水源点		管道		防冻设施	
计划数	完成数	计划数	完成数	计划数	完成数	计划数	完成数
182	140	12	13	17.15	19.62	17.15	19.62

7. 交通设施建设情况: 规划修建连接道路 204.7 千米, 完成数 163.256 千米; 规划修建点内便道 39.7 千米, 实际完成 32.553 千米(见表4—11)。

表4-11 甘孜县牧民定居工程的交通设施建设情况 (单位: 千米)

连接道路		点内便道	
计划数	完成数	计划数	完成数
204.7	163.256	39.7	32.553

8. 能源设施建设情况: 规划建设 10kV 输电线路 54 千米, 完成 46 千米; 规划建设 30k·VA 变压器 9 台, 实际完成 8 台; 发放 60W 太阳能发电设备 3965 套, 完成发放 3965 套(见表4—12)。

表4-12 甘孜县牧民定居工程的能源设施建设情况

(单位: 千米/台/套)

10kV 输电线路		30k·VA 变压器		60W 太阳能发电设备	
计划数	完成数	计划数	完成数	计划数	完成数
54	46	9	8	3965	3965

9. 广播通信设施建设情况: 发放卫星接收设备 3965 套; 设计建设移动通信信号发射塔 17 处, 实际建成 14 处。

10. 环境卫生建设情况是: 修建垃圾收集点 30 个, 修建公共厕所 27 处。

(三) 甘孜县牧民定居工程建设的资金情况

甘孜县牧民定居工程建设的资金情况, 我们整理为表4-13(计划项目及资金情况)、表4-14(甘孜县牧民定居工程的资金到位和使用情况)。

表 4-13　2009—2012 年 6 月牧民定居行动计划项目及资金情况汇总表①

（单位：万元）

名称	项目情况								
	计划项目数	开工项目数	完工项目数	计划总投资			累计完成投资		
				小计	财政	牧民自筹	小计	财政	牧民自筹
总计	28	28	28	87369.542	45750.08	41619.46	50110.28	17609.4	32508.88
1. 牧民定居点	28	28	28	85771.65	44152.2	41619.49	50066.26	17557.38	32508.88
牧民定户数	3965	3965	3965	38064	9912.5	28151.5	34620.54	8264.27	26356.27
村民活动中心	29	29	29	2973.31	2284.438	588.869	1582.1	1582.1	
学校（所）	3	3	3	876	876		746.8	746.8	
交通项目（千米）	244.5	244.5	244.5	5814	4651	1163	2304.35	1935.95	368.4
饮水工程（处）	206			1903	1522.4	380.6	808.41	808.41	
广播电视（户）	3965	3965	3965	3965	3171.4	793.6	225.81		225.81
通信设施基站				3717	3159.45	557.55			
太阳能设施（个）				3134.1	3134.1		457.26	457.26	
生产设施（户）	3965	28	28	25382.3	15397.95	9984.35	5795.93	237.53	5558.4
城市基础设施									
其他				42.9374	42.9374		3525.06	3525.06	
2. 帐篷新生活	3965	3965	3965	1597.9	1597.9		52.02	52.02	

表 4-14　　　甘孜县牧民定居工程的资金到位和使用情况

名称	到位资金情况				资金使用情况
	合计	中央补助资金	省财政安排资金	州级财政安排资金	
总计	14151.11	3837.5	9763.11	550.5	17609.4
1. 牧民定居点	14151.11	3837.5	9763.11	550.5	17557.38
牧民定居房（户）	6485.3	3637.5	2847.8	0	8264.27
村民活动中心	599.3	0	599.3	0	1582.1

---

① 该表的填报日期是 2012 年 6 月 25 日，数据为 2009—2012 年 6 月的汇总。

续表

名　称	到位资金情况				资金使用情况
	合计	中央补助资金	省财政安排资金	州级财政安排资金	
学校（所）	1021	0	1021	0	746.8
交通项目（千米）	0	0	0	0	1935.95
饮水工程（处）	898.8	200	698.8	0	808.41
广播电视（户）	0		0	0	0
通信设施基站	0		0	0	0
太阳能设施（个）	0		0	0	457.26
生产设施（户）	600		600	0	237.53
城市基础设施	950		950	550.5	0
其他	3596.71		3046.21	0	3525.06
2. 帐篷新生活					52.02

因各方努力，甘孜县的牧民定居点建设比较成功，其中洛戈一村定居点、达玛通定居点等都是典型工程。牧民定居工程的建设特征及效应分析将在第五章呈现。

二　甘孜县农区村庄住房变革①

与牧民定居工程相伴，2009—2011 年农区村庄实施了改善民生工程。改善民生工程包括住房解困、村容村貌整治、村级活动中心建设、基础设施建设、社会事业发展建设和产业化建设等六个方面。基础设施建设包含人口安全饮水、能源建设、通村公路、防洪堤建设、水利灌溉、广电设施、移动基站建设等。基础设施建设、村级活动中心建设、产业化建设间接地改善居住环境；住房解困、村容村貌整治直接改善居住条件。

（一）农区村庄改善民生工程的基本情况

改善民生工程以改善农村生产生活条件为重点，解决 17 个乡（镇）—179 个行政村—7617 户—39727 人的通水、通电、通路、通电话和通广播电视等"五通"问题，基本消除危房户、无房户、人畜混居户，

---

① 关于甘孜县农区村庄住房变革的资料来自甘孜县扶贫办，因甘孜县推进资源整合，此项工程由扶贫办牵头。

实现村容村貌整洁化、村内设施规范化。改善民生工程项目总投资62663.51万元，其中：国家和省项目投入47043.07万元，州级财政投入6027.78万元，县级财政投入61.44万元，群众自筹7040.72万元，企业自筹2040万元，招商引资450.5万元。

2009—2011年，甘孜县民生工程中与居住变革直接相关的具体内容有五个方面。

1. 新建和改扩建人口安全饮水84处；建设10千伏线路145.84千米，0.4千伏线路442.81千米；新建通村沙石路260.32千米、通村硬化路93.91千米、通村到户路172.99千米；新建防洪堤19处；恢复水利灌溉工程8处；架设有线光缆65.98千米；建移动基站12座。

2. 村级活动中心建设包括新建村级活动中心103个，改扩建村级活动中心58个，活动中心场地硬化169个，活动中心围墙建设103个，为174个村级活动中心配备必要配套设施。

3. 产业化建设实施了农业基础设施建设项目3个、发展种植业项目4个、养殖业项目2个、农产品加工项目3个。

4. 住房解困工程解决3714户农户住房困难，新建住房1529户，改扩建住房2185户。

5. 村容村貌整治工程完成3623户房屋装饰，新建村牌179个，垃圾集中堆放点368处，平整场地259处，修建堡坎116处。

（二）住房建设的技术方案、建设标准、建设方式、投资方式

1. 住房建设的技术方案、建设标准

方案：根据本地实际和抗震需要进行设计，房屋主体结构以藏式棚柯土木结构为主。

建设标准：一般户住房新建，房屋面积根据自身经济实力确定，经济特别困难户住房新建，房屋面积控制在50—80平方米；住房改扩建根据自身实际和经济实力进行建设。

2. 建设方式

住房建设分为新建住房和改扩建住房两种方式。（1）新建住房。一般新建户为统规自建，即政府统一规划、群众自行建设由政府户均补助1万元；对经济特别困难户实行以村为单位集中连片建设，由政府统规代建，并配备基本生活设施，即"交钥匙工程"，政府户均补助5万元。（2）改扩建住房。由政府统筹安排，群众分户实施，一般户由政府户均补助0.5万元；经济特困户由政府户均补助2万元，不足部分由群众自筹解决。

两种建设方式都需要供给建房木材，甘孜县森林匮乏，建房所需木材由甘孜州林业局协调周边各县统一采伐，甘孜县人民政府统调统供，调运木材所需运费由政府统筹解决；住房新建每户所需木材按 20 立方米计划，住房改扩建每户所需木材按 10 立方米计划，按每立方米 1 千米 1.2 元计算，从木材砍伐地至建设地平均里程为 186 千米，每立方米木材所需运费 223.2 元。

3. 投资方式及资金筹措

投资方式及资金筹措情况如下。

（1）新建住房 1529 户，其中：一般户 929 户，需政府投入 929 万元；经济特别困难户 600 户，需政府投入 3000 万元。共需政府投资 3929 万元。

（2）改扩建住房 2185 户，其中：一般户 1309 户，需资金 654.5 万元；经济特别困难户 876 户，需资金 1752 万元。共需政府投资 2406.5 万元。

（3）木材及运费。179 个行政村新建住房户 1529 户，需木材 30580 立方米；改扩建住房户 2185 户，需木材 21850 立方米。共需木材 52430 立方米，需政府投入木材运费 1170.24 万元。

（4）以上住房解困项目共实施 3714 户，新建和改扩建住房需政府投资 6335.5 万元，争取国家和省项目投入 6049.5 万元（其中：整合历年国家和省项目资金 805 万元；扶贫建房 1000 万元、异地扶贫搬迁 1200 万元、扶贫新村建设 100 万元；城乡农村危房改造 1800 万元；民政减灾安居工程建设 770 万元、"五保"户建房 300 万元、"麻风"户建房 74.5 万元），不足资金 286 万元通过州级财政解决；需木材运费 1170.24 万元，通过州级财政解决。住房解困及木材运费共需政府投资 7505.74 万元，其中：国家和省项目投入 6049.5 万元；州级财政投入 1456.24 万元。

（三）村容村貌整治及投资情况

1. 村容村貌整治的技术方案、建设标准

（1）房屋外墙装饰。维修房屋外围护墙，硬化院坝，对正立面半圆木墙体和门窗按当地民族风貌进行统一彩绘装饰。

（2）村牌。制作标准统一的蓝底白字铁牌，固定在电杆顶部，每个村建村牌 1 个，村牌内容采用双面藏、汉、英三种文字。

（3）垃圾集中堆放点。由城建部门统一设计，垃圾集中堆放点采用土墙围护，平均每个堆放点占地面积为 20 平方米。

（4）场地平整。根据实际需要，平整村内公共用地和住户房屋周围场地。

（5）堡坎建设。根据实际需要，对边坡过大的堡坎和需进行加固的边坡实施堡坎建设。

2. 村容村貌整治的建设方式与投资方式

（1）房屋外墙装饰工程。以群众自筹资金建设为主、政府投资为辅，经验收合格后兑现补助资金，由政府户均补助 0.2 万元。

（2）村牌建设。由政府统规统建；每个村牌投资 0.45 万元。

（3）垃圾集中堆放点建设。为统规自建，以村为单位组织实施；每处投资 0.5 万元，其中：政府投资 50%，共 0.25 万元；村貌投工投劳折资 50%，共 0.25 万元。

（4）场地平整和堡坎建设。为统规自建，以村为单位组织实施，经验收合格后兑现补助资金。场地平整每立方米 50 元、堡坎建设每立方米 350 元，都由政府投资、村民投工投劳折资各占 50%。

3. 投资及资金筹措

（1）房屋外墙装饰工程。共 3623 户，需政府投入 724.6 万元。

（2）村牌建设。共 179 个村牌，需政府投入 80.55 万元。

（3）垃圾集中堆放点建设。共 368 处，需资金 184 万元，其中：需政府投入 92 万元；农民投工投劳折资 92 万元。

（4）其他建设。场地平整 259 处，共 67570 立方米，需资金 337.85 万元；堡坎建设 116 处，共 35000 立方米，需资金 1225.02 万元。共需资金 1562.87 万元，其中：需政府投入 781.44 万元；农民投工投劳折资 781.43 万元。

以上村容村貌整治总投资 2552.02 万元，其中：政府投入 1678.59 万元，通过州级财政解决；群众自筹资金 873.43 万元。

第五章　突破陷阱：反脆弱的路径选择

甘孜藏区在公共产品供给中寻求着反脆弱发展的路径：整合资源，整村推进；改善农牧民生计方式，增强其可行能力；联结生产与消费，提高公共产品供给效应，满足农牧民需求；亲贫式增长，农牧民受惠其中。一系列路径选择与践行，增强了地域力，改善农牧民生产生活状况，促进复合生态系统的良性耦合。

第一节　反脆弱之路径特征:满足多重需求

反脆弱发展的目标是满足贫困人口的多层次需要，在绝对贫困得到基本缓解的背景下，需要继续满足贫困人口的生产、发展和公共保障的需要，逐步消除返贫的不利因素，实现贫困地区和贫困人口的可持续发展。

一　反脆弱发展须满足农牧民生存、生产、发展的需求

（一）满足贫困人口的基本生存需要

满足贫困人口基本生存需要是指在全面了解和判定贫困地区贫困形成原因、贫困运行机制和贫困人口分布特征的基础上，以最需要得到扶持的绝对贫困人口作为基本生存需要战略的实施对象，重点向以人类贫困和弱势群体贫困为主体的绝对贫困人口提供基本生存条件，如提供粮食、衣物等基本的生活必需品；对丧失基本劳动能力、很难通过扶持手段脱贫的特困人口，须通过最低生活保障制度予以保障；对于缺乏基本生存条件或基本生存条件严重丧失、地质灾害频发区的贫困人口，救命甚于扶贫，须移民搬迁，对于因为种种原因不适宜搬迁或者难以搬迁的贫困人口，须解决其吃、穿、住问题，并建立严格的预警体系，将其生命安全放在重要的位置。政策设置方面，应把贫困地区的社会服务计划的制订和实施放在经济社会发展的中心位置，把贫困缓解、基础设施建设、社会事业发展等作为

贫困地区地方政府考核的重要指标，初步建立起各类社会救济、社会福利、公共卫生制度。总之，满足贫困人口的基本生存需要是贫困治理及反脆弱发展的基本点和底线。

（二）满足贫困人口的基本生产需要

满足贫困人口的基本生产需要是向以收入贫困和知识贫困为主体的相对贫困人口提供基本生产条件，包括通过政府扶持、社会援助、以工代赈、个体参与的方式向贫困人口提供最基本的农业生产条件，培育农业生产能力。为此，首先需要把改善贫困地区发展条件、增强发展能力放在重要位置，大幅度增加资金投入，帮助贫困地区修建基本农田、水利设施、乡村道路及基础能源、通信设施。其次，注重贫困地区的传统优势与现代科技和工艺的结合，产业化开发具有资源优势和市场潜力的农畜产品，建设特色农业产品生产基地，形成农业生产的规模优势。再次，优化贫困地区的农业产业结构，把粮食生产和多种农业经营结合起来，在山区适时发展立体农业。逐步建立政府推动、市场主导、农民自主流动，多层次、多渠道、多形式的农村劳动力转移就业机制，拓宽增收渠道，提高基本素质，增强贫困地区的自我发展能力。只有满足贫困人口的基本生产需要，贫困人口能够从生产中获得较为稳定的收入，才能有效地减少绝对贫困人口的数量和抑制低收入人群的返贫。

（三）满足贫困人口的基本发展需要

众多研究认为，贫困的根源在于贫困人口缺乏必要的知识、技能、态度和获取知识、技能的有效途径。满足贫困人口的发展需要应向以能力贫困和权利贫困为主体的贫困人口提供基本发展能力。这需要通过相应的公共政策为贫困人口提供各类培训教育，包括通过基础教育、职业技术教育和各种层次、各种内容的技术培训，提高贫困人口的农业生产技能、非农产业技能、劳务转移技能以及择业技能。增强贫困人口的法制意识、健康意识和现代意识，提高他们参与社会活动的能力，提高贫困人口在市场经济条件下的自我生存能力、自我选择能力和自我发展能力，不断激发这部分贫困人口产生新的需求和追求，从而逐步形成一种能够使该类贫困人口发展自身潜能的发展模式。只有满足贫困人口的基本发展需要，提高贫困人口的自身发展能力，使贫困人口的抗贫困行为成为一种自觉行为，反贫困战略才会真正取得成功。[①]

---

① 熊理然、成卓：《中国贫困地区的功能定位与反贫困战略调整研究》，《农业经济问题》2008年第2期。

（四）满足贫困人口的公共保障需要

满足贫困人口的公共保障需要的主要内容是在公共社会服务事业方面加大对贫困人群的保障力度，缓解贫困人群的非收入性致贫。这需要健全贫困地区县、乡、村三级医疗卫生服务网，提高贫困地区县级医院、镇级卫生院的能力和水平，实现行政村卫生室和门诊医疗的全面覆盖，努力稳定提高新型农村合作医疗参合率，使贫困地区群众获得公共卫生和基本医疗服务的机会更加均等。建立广播影视公共服务体系，努力实现广播电视户户通，行政村基本通宽带，自然村和交通沿线通信信号基本覆盖。健全广播影视公共服务体系，全面实现广播电视户户通；自然村基本实现通宽带；健全农村公共文化服务体系，基本实现每个国家扶贫开发工作重点县有图书馆、文化馆，乡镇有综合文化站，行政村有文化活动室。以公共文化建设促进农村廉政文化建设。进一步完善农村最低生活保障制度、五保供养制度和临时救助制度，实现新型农村社会养老保险制度全覆盖，全面提升公共服务和公共保障的水平。

二　满足多重需要是实践发展的方向

我国的减贫实践，也朝此方向运行。2011年，《中国农村扶贫开发纲要（2011—2020）》的颁布实施，标志着中国扶贫开发进入了新的历史阶段。中央扶贫工作会议上提出了新的扶贫标准——人均2300元，这一标准同2009年的1196元相比，几乎提高了一倍。这意味着：（1）从扶贫对象看，农村低收入人口被纳入扶贫政策的范围，扶贫对象大大增加，今后为此安排的财政转移支付至少要放大数倍。同时，由于目前我国剩余农村贫困人口主要分布于自然条件恶劣、基础设施残缺、增收产业薄弱的区域，且贫困人口分布更加分散，导致扶贫成本随之增加，而且减贫速度明显放缓。例如2000—2004年，农村绝对贫困人口从3209万减少到2610万，只减少了599万，平均每年减少约150万人，[①] 以这种速度进行下去难以完成国家规定的扶贫目标。（2）从扶贫出发点看，不仅需要关注贫困人口维持基本生存所需的收入，还将考虑他们在教育、医疗、社会保障等方面的支付能力，如此种种将给政府带来巨大的工作和财政压力，而政府在扶贫方面的投入力度虽然很大，但仍然难以满足扶贫工作的需求。因此，探索政府之外的社会力量进入扶贫领域，协同政府开展扶贫就成为下一步扶贫工作的努力方向之一。

---

① 贾磊：《浅析中国农村的贫困问题及其对策》，《现代农业科技》2006年第11期。

上述论述是就全国而言，对于甘孜来说，建构多主体的减贫主体格局，尚待时日，最为重要的是如何整合政府力量。本文以甘孜县实施的整村推进为个案，考察政府作为反脆弱发展最为重要的主体，如何实现政府职责，联结生计方式与可行能力，增强村庄禀赋，提高农牧民可行能力是反脆弱发展的路径之一。尚未稳定解决温饱以及刚刚越过温饱线的低收入人口的抗风险能力很差，很难在现有资产水平上迅速提高收入和积累。他们在遭遇微观层面的负面冲击（如疾病、灾害、失业）时，很容易滑回到原来的贫穷状态；当宏观层面的负面冲击（如经济危机、金融风暴、就业政策、市场价格波动特别是农副产品价格波动、特大自然灾害等）发生时，他们也最容易返回贫困状态。由此，在实现由消除绝对贫困向相对贫困转变的阶段中，政府面临的压力增大，绝对贫困解决的是贫困人口的物质层面贫困，在这方面国家可以通过持续不断地加大经济投入来解决绝对贫困人口的生存基本需求，但是相对贫困的问题要复杂得多，不但涉及物质贫困，还涉及能力贫困、精神文化贫困、政治参与度低等问题，另外相对贫困人口的发展还面临着市场的冲击等。由此，反返贫与反脆弱发展可以说是同一个话题。本书以洛戈一村为例，看牧民定居工程建设，如何增强村庄禀赋，提高农牧民可行能力，增强减贫效应。联结供应和消费，是提高公共产品供给效应的方式，也是反脆弱发展的路径之一，本书以洛戈一村牧民定居工程为例，验证此路径的可行性和必要性。亲贫式增长容纳贫困人口于产业发展中，这是反脆弱发展的内在要求，也是其重要路径。本文以甘孜县旅游产业发展，观察亲贫式增长的内在机理。

第二节　反脆弱之主体集结:资源整合[①]

甘孜地区反脆弱发展中，主体、资源及其联结是关键，集结主体并整合资源是反脆弱发展的现实路径。反脆弱发展需要多种资源输入，分布于不同空间位置的政府支持体系、外界社会支持体系、本地社会支持体系的合力是理想形态。现实中，本地政府与民众构成的"二元主体结构"是结构转换的枢纽，县级政府成为"整合中心"，增强了地域力。甘孜藏区

---

① 本部分修改后，以"主体集结整合资源:藏区贫困治理之关键"为题，发表于《贵州民族研究》2015 年第 3 期，王蒙、龙明阿真参与该篇论文的写作和修改。

未来的反脆弱发展须转变为政府治理与社会治理相结合,政府由"碎片化"向"整体型"转变,并以农牧户的生计可持续为轴心。目前,反脆弱发展之主体结构和资源运用的研究将贫困地区视为一体,难以揭示区域特殊性;多维贫困论和广义资源论,更多地揭示贫困的直观现象,缺失内在根源(如脆弱性)的研讨。甘孜的区域特质是脆弱性交织,集结治理主体并整合资源是其反脆弱发展的现实路径。[①]

一　主体、资源及其联结:研究视角及结构转换模型

关于反脆弱发展主体、资源及其联结,一般意义上的研究视角有多维贫困论、广义资源论等。多维贫困论认为政府、市场、社会是影响贫困或减贫的力量,政府失灵、市场失灵可能致贫。狭义资源论中的资本仅指土地、劳动力等有具体物质形式的有形资源;广义资源论拓宽了资源的内涵,不仅仅是物质资源,政治、社会、文化等资源都在其解释范围之内。狭义资源论将减贫的核心内容界定为解决人们物质资源匮乏;广义资源论主张通过各主体的努力,使贫困人口获得物质、政治、社会、文化等资源,既满足其基本物质需求,也促进其社会参与,给予基本的公共保障,使其在社会参与中锻炼和恢复自己的竞争能力,把握获取收入的机会,摆脱边缘化,逐步融入社会发展的主流之中。由多维贫困论与广义资源论,可以认为:贫困非由单一原因所致,反脆弱发展亦非单一主体能力所及;反脆弱发展需要利益相关者相互之间建立互补关系和合作关系;反脆弱发展的可行框架既要考虑政府、市场的适当平衡,也要考虑建立包括以社会组织、村庄、村民等为基础的治理组织联结的可能性。相关研究看到反脆弱发展多主体秩序建构以及与资源有效联结的必要性,但未深入地探讨一系列问题,例如反脆弱发展主体结构如何建构?反脆弱发展主体结构在不同地区是否有区别?主体间的资源如何联结?

实践中,主体结构建构及其资源联结正是反脆弱发展的关键问题。反脆弱发展过程是主体及其资源联结过程,就全国而言,这一过程也是资源的创造与分配过程。中国的发展,性质上与需求、供给相关联,是"国家治理过程中有限的社会资源总量与超大规模社会对国家治理资源大规模

---

① 李雪萍:《反脆弱性发展:突破发展陷阱的路径》,《华中师范大学学报》2013年第2期。

需求之间的矛盾"。[①] 这个矛盾的缓解，有赖于相应的制度建构以及形成合理的治理结构。反脆弱发展一方面要在全国范围内进一步创造财富并合理分配，也意味着贫困地区在获得上级政府以及发达地区援助的同时，自己努力创造财富，即"外助内应"。反脆弱发展既可以是内源式，也可以是外生式，实践中，难以有纯粹的"内源式"或"外生式"，常常是内源式与外生式相结合。换言之，达致减贫，既有赖于贫困地区的自我努力，也有赖于外部资源输入。藏区反脆弱发展的结构模型及其运转过程是：上级政府、发达地区、富裕群体向落后地区、贫弱群体输入各种资源，包括人力资源、物力资源、财力资源、智力资源、制度资源等；藏区是结构转换地，它结合自身资源和实际，采取行动，减少贫困。贫困人数减少、贫困程度降低将向全社会释放积极的正效应，并回馈到发达地区和富裕群体。上级政府、发达地区愿意并能够向落后地区输入各种资源，既涉及各种规制，也涉及相关治理主体的有序参与并良性互动。反脆弱发展的结构转换模型如图 5 − 1 所示。反脆弱发展的结构转换模型隐喻着反脆弱发展需聚合利益相关者，整合资源。

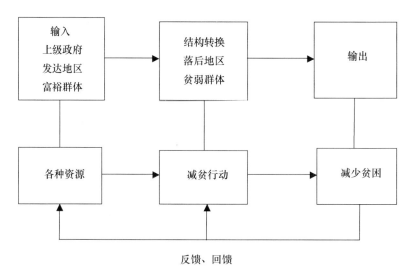

反馈、回馈

图 5 − 1　反脆弱发展的结构转换模型

---

① 唐皇凤：《大国治理与政治建设——当代中国国家治理的战略选择》，《天津社会科学》
2005 年第 3 期。

二　多元与二元：治理主体结构之理想与现实的差距

反脆弱发展强调利益相关者（治理主体）在互动中联结，整合各种资源（包括人力资源、物力资源、组织资源等）。先发地区的发展主体一般有当地政府、当地企事业单位和民众。与先发地区不同，藏区反脆弱发展的主体结构需建构三个支持体系，并形成合力。首先是政府支持体系，它不仅包括本地政府，还包括中央政府、省市政府等上级政府，以及由于中央政府通过制度安排设置的对口支援政府机构。其次是社会支持体系，它不仅包括本地企事业单位、社会组织，还包括通过制度安排建构的对口支援的企事业单位、社会组织，以及区域外的民众等。最后是本地民众支持体系，本地民众是藏区反脆弱发展最为重要的主体。甘孜藏区理想的反脆弱发展主体结构如图 2－8 所示。

图 2－8 所示的主体结构适用于其他藏区，也适用于甘孜，遗憾的是，实践中，甘孜藏区的反脆弱发展主体并未多元，更多的是"二元主体结构"，即只有政府和当地民众，缺失其他主体。政府包括中央政府、省政府、州政府、县政府、乡镇政府，乡镇政府几乎无财力，其减贫功能主要是协调、组织以及协助实施来自上级政府的各种建设项目；县级财政极为困窘，减贫投入也极为有限。换言之，在藏区，反脆弱发展尤其强调上级政府支持体系的作用，因为本级财政力量极为薄弱，这也就凸显出藏区均衡性公共产品供给的重要性，在西藏以及四省藏区等地，均衡性公共产品供给应是"多种方式的公共产品外部输入"。藏区反脆弱发展中，相对缺失的其他主体有区域之外的企事业单位、社会组织和民众以及本地的社会组织、企业等。此外，政府内部的不同部门因分权而各自为政。这与我国政府"条块分割"的科层体制相对应，"分权的合理性在于能够提升公共产品供给的效率。"① 但是面对反脆弱发展这一难题，政府间的合作更有意义。

在甘孜县，国家通过制度安排，明确了其他省、本省的市或区对口支援，调研得知，对口支援的总体效应是"愿望与成果有差距"。② 甘孜县以外的企事业单位、社会组织、民众极少进入反脆弱发展，本县企业、社会组织极少，它们难以称得上是反脆弱发展的主体。其他主体"不在

---

① 傅勇：《财政分权、政府治理与非经济性公共产品供给》，《经济研究》2010 年第 8 期。

② 在对口支援的问题上，四省藏区获得对口支援的力度和强度远远不如西藏自治区，对口支援"愿望与成果有差距"是甘孜政府官员的基本判断和评价。

场"，政府和当地民众成为反脆弱发展最重要主体。于是，在藏区，县级政府成为资源"整合中心"，反脆弱发展主体主要在两个层面整合资源，一是政府内部，二是政府与民众。主体与资源整合的核心是县政府。例如甘孜县的"住房解困工程"主要是整合了上级政府的投入以及各部门的专项资金 6335.5 万元，其中中央和省政府投入 6049.5 万元，州政府投入286 万元。6049.5 万元是捆绑使用各项专项投入，包括历年国家和省项目资金 805 万元、扶贫建房 1000 万元、异地扶贫搬迁 1200 万元、扶贫新村建设 100 万元、城乡农村危房改造 1800 万元、民政减灾安居工程建设 770 万元、五保户建房 300 万元、麻风户建房 74.5 万元。近年来，甘孜县的若干涉农建设项目主要由政府和农牧民投入，例如村容村貌整治、基础设施建设、农业产业化建设总投资分别为 2552.02 万元、34082.06 万元、11737.68 万元，其中村民自筹分别为 783.43 万元、1935.08 万元、4232.21 万元。政府内部的资源整合机制主要是"同做一桌席，各请各的客"，意思是各个部门将资金、资源整合起来，既分工又合作，共同推进村庄建设，同时又各自向自己的上级部门汇报，接受上级部门的监督检查和考核。[①] 农牧民投入的方式主要是投工投劳，也包括部分资金投入。

三　治理主体整合资源治理贫困，提升了地域力

反脆弱发展能力建构的核心在于增强地域力。地域力是区域发展的内在促进力，主要包括地域资源蓄积力、地域自治力和民众对地域的关心力等，地域力的具体构建主要是通过地域社会的"协动力"和"组织力"加以展开。"协动"是指治理主体为了某种共同目标而采取合力行动。[②]增强地域力，需要组织起来，整合资源，聚集心力。地域资源蓄积力主要包括地域环境条件、地域组织活动及其相互作用的一种机制。地域自治力主要是指地域民众能充分意识到区域自身存在的问题，并通过相应的组织手段加以解决的能力。地域关心力一般是指建立在地域认同基础上地域居民对地域环境、地域组织等地域问题所保持的带有持续性特征的关注力。通过增强地域力来治理贫困，其核心要义是治理主体对区域减贫的参与意识与参与能力。

主体集结起来集中供给村庄公共产品，迅速改善村庄生产生活条件，提升地域力，这在甘孜县已有诸多成功的案例，例如甘孜县呷拉乡的多拖

---

① 本节的资料来源于甘孜县扶贫办及课题组在多拖村的实地调研。
② 田毅鹏、张炎：《地域力与社会重建》，《福建论坛》2008 年第 8 期。

村。呷拉乡多拖村距离呷拉乡乡政府 1.5 千米,距离甘孜县城 3.5 千米,共有 54 户 267 人(藏族 265 人、汉族 2 人)。近年来供给的村庄公共产品是多方面的。

1. 住房改造。2011 年,甘孜县整合扶贫移民局、民政局、建设局、林业局等相关部门以及书记帮扶资金,在多拖村实行房屋“六改”,① 资金构成有六改补助资金 80.5 万元、书记帮扶资金 63.2 万元、村民自筹。多拖村有 48 户享受六改补助资金、书记帮扶资金,这两项资金在 48 户间分配的具体情况见表 5 - 1。

多拖村有 46 户享受六改补助,户均 1.75 万元。书记帮扶资金 63.2 万元,6 户、36 户、4 户、2 户分别获得补助 0.8 万元、1.2 万元、1.5 万元、4.6 万元。房屋改造差额部分由农户自筹。由于获得补助金额不等,补助金占房屋改造资金比例不一而足:有 2 户获取全额补助,其余 4 户、36 户、6 户的补助额度分别为 74.56%、59.07%、36.9%。2011 年、2012 年、2013 年,分年度改造了 33 户、13 户、2 户,分年度投资 163.45 万元、40.6 万元、6.5 万元。

表 5 - 1　　　　　　　多拖村房屋改造投资总体情况

户数	房屋改造金均值(元/户)	六改补助资金(元/户)	书记帮扶资金(元/户)	每户补助资金(元/户)	补助金占改造金比例(%)
6	69243.46	17500	8000	25500	36.9
36	49936.24	17500	12000	29500	59.07
4	43590.90	17500	15000	32500	74.56
2	46000	0	46000	46000	100
总数		805000 元	632000 元	1437000 元	

2014 年 7 月底,笔者回访多拖村,住房改造全部完成,村民非常满意。甘孜县多拖村住房改建的详细情况参见表 5 - 2。

---

① “六改”指改顶、改厨、改厕、改圈、改墙、改梯。国家没有单独的“六改”政策,该政策为甘孜县整合部门资金后出台的地方性政策。

表5-2　　　　甘孜县多拖村住房改建的详细情况　　　（单位：元）

序号	户主姓名	家庭人口	房屋改造	房屋改造金额	六改补助	书记帮扶		合计补助金额	实施年份
						类别	金额		
1	贡布夏	3	加固	33800.4	17500	二类	12000	29500	2011
2	生龙	2	加固	38471	17500	三类	15000	32500	2012
3	充多吉	4	加固	61805	17500	二类	12000	29500	2011
4	四郎青措	5	加固	41269.4	17500	二类	12000	29500	2011
5	泽呷则玛	7	加固	49970.4	17500	二类	12000	29500	2012
6	洛呷	4	加固	39832.8	17500	二类	12000	29500	2012
7	友拉	1	加固	34005	17500	二类	12000	29500	2011
8	巴珍	7	加固	48579.6	17500	二类	12000	29500	2011
9	小迪迪	6	加固	42446.4	17500	二类	12000	29500	2011
10	益西则玛	6	加固	48239	17500	二类	12000	29500	2011
11	多吉郎加	8	加固	65706.6	17500	二类	12000	29500	2011
12	夺益	7	加固	53114	17500	二类	12000	29500	2011
13	泽其占	3	加固	38200.8	17500	二类	12000	29500	2011
14	朱克	5	加固	44835.6	17500	二类	12000	29500	2012
15	泽拉措	6	加固	23703.6	17500	二类	12000	29500	2011
16	生龙贡布	8	加固	47425	17500	三类	15000	32500	2013
17	充郎加	10	加固	49825.2	17500	二类	12000	29500	2011
18	俄呷	6	加固	41699.2	17500	二类	12000	29500	2011
19	彭措扎西	9	加固	71567.6	17500	一类	8000	25500	2011
20	白玛友西	9	加固	83548.8	17500	二类	12000	29500	2011

续表

序号	户主姓名	家庭人口	房屋改造	房屋改造金额	六改补助	书记帮扶 类别	书记帮扶 金额	合计补助金额	实施年份
21	伍姆	10	加固	50108.4	17500	一类	8000	25500	2011
22	泽拉姆	1	加固	30810	17500	二类	12000	29500	2011
23	白珠	8	加固	56825	17500	一类	8000	25500	2011
24	泽仁友西	3	加固	48470	17500	二类	12000	29500	2011
25	呷绒彭措	6	加固	64695	17500	二类	12000	29500	2011
26	各洛	8	加固	69506.3	17500	二类	12000	29500	2011
27	尼玛文色	7	加固	67861.2	17500	二类	12000	29500	2012
28	则玛拥措	5	加固	38083.8	17500	二类	12000	29500	2012
29	生龙友珍	7	加固	88328.8	17500	二类	12000	29500	2012
30	生龙降措	6	加固	78545	17500	一类	8000	25500	2011
31	泽拉西	3	加固	34437.6	17500	二类	12000	29500	2012
32	泽占玛	7	加固	57790	17500	二类	12000	29500	2011
33	多吉拉姆	4	加固	65844.6	17500	二类	12000	29500	2011
34	泽仁伍甲	1	加固	29516.8	17500	二类	12000	29500	2011
35	友姐拉姆	6	加固	57846	17500	二类	12000	29500	2011
36	巴呷	6	加固	45447.2	17500	二类	12000	29500	2011
37	巴姆拥	5	加固	32545.8	17500	二类	12000	29500	2011
38	生龙多吉	7	加固	48972.6	17500	一类	8000	25500	2011
39	德洛	4	加固	62015.4	17500	二类	12000	29500	2012
40	登真彭措	5	加固	57717	17500	二类	12000	29500	2011

续表

序号	户主姓名	家庭人口	房屋改造	房屋改造金额	六改补助	书记帮扶 类别	书记帮扶 金额	合计补助金额	实施年份
41	昂翁江村	1	加固		17500	二类	12000	29500	2012
42	巴姐贡布	5	加固	58235	17500	二类	12000	29500	2011
43	泽久则玛	10	加固	78248	17500	二类	12000	29500	2012
44	生龙邓主	12	加固	56911.2	17500	三类	15000	32500	2012
45	其加达瓦	2	加固	31556.4	17500	三类	15000	32500	2013
46	布姆友姐	7	加固	109442	17500	一类	8000	25500	2011
47	尼玛拉姆		新建				46000	46000	2012
48	彭措拉姆		新建				46000	46000	2011
合计	48 户	262		2387529	805000		632000	1437000	

2. 村容村貌整改。投资 1.5 万元（其中州财政投入 0.75 万元，群众投工投劳折资 0.75 万元）修建垃圾集中堆放点 3 处，共 60 平方米；州财政投入 0.45 万元竖村牌 1 块；投资 3 万元（其中州财政投入 1.5 万元、群众投工投劳折资 1.5 万元），平整场地 10 处（土方量 600 立方米）。

3. 改扩建村活动中心。甘孜县整合扶贫移民局、卫生局、县委组织部、发改委、文化旅游局的村级图书室建设项目、村两委办公室建设项目、商业网点建设项目、村级卫生室建设项目资金，共计 22.9 万元改扩建村级活动中心。其中，8.1 万元扩建村级活动中心 54 平方米、1 万元硬化室外活动场所 1 处、0.5 万元购买村两委办公设备、1.5 万元安装了党员活动室设备、0.6 万元配备村卫生室、0.4 万元添置厨房用品、10.8 万元维修活动室及新建厨房。

4. 基础设施建设。甘孜县整合国家和四川省通村公路建设资金 14.87万元，修建沙石路 757 米、入户路 1301 米（含排水沟建设）。整合国家和省通村公路、以工代赈、"两资"项目、省农网完善工程建设资金 25.37 万元，群众自备沙石及投工投劳折资 2.54 万元，建设 0.4 千伏线路 1.19 千米，安装变压器 2 台、路灯 16 盏，修建有线电缆 0.7 千米（包括配套设备)。整合其他资金,投资 26.35 万元修建排水沟,投资 20 万元修建健身广场。

5. 农业产业化建设。(1) 整合 7 万元(国家和省青稞基地建设资金 5.6 万元、群众自筹 1.4 万元),建设青稞高产示范基地 200 亩(每亩投资 350 元,其中毒土改造 25 元、中低产田地改造 300 元、科技投入 25 元)。(2) 整合 10.5 万元(国家和省马铃薯基地、豌豆、油菜基地建设项目资金 8.4 万元、群众自筹 2.1 万元),建设马铃薯、豌豆、油菜生产基地各 100 亩,每亩投资 350 元(中低产田地改造 300 元、科技投入 50 元)。(3) 整合国家和省机耕道建设及"两资"项目资金 30 万元,修建机耕道 1.5 千米。(4) 整合项目资金 85 万元,建设水利灌溉设施 800 米。

此外,多拖村村民还享有各种社会保障及生产生活补助。2011 年,多拖村有 86 人享受最低生活保障;87 人享受年底生活困难补助(标准为 195 元/年,与低保人口部分重合);28 位遭遇疾病、灾害但没有来得及纳入低保补助的,享受 320 元/年的年底生活困难补助。村中五保户 5 人,每人每年补助 1920 元。孤儿 1 人,每月补助 600 元。全体村民都享受医疗保险。27 人免费享受养老保险("一带一"①),139 人自己出资购买养老保险。2011 年,国家为该村发放粮食直补资金 33418 元、生产资料综合补贴资金 31500 元、草原生态补偿资金 46050 元,草原禁牧资金 9600 元、草畜平衡奖励资金 4950 元、退耕还林资金 85280 元。

多拖村的整村推进,建构起政府部门之间、政府与村民之间的协动力、组织力,增量了村民物质资本、金融资本、社会资本,更重要的是促成了更高程度的村民参与,村民更加关心和维护村庄环境并积极参与到村庄发展的谋划及行动中,强化了关注力。藏区的城镇及乡村社区发展中,居民参与程度较高,对本村的关注程度也较高,这内源于藏民族长期文化发展中的濡化。村民自我认同度高,依恋故土故乡,长期形成的守望相助精神依然深厚。甘孜县及多拖村也是如此,而且村庄公共产品供给进一步增强了认同感、关心度等。

---

① "一带一"是甘孜州让 60 岁以上老人免费享受养老保险的一种优惠方式,"一带一"是指家中有在 2011 年 7 月 1 日前年满 60 周岁以上的老人,在一位家庭成员购买养老保险的情况下,该位年满 60 周岁的老人可免费享有养老保险。换言之,家庭中一人购买养老保险可让家里一位 60 周岁以上老人免费享受养老保险。

四　治理主体整合资源，改善农牧民生计

甘孜县的政府和民众整合资源供给村庄公共产品，提升了农牧民的可行能力，改善了农牧民生计方式，生计资本分布也发生变化。

生计方式是家庭成员采取的活动组合选择，选择基于资产获取、机会认知以及活动者本身的愿望。多拖村村民的生计方式主要是农牧业生产和打工，农牧业生产自给自足，打工是货币收入的主要来源。相对于单一的生计策略，生计策略多样化代表着较高层次的生计形式。生计策略多样化包括非农多样化与农业多样化。多拖村有成年劳动力97人，其中46位打工（包括在外地采挖虫草和打短工），3人经营珠宝或药材生意。46个打工者中，有木工2人、画匠7人，其余多为土工。外出务工地点一般在石渠县、玉树及甘孜县内的牧区。2013年，外出打工者的收入一般为6000—9000元。虽然打工是获得货币收入的主要来源并且是未来生计可持续的必由之路，但是当前甘孜农业的发展依然是提升农牧民生产生活水平的重要方式。多拖村可利用草原面积4900亩，其中，草原禁牧面积1600亩、草畜平衡面积3300亩。农户养殖牦牛、山羊的数量较少，仅仅能够满足家庭对酸奶、酥油等的自我消费。村庄共有耕地862亩（户均耕地约16亩，人均耕地约3.3亩），农业生产以种植青稞为主。在整合资源集中治理之前，由于土地肥力差以及经营方式粗放，青稞亩产150千克（甘孜高寒，农作物一年一季），产出仅能维持家庭消费。多拖村农业产业化发展项目共建设了青稞高产示范基地200亩、马铃薯基地100亩、豌豆基地100亩、油菜基地100亩，并配套了相应的水利灌溉和机耕道等，提升了农业生产能力。

集中治理之后，多拖村的生计资本分布状况发生了变化。（1）自然资本提升。自然资本指用于生产产品的自然资源，多拖村的主要自然资源为耕地和草原。虽然耕地面积和草原面积没有发生改变，但是经过土地整治后，土壤"深、碎、平、实"，增强肥力、保水能力以及产出能力。（2）物质资本增量。物质资本是除了自然资本以外用于生产的物质，如基础设施和生产工具等。多拖村主要的物质资本分为农户物质资本（房屋、耐用消费品、牲畜、农用机械）① 和基础设施（道路、机耕道、灌溉水渠等）。村中每家每户都有1—2辆摩托车，村中有小轿车10辆、拖拉

---

① 考虑住房及耐用消费品在一定的风险环境下可以作为抵押或者出售，在此处将这两类归为物质资本。

机 52 台、大型收割机 1 台、播种机 5 台。住房改造后，住房条件大为改善。当前，房屋均为藏式棚柯结构，有 12 户住平房，42 户住两层楼房。多拖村已经实现"五通"（通路、通水、通电、通电话、通电视），人畜饮水、灌溉、交通都非常方便。（3）人力资本有所提升。人力资本是谋生的知识、技能以及劳动能力和健康状况。诸多方面的改善，提升了村民的人力资本，逐步优化村民的生产生活方式。（4）金融资本有所增加，但短缺依然。2012 年，49 户因修建和装修房屋，户均借款 6.5 万元，其中政府贴息贷款 50 万元（每户 1 万元），信用社贷款 27 万元（利率 1.2%），其余贷款为民间贷款。2014 年笔者再次调研得知，绝大多数家庭基本还清贷款。（5）社会资本扩张。社会资本是为实现不同生计策略的社会资源，包括社会网络和各种组织。多拖村的社会资本主要为强关系形成的"黏合"社会资本，其突出表现为自组织机制在公共事务中的充分运用，例如，多拖村成立了"打工联合社"，组织村民集体去外地挖虫草、贝母、大黄等药材以及打工。

五　主体整合资源治理贫困之思维转变

贫困的政府治理走向贫困的政府治理与社会治理相结合。由甘孜个案可推知，藏区的反脆弱发展是"外助内应"式，目前"外助"中输入的主要是财力、物力资源，缺少人力资源、智力资源，制度资源输入更为欠缺。资源转化并内化于藏区自身地域力的主要推动者是当地政府，辅之以农牧民的协助与配合。政府作为反脆弱发展最为重要的主体，其作用力依然强劲。由此，在未来很长时期，藏区反脆弱发展仍然需要中央政府等上级政府及其规制的强力推动，尤其是在贫困的社会治理（也称之为社会扶贫）仍未大行其道之前。贫困的社会治理大行其道时，藏区内外的经济组织、社会组织、民众纷纷参与其中，反脆弱发展方能进入新阶段。反脆弱发展之"二元主体结构"并非理想状态，因为财富的创造依赖于市场组织、社会组织、民众，财富的合理分配也意味着它们的合力。

反脆弱发展中，"碎片化政府"向整体型政府转型。在我国地方经济社会事务治理的过程中，"复合行政"作为一种梳理行政体系内部纵向与横向关系的理论工具被提出。"复合行政"主要用于解决区域一体化与行政区划的冲突，在"复合行政"基础之上提出的"复合治理"概念更是强调"小政府、大市场及良好运行的公民社会之间的耦合，更强调的是一种多中心、平等治理以及和谐关系达到的一种市场治理结构的构建"。①
"复合行政"与"复合治理"并不冲突,通过"复合行政"建构的"善
治"的政府是"复合治理"的条件。在复合行政横向与纵向交错的结构
体系中,基层政府部门之间的跨部门合作是"碎片化政府"转向"整体
型政府"的基石。整体型政府构建,由县委、县政府牵头形成各部门集
中供给公共产品的行政复合主体是关键。

可持续生计是反脆弱发展的轴心,也是公共产品供给的导向。学术界
曾从整体上倡导建构以需求为导向的农村公共产品供给,② 这对贫困地区
有指导意义,但具体化到藏区,反脆弱发展中更应建构的是以"可持续
生计需求"为导向的公共产品供给制度。反脆弱发展中的公共产品供给
是通过社会制度安排向贫困地区注入资源,以改善贫困人口的生计状况,
促进地区脱贫致富。与人均收入的提高作为均衡性公共产品供给的政策导
向相比,可持续生计具有更广泛的信息基础,不仅包括了狭义上的经济发
展,而且涵盖了广义的社会发展。生计多样化是社区和农牧户获得可持续
生计的必要条件,然而从深层次来看,由于每一种生计策略所需要的生计
资本有所差异,且农牧户生计资本的存量和增量有限,因此,在风险环境
下生计资本之间的相互转化是生计可持续的关键条件。五种生计资本是建
构可持续生计不可分割的要素,然而它们之间的相互转换却面临着不同的
转换条件。例如,自然资本、物资资本和金融资本都存在产权界定,其相
互之间的转换大多需要市场的介入;社会资本嵌入于关系网络之中,其往
往辅助于其他资本达到资本转化的目的。可持续生计隐含着生计提升的内
涵,这意味着维持低水平的生计是"非可持续"的。增强社区和农牧户
生计资本是均衡性公共产品供给的切入点。人力资本是社会资本存在的依
托,是自然资本、物资资本及金融资本发挥功能的主体结构,因此,人力
资本是生计资本中最为核心的要素。基础设施等"硬"公共产品供给是
达致可持续生计的必要条件,然而,倘若不配套相应的教育、医疗等
"软"公共产品,"硬"公共产品不能得到最合理利用,可持续生计便只
能成为空想。

---

① 梁义成、李树茁:《基于多元概率单位模型的农户多样化生计策略分析》,《统计与决
策》2011 年第 15 期。
② 刘义强:《建构农民需求导向的公共产品供给制度》,《华中师范大学学报》2006 年第
2 期。

第三节　反脆弱之能力提升：联结
生计方式与可行能力[①]

联结生计方式与可行能力，是反脆弱发展的新路径。生计资源、可行能力与生计结果之间呈正相关关系，公共产品供给与资源禀赋、可行能力、减贫效应之间呈正相关关系。甘孜县的实证调查表明，在游牧生活中，牧区村庄生计资源短缺，牧民可行能力较低，生计结果呈现出贫困状态。在制度设计及实施中，以定居工程为枢纽的公共产品供给，改善了牧民生产生活环境，提高了其全面的可行能力，其中基础设施建设改善了牧区资源禀赋，生活类公共产品供给提高了牧民生活可行能力，生产类公共产品供给提高了牧民生产可行能力。建构以生计为起点和落脚点，以能力促进为核心的藏区减贫路径，能够实现既见人又见其能，既见收入又见其来源。

学术界有关贫困及减贫的研究成果浩如烟海，内容繁复、视角众多，研究对象有区域、村庄、农户等。但诸多研究呈现一个共同特征，即见人（贫困人口）不见其能（贫困人口的可行能力）、见收入（经济贫困）不见其来源（生计方式），更是鲜见以连片特困地区的村庄生计为对象，以可行能力为视角的研究。以甘孜县的洛戈一村来看，可知公共产品供给中，提高农牧民的生计方式与能力，是反脆弱发展的有效路径之一。

一　原有生计方式显现可行能力不足

学界对生计方式的分类有多种。弗兰克·艾利思按所从事的生产经营行为将发展中国家小农的生计方式分为追求利润型、风险规避型、劳苦规避型、部分参与市场型和分成制五类。有学者依据所拥有的生计资本，把生计方式分为资源导向型、资本导向型和劳动力导向型；有学者按所从事的产业，把农户生计方式分为四类：纯农型、农为主型、非农为主型和非农型。[②]洛戈一村的牧民只从事牧业生产，没有农业生产和其他非农业生

---

① 因向德平、陈艾是研究小组成员，笔者与陈艾等一同调研，一起讨论和写作，该部分内容作为论文《连结生计方式与可行能力：连片特困地区减贫路径研究》发表于《江汉论坛》2013年第3期。将其纳入本书，获得了向德平、陈艾的同意。

② 赵靖伟：《农户生计安全问题研究》，博士学位论文，西北农林科技大学，2011年。

产，属于纯牧业型。

村庄的基本情况如下：（1）人口：洛戈一村有 73 户 408 人，全部是藏族，其中 48 户 268 人安置到定居点，有 25 户迁至县城。① （2）自然环境：洛戈一村位于洛戈梁子山上，海拔 4100 米，属于高山草甸区域；定居点离乡政府 5 千米，离县城 38 千米，临近国道 317 线，交通方便。（3）草场资源：洛戈一村的草场有 17000 亩，退牧还草 8886 亩，剩余的 8114 亩草场分为冬季、夏季牧场，不能满足放牧需要，有的牧户租草场养殖，纠纷较多。（4）从业状况：洛戈一村村民以放牧为主，采挖虫草等药材为辅，无人外出打工。（5）牧业产出情况：洛戈一村，2010 年全村共有牲畜 4155 头（匹、只），其中，牛 4000 头、马 150 匹。2010 年大雪灾，牲畜大量冻死饿死。2011 年只有牲畜 356 头（匹、只），其中，牛 320 头、其他牲畜 36 只。2012 年，共有牲畜 1933 头（匹、只），其中，牛 1720 头、马 120 匹、羊 93 只。2011 年，洛戈一村人均纯收入 1760 元。（6）日常生活：牧民基本依赖牲畜的产出为生，大多数牛奶供自家饮用，只能卖出极少数奶渣和酥油。

我们的实证调查，证实了村庄资源禀赋、可行能力、生计结果之间的正相关关系。洛戈一村由于资源禀赋较差、基础设施匮乏、基本公共服务不足，致使牧民生产、生活、发展可行能力较低，贫困在所难免。

首先，自然资源禀赋较差，直接生计资本短缺，村民生活生产可行能力较低，生活贫困。在自然资本方面，牧场不足养殖所需，且自然灾害的影响大。2010 年发生雪灾，牲畜骤减。洛戈一村所在的下雄乡党委书记告诉笔者：最害怕的是夏天干旱、冬天雪灾，一旦发生这种状况，牧民就没有任何收获了。在人力资本方面，由于受教育程度有限，牧民仅靠牧业生产获取生存资料，无虫草等可以采挖，无外出打工收入。在金融资本方面，牧民现金获取能力较低，自给自足地生产生活，与市场联结较少，在市场中获取生存、发展资料的能力较差。由于自然资本、人力资本、金融资本短缺，使其生产、生活的可行能力较低，无一人外出打工。

其次，基础设施匮乏，直接生计支持系统不全，直接影响其生产、生活可行能力，牧民难以通过牧业生产在市场换取更多生产生活资源，因病致贫、因病返贫时有发生。游牧生活状态下，主要水源来自草原水洼，水

---

① 这 25 户卖掉牛，迁移至县城，他们多以打工为主，只有 1 户自办青稞加工厂。他们虽然户籍仍在洛戈一村，但生计方式已经完全城镇化，故不列入牧民生计方式的讨论范畴。

质不达标，牧民患病比例较高，洛戈一村牧民患上包虫病的比例较高。

最后，基本公共服务不足，间接生计支持系统不全，极大制约了牧民生产、发展能力。定居之前，因交通不便，学龄前儿童无法上幼儿园，加之学校教育资源非常有限，青少年难以完成义务教育。

二　全方位公共产品供给:提高可行能力

近年来，为改善牧民生产生活状况，政府供给了大量的公共产品，以此改善牧区村庄自然禀赋，提高牧民可行能力。所供给的公共产品包括牧民定居工程、大量的生产生活补助和生产类公共产品。

首先，以定居工程为枢纽的基础设施建设，改善了牧区资源禀赋，提高了牧民生产、生活可行能力。甘孜县下雄乡洛戈一村定居点是甘孜县28个定居点之一，它以70%的入住率被视为定居点建设的示范工程。该定居点选址于洛戈一村冬季草场，方便牧民冬季放牧。该定居点选址充分结合了自然环境条件，定居点距离乡政府5千米，距离县城38千米，临近国道317线，交通比较便利。定居点靠近安全水源，引水方便。洛戈一村定居点于2010年4月开工建设，2011年8月竣工。该定居点可集中牧民48户268人，截至2012年4月，牧民实际入住34户（189人），其他的正陆续迁入。

洛戈一村定居点新建定居房48套，为98平方米"L"形结构的房屋。房屋全部采用砖木结构，加盖机制红瓦，外观采用传统的藏式风格，内部结构布局合理，增加了水冲式厕所等现代卫浴设施。保留牧民以前的棚屋，实现人畜分离居住，冬天牲畜进驻棚屋，大大提高了牲畜存活率。定居点修建通村柏油公路2.5千米，硬化定居点内1.5千米联户路。定居点从对面山上引来饮用水，户户通上自来水。定居点改建10千伏电网，实现户户通电。定居点安装太阳能路灯，修建垃圾收集点和排污系统，人居环境得以改善。定居点修建473.6平方米的村民活动中心，采用砖混结构，内设"六室一场一点一栏"，包括村"两委"办公室、党员远程教育室、卫生医疗室、科技服务室、警务室、文化活动室、文体活动场、商贸网点和村务公开栏。定居前，牧民随季节迁徙，夏季到夏季牧场放牧，冬季则在海拔相对较低的冬季牧场放牧，转场放牧使得牧民举家搬迁、居无定所，每一次迁徙少则几千米、多则几十甚至上百千米，放牧时的主要粮食就是事先准备的糌粑，饮用水主要来源于草场小坑里的泥水或冬季的冰雪，常年饮用水质不达标的水，很多牧民患上了包虫病。定居后，饮用水的水质有了保障，患上包虫病的概率降低。村卫生室配备一名专职医生，方便了牧民看病。定居前的游牧生活使很多小孩难以完成义务教育甚至不上学，定居后中小学生集中到乡中心小学就读，可走读也可住校，辍学率大为降低。定居后，老人有了安全居所得以安享晚年，免遭迁徙之苦。定居后，牧民有了参与村落治理的需求与可能。

其次，大量的生产生活补助直接增加了牧民收入，增强了牧民生活能力。阿玛蒂亚·森认为："低收入可以是一个人的可行能力剥夺的重要原因。收入不足确实是造成贫困生活的很强的诱发性条件。""对收入而言的相对剥夺，会产生对可行能力而言的绝对剥夺。""在收入剥夺与将收入转化为功能性活动的困难这二者之间，存在某种配对（coupling）效应。"① 可以说，政府为保障牧民基本生活所需提供的各种生产生活补助，直接增加了牧民收入，同时也增强了牧民可行能力。

洛戈一村的牧民获得补助的具体情况如下：（1）医疗保险：村民全部参加了医疗保险，政府给予了相应补助。（2）养老保险：洛戈一村已经享受的有30人，参保的99人，参保者和已享受者共计129人，占定居人口268人的48.1%。（3）最低生活保障：2011年，洛戈一村有45户111人享受，平均1831元/户或742元/人，共计82380元。（4）牧民居住补贴：补助包括省财政、县财政补助3万元；2009年每户发放1顶帐篷及室内"9件套"，2011年发新型帐篷。另外，洛戈一村还获得了县财政提供的建筑材料补贴，包括木材、钢材、水泥、运输补贴，以及县财政提供贴息贷款等。（5）退牧换草补助：2011年洛戈一村有74户获得补助金55690元，大约752元/户。（6）贫困人口生活补助：2011年，洛戈一村有131人享受，共计25545元，人均195元。（7）特困生活救助金：2011年，洛戈一村有32人享受，共计14560元，人均455元。（8）计划生育补助：按甘孜州的统一政策，49周岁以下，只有2个子女并采取了节育措施的已婚夫妇，一次性补助3000元。60岁以上老人，只有1个子女或只有2个女儿的，经申请合格，每人每年补助600元，夫妻双方共1200元/年，直到去世。自愿只生一个子女的夫妇，每月补助10元，直到子女18周岁。此外，两个村还可以获得少量的民政救济、灾害救济。

再次，生产类公共产品供给使牧业收入增加、牧民生产能力增强。笔者在与甘孜县农牧局郭局长座谈中了解到，政府为增加牧业生产而供给的公共产品，包括品种改良、生产设施建设、疾病防控、生产管理、鼓励出栏、草场治理等。（1）通过改良畜牧品种，缩短了畜牧产品出栏周期，

---

① 阿玛蒂亚·森：《以自由看待发展》，中国人民大学出版社2002年版，第85、86页。

增加了畜牧产品数量。改良后的牦牛出栏时间从以前的5—6年缩短到现在的4年，产肉能力提高20—30千克/头，经济效益从以前的2000元/头左右增加到现在的4000—5000元/头。（2）甘孜县建立了县级牧草储备基地，冬春两季为牲畜增补草料。（3）投资建设人工草地，储存过冬草料，增强了牧民抗雪灾的能力。人工草地建设采取两种方式：一是在退牧还草区域建立围栏割草基地，每户有3—5亩；二是卧圈种草，即春天在敞开的牛圈种草，秋天收割草料。2003—2008年，政府投资7000万元建设围栏，推行分区轮牧，增强了草地再生产能力。（4）加强草场治理，防止鼠害。每年冬天投放灭鼠毒饵2万千克，通过修建310个鹰架、放养狐狸等方式，对鼠害实行生物防控。（5）投资修建牲畜暖棚，冬天暖棚内温度高于室外15摄氏度以上，孕畜、幼畜冬天进驻暖棚，成活率提高了5%以上。（6）实行强制免疫政策，免费为牛打防疫针，包括口蹄疫苗、炭疽疫苗、伤寒疫苗等；每个村有防疫员，加强对牲畜常规疾病的诊断治疗。政府引导牧民将牛初乳用于喂牛，减少挤奶量，促进牛的生长发育。（7）政府激励牧民提高牲畜出栏率，牧民卖1头牛，政府奖励50元，政府打算通过企业化和市场化生产方式来提高牲畜出栏率，增加牧民收入。

牧区村庄公共产品供给的实践证实了公共产品供给与资源禀赋、可行能力、减贫效应之间呈正相关关系。定居工程是基础设施建设和基本公共服务供给的枢纽，以定居点为节点，建设各种基础设施，配套基本公共服务，是增加牧民的生计资本、改善牧民生计支持系统的有效途径。各种生产生活补助发放直接提高牧民生活水平。生产类公共产品供给提升了牧民的生产、发展可行能力。

三 反脆弱发展须联结生计方式和可行能力

联结生计方式和可行能力是减贫研究的新视角，也是反脆弱发展研究的新视角，这一视角既看到贫困人口的生产生活状况，又看到其贫困根源于能力贫困；既发现贫困人口收入状况，又发现其经济贫困根源于生计方式单一。牧民生活贫困与能力贫困相伴，收入低下与生计单一同构，这内源于生计资源、可行能力与生计结果之间的正相关关系。牧区村庄生计资源短缺，牧民可行能力较低，生计结果自然呈现出贫困状态。

要改变牧民贫困状况，有效方式是供给公共产品。以定居工程为枢纽的公共产品供给，改善了牧民生产生活环境，提高了其全面的可行能力。基础设施建设改善了牧区资源禀赋，生活类公共产品供给提高了牧民生活可行能力，生产类公共产品供给提高了牧民生产可行能力。公共产品供给带来的减贫效应，呈现出公共产品供给与资源禀赋、可行能力、减贫效应的正相关关系。换言之，针对连片特困地区，通过各个层级的政府供给公共产品，可改善贫困村庄资源禀赋状况，提高牧民可行能力，从而达致减贫。不言而喻的是，由于连片特困地区自身能力有限，公共产品供给更多地依赖于政府甚至是较高层级的政府。

本书呈现的个案，通过公共产品的供给，牧民的可行能力得以提高，生产生活水平有了显著变化，减贫取得了很大成就。但毋庸讳言的是，村庄及牧业发展依然面临重重困难。目前，村庄面对诸多生计问题：贫困人口依然较多，仅洛戈一村定居的48户中就有45户是低保户；牧民的劳动技能较低，收入来源单一，富余劳动力转移难；就读高中、大学的费用较高，牧民难以承受。村庄也面临诸多生产问题：生态环境恶化，草原退化严重，其主要原因包括牲畜超载、牧草生长期过短（只有3个月）、产量有限、鼠害严重（1公顷草地只要有2只草原鼢鼠就会被破坏掉）；生产设施不足，牲畜暖棚、牲畜棚圈、打贮草基地都严重不足；牧业技术人员少，牧业技术服务不足。在此状况下，要想达致生计方式相对多样化和收入相对稳定化，仅依靠牧业难成其就，劳动力的转移应是可选之路。劳动力转移，取决于劳动者素质、技能的提高。教育和培训是未来牧区村庄减贫的核心。教育和培训不光是知识和技术，还应包括观念的更新。驻村干部告诉我们：牧民的生产生活观念落后，固守传统的生产生活方式；与此相联系，牧民不重视子女教育，以前，孩子不读书，现在，国家实行免费义务教育，牧民才送孩子上学；牧民文化素质较低，出去打工会面临重重困难。

总之，像甘孜藏区，未来的减贫及反脆弱发展应以牧民可持续生计为起点和落脚点，以提高牧民可行能力为核心，健全相应的制度政策，使贫困人口所选择的生计策略具有可持续性，形成良好的生计输出。换言之，反脆弱发展从贫困人口的生计开始，最终又落脚到生计方式的改善，包括生计方式多样化、资金来源的稳定性等。

第四节　反脆弱之效用扩展：联结供应和消费[①]

牧民定居工程性质上属于均衡性公共产品，其扶助贫弱的效应明显。

---

① 陈艾、李雪萍：《连结供应与消费：提高公共产品供给效应及其路径选择》，《社会主义研究》2013年第1期。

提高公共产品供给效应,最根本路径选择是联结供应和消费。联结供应和消费的工具理性体现为:多主体秩序的建构——共同参与;多主体协作——责任共担,成本分摊;强化牧民主体角色。在实现供应和消费联结的过程中,出现成本分摊,产品性质变异等问题,此因公共性扩展所致。依据文化规制,实现文化融合,是联结供应和消费的价值理性。

近年来,我国六大草原牧区人口定居工程已普遍实施,但进展状况参差不齐。其中,定居房入住率高低直接关系牧民定居工程的成败,其实质指涉公共产品供给效应。四川省甘孜县牧民定居工程最大特色是入住率高达70%以上。牧民定居工程的性质是均衡性公共产品供给,如何提供公共产品供给效率,亟待深入研究。

一 研究现状及其缺失

近年来,牧民定居工程研究已经引起学术界关注。

牧民定居工程是为牧民供给公共产品,其效应明显。学者们进行比较研究,肯定牧民定居后的多领域效应,主要集中于生态环境改善、减贫、牧区文化和牧区社会生活变化等领域。崔延虎依据 10 年来对新疆北部草原地区牧民定居的田野调查,认为牧民定居首先改变了牧民的社会组织结构,由原来的"阿吾勒"逐渐转变为以村落为单位的社会组织;其次,改变了牧民的生产方式,牧民由纯牧型生产方式逐渐转变为种植业、圈养、游牧三者兼营的多元生产方式。[①] 张涛认为牧民定居是一种全新的发展模式,伴之以实施禁牧、休牧、划区轮牧、舍饲圈养等,发展现代畜牧业,减贫的同时减轻生态环境压力,实现生态环境的良性循环。[②] 高新才、王娟娟认为定居主要带来了生活、生产、社会、生态、文化五方面的效应。第一,定居后牧民的生活条件得以改善,生活水平得到提高,牧民的家庭人均收入和储蓄额都有了较大幅度的增加,牧区贫困率大幅降低。第二,定居后牧民依然保持传统生产方式,但是定居为改善牧民生产方式和优化产业结构提供了契机。第三,定居改变了牧民原来散居的生活状态和单一的社会组织结构。定居后,牧民聚居,社会组织结构逐渐多元,城镇化程度提高。第四,通过实施围栏圈养和人工草场种植,缓解过度放牧及其导致的草畜矛盾。第五,定居后,牧民从相对封闭的社会环境进入相

① 崔延虎:《游牧民定居的再社会化问题》,《新疆师范大学学报》2002 年第 4 期。

② 张涛:《甘南藏族自治州牧民定居模式与效应分析》,《甘肃社会科学》2003 年第 6 期。

对开放的社会环境，藏汉文化相互交融。①

　　近年来，对牧民定居工程的研究大多以实证研究为导向，研究者进行实地考察，同时从政策推行着手，在政策实施中发现问题，进而提出相应的对策。实证研究的区域涉及新疆、甘肃甘南州、四川阿坝州等地。例如王娟娟、高新才从政策导向入手，提出建立逻辑关系紧密的动力、运行、稳定和效益的定居机制体系；② 在完全定居、半定居和混合定居三种模式中，选择适宜的定居模式，是保证牧民定居工程效益实现的有效途径。③高永久、邓艾建议牧民定居点宜依托牧区县城或中心城镇进行集中布局、重点建设；要进一步减轻牧民定居的自筹资金压力；利用藏、汉双语对进城定居牧民进行文化教育、科技知识、城镇生活及工作技能培训；大力扶持牧区城镇非农产业和特色产业发展，同时尊重牧民个人的定居意愿。④

　　总之，目前牧民定居工程研究基本停留于案例分析阶段，未进入深入的学理解说阶段。牧民定居研究继承了注重社区调查的传统，将研究对准社会变迁与社会发展；学者们立足经验研究，提供政策建议，并未进行更为深入的学理分析。同时，研究视角方面主要有新农村建设视角、生态环境保护视角等，缺失民族文化、民族心理以及从多元发展视角的研究等。⑤ 学术界如此的研究，难以回答诸如牧民定居工程如何才能更好地满足牧民需求，符合牧民的意愿，并提高入住率等问题。这些问题的实质是如何提高公共产品供给效应？本文以公共产品理论为研究视角，通过四川省甘孜县牧民定居工程的实施，试图探究这一问题。

二　扶助贫弱：均衡性公共产品供给效应

　　牧民定居工程实施在性质上属于公共产品供给，所供给的是均衡性公共产品。依据消费者差异，公共产品可分为一般性公共产品和均衡性公共产品。均衡性公共产品是指国家以设定权利义务关系或提供行政给付的方式，为经济落后地区和社会弱势群体提供的，旨在降低经济和社会差距的

---

①　高新才、王娟娟：《牧民定居工程的经济社会效应》，《开发研究》2007 年第 5 期。

②　王娟娟、高新才：《游牧人口定居机制研究——以甘南牧区为例》，《经济经纬》2009 年第 2 期。

③　高新才、王娟娟：《游牧人口定居模式的选择——以甘南牧区为例》，《经济经纬》2008 年第 5 期。

④　高永久、邓艾：《藏族游牧民族定居与新牧区建设》，《民族研究》2007 年第 5 期。

⑤　李静、戴宁宁、刘生琰：《西部草原牧区游牧民定居问题研究综述》，《内蒙古民族大学学报》（社会科学版）2011 年第 3 期。

各种公共产品的总称。我国学者根据 1997 年世界银行发展报告认为，均衡性公共产品主要包括：为贫困人口提供的医疗、卫生、教育等社会服务项目以及向落后地区提供的基础设施建设项目；为社会弱势群体提供的福利和社会援助项目；为协调人与自然的矛盾，向全社会提供的环境保护服务项目。从均衡性公共产品的内容可以看出，均衡性公共产品的供给对象主要是落后地区、弱势群体，供给均衡性公共产品的实质，是公共产品分配向落后地区、弱势群体倾斜。

　　牧民定居工程建设，其效应是多方面的，最根本的是让牧民享受到最基本的公共服务。享受到最基本的公共服务，是发展的基本要义。发展是扩展人们享受真实自由的一种过程。实质自由包括免受困苦——诸如饥饿、营养不良、可避免的疾病，过早死亡之类的基本可行能力，以及能够识字算数，享受政治参与等的自由。发展要求消除那些限制人们自由的主要因素：贫困以及暴政；经济机会的缺乏以及系统化的社会剥夺；忽视公共设施以及压迫性政权的不宽容和过度的干预等。[①]　与此同时，自由还是发展的主要手段，最重要的五种工具性自由包括政治自由、经济条件、社会机会、透明性保证、防护性保障，这些工具性自由能帮助人们更自由地生活。学术研究认为，自由和基本公共服务都具有建构性意义和工具性意义。基本公共服务均等化的建构性意义在于公共产品供给满足社会公共需要，不断实现社会公共利益，彰显公共价值。基本公共服务均等化的工具价值与阿玛蒂亚·森所强调的五种工具性自由有不谋而合的内在联系。至少，阿玛蒂亚·森的五种工具性自由的建构，内含着向落后地区的弱势群体供给公共产品，即通过公共政策补齐公共服务的短板。[②]　理论研究以及实践也已证明，均衡性公共产品供给可在多方面直接改善落后地区、弱势群体的生活状况，增强人们的可行能力，实现实质自由。牧民定居工程的实施，再次证实了这一点。

　　甘孜县从 2009 年开始实施"牧民定居计划"，包含了一系列与生活密切相关的配套基础工程设施，包括住房（固定住房、新型帐篷及内部生活用具）、道路、通信、饮水、能源替代、村民活动中心等。截至 2011 年年底，投资 63754.87 万元新建牧民定居点 28 处，发放新型帐篷 3985 顶以及篷内九大件 3985 套，赠送 900 套太阳能便携式数字电视机；投资

---

① 阿玛蒂亚·森：《以自由看待发展》，中国人民大学出版社 2002 年版，第 2、30 页。
② 李雪萍、龙明阿真：《村庄公共产品供给：增强可行能力达致减贫》，《社会主义研究》2011 年第 1 期。

7743.01万元建成定居点道路352.8千米；投资1842.4万元打井204口，建自流水饮水工程13处；投资2621.47万元完成28个村民活动中心建设及设施配备；定居点风貌提升、内部设施现代化、后续产业培育等各项建设任务同步推进。甘孜县牧民定居工程的实施，使3965户（17971名）牧民实现"一步跨千年"的梦想。①

甘孜县下雄乡洛戈一村定居点是甘孜县28个定居点之一。该定居点充分结合周边自然环境和条件，选址临近317国道，距离乡政府5千米、县城38千米的冬季牧场。交通便利，方便牧民放牧。定居点靠近安全水源，饮水方便。洛戈一村定居点集中了48户牧民270人定居，于2010年4月正式开工建设，2011年8月全面竣工。截至2012年4月，实际入住34户（189人），其他正在陆续迁入。相较于其他牧民定居点，洛戈一村定居点以其高达70%的入住率被视为示范工程。洛戈村牧民定居点的建设情况，前文已述。

总之，洛戈一村定居点选址牧民的冬季草场，方便冬季放牧，免于迁徙。同时，极大改善了牧民的居住及生活条件。牧民定居点的建设没有改变牧民传统的生产生活方式，却能享受到基本公共服务。牧民定居之后，在保存、尊重了自身所珍视的生活的同时，免受困苦，消除、减少以往随草而居、饮水困难等问题。住在定居点，牧民生产、生活条件得以改善。老人有了安全居所得以安享晚年，免于迁徙；小孩可以就近就读更为方便，教育水平得到提高，文化素质逐步提升；饮水问题得到解决，牧民经常会患的包虫病也减少了；村组织健全设施完善，牧民可积极参与到定居点的治理中去。也就是说，牧民定居点，在帮助牧民消除贫困的同时，为增加新的经济机会提供了基础。

三　联结生产与消费的工具理性：牧民定居工程实施路径

多主体合作供给是公共产品理论的一个基本认知，公共产品理论认为，利益相关者都应是相关公共产品的供给主体。② 当然，各主体在公共产品供给中的责任并非完全一致，它们因类型化角色差异，各司其职，又有机联结。

---

① 甘孜县牧民定居工程的相关资料来源于县牧定办，洛戈一村的材料来自课题组的现场调研。

② 李雪萍：《城市社区公共产品供给研究》，中国社会科学出版社2008年版，第157—169页。

（一）主体类型化角色：分开与连结

公共产品供给过程中，出现了消费者、供应者和生产者三个类型化角色，它们之间的关系模型可以描绘为图5-2，三个类型化角色既分开又联结。

分开是指公共产品供给主体扮演不同角色、承担不同任务，各司其职。公共产品的消费者是直接使用公共产品的集体消费单位或其中的个人。公共产品的供应（也称为提供、安排）是指"对服务活动的授权、资助、获得和监督"，供应过程是一系列集体选择行为的总称。[①]供应者（也称为提供者、安排者）"就是一个集体性的消费单位，它代表一定的集体人口对于某项或者多项公共服务进行选择"，是"具有决定社区公共服务供给能力，并且实施提供功能的组织者"；"是指那些组织起来需要做集体决定的利益共同体。"[②]供应者进行集体选择：了解需要什么样的公共产品；确定应对什么样的私人活动进行"规制"以及所应用的"规制"程度和类型；掌握需要筹集的资金、资源数量，策划如何筹措；把握所需公共产品的数量，制定质量标准；安排公共产品的生产。供应者代表消费者的利益，促使生产者对其绩效负责。供应者的本质是一个"集体选择单位"。公共产品生产是指"公共物品或服务得以成为存在物"的过程，"是对活动的执行"。生产环节是将资源投入转化为价值产出的技术过程，即制造某一种产品或提供某种服务。[③]

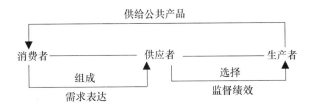

图5-2　公共产品供给主体的关系模型

① ［美］奥斯特罗姆、帕克斯、惠特克:《公共服务的制度建构》，毛寿龙译，上海三联书店2000年版，第16页。

② 杨团:《社区公共服务论析》，华夏出版社2002年版，第91、144页；［美］罗纳德·J. 奥克森:《治理地方公共经济》，万鹏飞译，北京大学出版社2005年版，第11页。

③ 杨团:《社区公共服务论析》，华夏出版社2002年版，第91页；［美］奥斯特罗姆、帕克斯、惠特克:《公共服务的制度建构》，上海三联书店2000年版，第16页；［美］罗纳德·J. 奥克森:《治理地方公共经济》，万鹏飞译，北京大学出版社2005年版，第10页。

联结是指公共产品供给过程中供应者与生产者的组合方式。区别三个类型化角色，把供应与生产两种职能分开，目的之一是寻找供应者与生产者的最佳组合方式，以利于公共产品供给。换言之，分开是为创新供应者和生产者的联结方式提供选择空间。传统的公共产品供给模式是政府组织并安排自己的机构完成生产任务，而区分供应和生产之后，供应者和生产者之间的联结方式可以多样化，包括内部生产、合同制、合作制、特许生产、凭证制等。

牧民定居工程的实施中，消费者是牧民，供应者包括政府和牧民。生产者因工程生产机制不同而有所差别，可以是专业施工队，也可以是牧民自身。我们的调查显示，甘孜县及洛戈一村牧民定居点建设建构了多环节、多方面的联结，由此提高了公共产品的效应。

（二）多主体秩序建构：共同参与

我们调研得知，甘孜县牧民定居工程实践中的供给主体包括各级政府（中央政府、省政府、州政府、县政府都参与其中）、相关职能部门以及牧民，还有部队。

1. 政府：最为主要的资金、资源供应者。牧民定居工程建设中，道路、饮用水、电力供应等基础设施建设费用全部由政府负担。此外，在牧民定居房修建中，政府为牧民提供现金补贴、贴息贷款、建材补贴等，成为最为主要的资金、资源供应者。①省、县政府给予牧民现金补贴。现金补贴标准是省财政补贴 2.5 万元/户，县财政补贴 0.5 万元/户。县财政的补贴主要用于房基修建（即用水泥浇铸房基）。②县财政提供建筑材料补贴。首先是木材补贴，以 500 元/吨的价格提供木材给牧民（木材的市场价格为 2200 元/吨）；其次是水泥补贴，县政府以出厂价 345 元/吨提供给牧民（水泥的市场价为 700 元/吨）；再次是钢材补贴；最后是运输补贴，县财政投资将水泥从县城运送至牧民定居点。③县财政提供贴息贷款。县财政为牧户提供贴息贷款，还款方式有四种：第一种，牧户在一年内还清贷款，县财政补贴利息的 60%，牧民自己支付 40%；第二种，牧户在两年内还清贷款，县财政补贴利息的 50%，牧民自己支付 50%；第三种，牧民在三年内还清贷款，县财政补贴利息的 40%，牧民自己支付 60%；第四种，牧民在三年之后才还清贷款的，县财政不予利息补贴。

2. 相关职能部门：供应者、生产者。相关职能部门积极参与牧民定居工程建设，甘孜县牧民定居行动计划领导小组办公室（简称牧定办）是总体领导机构，负责相关事务，如规划设计、相关项目的推进；扶贫办整合资金用于牧民定居工程建设；等等。在甘孜县，县林业局为支持牧民定居工程，建立了砖瓦厂，所生产的瓦以成本价供应牧民。

3. 牧民：供应者、生产者（投劳投资）。在甘孜县牧民定居工程建设中，以定居房屋的修建为例，牧民首先是投劳者，自己建房；其次，牧户还有一定投资，大约2万/户。甘孜县的牧民定居房修建，没有采用专业施工队"交钥匙"的方式，而是政府帮助，牧民自建，生产者是牧民。

4. 部队：协助者。驻甘孜县的部队将水泥从外地运到县城，运输费用由部队支付。

（三）多主体协作：责任共担，成本分摊

甘孜县的牧民定居工程建设中，由于道路、饮用水、电力供应等基础设施建设属于资金密集型或技术密集型，其供应的责任和成本都已由政府承担。但定居房建设由于与牧民生活关联最为紧密，加之属于劳动密集型，定居房修建建构了责任共担、成本分摊的结构，建构这样的主体结构，有利于提高入住率，即公共产品的效应。

首先，政府和牧民共同承担供应者责任。例如定居房的规划设计顺序是：第一，牧民演绎供应者角色，在户型设计与选择、定居房建筑面积、定居房布局等方面提出建议和要求。第二，政府聘请有资质的设计单位，充分与牧民协商之后设计方案。第三，牧民选择方案。第四，政府认可并实施。例如洛戈一村定居点建设方案，在牧民群众建议和要求的基础上，由宜宾市建筑勘察设计院按照"四化"标准规划设计。定居房布局呈梅花形，既相对集中，节约用地，数户之间又留有空地，方便生产。定居房建筑面积设计了80平方米、100平方米和120平方米三种，户型设计了一字形、弓字形和L形等多种结构，由群众自己选择适合的面积和户型结构。最终，牧民选择了98平方米L形结构的房屋。定居房结构全部采用砖木结构，加盖机制红瓦，外观采用传统的藏式风格，内部房间合理布局，增加了水冲式厕所等现代卫浴设施，融合了民族特色与现代理念。

其次，成本分摊。与其他地方的牧民定居房完全由政府出资，政府聘用专业施工队伍建造，然后交钥匙给牧民的方式不同，甘孜县牧民定居房的修建，需要牧民自己投劳，并要投资一部分。洛戈一村的98平方米L形结构的定居房总建造费用是13.6万元，在各种补贴政策的综合作用下，牧民实际只需要支付2万元。

责任共担、成本分摊的做法，让牧民选择、参与并投资投劳，营造着牧民对政府、村组织、定居点民众的相互沟通和认同，无形中增加了定居点的社区社会资本，提高了入住率。加之，牧民有一定的投资投劳，出于对投资投劳的珍惜等，也会提高入住率。

（四）主体角色强化：牧民参与和自主选择

相较于其他地区牧民定居点建设，甘孜县牧民定居点入住率高的又一原因是在众多主体中，尤其强化牧民的主体角色。当然，这并不意味着政府推卸责任，政府依然承担着供应者角色，成为主要的资金、资源供应者。牧民主体角色强化，在实践中体现为牧民参与及自主选择。

在类型化角色划分中，牧民集消费者、供应者、生产者于一身，较之于其他主体，更能充分体现牧民角色的多重性。甘孜县牧民定居工程中，各角色的主体构成如图5-3所示。

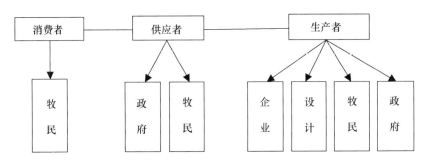

图5-3 各角色的参与者构成

如图5-3所示，牧民的角色首先是消费者，定居工程建设直接惠及牧民；其次牧民是供应者，与政府协商公共产品供给的相关事宜；再次，牧民参与定居工程的建设，成为生产者。由牧民的角色构成，可推知其在定居工程建设中的重要性，由此凸显牧民的主体地位。

牧民作为唯一的消费者，同时又作为供应者，选择所需的公共产品数量和质量，并与政府协商。牧民参与定居点的选点、布局、房型设计等，程序是：①牧民自己讨论，然后选择定居点、房屋面积大小以及房型；②由村委会汇集意见和建议，公示；③村委会将意见、建议上报至甘孜县政府；④政府按照牧民的意愿共同建设。在这种由牧民参与和自主选择的方式下，牧民不是被动的客体，而是主动的主体，由此也更乐于住进自己选择的定居房。

牧民作为生产者，也参与到了相关设施建设中，例如房屋建设等。

四　公共性扩展：路径选择的优化，效用提高的机理

牧民定居工程建设是供给均衡性公共产品，由于其特殊的供给对象和内容，使其供给具有特殊性，这些特殊性使得在一般性公共产品供给中不是问题的问题，在均衡性公共产品供给中却成了问题。例如，消费者是否应分摊供给成本？该分摊多少？在供给中，产品性质发生了变异，这是为什么？我们认为，"不是问题的"成了"问题"，内源于公共性的扩展，公共性扩展既是公共产品供给路径选择的优化，也是效用提高的内在机理。

（一）均衡性公共产品供给中，消费者是否应该分摊成本？

在公共产品理论看来，纯公共产品因其性质以及惠及民众的普遍性，其供给成本一般由政府，尤其是较高层级的政府（中央政府）来支付。而准公共产品（又称为俱乐部产品）一般采用成本分摊方式来供给。在连片特困地区供给的公共产品，性质上是均衡性公共产品，一般作为纯公共产品来供给，而不是作为准公共产品供给。这就意味着，一般意义上，在连片特困地区实施牧民定居工程，消费者可不参与成本分摊，即从理论的应然来看，牧民可以不分摊成本。但从实践的实然来看，牧民参与及成本分摊，可提高公共产品的效应。

甘孜县牧民定居工程实施中，定居房建设，牧民分摊了成本。应该说，牧民成本分摊的比例很低，因为牧民定居工程中众多的基础设施，其成本昂贵而且数额巨大，牧民并未分摊，也分摊不起。但不置可否的是，从实践效果来看，甘孜县牧民定居点建设中，少量的成本分摊等，确实提高了公共产品的供给效应。

与此同时，不得不注意的是，牧民少量的成本分摊，并不能改变藏区公共产品供给中外部依赖性很强的特点，藏区因其自身的经济社会条件，尤其是自身财政收入有限，公共产品供给不仅依赖地方政府，还依赖中央财政的转移支付，其公共产品供给中强烈的外部依赖性将长期存在。[1]

（二）性质变异，所为何来？

藏区公共产品供给外部依赖性，伴生着产品性质变异，即许多产品的经济属性发生变异，包括由私人产品转化为公共产品，准公共产品转化为纯公共产品。我们认为，产品性质变异的根源是公共性的扩展。

---

[1]　李雪萍：《灾后社区重建中的公共产品供给》，华中师范大学出版社 2011 年版，第22 页。

　　根据是否具有排他性和竞争性，经济学把经济产品划分为私人产品和公共产品，并认为一般情况下私人产品由市场供给。但是在藏区，部分农牧民连最基本的生存资料都显不足。当生存困难的情况下，原本属于私人产品的住房等，便通过政府规制（即制度安排）转化为公共产品。通过制度安排由私人产品转化而来的公共产品，理论界称为"制度性公共产品"。制度性公共产品是制度安排的结果，而不由产品的经济属性决定。在一般社会条件下，住房属于私人产品，本应由市场供给，但在藏区，牧民缺乏经济能力，无力在市场获得，只能依靠政府的制度安排来获得，如定居房及其配套设施，由私人产品转化为纯公共产品。细究起来，牧民定居工程中的通村公路等，本应属于准公共产品。按照公共产品理论，准公共产品一般由享有者联合供给，但在牧民定居工程中，准公共产品演绎为纯公共产品，由政府供给。

　　不言而喻，上述关于公共产品性质变异的话语，是基于经济属性上的区分，即消费中是否具有公共性。而"公共性与私人性往往不是产品固有的属性。产品可以——而且在历史上也曾多次——在公私连续统一体中从一边转向另一边"。"产品能否具有实际的公共性通常取决于技术和政策选择。"考尔和门多萨为公共性提供了一个框架，即公共性的三角结构，见图 5 - 4。①

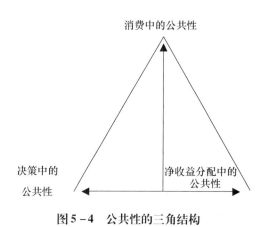

图5-4　公共性的三角结构

　　① ［美］英吉·考尔等：《全球化之道——全球公共产品的提供与管理》，张春波等译，人民出版社 2006 年版，第 7、19、21 页。

公共性三角结构扩展了公共产品概念。公共性的三角结构的基本含义是指公共性不仅取决于产品消费中的公共性，还取决于决策中的公共性、净收益分配中的公共性。决策中的公共性内含着利益相关者的参与及参与程度的提高，也就是说，越是利益相关者参与提供的产品越具有公共性，利益相关者参与程度越高的产品，公共性越强。净收益分配的公共性即公平性，内含着净收益在不同区域、不同时代的人们之间分配的公平，换言之，越是能够实现净收益在不同区域、不同时代的人们之间公平分配的产品，其公共性越强。

公共性的三角结构分析框架下，产品性质变异的外象，实则是公共性扩展。公共性扩展中，政府、牧民，甚至其他相关机构的参与及其协商，以及一定程度上的成本分摊，扩展了定居工程的公共性；公共性的增强，带来公共产品供给效应的提高。

五　联结供应和消费的价值理性：文化规制及文化融合

文化是人类长期实践的产物，是社会历史的积淀，它与民族的产生和发展息息相关，具有强烈的民族性和历史继承性。可以说，文化是人类文明进步的结晶和重要标志，是在社会发展历史中积累下来的宝贵财富，因此，文化是一个民族和国家赖以生存和发展的重要根据。文化在人类文明进程中作为一种观念形态，作用于物质力量，作用于生产和实践，为社会发展提供了精神动力和智力支持。定居工程的文化含义是不仅将现代化设施引入牧区社会，还将很多现代社会意识带入牧区，对游牧民族的传统文化产生影响。

我们对甘孜县牧民定居工程的观察发现，其公共产品供给效用较高，内源于工程建设依据文化规制，并努力实现文化融合，这是良好联结供应与消费的最深刻的底蕴。供应与消费的良好联结，传承着藏文化，并努力改善着牧民的传统生产、生活环境，这是定居工程的价值理性。

川藏地区经济社会文化的主导目前仍然是藏传佛教文化，定居工程的实施，并未改变民众信奉藏传佛教的文化传统。游牧生产是一种自我消费的自给、半自给的生产，牧民定居点的建设，没有改变牧民生产生活的根本特质，而是不断改善牧民的生产生活条件，使其享受基本公共服务。

牧民定居点的建设尊崇藏民族自身的文化偏好。例如在洛戈一村定居点的建设中，在为牧民修建定居房时，定居房结构全部采用砖木结构，加盖机制红瓦，外观采用传统的藏式风格，内部合理房间布局，融合了民族特色与现代理念，为牧民普遍接受。

牧民定居点的建设以"文化融合"为基本内涵，并未形成文化冲突。洛戈一村定居点的建设，将原本分散游牧的牧民集中到一起，建立了由牧民组成的小型社区。牧民聚集在一起，学习和了解新信息和技术，逐步形成了一种社会的变迁。例如，在聚居及其适应过程中，牧民们不得不适应太阳能热水器、冲水式厕所等设施，这些设施与传统藏式设施很不相同。但令人欣慰的是，牧民们并没有很大的不适应感。

在传统牲畜牧业生产中，牲畜有双重作用，既是生产资料又是生活资料和财富，牧民的日常消费以畜产品为主，如用毛皮做衣服、搭建帐篷等，用牲畜作运输工具和用它们的粪便作燃料等。牧民把牲畜当作财富，而不作为畜产品出售的情况普遍存在。① 即大多数藏族同胞依然保留不卖牛的传统，而定居点的建设中，甘孜县政府虽然出台鼓励牧民出栏的政策，但绝不会强迫牧民卖牛。也就是说，有人认为，定居点的建设可能会带来藏汉文化的冲突，但在洛戈一村定居点看来，这种冲突没有发生。定居点的牧民已经慢慢地适应定居过程中的生产、生活变迁及其带来的多元文化。他们在保留自己文化精髓的同时，汲取其他文化的内容；从政府方面来看，主要是政府充分尊重藏族同胞的内在文化，适当加入其他文化元素，使得定居点更能体现出多元文化相融的特点。

第五节　反脆弱之轴心把握：亲贫式增长②

亲贫式增长是反脆弱发展的又一方式。PPT 视角下的旅游开发以提高贫困人口在其中获取的净收益（包括经济、社会、文化等多维度的收益）为核心理念，其深层次隐含着贫困人口生计可持续是 PPT 理念实现的基本路径及条件。甘孜是"富饶中的贫困"，拥有丰富的旅游资源。旅游资源开发，有效地关联贫困人口，有利于反脆弱发展。基于旅游开发与反脆弱发展的链接机制包括：旅游资源整合与旅游扶贫开发体系拓宽；社区参与；贫困人口参与旅游价值链开发。

---

① 王娟娟：《甘南藏族自治州游牧人口定居的机制、模式和效应研究》，经济科学出版社 2011 年版。
② 王蒙参与了本节的写作，特此感谢。

一　PPT 旅游

20 世纪 80 年代以来，发展旅游业作为减贫的一种方式受到国内外社会的广泛关注，通过旅游开发促进地方经济与社会的发展成为旅游资源富饶的贫困地区脱贫致富的驱动力之一。20 世纪 90 年代中后期，旅游扶贫被纳入我国开发式扶贫而作为政策措施加以实施和推广，旨在通过旅游产业的培育而促使贫困地区居民与地方财政的双脱贫致富。甘孜虽然经济发展比较落后，但有奇特的自然景观、悠久的历史文化、古朴的风土人情等极具开发潜力的旅游资源，被称为"富饶中的贫困"。反脆弱发展或贫困治理，需要"充分发挥贫困地区生态环境和自然资源优势，推广先进适用技术，培植壮大特色支柱产业，大力推进旅游扶贫"。[1]

然而，国内外大量贫困地区旅游开发的实践证明，"宏观经济效应并不等于贫困人口的获利和发展，相反，由于旅游开发的消极影响，贫困人口在旅游发展过程中付出的代价可能大于收益。"[2] 此外，对于作为旅游开发特殊形式的旅游扶贫而言，"扶贫系统识别机制失灵"或者"瞄不准"等问题使得旅游扶贫的效果与目标之间可能存在较大偏差。[3] 为了保证贫困人口在旅游发展中获益和增加发展机会，国内学者多借鉴国际社会提出的"面向贫困人口的旅游"（Pro—Poor Tourism，简称 PPT）以阐明如何增强贫困地区旅游开发的益贫效应。[4] 孙东峰、陈通将公共产品开发的决策方法引入 PPT 决策之中，阐述了贫困地区实施 PPT 过程中决策系统的构建;[5] 毛焱、梁滨阐述 PPT 的实施路径以贫困人口有效参与为核心内容并以参与激励机制和利益分享机制为机制保障;[6] 张鹏顺认为区域理论是旅游扶贫的基本理论，基础设施建设、贫困人口参与机制、产业整合、区域合作是区域理论视野下旅游扶贫的基本手段;[7] 杨阿莉、把多勋指出民族地区旅游扶贫长效机制以社区参与为核心，以贫困人口参与旅游决策咨询机制、旅游经营与利益分配机制、文化和生态保护机制、旅游教

---

① 《中国农村扶贫开发纲要（2011—2020）》，人民出版社 2011 年版。

② 张伟、张建春:《国外旅游与消除贫困问题研究述评》，《旅游学刊》2005 年第 1 期。

③ 周歆红:《关注旅游扶贫的核心问题》，《旅游学刊》2002 年第 1 期。

④ 关于国内旅游扶贫与 PPT 的区别，详见李佳、钟林生、成升魁《中国旅游扶贫研究进展》，《中国人口·资源与环境》2009 年第 3 期。

⑤ 孙东峰、陈通:《贫困地区实施 PPT 的决策系统建构》，《河北学刊》2008 年第 6 期。

⑥ 毛焱、梁滨:《PPT 战略:基于人口发展的旅游扶贫观》，《求索》2009 年第 6 期。

⑦ 张鹏顺:《区域理论视野下的旅游扶贫》，《理论探讨》2011 年第 2 期。

育与培训机制为具体内容。[①] 上述研究虽然对旅游扶贫内容、思路、机制、效应等问题进行探索，然而却在很大程度上忽略了贫困人口生计是PPT 的重要切入点，通过 PPT 促进贫困人口的生计可持续是其重要目标。

英国国际发展署（DFID）于 1999 年详细阐述了 PPT 的概念，引起了国际社会的广泛关注。PPT 指"有利于贫困人口发展的旅游"，它强调提高贫困人口在其中获取的净收益（包括经济、社会、文化等多维度的收益），它不是一种特殊的旅游产品或旅游业的一个组成部分，更不是全面扩展整个产业，而是发展旅游的一种方式，核心是使贫困人口获得更多的发展机会和净利益。[②] PPT 的提出基于对旅游发展与减贫之间关联的基本认知以及对传统旅游发展益贫效果的反思，从某种程度而言，PPT 是深化旅游与减贫内在关联的一种努力。然而，如何探究以及深化这种关联是核心问题。Ashley. C 等认为，旅游业通常是穷人的一种额外的生计多样化选择而不是对他们核心生计活动的替代，"旅游的减贫效果包括对穷人生计的广泛影响——不仅是工作或收入——伴随着差异性的代价及收益"，并从生计目标、生计活动、生计资本、政策和制度环境、长期生计优先考虑事宜等方面分析旅游对生计产生的可能的有利及不利影响。[③] Jamieson. W 等认为生计分析是一种能够用于分析不同形式的旅游可能对穷人生计造成何种影响的方法。[④] 基于此，生计分析[⑤]能够成为探究旅游发展与减贫之间的内在关联的路径。生计分析以"生计"为核心概念，Chambers 和 Conway 认为"生计是谋生的方式，该谋生方式建立在能力（Capa-

---

① 杨阿莉、把多勋：《民族地区社区参与式旅游扶贫机制的构建》，《内蒙古社会科学》2012 年第 5 期。

② DFID, *Tourism and Poverty Elimanation*: *Untapped Potential*. London: DFID Press Office, 1999.

③ Ashley C., Boyd C., Goodwin H, "Pro – Poor Tourism: Putting Poverty at the Heart of the Tourism Agenda". *Significance*, 2000, 51 (51).

④ Jamieson W., Goodwin H., Edmunds C, "Contribution of Tourism to Poverty Alleviation: Pro-Poor Tourism and the Challenge of Measuring Impacts". *For Transport Policy and Tourism Section Transport and Tourism Division for UN ESCAP*, 2004 (11).

⑤ 生计分析的基本理念与 PPT 具有一定的一致性。Lasse Krantz (2001) 认为生计方法涵盖了三个分析贫困的视角：其一，经济发展"涓滴效应"的发挥依赖于穷人利用经济发展机会的能力；其二，贫困不仅是低收入这个单一问题，而是涵盖了多元维度，如疾病、缺乏教育、社会服务欠缺、脆弱性、无能为力的感觉等；其三，穷人自身是其生活状况及需求的最好认知主体，因此，这种主体性认知应当被纳入政策和项目的设计之中。参见 Krantz, L., The Sustainable Livelihood Approach to Poverty Reduction, Swedish International Development Cooperation Agency, 2, 2001。

bility)、资产（Assets）（包括储备物、资源、要求权和享有权）和活动（Activity）基础之上"。① DFID 建立可持续生计分析框架，阐释了脆弱性背景、生计资本、结构和制度转变、生计战略、生计输出等影响生计的结构或要素，强调了生计中的能动性与结构化过程。②

笔者认为，将可持续生计基本理念融入 PPT，可阐释 PPT 得以实现的路径及条件，即通过 PPT 作用于贫困人口生计，使得其生计可持续。具体而言，PPT 战略依托于区域（或者社区）内可供开发的旅游资源并将其转化为贫困人口的生计资本③，通过增强、完善与旅游生计这种生计方式相关联的生计资本及外部制度条件，并通过资本积累等多种方式带动贫困人口家庭生计的整体改善，从而最终达致生计的可持续性④。基于此，PPT 关注的贫困人口参与旅游的障碍及其方式等多方面的问题，可以借助于生计分析得以直接或间接地分析或回应。

甘孜县在旅游开发过程中，基于 PPT 视角及其拓展，连接农牧民生计，使旅游开发与反脆弱发展有效衔接。

二 "富饶中的贫困"：甘孜县丰富的旅游资源

甘孜虽然自然环境较差，民众普遍贫困，却拥有丰富的自然与人文景观，从洁白的雪山到广袤的草原，从河流峡谷到禅林古刹，从淳朴民情到自然生态，蕴藏着迷人的康巴魅力。因各种原因，甘孜的丰富旅游资源多数处于未开发或初步开发阶段，贫困人群从旅游开发中获益十分有限。

甘孜县旅游资源的特点是丰富、多样。自然风光旖旎、景色秀美，具有深厚的民族与宗教文化底蕴，还有独特的红军文化、歌舞文化等。宗教文化、游牧文化、红军文化、歌舞文化等成为甘孜县颇具特色的旅游资源。

---

① Chambers R, Conway G, "Sustainable Rural Livelihoods: Practical Concepts for the 21st Century", IDS Discussion Paper, 296. Brighton: IDS, 1992.

② DFID, *Sustainable Livelihoods Guidance Sheets.* London: Department for International Development, 2000, pp. 68 – 125.

③ 此处的生计资本是较为广泛意义的生计资本，包含贫困人口可及的社区公共产品、区域公共产品等资本。

④ DFID 认为"只有当一种生计能够应对、并在压力和打击下得到恢复；能够在当前和未来保持乃至加强其能力和资产，同时又不损坏自然资源基础，这种生计才是可持续性的"。参见 DFID, *Sustainable Livelihoods Guidance Sheets.* London: Department for International Development, 2000, pp. 68 – 125。

（一）"五教汇集"之独特：宗教文化

甘孜县境内有格鲁（黄）、宁玛（红教）、噶举（白教）、萨迦（花教）、苯波教（黑教）五种教派，是藏区为数不多的藏传佛教派与原始宗教齐全的县之一，形成了独特的藏传佛教文化，尤以"酥油花会"最为著名。县域内共有开放寺庙 35 座，其中包括国家级重点文物保护单位白利寺、甘孜州黄教第一寺甘孜寺、历史悠久的大金寺、康北宗教文物宝库东谷寺。例如东谷寺为第一世霍夫达瓦嘉措建于 1417 年。建寺以来，历代僧人在寺庙里留下了大量的文物，该寺收藏的金佛、唐卡等文物在藏区享有很高的声誉。寺内现保存有制于明朝的两对大钹、六世班禅赐给东谷寺的白发甘露佛、一尊金色伏魔佛、七百多年前绘制的唐卡等文物。目前，东谷寺共收藏大小金佛 500 多尊、唐卡 200 幅（其中珍稀唐卡 50 余幅）、古典经书 700 余套（其中用金粉、银粉书写的经书 100 余套）。

（二）草原深处之神秘：游牧文化

甘孜县草原广阔，东部有洛戈梁子草原、北部有达通玛大草原，天然草场面积达 617927 公顷，占全县草场总面积的 89.98%。广阔的草原景色优美，此外还有著名的古刹、鲜为人知的民俗风情。以达通玛大草原为例，其位于甘孜县西北部，地处川藏高原腹地。由于千百年来与外界接触较少，宗教活动在达通玛大草原发育十分完整，至今还保留许多古老而神秘的宗教文化。拉扎寺、嘛呢石堆、经幡、经墙、天葬台、佛事活动等宗教文化神秘而安宁，其中石刻藏文《大藏经》被誉为世界文化宝库中的一颗明珠。石刻藏文《大藏经》由拉扎寺巴尔多活佛出资发愿创建并由民间发愿工匠雕刻堆积而成，经墙长 2000 米、宽 2 米、高 2 米，雕刻功底深厚，经墙窟处有佛尊，佛像造型栩栩如生。此外，赛马会、走马活动亦体现出了游牧文化的丰富。甘孜县绒坝岔素有"中国藏区走马之乡"之美誉。在走马节上，数百顶洁白如云的帐篷组成的高原帐篷城中，将有近千匹良种走马亮相于小走、大跑、马上射击、马上竞技、马术表演等传统走马活动。同时，举办大型走马交易会，大批良种走马在交易活动中公开标价出售，重现昔日走马交易中心盛况。

（三）爱国主义之传承：红色文化

甘孜县在红军长征及解放西藏的历史过程中发挥了十分重要的作用，县域境内存有较为丰富的红色资源。

甘孜会师。经过数月的艰苦迁徙，1936 年红四方面军到达甘孜，并于 1936 年 7 月 2 日与红二、红六军团在甘孜胜利会师。甘孜会师是红军长征史上的一个转折点，此后，中共中央指示红二、红六军团改编为红二方面军,贺龙任司令员,任弼时任政治委员。在朱德、任弼时、贺龙等人的力争下,召开了甘孜会议。经过同张国焘的激烈斗争,会议决定北上与中共中央会合。从1936年3月31日红四方面军到达甘孜至7月6日红二方面军六师离开甘孜县这三个半月期间,红军在甘孜县成立了藏区第一个苏维埃政府——博巴政府。

五世格达活佛的革命贡献。红军在甘孜停留期间,五世格达活佛与朱德结成珍贵情谊。格达活佛大力动员藏族群众筹措粮草,支援红军,积极宣传党的民族宗教政策,驳斥反动派的欺骗宣传,消除了群众对红军的疑虑。红军北上抗日向青海玉树方向转移,格达活佛积极组织藏族人民牵制国民党马步芳匪军,有效地掩护红军撤退,积极保护因伤病等不能随红军主力北上抗日而留在甘孜地区的红军战士。中华人民共和国成立后,为了西藏的解放事业,格达活佛作为和平使者冒着生命危险,毅然决定前往西藏。他每到一处就向当地群众和寺庙僧侣宣传中央人民政府的方针政策,宣传人民解放军不拿群众一针一线的优良传统和铁的纪律,苦口婆心地解说政治协商共同纲领的民族政策,澄清了帝国主义分子的欺骗宣传,消除了群众、各界人士对中央人民政府存在的顾虑。他的宣传深得广大藏、汉人民及僧侣们的信任,却遭到了帝国主义分子及其走狗的忌恨。1950年8月21日,他们在格达活佛的食物内下了毒药,8月22日格达活佛圆寂,终年47岁。为了缅怀格达活佛为中国革命所做出的贡献,1991年甘孜县在旭日岭修建了"朱总司令和五世格达活佛纪念馆",由中共中央总书记、国家主席、军委主席江泽民亲笔题写馆名,馆内陈列了五世格达活佛生平事迹、红军长征途经甘孜的事迹和革命文物等。

支援解放西藏。在解放西藏的过程中,由于西康地区地理条件和自然条件较为恶劣,十八军粮食供给遇到了很大的困难。1950年4月24日,十八军前进指挥所和两个先遣队到达甘孜县城。由于部队在到达甘孜县之前已经徒步行军25天,且陆空交通运输断绝,马上面临断粮的危险。部队每日三餐减为两餐,为了不加重藏族群众的负担,先遣支队坚决执行毛泽东"进军西藏不吃地方"的指示,坚决不向当地群众征粮。但为了应急,先遣支队用15600块银圆,请当地头人和旧政府帮忙筹够了13万斤青稞。但是,由于粮食空投的失败,缺粮已成为先遣支队碰到的最大难题。为了鼓舞队伍士气,有一名虎将编了一首歌,名叫"甘孜一日",歌词是"不能忘啊不能忘,甘孜一日永记心上。我军刚来到,千山万水补给难,飞机空投一时接不上。藏民生活苦,我们渡粮荒,挖野菜,打柴火,捉田鼠,捕麻雀,满山遍野忙,大家喜洋洋。田鼠麻雀保健康,吃不完的野菜晒干当存粮。为了早日进西藏，修公路来修机场，又造船来又编筐，藏民齐欢畅，解放军来了拨开乌云见太阳"。① 在这种艰难的环境下，先遣部队仍然修机场、修公路、造船、社会调查。后来飞机空投物资取得了成功，直到8月26日康藏公路通车甘孜，支援物资才开始车运甘孜，部队缺粮的状况才得到根本解决。在昌都战役中，甘孜土司头人出动大批牦牛帮助运输大量军需物资。

（四）"歌舞之乡"之呈现：甘孜藏戏

甘孜县素有"歌舞之乡"之美誉，"能说就会唱，能走就会跳"是藏族同胞能歌善舞的体现，藏戏②表演十分普及。甘孜县域内的藏戏有羌姆、阿姐拉姆、协、夏卓等，夏卓（俗称"踢踏舞"）享誉国内。甘孜踢踏舞最先由西藏传入，300余年前由甘孜寺、大金寺僧侣从西藏日喀则学回，其内容最初以诗歌的形式赞颂上师、父母、地方官和祈求吉祥等为主。踢踏舞传到甘孜之初由寺庙掌握，表演者皆为男性，表演一般都在每年秋季，流入民间后则无时间、性别、人数的限制。表演时舞者身着盛装但不佩腰刀，脚或腰部挂一串响铃以增添音乐色彩。中华人民共和国成立后，甘孜踢踏舞经过业余和专业舞蹈工作者继承借鉴，广采博取各种踏步的节奏长处，形成了优美的踏步旋转、侧身腾跃等独特技巧动作，极具本地特色。甘孜踢踏舞曾赴国内多地演出交流并载誉而归。

除了上述旅游资源之外，甘孜县还拥有奶龙神山、扎日拥康神山、扎科河漂流探险、雅砻江畔地热沙浴与温泉、仁果乡吉里龙石棺墓葬群、旭日民族风情林等旅游资源。

三 促成农牧民生计优化：甘孜县旅游开发与减贫相链接

与丰富旅游资源相伴的是甘孜县的贫困。当前，学术界就贫困的多维度属性达成一定共识，例如联合国开发计划署（UNDP）在《2010年人类发展报告》中指出"贫困的维度远远超出了收入不足的范围，其涉及不良的健康和营养状况、较低的受教育水平和技能、谋生手段的缺乏、恶劣的居住条件、社会排斥以及社会参与的缺乏等诸多方面"③。对贫困多维度阐释主要基于微观贫困人口层面，然而对于藏区而言，贫困的广泛存在

---

① 吉柚权：《白雪——解放西藏纪实》，中国物资出版社1993年版，第113—114页。
② 藏戏是藏族人民以歌舞形式表现文学内容及现实生活的一种综合表演形式，它是在藏族宗教仪式和酬神醮鬼、民间歌舞、说唱表演等不同艺术土壤上形成的。
③ 联合国开发计划署：《2010年人类发展报告》，中国财政经济出版社2011年版，第94页。

亦是自然环境、社会制度与结构、经济条件等宏观要素不良建构的结果，微观贫困人口致贫因素的多维度性从侧面体现出贫困人口宏观发展条件（例如满足其发展需求的公共产品供给等多方面）的缺失。甘孜的贫困致因具有多维度性，并集中体现为参与市场能力欠缺而造成的生计方式多样化受到限制。① 然而小规模的非农活动是贫困人口收入增加及就业的重要来源，从而形成地区经济增长的新聚集点。② 在农牧民逐渐从"生存小农"向"社会化小农"的转型背景之下，"生计问题"与"货币约束"凸显出来。多数农牧民获得货币收入的渠道十分有限③，虫草价格波动、打工机会不稳定会直接影响农牧户通过市场交换改善家庭生计的能力。基于此，利用甘孜县丰富的旅游资源发展旅游业并使得贫困人口参与并获益，能够对当前贫困人口的生计方式进行补充，有利于增强贫困者生计可持续性以达到减贫。

在 PPT 视角下，旅游开发与减贫相衔接，以贫困人口获益为核心，以促进贫困人口生计可持续性为基本路径与条件。由于旅游业对市场具有高度依赖性以及贫困人口生计资本相对匮乏，因而"在旅游业中，通过避免需要资本投资的参与形式而是选择能够对现有生计策略进行补充的形式，穷人能够最大化他们的收益"。④ 此外，由于贫困人口参与旅游发展决策能力较弱或者被排斥在旅游发展决策之外，因而提高贫困人口在公共政策制定与执行中的参与能力是旅游开发与减贫相链接的关键。

（一）链接机制之一：旅游资源整合与旅游扶贫开发体系拓宽

对于甘孜县而言，县域内旅游资源分散且开发程度低，因而整合与优化旅游资源是旅游发展的必要条件，然而，如何整合与优化？从开发形式而言，应当采用传统型开发与体验型开发相结合；从开发内容而言，应当以绿色旅游、人文景观旅游、红色旅游相结合。

在旅游开发中使更多旅游资源能够纳入旅游扶贫开发体系是整合与优

---

① 王蒙：《生计脆弱：甘孜藏族自治州农牧民生计状况研究》，硕士学位论文，华中师范大学，2013 年。

② Rogerson, C., *The Support Needs of Rural SMMEs: The Case of Phuthadijhaba*, Free State Province. Agrekon 38, 1999, pp. 132 – 158.

③ 在农区，农牧民主要通过采集与出售虫草、打短工获得有限的货币收入；在藏区，多数牧民获得货币收入的来源依赖于虫草采集与出售、政府的各种补贴。

④ Ashley, C &Boyd, C& Goodwin H, （2000）Pro-Poor Tourism: Putting Poverty at the Heart of the Tourism Agenda. ODI Natural Resource Perspectives 51, 6, pp. 1 – 6.

化旅游资源的内部机制①，这是基于：其一，旅游扶贫开发是一种特殊的扶贫开发形式，其以发展旅游业带动经济欠发达地区脱贫致富为主要目标，具有其他产业所没有的优势。② 旅游开发需要资金、技术、人力资本投资等，由于经济欠发达等多种因素的限制，社区、地方政府或企业自行启动旅游开发具有一定的困难。拓宽旅游扶贫开发体系，可以获得并整合一定外部资源的支持。旅游扶贫开发能够在一定程度上抑制"旅游飞地"③ 的形成，能够增强旅游开发的益贫效应。其二，贫困人口参与旅游开发需要一定的条件，例如基本公共服务设施（道路、通信、交通工具等）或者是生计资本支持（小额信贷、技能培训等）。在连片特困地区，政府是供给以上公共服务设施的主体，"享受基本公共服务可能是贫困人口从 PPT 中获益最多之处"④。此外，存在另一种情况，由于政府公共产品供给，某些社区及社区中的贫困人口获得了参与旅游开发的机会与能力。在甘孜县，牧民定居工程⑤使得多数牧民能够居住在定居点并享受基本公共服务。例如下雄乡洛戈一村于 2010 年 4 月至 2011 年 8 月实施定居工程，在定居工程完成之后拟推进旅游开发。

（二）链接机制之二：社区参与

PPT 超越社区旅游，它需要从微观到宏观多种行动的衔接，例如产品开发、市场、计划、政策以及投资。社区参与是贫困人口从旅游扶贫开发中获益的重要方式。社区参与旅游开发是指把社区作为旅游开发的主体纳入旅游规划、旅游发展等涉及旅游开发重大事宜的决策、执行体系之中，变旅游地社区从"受利于"转向"获益于"旅游业发展。从社区参与的规模、内容、形式等方面来看，社区参与旅游开发具有阶段性特征，具体体现为：参与内容从单纯的经济活动参与转变为经济活动、生态环境保护和社区文化维护等多方面内容；参与规模从社区居民个别参与到全社区居

---

① 将部分旅游资源纳入旅游扶贫开发体系并不意味着将企业等市场主体排除在旅游扶贫之外，核心问题是提高贫困人口参与旅游开发并受益的能力。

② 旅游业的产业优势在于旅游业具有很高的产业关联度，这样的高关联度有利于产业"乘积效应"的发挥，因此其在创造就业机会和促进经济增长方面具有很强的优势。

③ "旅游飞地"是指旅游或休闲业虽然依托的是当地的土地和旅游资源，但其经济的连带作用与当地经济发展关联很小，旅游者消费的物资和从事服务的中高层人员基本来自外地。

④ Ashley C, *Methodology for Pro‑poor Tourism Case Study.* London：ODI, 2000.

⑤ 甘孜县于 2009 年实施"牧民定居计划"，包含了一系列与生活密切相关的配套基础工程设施，包括住房（固定住房、新型帐篷及内部生活工具）、道路、通信、饮水、能源替代、村民活动中心等。甘孜县下雄乡洛戈一村定居点是甘孜县 28 个牧民定居点之一。

民自觉参与。[①] 在理想的社区参与旅游开发模式中，社区居民应当与当地政府、旅游企业、非政府组织、专家学者等共同构成旅游开发的决策主体，在合作机制的作用下发挥各自的优势，合理分工，以促进社区的可持续发展及贫困人口脱贫的目标。

　　然而，不同的社区基于其资源禀赋及可获得的资源具有不同的参与方式。下文以洛戈一村为例，对社区参与旅游开发以及贫困人口是否能够从社区参与中受益进行阐释。从洛戈一村加切玛定居点开发旅游工作方案中可以看出，社区旅游是该旅游工作方案的核心定位，旅游开发内容主要为自然景观与民俗风情。社区居民成立的旅游协会是该定居点旅游开发的主体，旅游协会作为行业自组织在旅游资源整合、产品营销、市场开拓与规范等方面发挥了主导作用，该旅游协会的成立有利于社区旅游的整体发展。然而，由于其会员须有从业意愿且具基本接待能力的居民，部分贫困人口可能被排斥在协会之外。因而，在社区参与中提高贫困人口参与及获益能力仍是值得探究的问题。

洛戈一村加切玛集中居住区开发旅游工作实施方案

　　为加快推进下雄乡加切玛集中居住区（以下简称本区）旅游开发工作，促进定居牧民增收致富，特制定以下工作方案:

一　成立旅游协会

　　（一）成立协会的宗旨

　　组织、引导经营户包装产品、开拓市场、依法经营、良序竞争，为本区居民搭建创业平台，维护会员与协会的合法权益，加强行业自律，实现共同发展、共同富裕，推动本区旅游及其他社会事业可持续发展。

　　（二）组建协会的步骤

　　1. 调查摸底。深度分析本区发展旅游的优势与劣势，提出本区旅游发展工作思路，通过征求本区居民意愿、意见以及召开居民大会等方式，作好宣传动员，形成工作合力。

　　2. 制定章程。在县旅游、民政部门和下雄乡党委、政府的指导下制定本区旅游协会章程，对协会的宗旨、职能、组织机构、会员条件、权利与义务等有关事项进行明确。

---

① 胡志毅、张兆干:《社区参与和旅游业可持续发展》，《人文地理》2002 年第 2 期。

3. 吸纳会员。有旅游从业意愿且基本具备接待能力的居民，按自愿申请以户为单位加入协会，成为会员。直接参与协会活动的家庭成员为协会成员。及时建立健全会员和成员档案。

4. 成立理事会。初级阶段，在不具备由会员直接推选理事会成员的情况下，可由乡党委、政府分管领导或本村支部书记任协会负责人，直接指定合适的会员为理事会成员，成立理事会。理事会是会员大会执行机构，负责协会日常工作，对会员大会负责。

5. 建立协会。按规定履行协会建立的报批备案手续。经县民政局审批后，召开会员大会，通过协会章程，制定协会工作规划和年度计划，组织开展工作。

二　开展从业培训

（一）培训对象。18—50周岁、身体健康、参与协会运作或直接从事旅游服务的会员单位成员。

（二）培训方式。以集中办班、单独咨询等方式，按照旅游执业基本技能和操作规程要求，结合实际情况，按专业分工分批培训。

（三）培训内容。甘孜文化旅游概况和民俗风情、有关法律法规知识、职业道德、服务礼仪、旅游讲解基本技能、食品卫生和安全生产、客房操作、餐饮操作、厨师等。

三　配套旅游功能

（一）外联通道。对入口公路特别是与国道317连接处实施改造，提高本区可进入性。

（二）游步道。设计建设本区游步道系统，有效串联"新房子"与"老房子"及区内其他观景点和活动点，使本区成为有机的整体。游步道建设应就地取材，突出甘孜特色，并符合生态环保要求，路宽1m。

（三）导视系统。在本区与国道317接口处东西2km范围及进境公路旁高密度设置引导牌，其中入口处设本区旅游展示牌；在村活动室设游客接待中心，设置导游全景图，规范标示区内主要景点及服务设施位置，并明示咨询、投诉、救援电话；在区内公路及游步道沿线及重要景点设置景点位置示意图、景点解说牌、全景导览图。

（四）接待服务。依托村活动室和条件较好并具有一定接待能力的会员户开展旅游接待，要满足吃、住、游有关规范要求。旅游服务项目要统一规划，并体现"整村一品牌，一户一特色"。服务人员要按行业规范提供服务，着装要体现民族特色。

（五）风貌建设。在本区山头上设置经幡阵、玛尼墙、白塔等，作为吸引物，要保证行车在国道317上能目睹；建筑外观统一设计，要凸显甘孜藏式民居风格，内部布置要彰显藏地民生和传统文化内涵，形成特色；对本区内预留的绿化地块及行道两侧进行绿化，恢复生态；在本区开阔地带特别是入口公路两侧及居住区外围的草地上投放少量"万年牛"，同时安排能歌善舞者扮演"放牧人"在村口引客，营造草原牧区人文景观。

（六）安全保障。在县公安局支持下成立村级治安队，配备治保装备，做到平时轮流值勤，有游客时24小时巡逻，确保游客安全。

（七）标识标牌。本村应在入口处设置"加切玛牧民新村旅游区"标识，在村活动室悬挂"加切玛牧民新村旅游区""加切玛牧民新村旅游接待中心""加切玛牧民新村旅游区治安室""甘孜县旅游服务示范区""甘孜县旅游服务诚信单位""甘孜县平安创建示范区"等标牌，在会员户悬"加切玛牧民新村旅游接待点"等标牌。

四　策划包装特色项目

（一）草原牧区特色藏餐品尝。

（二）体验式牧家风情接待，凸显甘孜藏式民居风格，彰显藏地民生和传统文化内涵。

（三）远眺卡瓦落日大雪山；藏王松赞干布与文成公主联姻时，山壁上天然形成的接亲映像；游步道，骑牛跨马，穿藏装等自助式旅游，感受高原风光，牧家特色。

五　搭建宣传营销平台

（一）搭建旅游信息宣传和服务网络平台。链接甘孜县旅游官网。挖掘本区优势资源和特色项目，丰富本区旅游信息。争取与知名网站的超链接，充分展示本区魅力，吸引游客注意力。

（二）主动对接省、州有关部门，特别是要用好宣传、旅游、商务、农牧等营销平台，通过新闻宣传、线路推介、重大节庆活动、特色美食推广等提升本区知名度和美誉度。

二〇一二年四月十五日

（三）链接机制之三：贫困群体参与旅游价值链开发

价值链分析法由哈佛法学商学院教授迈克尔·波特于 1905 年提出。他认为，企业是通过一系列可以导致一个最终产品或服务的活动而形成的集合体，其创造价值的过程可以分解为一系列互不相同又相互关联的增值活动（基本活动与辅助活动），总和即构成"价值链系统"。根据价值链理论，旅游的价值链构成如图 5 - 5 所示。从旅游价值链的横向维度，旅游业是一个由众多子行业构成、需要各子行业协调配合的综合性产业，其基本价值链由"食、宿、行、游、购、娱"等六个环节构成。构建以旅游目的地为核心的旅游产业供应链，避免以旅行社为核心供应链为旅游业可持续发展带来的问题（环境、经济和社会效益低下）[①]。此外，旅游价值链是与其他价值链系统紧密相连，对这些资源的开发必须嵌入并融合地域地脉与文脉[②]的旅游开发，才能实现可持续发展。贫困人口参与旅游价值链依赖于其拥有或者能够获得的有利于参与旅游的生计资本存量等生计要素，因而明确贫困人口参与旅游价值链开发的差异性具有一定的必要性。

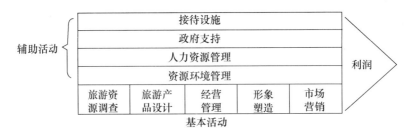

图 5 - 5　旅游价值链结构

四　结语

PPT 视角下，旅游开发与减贫之间具有一定的内在关联，并且旅游开发须以贫困人口获得更多的发展机会、收益为核心目标。藏区多处于"富饶中的贫困"状态，拥有丰富的旅游资源。以旅游资源丰富的县域为基本单位，将各种旅游资源进行整合，并将部分旅游资源开发纳入扶贫旅游开发体系之中，通过使贫困人口参与其中以促进其生计多样化而达致生计可持续，是 PPT 实现及减贫目标的重要途径及条件。

---

① 路科：《旅游业供应链创新模式初探》，《旅游学刊》2006 年第 3 期。
② 地脉是一个地域（国家、城市、风景区）的地理背景，即自然地理脉络；文脉是指一个地域（国家、城市、风景区）的社会文化氛围和社会文化传承，即社会人文脉络。

下　篇

公共产品供给缓解生计脆弱

第六章 公共产品供给从无到有：
生计方式变迁

一定区域农牧民的生计方式有着很强的路径依赖，因为生计方式总是在民众长期与自然环境、社会环境的相互影响与适应中形成。生计方式内含能力、资源和行动。甘孜藏区曾经的土地、草场及牲畜占有情况以及赋税水平、生产工具运用等，表现了甘孜藏区农牧民历史范畴的生计脆弱，自然环境和社会建构形塑了甘孜藏区农牧民的历史上长期的生计脆弱。中华人民共和国成立后，村庄公共产品供给不断增量，有效改善农牧民生计状况，但依旧生计脆弱。

第一节 双重形塑：中华人民共和国成立前
甘孜州农牧民生计脆弱

考古资料发现，甘孜州在五千年前的新石器时期已有农耕，到隋唐时期（587—907）农业生产已有明显发展。《隋书·附国传》中有"以土宜小麦、青（青稞）"的记载。清代末年，实行改土归流，在农业方面，开办垦务。民国后，农业生产耕作粗放，仍保持刀耕火种，广种薄收。据西康省公安厅编印的《旧西康省康属概况》记载："康属全年产量40.95万石。"1945年9月西康田粮通讯记载，西康省粮食生产"康属总计为43.75万石，天赋征收3.1万石，民用为40.65万石，仅是当地人口之食用，而旅居、戍军、公务人员即牲畜之食用尚无所出"。[①]

中华人民共和国成立前，甘孜州民众生计脆弱有多方面导因。自然环境恶劣、灾害频发、生产艰难、生活困苦等，形成因自然条件而建构的脆弱性。"汲取性"统治下，农牧民拥有或耕作的土地资源很少，加之较高

---

① 甘孜州志编纂委员会：《甘孜州志》（中），四川人民出版社1997年版，第889页。

的贡赋和无偿差役，民众生计更为艰辛，社会建构加深其脆弱性。我们将前者称为自然建构的脆弱性，即因自然、资源环境等形成的脆弱性；后者称为社会建构的脆弱性，即因政治、文化等因素形成的脆弱性。

一 自然建构的脆弱性

历史地看，人们趋利避害的理性，使其尽量选择居住在自然环境较好的地方。条件不断改善的人们，逐渐迁居到生存条件更好的地方，经年累月，形成了最贫困的群体居住在最危险的地方。最危险的地方往往是生存资料极少而自然灾害又最为频发的地方。

甘孜州的自然建构的脆弱性表现为累积式脆弱性与冲击式脆弱性交织。历史上，甘孜州因脆弱的自然环境，民众生计脆弱，且脆弱性不断累积；天灾人祸的不断扰动，形成冲击式脆弱。

（一）自然建构的脆弱性长时期累积

甘孜州原本自然环境严酷，民众生计的脆弱性不断累积，形成累积式脆弱性。

中华人民共和国成立前，甘孜州的可耕土地少，耕地土壤占土壤面积的0.84%。土质较差，产量很低。甘孜州的土壤属于"青藏高原高寒地区的高山土壤群系"，大部分土壤发育处于原始阶段，土壤中多含石砾，耕地土壤熟化程度低，土层薄，坡度大，热量不足。中华人民共和国成立前，自然经济占统治地位，农牧业生产落后，生产力水平低下，生产停滞不前。农区生产工具基本上是木质的，木犁、木耙在大部分地区是主要农具，犁尖用坚硬的青冈木削成，一个犁尖耕地一两亩，就需要更换，耕深仅3寸左右。其他农具如锤（碎土工具）、连枷（脱粒工具）也多为木质。耕作制度粗放。农作物单位面积产量仅100斤左右。牧区主要采取游牧方式，随畜群四季迁徙。牲畜疫病流行，得不到防治和控制。牧草退化，得不到培植和保护。牧区生产工具十分简陋，只有皮绳子、皮口袋、木奶桶、木驮鞍等。春天剪羊毛不用剪子。畜产品加工全靠手工操作，管理粗放，牲畜繁殖率不高，畜产品产量低，幼畜成活率一般为60%—70%。[1]

（二）自然灾害形成冲击式脆弱性[2]

不断的自然灾害冲击着业已脆弱的民众生计，自然灾害分为地质灾

---

[1] 甘孜州志编纂委员会：《甘孜州志》（上），四川人民出版社1997年版，第204—205、268页。

[2] 本部分关于自然灾害的材料参见甘孜州志编纂委员会《甘孜州志》（上），四川人民出版社1997年版，第213—217页。

害、气候灾害和其他灾害等,危害深重,或人畜死亡,或房屋倒塌,或土地被毁,不一而足。

1. 地质灾害

迄今为止,甘孜地区的地质灾害呈现以下特征:地质灾害类型较全,滑坡、泥石流、崩塌在区内普遍存在;灾害发生频率高,每年均有灾害发生;规模较大,危害程度严重。[①]

甘孜州的地质灾害主要有地震、滑坡与山崩、泥石流、水土流失等,尤以地震带来的损失最大,泥石流的发生较为普遍。

由于地质构造因素,甘孜州是地震多发区,地震活动强烈而频繁,州境内地震基本烈度全部属六度区以上,其中地震烈度大于或等于九度区的有康定、道孚、理塘县的部分地区,基本烈度为八度区的有泸定、康定、道孚、炉霍、甘孜、石渠、理塘、巴塘的部分地区,基本烈度为六度区的有乡城、稻城、得荣的部分地区,其余县为七度区。据1722年(清康熙六十一年)至1990年地震资料统计,共发生 Ms≥5.0 破坏性地震84次,其中6.0级以上的34次。其强度之大、频度之高、周期之短、分布之广、震源之浅及破坏损失之重,全国少有。

滑坡与山崩,主要爆发于高山峡谷地区,有的因地震造成,有的由雨水长期渗透而诱发,也有的因冰川消融而发生剥皮式崩塌。州内康定、泸定、丹巴、德格、巴塘、得荣等县高山峡谷区中华人民共和国成立前近60年,发生较大滑坡与山崩6起。历史上重大的山崩与滑坡有1786年(清乾隆五十一年)泸定摩岗岭因地震引起的山体崩塌等,1896年(清光绪二十二年)石渠与西藏生达毗邻地段和1967年雅江县唐古栋发生大滑坡,都曾导致大渡河、金沙江、雅砻江截流达数日之久,造成严重的水灾。

州内泥石流主要在西南季风气候影响下的泥石流极强活动区以及川滇山地暴雨泥石流亚区,属暴雨型泥石流。另在贡嘎山、格聂山、雀儿山的主峰地带也常出现冰川泥石流。暴雨型泥石流往往具有明显的夜发性和齐发性特征,常常因山体陡峭、岩石破碎、土层疏松,经过雨水的浸泡或暴雨突袭,致泥石流成群、成片或成带地出现,造成灾害。1776年(清乾隆四十一年)康定城东南后山五色海下切谷口,沿跑马山南麓的一次泥石流最大,使康定旧城毁于一旦。

州内部分地区因暴雨、山洪等因素,水土流失较为严重,主要集中于

① 郑万模、周东、王锦:《四川省甘孜州地质灾害特征与防灾减灾对策》,《地质灾害与环境保护》2000年第2期。

金沙江、雅砻江、大渡河干、支流谷地。

2. 气候灾害

历史上，甘孜州的气候灾害主要有雪灾、风灾和冰雹、干旱、大暴雨等。雪灾频率高，对牧区危害大，干旱、霜冻对农区影响很大。

雪灾形成的主因是地理位置。牧区一般在海拔3400—4200米的高寒地区，入冬后，由于冷空气频繁入侵，降温急剧，特别是冬末春初的2—5月是风大雪多的季节，凡连续积雪日数大于或等于5天，且日降雪量大于或等于20毫米，就可能造成雪灾。

风灾以康定县、丹巴县、甘孜县居多，年平均大风日数分别为122天、117天、104天。泸定县、巴塘县、得荣县、理塘县四县在30天以下，为全州最少，其余地区为40—98天。大风天气主要出现在11月至次年4月，占全年大风日数的80%以上。大风和冰雹同时发生的现象较为常见，并引发局部地质灾害。冰雹在州内各地均有发生，主要是局部地段的热对流天气发育所致，冰雹直径一般为5—9毫米。州内存在两个明显的冰雹中心，一是沙鲁里山南段的理塘、稻城一带，二是石渠、色达一带。常发月份为5—9月，冰雹发生时，降雹呈带状分布，宽度一般有1—2千米。海拔2600米以下地区，年平均降雹日数小于5天，但雹径较大，危害严重；海拔2600—3500米地区，年平均降雹日数为5—17天；海拔3500—4000米地区，为降雹次数最多的地带，年平均降雹日数达20天以上；海拔4000米以上地区，降雹次数随高度增加而有下降的趋势，雹径也随之变小。冰雹出现的季节一般集中在4—9月，出现时段以午后至上半夜居多。州内夏季多雹灾。1993年8月15日17时左右，得荣县茨巫、斯闸及城区遭大风冰雹袭击，最大风速28米/秒，最大冰雹直径20毫米，造成133.33公顷农作物和800多株经济林木受灾。[1]

甘孜州年蒸发量是1500—2000毫米，大于年降水量325—900毫米，冬春少雨，低海拔河谷地带极易发生干旱，夏旱也时有发生。

甘孜州时常发生低温冻害，境内海拔2600米以下地区，无霜期为190天以上；2600—3900米地区，无霜期50—160天；3900米以上地区，无绝对无霜期。因此，州内多数地区气温低、冬季长、霜雪多，极易遭低温冻害。

---

[1]　甘孜藏族自治州地方志编纂委员会：《甘孜州志（1991—2005）》，四川人民出版社2010年版，第179页。

3. 其他灾害

其他灾害主要有农业病虫害、牧区鼠害及虫害、森林火灾及病虫害等。

二　社会建构的脆弱性

如果说,自然环境恶劣导致的生计脆弱具有自然性,而社会制度作用下形成的脆弱,便是社会建构。历史上,甘孜州长期的"汲取性"统治,直接加剧农牧民的生计脆弱性。也就是说,社会建构的脆弱性在甘孜州突出体现为"汲取性"统治下,基本没有公共产品供给(或公共产品反向供给),农牧民贫困程度深,生计脆弱性很强。

中华人民共和国成立前,农牧业生产是农牧民最基本的生计方式,手工业淹没在家庭经济中。土地占有及使用、赋税、乌拉差役等社会建构因素直接形塑农牧民生计脆弱。

中华人民共和国成立前,农牧民依附于领主,土地占有及使用量极少,贡赋很重。直接控制农牧民的领主(土司、头人等)追逐私利,对于民众是"汲取"而不是"给予",难以说供给了与农牧民生产生活密切相关的公共产品。甘孜州的另一个统治者是政府,它对民众依然是"汲取",而无"给予"。如果一定要论及公共产品供给,在中华人民共和国成立前的甘孜州,是民众以缴纳税赋、支付差役等方式,向领主和政府提供资源和支持。如果以今日政府向农牧民供给公共产品作为对照,可以认为,中华人民共和国成立前甘孜州农牧民生计脆弱与无公共产品供给或"反向供给"密切相关。

土司制时期,甘孜州的农牧业长期处于刀耕火种、逐水草而居的状况。农牧主占有全部生产资料,以土地束缚农奴,繁重的贡赋和苛杂,超常的畜租,广大农牧民愈趋贫困破产,沦为奴隶或乞讨为生。据成都军区司令部《康区南部社会情况调查》记载:理塘城区 500 余户,就有 200 余户沦为赤贫,家中仅有一个木碗、一口锅、一个茶壶和一件终年不离身的破烂皮衣。[①]

(一)农牧民极少拥有土地,生计资源极度缺乏[②]

土司统治地区的全部土地(包括耕地、草场、森林、山川)以及依附于土地的农奴都属于土司所有,土司将部分土地封给头人或捐赠给寺庙,形成三大领主瓜分辖区内耕地、牧场、山林的局面。民主改革前,占

---

① 甘孜州志编纂委员会:《甘孜州志》(上),四川人民出版社 1997 年版,第 809—810 页。
② 同上书,第 810—812 页。

总人口95%左右的农牧民，只占耕地面积的30%；占总人口4%的农奴主，占有总耕地面积60%以上，其中寺庙占有耕地总面积的18%。[①] 土司领地、头人封地、寺庙封地是农奴主占有土地的主要形式。

1. 土司领地

我们以德格土司领地情况，简要呈现农牧民土地资源匮乏。历史上素以"天德格，地德格"来形容德格土司辖地宽广。德格土司直接控制辖区内45%以上的耕地、牧场和山林。土司将直接控制的耕地分为自营地（又称官地）、差地（又称份地）、租佃地（无差地）。（1）官地。官地的耕作是土司只出种子，征派各地差巴自带农具、肥料、口粮，轮流耕种。收成归土司，差巴无偿服役。土司还拥有大片水草丰茂的牧场，征派差巴无偿放牧。（2）差地。土司把大部分直接控制的土地作为差地，划分成许多块，分配（带租佃性质）给差巴耕作，差巴对差地只有使用权，没有所有权。份地可以世代相承，不能买卖或典当。使用差地的条件是世世代代为土司支差、贡赋，没有迁徙自由。在农区，通常分给人差户2—4亩差地，牛差户5—8亩，马差户20亩，兵差户20亩以上。（3）租佃地。土司将少量土地作为租佃地和无差地使用，租佃地多数是差民逃亡后荒芜、偏远、贫瘠的耕地和荒坡。租佃者大多是辖区外流浪而来的差民、娃子及汉族流浪户。佃户租地时不交押金，租佃期间不支差役，经营土地的农具、种子、肥料等由佃户负担，每年按土地收成的4成或5成向土司缴纳粮食。

2. 头人封地

头人所属土地全部来源于土司的封赏，具有"俸田"性质，头人对封地可世代继承和使用，但无所有权，不能买卖。头人封地约占土司辖区面积的30%左右。同时，土司又将无力支差、家境贫困的农牧民划为科巴，赏给头人，供其役使。头人不向土司支差、纳赋，但每年要以"进贡、送礼"方式，向土司交纳若干次"礼品"。头人所属土地使用方式与土司相同，也分为自营地、份地、租佃地三种。头人的自营地，每年从春播到秋收，征派科巴为其无偿耕作，收成全归头人。每户科巴分得份地仅1—5亩，收成难以糊口，每年还得按时按量为头人服劳役和上交实物赋税。部分大头人也出租少量土地，租佃对象及方式、收获分成与土司租出土地相同。牧区头人将草场分为夏季牧场和冬季牧场，夏季牧场为头人、科巴共同使用，冬季草场则由头人独占大面积的肥沃草场。贫困牧民因畜

---

① 甘孜州志编纂委员会：《甘孜州志》（中），四川人民出版社1997年版，第885页。

草不足，冬春时节牲畜大量死亡。

3. 寺庙封地

寺庙土地大部分来自土司的赏赐，部分来源于历代王朝的直接封赏和土司、头人、世俗人等的布施。寺庙土地在使用上分为自营地、份地、租佃地、僧田、神山、放生地6种。（1）自营地。自营地由寺庙派管理人员，监督寺庙所属科巴为其无偿耕作，收成归寺庙所有。（2）份地。划分一至数亩的份地给科巴耕种，每年按规定给寺庙支差，上交贡赋。（3）租佃地。部分寺庙出租少量土地，方式与土司、头人相同。（4）僧田。将少部分肥沃的耕地分为若干块，奖给勤学精进以及对寺庙有贡献或个别经济困难的僧侣耕作，称为僧田。（5）神山。每座寺庙还将所属部分山峦、森林、河流封为神山、神水，禁止僧俗人员垦地、放牧、砍伐、狩猎，严禁在神水钓鱼。（6）放生地。寺庙将部分牧场划分为放生地，严禁僧俗人等在放生地放牧或捕杀动物。

（二）农牧民生计资源稀缺:阶层状况

通过各阶层状况，可观察到甘孜州农牧民生计资源稀缺。土司制时期，甘孜百姓主要有差巴、科巴、娃子（奴隶）、自由贫民、车瓦、手工业者、佃户、寺庙中的中下层喇嘛等几个阶层，其生存方式与其阶级地位密切相关。[1]

1. 科巴。科巴意为"所需之人"，是土司赏给头人和寺庙，世代为头人、寺庙服差役，纳粮赋、人身自由受限、社会地位最低的农奴。大多数科巴无房屋、农具、牲畜，通常由头人或寺庙指定一破败房屋供其居住，划给1—5亩土地供其耕种，大部分时间为头人、寺庙支遣役使。科巴分为"科巴尼亚"和"科纳"，"科巴尼亚"又称活科巴或有期科巴，有一定的人身自由，用劳役来租地，是改土归流后出现的；"科纳"又称为死科巴或无期科巴，以劳役支付地租，即科纳户出一专人终年为主人种地、砍柴、修房造屋等，如果不出专人，则须随叫随到。无期科巴也有等级之别：上等是"各堆"，份地面积较大，有资格做无期科巴的头目；下等是"科穷"。无期科巴与奴隶可以相互转化，土司将家业破败、无力支差纳赋的差民贬为科巴，作为赏赐送给头人或寺庙，为头人、寺庙世代所属。科巴又可作为礼物、布施，在头人之间、头人与寺庙之间相互馈赠。科巴的数量占人口的40%左右。

2. 差巴。差巴意为"当差的人"，是依附于土司，专为土司家族支差

---

① 甘孜州志编纂委员会:《甘孜州志》（上），四川人民出版社1997年版，第798—800页。

服役并缴纳各类赋税的农奴。差巴耕种划拨的土地有数亩至数十亩份地，收成归己，但必须承担土司每年派定的钱粮税赋，出人、牛、马、枪为土司支应各类差役。差巴一般有简陋的房屋农具和牲畜。土司根据每户差民的劳动力及牲畜情况，将差巴分为人差、牛差、马差、兵差（枪差）等，最穷的是人差户、牛差户，经济条件稍微好一点是兵差户。差巴约占区内人口总数的50%左右，其社会地位、经济状况、人身自由略强于"科巴"，但赋役比科巴重。

3. 娃子（奴隶）。男性娃子称为"约布"，女性娃子称为"约母"，意为"执役人"，毫无社会地位和人身自由，无偿为主人服劳役。娃子听凭主人为之婚配，所生子女仍为娃子。娃子约占区内人口的1%—2%，来源于主人收养的孤儿孤女，或由单身无期科巴转化而来，个别是无家可归、穷途潦倒的流浪汉和乞丐、终生当娃子的"车约"或口头约定期限当娃子的。

4. 自由贫民。自由贫民是流浪不定之人。自由贫民由几部分组成：（1）乞讨为生的乞丐；（2）逃亡异乡的差民；（3）破产的牧民；（4）常年靠狩猎旱獭为生，终年游移不定，是无家无业的猎人；（5）从内地来从事淘金、工匠、小商贩、开店房等行业的穷苦汉民。他们可以自由迁徙，无固定住址和经济收入。

5. 车瓦。车瓦，在牧区意为当差纳赋者，按牧民占有牲畜数量分为上、中、下三等：有牛200头以上者为上等车瓦；100—200头的为中等车瓦；30—100头的为下等车瓦。在下等车瓦中有牛70—100头者称为"车得"，30—70头者为"车恩"。不足30头者为穷苦牧民，其中有牛15—30头者叫"尼麦"，意为"烧火支差的人"；有牛15头以下者称为"尼麦突斗"，意为支差跑路的人；无牲畜者为"强布"，是乞讨度日者。上等车瓦，经济上富裕，政治上也较有权势。中等以下车瓦，分别相当于农区的差巴、科巴、约布。

6. 手工业者。在改土归流地区的长工、短工、靠帮工和做手工为业的农牧民，人身依附关系比较松弛，其身份可分为差户手工业者、花户手工业者、寺庙所属手工业者。

7. 佃户。佃户是甘孜东部、南部区全靠租种土地为生的农民。

（三）农牧民贡赋沉重：成果被剥夺①

收支在很大程度上影响民众生计，拥有及使用土地的情况直接影响

---

① 甘孜州志编纂委员会：《甘孜州志》（上），四川人民出版社1997年版，第812页。

"收入",贡赋的多少直接影响其"支出",赋税也直接影响农牧民生计。

按规定,差巴每年向土司和官府上交赋税,科巴向寺庙、头人、官府上交粮赋,大头人向土司上交年贡。民国时期,牧区差民向官府交纳赋税,以牛为单位计算。每4头牛上交官府1藏元的牧业税;有10头牛的差民,每年上交官府木柴1驮、马料150斤或草头税10藏元;每一牛场部落,每年向官府上交15头牛、30只羊的肉食品。

农区差巴每年承担的实物赋税为:人差户每年以差地下种的种子量的1/4粮食上交土司,下种量的1/2作为公粮上交官府,另外,以下种粮的1/8上交寺庙,用以求神禳灾;牛差户每年上交青稞1包(为60—80市斤)给土司,青稞2包给官府,半包给寺庙;马差户每年向土司上交粮食1—2包,向官府上交3包,向寺庙商家交1包;此外,人差户、牛差户、马差户都要向土司交纳数量不等的酥油、牛肉、柴草、杂物等。科巴除了向官府纳税,每年按规定向头人或寺庙上交钱、粮、肉、草、柴等赋税。

德格土司每年在辖区内收纳年贡,品种达35种。每年秋收后,土司将年贡品种、数量,分配至各宗、村、牛场部落,责成各地大小头人将贡赋落实到每户差巴,并催收缴齐。1947年,德格土司的年贡除粮食外,尚有哈达233条、印度布3匹、缎子12匹、府绸39丈、丝绸3.1匹、布10.5匹、氆氇2捆、毛毡1床、狐皮148张、沙狐皮163张、白熊皮1张、猞猁皮17张、豹皮6张、水獭皮4张、狼皮6张、羊羔皮347张、牛皮55张、岩驴皮1张、牛尾36根、野牛胆2个、狼头8个、狐狸头4个、黄金0.65两、白银237两、藏洋1703元、茶叶63.2包、酥油738斤、奶渣344碗(每碗约0.6斤)、人参果196碗、马68匹、骡2匹、犏母牛40头、犏牛11头、母牦牛10头、羊214只、牛肉102腿(4腿折1头牛)。

畜租是牧民贡赋的最主要形式。理塘曲登、毛丫地区土司的牧场牧草属土司所有,牧民每年须向土司交一天所产的畜产品,如酥油、奶渣、奶饼、皮毛等;每年秋季每户牧民按1头牛(4只羊折合1头牛)向土司交税银藏洋1元、酥油3—10斤(系藏秤1斤合6市斤),比较富裕的牧民于每年11月须给土司交牛、羊肉。土司还将剩余牧草租借给缺乏牧草的牧民,牧民每月每百头牛须向土司交酥油5斤或羊1只。德格土司、头人将部分牲畜出租给差巴、科巴或流浪户放养,一般牲畜年租金为:每一头犏牛交2甑茶、7.5元大洋;犏母牛每头交酥油30斤、大洋41元;每头母牦牛交酥油15斤、大洋20.5元;当年末产小牛的犏母牛交酥油25斤、大洋 22.5 元，母牦牛每头交酥油 7.6 斤、大洋 10.5 元；母畜产仔，归畜主人所有；幼畜满 3 年后照数计租；牲畜出租期间，大牛死亡，由租方赔偿，死牛的肉归畜主，牛毛归租方。①

（四）乌拉：生计资源被剥夺

民众无偿支差，占用家庭劳动力，在一定程度上减少民众收益。因艰难的交通，乌拉差役是民众沉重的负担，也严重影响其生计。

乌拉是蒙古语，满语和藏语都意为差役，源于突厥语。在蒙古族地区，历史上指供应来往使臣、客商乘骑的马匹。在藏族地区，指旧时农奴向农奴主支差的各种差役，包括人役和畜役，是农奴的一项繁重负担。民主改革后，已彻底废除。乌拉是国家、地方政府及农奴主对农奴的一种强制劳役地租，包括人役和畜役。乌拉差役的种类很多，如无偿为领主及政府耕种土地、修建房舍、交通运输、供应柴草、背水喂马等。其中，交通运输一项是藏区历史最久、危害最深的一种徭役，一直延续到民主改革以前。② 中华人民共和国成立前，甘孜藏区的乌拉使用者众多。首先，19 世纪、20 世纪，中央政府多次对西藏用兵，难计数量的过境部队，皆使用乌拉。其次，入住甘孜州的塘汛官兵，其一切差役需求均有赖于各地支派的乌拉。再次，官员以及许多有身份地位者，进出甘孜，皆用乌拉。乌拉制度虽经赵尔丰、刘文辉等不断改革，但依然沉重，抗支、集体逃亡躲避乌拉事件时有发生。

三　公共产品缺失：历史范畴的脆弱性

无论是自然建构的脆弱性，还是社会建构的脆弱性，从公共产品供给的角度来看，在历史上，甘孜州极其缺乏公共产品供给，或者说公共产品供给是一种"反向供给"。反向供给是指公共产品由民众供给，而不是政府向民众供给。因为从社会福利的视角来看，现代社会条件下，民众基本福利由政府向民众供给。由此，我们可以认为，历史上甘孜州民众承受的贡赋、乌拉等，是民众供给公共产品。反向公共产品供给，源于甘孜州长期的"汲取性"统治，即自然环境和社会建构，共同形塑了甘孜州历史范畴脆弱性。

历史范畴脆弱性的延续，影响着现实范畴脆弱性。现实范畴脆弱性，反映到公共产品供给方面，形成公共产品匮乏、需求量大、供给成本高、

---

① 甘孜州志编纂委员会：《甘孜州志》（上），四川人民出版社 1997 年版，第 813 页。

② 胡晓梅：《刘文辉甘孜州乌拉制度改革论述》，《四川教育学院学报》2002 年第 9 期。

外部依赖性强等特征。

中华人民共和国成立后，通过制度建构等，政府不断供给各种公共产品，改善甘孜州农牧民生计。

第二节　甘孜解放到民主改革前：开始供给公共产品

民主改革前，甘孜州的土地制度没有改变，农牧民的生计方式也没有发生根本改变，但就在当时的条件下，政府尽可能地供给公共产品，努力改善农牧民生计。

一　农牧民生计依旧，初见政府供给公共产品

民主改革前，甘孜州自给自足的自然经济占统治地位，生产十分落后，越偏西越落后。

（一）农民生计：农牧互补，交换甚少

杨静仁等 1954 年的调查显示，农业生产工具主要是木犁、木耙、鹤嘴锄、连枷等。农业生产技术很低下，一般不施肥、不除草、不除虫，年轮歇地在 1/4 以上，普遍使用撒播法，每亩地需种子 23 斤，较之内地的条播多耗费种子 2 倍多（内地每亩需要种子七八斤）。农产品以青稞为主，小麦、豌豆、马铃薯、玉米、元根次之。由于气候关系，大部分地区每年只收一季。常年产量最高为种子的 8—9 倍，最低为 2—3 倍，普遍为 5—6 倍。那时有耕地 125 万亩，年产粮食约 1 亿斤。农村主要的副业为养牛、织毪子（毛布）、挖药材等。张正明调查显示，中华人民共和国成立前，铁铧大体上只在甘孜州东路使用。北路的甘孜迤西，南路的理塘迤西，很少见到铁铧。[①]

中华人民共和国成立后，政府发放铁质农具，铁铧的使用得到推广，但在雅砻江与金沙江之间的大片土地上，寸铁全无的木犁仍然是主要的农具。这种木犁实质上还只是耒耜向犁的过渡形式，它只是把耒耜加粗，在起土部分弯成钝角，在主杆靠近顶端的地方加上一根长长的与主杆形成十字交叉的木杆，木杆前段又加一横木，横木两端分别紧系在左边一牛的右角和右边一牛的左角上。使用这种木犁，牵挽非常费力。犁尖用坚硬的青

---

① 四川省编辑组《中国少数民族社会历史调查资料丛刊》修订编辑委员会：《四川省甘孜州藏族社会历史调查》，民族出版社 2009 年版，第 4、7 页。

冈木削成（个别用牛角），一个犁尖耕地 2 亩左右就要更换。耕深为 3 寸左右。有的犁尖上裹上一层铁皮，效能较高。个别地方，农民在犁地之前往地里泼水，使土壤松散，以便次日犁耕。据试验，这种木犁的工作效率只有双轮双铧犁的 1/6。其他各种农具有碎土用的木锤、挖地用的板锄、收割用的带齿镰刀和打场用的连枷等，有些地方使用薅草用的薅锄。耕地大部分已经固定，并采用轮种方法；小部分需要轮歇，轮歇期间也可以用作牧场。藏民族习惯性地认为人粪是不能与庄稼接触的秽物，故而向来不施用人粪，也很少使用别的肥料。又因为宗教信仰，不杀虫豸。既不杀虫豸，则人工灌溉方法也就极少使用。历史上，遇到旱灾和虫害，只有念经祈祷。中华人民共和国成立后，人们逐渐比较注重人工灌溉了，据说道理也讲得过去，因为这是水淹死虫豸，而不是人直接地有意地杀害虫豸。也有人同意用药物治虫了，理由与灌溉相似。下种都用撒播方法。除草用手拔。中华人民共和国成立前的粮食产量，一般只有种子的 5 倍左右。甘孜州东路的折多山以东地区（丹巴、九龙、泸定和康定县大部分）有很多汉族人居住，农具及耕作技术与内地汉区相似，产量也高。东路的折多山以西地区虽受汉区影响较多，但就生产力来说，大体上与南北两路相似，只是已引进了铁铧。①

农民以畜牧为首要副业。农民所需的毡衫（毡子用羊毛织成）、羊裘、皮靴、酥油、肉食、燃料（牛粪）、坐骑等生活资料以及耕畜、驮畜、皮袋、皮带等生产资料，都有赖于畜牧业。如果说，土地是农民的第一条生命线，那么，牲畜和公用的牧场就是第二条生命线。因此，牲畜的多少不只是牧民财富的首要标志，也是农民生活贫富的一个显著标志。②

手工业已与农牧业有了初步分工。所谓初步是指如下两个特点。第一，独立手工业者很少，手工业者绝大多数兼事农牧业。如德格是出名的手工业中心，但在 1954 年，全县只有 8 户独立手工业者（据另一资料为 23 户，也不算多）。第二，从农牧业中分离出来的手工业基本上只限于农牧民自己无力制造的物品。③ 1956 年，杨辛、张正明详细陈述了当时农区村庄的生计状况（见个案 1），包括其农业生产以及家庭副业等。由他们的调查可以推知，因生产水平的落后，民众生计艰难。

---

① 四川省编辑组《中国少数民族社会历史调查资料丛刊》修订编辑委员会：《四川省甘孜州藏族社会历史调查》，民族出版社 2009 年版，第 7—8 页。

② 同上书，第 8 页。

③ 同上。

个案 1　甘孜县麻书乡如西村农牧民的生产与生计[①]

1. 基本情况

甘孜县麻书乡如西村有 185 户（1092 人），劳动力有 423 个（半劳动力 2 个折合 1 个整劳动力），现有耕地 2363.5 袋（一袋地就是播一袋子种子的地，一袋种子 84 斤左右，一袋地有 3.8 亩左右），其中，年年耕种的占 4/5 弱，间歇耕种的占 1/5 强——通常是耕种三年休耕三年。休耕的土地可以生长牧草。按 1092 人计算，平均每人有耕地 2.1 袋；按 423 个劳动力计算，平均每个劳动力耕作 5 袋地（间歇耕种的地折合成半数作为耕种面积）。耕畜有 386 头（耕畜数字大多是侧面了解的，不很准确，但与实有数字不会出入很大）。

2. 生产

粮食作物有青稞、豌豆、小麦三种。蔬菜有萝卜、马铃薯、白菜、菠菜、莴苣、莲花白、葱、蒜等。除了粮食和蔬菜以外，没有其他作物。

农具主要是犁，其次是镰刀，此外还有用来挖粪和刨地（不便犁耕的地角）的板锄、用来掘菜和薅草的薅锄、主要用来匀粪的荒耙、主要用来扒草的齿耙、用来碎土的"摆多"以及用来打场的"连枷"。铁铧长约 18.5 厘米、宽约 10 厘米、厚约 7.5 厘米，耕地深度为 4 寸左右。犁架异常笨重，牵挽方法也非常笨拙，一副犁架要用两头耕牛。齿耙都是政府发的，解放前没有。较大的铧、板锄和荒耙也是解放后才有的，解放以前只有较小的。

藏历二月中旬开始春耕（藏历月日与夏历相差不大）。春耕有施肥、犁地、碎土、播种四项工作。每袋地的施肥量，解放以前最多只有 50 多背（每背 20—40 斤），解放以后逐渐增多，去年最多已达到 120 多背。犁地只犁一道。种子是撒播的。每袋地的下种粮，青稞和小麦都是一袋，豌豆稍多于一袋，解放前与解放后相同。下种的先后次序是：豌豆—小麦—青稞。三月下旬，春耕大体结束。

五月上旬至六月上旬除草，极少用锄薅，通常用手拔。青稞和小麦除草一道至两道，豌豆除草两道至三道。解放前，差役繁重，农民没有足够的时间除草，以致收割的时候往往有 20% 是杂草。解放后，废除乌拉制度，农民才有比较充裕的时间来除草。

[①]　四川省编辑组《中国少数民族社会历史调查资料丛刊》修订编辑委员会：《四川省甘孜州藏族社会历史调查》，民族出版社 2009 年版，第 39—44 页。

七月上旬至八月上旬收割。收割的先后次序是：豌豆—青稞—小麦。接着是一面打场，一面翻地。翻地要翻两道。九月下旬，翻地完毕。

每袋地每年平均用工数，1949 年为 10 工，1955 年为 14 工。

每个劳动力平均耕种 5 袋地，依此计算，每个劳动力每年的农业劳动工数，在 1949 年只有 40 多工（当时耕地较少，现有耕地有一小部分是解放以后开垦的荒地），在 1955 年约为 70 工。

犁地、碎土、收割、打场和翻地是男子的主要劳动，施肥、碎土、除草、收割和打场是女子的主要劳动。男子习惯上不施肥、不除草，女子习惯上不犁地、不翻地。由于除草用工很多，女子担负的劳动量不低于男子。

粮食作物的单位面积产量很低。每袋地的平均产量，在 1949 年只有 5 袋左右，在 1955 年也不过是 6 袋至 7 袋。也就是说，下种粮与收获量的比例，在 1949 年是 1:5 左右，在 1955 年是 1:6 或 1:7。

宗教方面有些戒律不利于生产发展。这些戒律主要是不杀害虫，不引水浇地，不准开垦神山，不准在神山上打猎、采药。这些戒律已经成为群众性、历史性的习惯，而且还牵涉到寺庙，因此，只能在生产发展、人们生活改善和人民认识提高的基础上逐渐改变。该村虽然有良好的灌溉条件，但只有极少数人敢于引水灌溉，大多数的地是只靠雨水的。

3. 家庭副业

农民的家庭副业有畜牧、纺毛线、织毡子、砍柴、割草、采药、扫碱、种菜、喂猪、养鸡、做凉粉、糅皮子①、编背篼、铁工、木工、缝纫、经营磨坊、刻玛尼石、托运、卖工等。

畜牧和纺毛线、织毡子是主要的自产自用的副业。牧业与农业相比，只占次要的地位，但在家庭副业中就是首要的一项。普遍每户都有两三头奶牛和两三只绵羊，有些人家有七八头奶牛和几十只绵羊，有少数贫民没有奶牛和绵羊。某些人家在本村经营农业而在别村经营牧业。例如更曲，在本村有 12 袋地，在别村的牧场有 40 多头牛马，

---

① “糅皮子”或“揉皮子”的表述，一般是政府、学者们描述甘孜州人们的生产生活时所用词汇。据笔者调查，甘孜州的农牧民们的口语表达一般不说“rou 皮子”，而说“rua皮子”，即“挼皮子”。“挼皮子”的写法或许更能反映动作特色，也具有语言的地区特色和民族特色，后文皆写为“挼皮子”。

农忙季节全家并力从事农业，平常分头从事农业和牧业。类如更曲这样兼营农牧业的人家，全村将近10户。完全从事牧业的，本村只有1户。农民最重要的生产资料固然是土地，但农民家境是否宽裕的最明显的标志是牲畜的多寡。纺毛线用原始的石制纺锤，织毪子用简陋的木制织机。在农闲季节，在农事的间隙里，家家的妇女都在纺毛线、织毪子。

砍柴、割草和采药是几项主要的投入市场的家庭副业。但在解放前，柴草绝大部分被民国政府和军队无偿征收了，百姓极少有出卖柴草的可能；同时，由于土特产品销路狭窄，采药的收入也很少。解放后，人民政府和解放军所需的柴草都以合理价格收购，不仅减轻了百姓的负担，而且还增加了收入；同时，由于土特产品销路日渐扩大，采药的收入也增多了。现在，每100斤柴的市价是2元（指新币，下同），每人每天砍到200斤柴，普通人家每年可以卖出1000斤柴。农民卖出的柴草和蔬菜绝大部分是供应机关和部队的，如西村由于处在公路沿线和甘孜县城近郊，柴草和蔬菜两项副业收入比偏僻地方多。药材以知母为大宗，只要有时间去采，每户每年可得到几十元收入。

铁工、木工、缝纫、经营磨坊和刻玛尼石都是代客加工的手工业。铁匠有3个，1个铸铧、1个补锅、1个修整农具和枪支。铸铧的是藏人，其余两个是汉人。铸铧的原料，一部分来自南路，一部分是当地的废铁。现在，因为国营贸易部门供应的铁铧价廉物美，这个铸铧的藏人已经歇业。木工只有两个，汉、藏各一。裁缝有4个，都是藏人。解放以来，人民消费绸布的数量逐渐增大，裁缝的生意逐渐兴隆起来。刻玛尼石是一项宗教手艺，全村有3家。

揉皮子和编背篼是自产自销的手工业，经营这两种手工业的都是贫民，只有1家揉皮子。

全村没有一户独立手工业者。所有手工业者都是农民，都以农业收入为主。

交换的基本形式是农民与牧民之间的以物易物，这是和社会分工基本上只存在于农业和牧业之间相适应。交换季节主要是秋收以后，那时周围的农民和牧民都汇集到甘孜，以农产品换畜产品，以农产品、畜产品、药材和兽皮换外来的茶、盐、布、铁器（铁锅和铁铧）和铜器（铜锅、铜瓢、铜壶）。对农牧民来说，铸币和钞票并不是实现交换的必备媒介。

农民生产的目的，主要不是为了交换，而是为了直接满足自己生产和生活所需。固然，农民不能离开交换而生存，他们必须依赖牧民以弥补自己生产的酥油、羊毛和牛皮的不足，必须依赖商人以取得必不可缺的茶、盐、铁器和铜器（布并不是非有不可的），必须依赖林区以取得木材。但是交换关系在农民的经济中只占很小的比重。凡是本地能出产的东西，农民绝不仰给于外地；凡是自己能制造的东西，农民很少仰仗于别人。他们不但可以自己缝纫衣服，自己建造房屋，自己生产粮食和蔬菜，而且可以自己制造木质的农具和织机。

4. 市场交换

关于农民和市场的关系，我们可以举出比较富裕的央玛卓塔为例（此人在民主改革中划为富裕中农）。央玛卓塔在最近几年内每年需要买进的东西有如下几种：酥油约需 162 元，羊毛约需 46 元，牛皮约需 13 元，茶叶约需 60 元，盐约需 27 元，添置生产工具约需 15 元，所有这些物品可以用 18 袋左右的青稞换来（每袋 18 元），耗去全年农业收入约 1/4（全年收获粮食 70 多袋），此外还有少许布匹没有计算在内。这户人家除农业收入外，每年还有砍柴、种菜、喂猪等收入约 150 元，家中还有驮畜 5 头、奶牛 2 头、绵羊 7 只。

自然经济至今仍然统治着这里的农村，但是，由于当地藏区内部生产的缓慢上升，商品关系所占的比重已经在渐渐扩大。经济的闭塞性和分散性正在逐渐消失，商人和货币的作用越来越大。甘孜城区由一个荒僻的小村变成了号称全州四大城市之一的集镇。甘孜城区在 19 世纪中期仅仅是一个普通的村落，村民专门充当土司的卫士和随员，同治年间甘孜招商设市，开始形成集镇。

5. 公共牧场

每村都有公共牧场，农民在公共牧场放牧无须纳税应役，这是农民得以在收入微薄的份地上生存下去的一个重要原因，因为，如前所述，畜牧是农民的首要家庭副业。

（二）牧民生计：手工生产为主，财富有限

1. 牧业生产情况

杨静仁等 1954 年的调查显示，甘孜州的牧业绝大部分系游牧，牲畜以牦牛为主。全区有牛 176 万头、羊 130 万只、马 18 万匹。牛瘟羊瘟、毒草毒水、害虫害鼠（破坏草场）为牧区的三大害，尤以牛羊瘟疫为最，牲畜死亡率很高。全区畜产品每年产酥油约 800 万斤、羊毛约 156 万斤、牛毛约 200 万斤、牛（羊）皮约 100 万斤。牧区以挖药材和驮运为主要副业。药材有鹿茸、麝香、贝母、知母、虫草、丹皮、羌活等,年产量可达 70 万、80 万斤。[1]

甘孜州的牧业主要采用游牧方式,牧民住牛毛织成的帐房。兼事农业的牧民也有定居游牧的习惯,康东一带牧民住石块砌城的碉房——与农民的居屋相同。牧业的生产工具和牲畜饲养方法距离近代的标准很远。羊毛不是剪的,而是用刀子割或者木棒拔的。挤奶全靠手。许多地方没有储备冬草的习惯,一到冬季,牲畜就有大量冻饿至死的危险,牧民不得不趁早宰杀老弱的牲畜,所以牲畜繁殖得很慢。牧业产量也低。一头母牦牛每天只能挤出奶一至四斤,母犏牛的出奶量约比母牦牛的高出一倍。一只绵羊每年只能剪毛一斤半左右。[2]

《德格县更庆乡下坝村调查》稍微详细地描述了当时的牧业生产情况(见个案 2)。

个案 2　德格县更庆乡下坝村牧业生产情况[3]

牧业生产工具极其简单,有用羊毛编制的投石器、割毛刀、牛毛绳和木扣子。无集体放牧习惯,不栽种牧草,但已实行分群放牧,壮牛放高山,弱牛放山腰,小牛跟着母牛,小牛犊拴在帐篷附近。牧场分夏、冬两季,牧草比较丰富,一般都没有储备冬草的习惯。

牲畜的繁殖率较高,牲畜交配由人工加以控制,种畜与母畜的比例为 1:5,不到交配期间,严禁牲畜杂交。空怀率一般仅 10%—20%。对小牛的饲养很注意,冬天住房子,夏天住帐篷,冬天还要给小牛喂酒和浓酥油茶。牧民一般不愿多挤奶,小牛成活率达 70%—80%,照料得好还可达 90%。

下坝村的兽害比较严重,狼和豹子最多,经常出来危害牲畜。牧民只是消极防御,轮流派人守山,将牛拴于帐篷附近,将羊关在屋里,或者将牛拴成一个大圆圈,大牛在外圈,小牛在里圈,人则守在大牛的周围,没有主动消灭兽害的措施。

牲畜的疾病很多,主要有牛瘟、口蹄疫、气喘、心脑灌脓等。其中以口蹄疫和心脑灌脓最流行,死亡率达到 80%—90%,有时甚至

---

[1]　四川省编辑组《中国少数民族社会历史调查资料丛刊》修订编辑委员会:《四川省甘孜州藏族社会历史调查》,民族出版社 2009 年版,第 4 页。

[2]　同上书,第 8 页。

[3]　同上书,第 116 页。

是 100%。这些疾病，牧民一般无法医治。土法积累的经验，可医治牛瘟，牛瘟中的黑牛瘟无法治，白牛瘟可以治。心脑灌脓多发生于小牛，预防办法即为喂酒和灌浓酥油茶，如果小牛患此病，即以一扁形长针刺其鼻上血管，将血放出少许即可。

该村牧民饲养牲畜既不像目前那样以肉食为主，也不是为了多产奶制品去进行商品交换，而是为了支差服役的需要。因此，对牲畜倍加爱护，一般挤奶不多，牧民们甚至没有计算过每头牛的产奶量。奶制品有酥油、奶渣、酸奶子等，数量不多，主要是自用，偶尔有商人到村里，也用少许酥油和奶渣换取茶叶、盐巴。除奶制品外的畜产品有牛毛、羊毛、皮革等，均为自用，很少交换。

2. 牧民的基本财产是牲畜

牧民内部在牲畜占有数量上差异很大。但拥有牲畜千头以上的大牧主，每县也只 10 户左右。牲畜的占有情况各地有所差别，案例如下。

1955 年甘孜县大塘坝共有 378 户，29705 头牛，其中：114 户有牛 30 头以下，196 户有牛 31—100 头，44 户有牛 101—200 头，24 户有牛 201 头以上。[①]

1953 年，雅江县木龙沟约有 230 户，其中：有 20 户没有牛，约 50 户有牛 10 头以下，约 100 户有牛 11—100 头，约 40 户有牛 101—200 头，约 20 户有牛 201—300 头。羊和马的占有情况，与牛的占有情况相似。也就是说，凡是牛比较多的，一般也有比较多的羊和马。[②]

1955 年，康定县塔公乡朗古保有 78 户（374 人），共有牲畜 3523 头（包括马、牛、羊）。其中，有牲畜 10 头以下的 13 户，有牲畜 11—20 头的 11 户，有牲畜 21—40 头的 21 户，有牲畜 41—60 头的 12 户，有牲畜 61—100 头的 14 户，有牲畜 101—150 头的 4 户，有牲畜 151—200 头的 2 户，只有 1 户有牲畜 218 头。[③]

3. 以手工为主的畜产品加工

自给自足是牧民家庭生产生活的基本方式，牧民吃、穿、住、用产品都基本是自己手工加工，这是他们生计方式的一个重要特点。色达牧民的

---

① 四川省编辑组《中国少数民族社会历史调查资料丛刊》修订编辑委员会：《四川省甘孜州藏族社会历史调查》，民族出版社 2009 年版，第 22 页。

② 同上书，第 22—23 页。

③ 同上书，第 33 页。

自给自足生产，在甘孜州的牧区很有典型性。格勒详细陈述了色达牧民的家庭手工业加工方式（详见个案3）。[①]

个案3　色达牧民以手工为主的畜产品加工

解放前色达牧民的经济中自给自足占主要部分。他们的吃、住、穿、用大部分是自己加工和生产。据调查，过去色达牧民的消费总数中自给部分占80%以上。这种自给自足是以家庭为单位的，凡是家庭需要的东西在家庭成员之间分工制造或加工。20年的经济封锁为什么色达牧民仍能生存下来？与这种自给的生产方式大有关系。

色达牧民加工畜产品以原始的手工为主，没有什么加工机械。

色达牧民吃的除了肉就是奶制品，其中主要是酥油。解放前他们制作酥油的工具很简单，普遍使用的是椭圆形的皮袋，装满牛奶后，用手摇动和拍打。到一定时间奶油（酥油）就分离出来。不过这要很长的时间，打制程序完成后，酥油已浮在奶上面，就可以用手捞起来，挤掉水分就直接装进羊胃或牛皮袋里储存起来。解放前一个家庭妇女全天的大部分时间就花在加工酥油上面。解放后有了牛奶分离器，男女都可使用，只需一个多小时就可以把奶制成酥油。

打完酥油后剩下的奶就制成奶渣，也就是奶酪。先把奶加热烧沸，使之凝固成豆渣之状，然后装在一个背筐里让酸水漏净再晒在毛布上，用手搓成细末，越细越好。晒干后成为一种粗粉末。是牧民吃糌粑时不可缺少的拌食。除奶渣外，每天还要拿一部分奶制成酸奶。酸奶是把打酥油后剩下的牛奶加热倒在木制的桶里，加酵母发酵而成。只有富裕的牧民才能用未打制酥油的牛奶加工成酸奶。酸奶是牧民常用之饮食，很多时候以酸奶代替粮食。午饭、晚饭大部分吃奶渣和酸奶，以此节约酥油和粮食，同时酸奶易于消化又帮助消化。

打酥油和挤奶、制奶酪等全是妇女的事，一般一个妇女一天可打200斤牛奶，约出奶酪15斤。

牧民住的帐房是工程最大的手工制品。建牛毛帐房的第一道工序是把牛毛梳理好，然后搓成毛绳。搓毛绳男女都会，这是一个见缝插针的活，牧民很少有固定的搓毛绳时间，都是利用其他不动手的活路时兼搓毛绳，如放牧员，一边放牧一边可以搓毛绳。他们搓毛绳技术

[①]　格勒：《藏学人类学论文集（汉文卷·下）》，中国藏学出版社2008年版，第539—541页。

之熟练，可以边走边搓，也可以边谈话边搓。因此色达牧民的手很少有空着的时候，甚至把搓毛绳当作一种休息的方式。第二道工序是把毛绳织成毛布，这完全是女人的活，一个妇女一天可织一尺宽、一丈五尺长的毛布。织毛布的时间是初春牲畜还未进入产奶之前，否则一旦牲畜产奶期到来的时候，妇女从早到晚忙于加工酥油、奶渣等，没有空余时间织毛布。织一个中等帐房要150斤牛毛。因此，从搓毛绳到制成帐房至少要十年时间。只有富裕的牧主例外。到了缝制帐房时必须采取以"日果"为单位的互助形式方能完成。为了迁移时携带方便，一般把帐房制成两大片或四大片，可以相互连接，又可以迅速拆装。迁牧时拆散后由公牦牛驮运。虽然帐房的制作过程全是手工操作，是用极原始的织法，但毛布的经纬线都很紧，毛布的质地也相当细密，基本上不漏雨。

牧民穿的皮衣都可以经过揉制和裁缝两道工序，揉皮子是一种原始状态的简单加工。先用加了盐的酸奶，把羊皮酸化一段时间，然后用刀子将其肉皮部分剔净，等干燥后再揉。在揉的过程中，每天还要用酸奶浇1—2次，等干燥后，用有齿轮的棒子刮净残存的油脂和粘在皮上的酸奶小块，然后再揉。揉牛皮工序与揉羊皮大同小异，不过牛皮事先要用水泡很长时间，然后用刀把毛剔净后再揉。揉牛皮要使用较大的力气，所以，除了手还要用脚踩，有时放在帐房门口，好使每个进出的人都踩踏它，皮子也就因此柔软了。揉皮子基本上由男人承担。揉制的质量标准，颜色上要揉出纸一样的白，软的程度达到布一样更好。最后缝制时，要邀请有手艺的牧民。一般一个部落就有三四个手艺好的裁缝，都是男性，牧区很少有女性裁缝。

制各种用于做雨衣、马垫、坐垫的羊毛毡子的过程更为简单。这种制作几乎是在没有什么设备和工具的条件下进行的。先把羊毛梳理好，然后把羊毛摊在一张揉好了的牛皮上。用一根随地拾来的小木棒将其捶碎。当毛捶成了绒的时候，就以均匀的层次铺开，然后把一碗茶一口一口地喷到羊毛上，再把羊毛连同牛皮一起卷成一个筒。用手使它来回地在地上滚动，嘴里要用唱歌的形式数滚动的次数。经过几百个来回滚动的压力，就可以制成一张毛毯般的毡片。经裁缝可制成雨衣、垫子等生活用品。

畜产品的加工过程，我们可以略知解放前色达牧民的生产技术，基本上还处在原始的状态。由于他们的吃、穿、住等用具大部分是自己来制作的，而且每项技术家家户户都有人会，形成了以家庭为基本单位，以"日果"为协助单位的不求人的自给经济。几乎每一个牧民都是手工业工人。可见，色达地区不是没有手工业，而是手工业都分散在每个家庭中。但是，色达牧民的这种手工业和牧业相互依赖的程度非常密切，可以说是形影不离。所以解放前色达基本上没有独立的手工业者。虽然有部分专门做皮衣、藏靴、鞍垫的手艺人，但多数人都是兼营牧业生产。其结果没有形成市场，也没有独立的商人阶层。

（三）农牧民的家庭副业：十分有限，未脱离农牧业生产

家庭副业是农牧民生计的重要组成部分，德格县更庆乡下坝村的副业生产是其典型之一。

个案4　德格县更庆乡下坝村的副业生产①

德格县更庆乡下坝村的家庭副业生产主要有砍柴、挖金、狩猎、挖药四种。

砍柴是村里最普遍的一项家庭副业，一般人家都在生活困难时砍柴去卖，几乎全村每户人家都在卖柴，只是数量不多，砍柴最多的是差巴更布，每年卖柴所得200余元，其余人家只有20元左右。

挖金是该村一项重要的家庭副业。濯曲河两岸生产赤金。汉族商人朱必成曾伙同夏克刀登组织200余人终年开采，雇工主要是外地流浪来的差巴，本村差巴和科巴有空时也去当临时工。挖金工每日工资0.5元藏洋，后增至1元，因为差务繁重，且夏克刀登在松木岭和柯鹿洞另又组织科巴在冬季挖金，因此在下坝村当挖金雇工的，多为劳力充裕的差巴。

狩猎和采集本来是该村一项经济价值较大的家庭副业，但从业者很少。据调查，解放前夏克刀登曾强迫科巴去挖虫草、贝母，但科巴不愿意去采，就说这两种药材很少，因而头人只得作罢。只有少数几户人利用空隙少量地采集。狩猎的人更少，全村只有两户，主要是打獐子和豹子，工具有明火枪、飞刀。降巴一年中能打到15只獐子，以获取麝香，豹子不经常打，也不容易猎获。

① 四川省编辑组《中国少数民族社会历史调查资料丛刊》修订编辑委员会：《四川省甘孜州藏族社会历史调查》，民族出版社2009年版，第117页。

需要指出的是，在甘孜州，除了纯牧区外，许多村庄都属于亦农亦牧型，即既有农业生产，也养殖牲畜，也有家庭手工业加工，还有其他副业。是否有其他副业主要依赖于村庄及其附近的资源状况，没有一定的资源，村民便无法从事相应的副业，德格县更庆乡热巴村便是这样一个村庄。

个案5 德格县更庆乡热巴村生计情况①

农田的经营管理极差，耕地是下种一半，轮歇一半。每年春耕时翻地不深，一般不选地、不浇水、不施肥，农作物的病虫害极为严重，也无预防之法，没有任何水利设施，就是天然的水沟和溪涧也未很好加以利用。

农作物产量很低，青稞只有种子的3—5倍，平均亩产量约100斤左右，即使在最好的土地上亩产也不超过130斤。全村人均每年有粮240斤。

农业生产一般是每个农户单独进行，但在土司、头人的庄园地上却是集体劳动。差巴和科巴也有换工的，没有畜力的用人工去换，3个人工换1个牛工。

热巴村牧业生产处于落后状态。在玉古龙自然村有一块德格土司的牧场，差巴和科巴没有自己的牧场。牲畜种类有马、牛、羊，牛有犏牛和牦牛。全村共有各类牲畜429头。

热巴村的牧业收入约占农副业总收入的10%，差巴喂养牲畜的目的不是繁殖和生产奶制品，而是为了支付差役。因此本村牲畜中奶牛不多，主要是驮牛。

牲畜的饲养管理极其粗放，牧草让其自然生长，放牧无定时，兽疫无任何防治办法。牲畜死亡率高，生产工具极为简单。但一般有棚圈设备和配种习惯。

热巴村手工业生产和农业紧密结合，只在农闲时当作家庭副业来进行。全村只有一个银匠和一个裁缝，他们须为土司头人服手工劳役，但是仍未脱离农业生产。一般农牧产品的加工，如捻牛毛线、羊毛线，接皮子，编制背筐等，以及家庭中的缝衣服、补鞋子等也都在农闲时当作家庭副业生产来进行。热巴村没有固定市场，也没有商

① 四川省编辑组《中国少数民族社会历史调查资料丛刊》修订编辑委员会：《四川省甘孜州藏族社会历史调查》，民族出版社2009年版，第103—108页。

人,商品交换主要是农牧民之间的以物易物。

二 公共产品供给的初始:努力改善民众生计

1955 年前后,在当时的历史条件下,政府尽其所能地供给公共产品,民众的生活已经尽可能地得到了一些改善。据统计,1955 年农牧民人均纯收入为 89 元,人均有粮 389 斤。[①]

土地是农民最重要的生计资源,改善民众生计,从土地着手,增加土地量、改善土地品质是政府公共产品供给的起点。与此同时,通过相应制度变革,如废除乌拉差役等,直接增加农牧民收入。

(一)直接增加农牧民收入

1. 减少农牧民负担。解放初期,废除乌拉差役和改用市秤征粮。据公路沿线调查,仅仅这两项就减轻农牧民负担 30% 以上。[②]

2. 提高土、特、畜产品的收购价格。1950 年 6 月康定市场牌价平均一担羊毛可换茶叶 2.6 包,年底可换茶叶 7 包;1951 年 10 月可换茶叶 12 包,超过历史最高比价。仅此一项,农牧民所得实惠就相当可观。[③]

3. 及时发放各种救济粮和贷款。

(二)改善生产条件

1. 增加农业投入。1950—1955 年,财政对农业下拨经费 286.8 万元。[④]

2. 改刀耕火种为铁质农具,推广新式农具。1950 年到 1954 年年底,政府投资 136 亿元(旧币),无偿发放铁质农具 65657 件。[⑤] 1951—1957 年,无偿发放铁质农具 39.33 万件,取代了木质农具。1953 年开始无偿发放畜力六行、七行播种机、收割机、脱粒机,并使用大、中型拖拉机。

3. 政府领导无地、少地农民开荒生产。1953 年规定,凡属国家所有的可耕荒地,一律无代价地调剂给农民开垦,首先照顾无地少地的农民,如果尚有多余的荒地,对有条件扩大生产的农民,也应适当照顾。凡由私

---

① 甘孜州志编纂委员会:《甘孜州志》(中),四川人民出版社 1997 年版,第 856 页。

② 同上。

③ 甘孜州志编纂委员会:《甘孜州志》(中),四川人民出版社 1997 年版,第 856 页。

④ 郑长德、周兴维:《民主改革与四川藏族地区经济发展研究》,民族出版社 2008 年版,第 91 页。

⑤ 甘孜州志编纂委员会:《甘孜州志》(中),四川人民出版社 1997 年版,第 856 页。

人所有的可耕荒地，可由农民和土地所有者自行协商，议定租契，进行开垦。新开荒地，一律免征农业税 5 年。截至 1955 年，甘孜州共开垦荒地约 8 万亩。例如泸定县，对开垦荒地给予补助，3 年不纳农业税，而且派技术人员指导使用钢钎、炸药、雷管等。截至 1955 年，泸定县耕地面积达 14.38 万亩，比 1950 年增加了 5.74%。①

4. 改良作物品种。青稞是甘孜州农牧民的当家食品，中华人民共和国成立前，青稞品种单一，只有黑白两类。1955 年，甘孜州农科所选育繁殖成功六棱黑青稞；1957 年，六棱黑青稞迅速得到推广。与此同时，甘孜州建立了良种基地。

（三）改善生活条件

安置 1250 户无家可归的流浪户，等等。②

第三节　民主改革后：公共产品供给增量

民主改革后，政府增量公共产品供给，改善农牧民生计。

一　生计改善

1956 年甘孜州开始民主改革，至 1959 年在民主改革基础上实行农牧业合作化，生产力得到发展，农牧民生活有了进一步改善。1959 年，完成了民主改革，废除封建农奴制，没收、征收农奴主直接经营管理的土地 32 万多亩，牲畜 21.5 万多头，约占全州农户 70% 的 4.5 万多户无地、缺地农民，平均每人分得土地 4 亩左右；占牧区 60% 的贫困牧民，平均每户分得牲畜 12 头；5600 余名毫无人身自由的娃子获得解放和安置，建立了家园。③甘孜县经过民主改革，没收寺庙土地 1.1365 万亩、房屋 9006 间、粮食 193 千克、各种牲畜 1418 头、茶叶 4.0592 万包、黄金 1139 两、大洋 29 万元。1958 年全县各阶层占有耕地面积的比重是：地主富农、中农雇农、寺庙分别占 5.23%、85.77%、0.97%。④

---

①　郑长德、周兴维：《民主改革与四川藏族地区经济发展研究》，民族出版社 2008 年版，第 90—91 页。

②　甘孜州志编纂委员会：《甘孜州志》（中），四川人民出版社 1997 年版，第 856 页。

③　同上。

④　郑长德、周兴维：《民主改革与四川藏族地区经济发展研究》，民族出版社 2008 年版，第 89 页。

民主改革后,从发展生产的角度来看,政府不断改善民众的生计。其间虽然经历"文化大革命"等,限制发展家庭副业和多种经营,但甘孜州民众仍然坚持生产,推广各种农业技术,减轻损失,农业生产仍有发展。改革开放前各阶段甘孜州农牧业发展情况通过农业总产值、种植业产值、牧业产值、粮食总产量、大牲畜数量等反映出来。[①] 见表6-1。

表6-1 改革开放前各阶段甘孜州农牧业发展情况

年份	农业总产值 (万元)	种植业 (万元)	牧业 (万元)	粮食总产量 (吨)	大牲畜 (头)
1949	9910	2079	6939	56380	1535378
1952	11070	2465	7586	66930	1618853
1957	11070	3337	6679	91250	1313917
1962	9529	3449	4942	94145	979869
1965	12938	4530	6960	126375	1356737
1970	15349	4452	9352	132680	1750744
1975	18613	5600	10851	167615	2034622
1978	19289	6125	10654	184055	2268172

民主改革后,甘孜州农牧民收入不断提高,1955年农牧民有444425人,人均纯收入为89元,人均有粮389斤。到1966年,农牧民467576人,人均纯收入为97元,人均有粮618斤。1982—1984年,农村普遍实行家庭联产承包责任制,牧区牲畜折价归户私有私养,农牧业生产发展较快。从1985年起,农牧业生产转入商品生产。在这期间,农牧副业收入增加,1990年的产品收购数量比1952年增长15倍。到1990年农牧民702028人,人均纯收入为520元,比1950年增长了593.33%;人均有粮492斤,比1950年增长了1.46倍。[②]

二 改善生计的公共产品供给

为改善民众生计,农业生产方面的公共产品供给较多。

---

① 郑长德、周兴维:《民主改革与四川藏族地区经济发展研究》,民族出版社2008年版,第93页。

② 根旺:《民主改革与四川藏族地区社会文化变迁研究》,民族出版社2008年版,第47—48页。

1. 增加农业投入。1956—1959 年，民主改革时期，财政对农业下拨经费 363.5 万元，占总下拨经费的 2.25%；小型农田水利和水土保持经费 49.1 万元，占下拨经费的 13.5%；其余的为农业事业经费。1966—1976 年，下拨经费 3013.2 万元，占总下拨经费的 18.7%，主要用于农业合作生产组织基金、小型农田水利和水土保持补助和科技支出。[1]

2. 推广新式农具。1962 年开始购买农用载重汽车，使用农用排灌机械。到 1990 年，全州农业机械总动力达 171376 马力，大中型拖拉机 391 台、小型拖拉机 4229 台、农用排灌动力机械 333 台、农用水泵 338 台、脱粒机 3859 台、联合收割机 10 台、农用载重汽车 309 辆。[2] 由于机械电动类生产工具迅速发展，具有方便、快捷、省力省脑等特点，农牧民乐意接受，很快在很大程度上取代了原先的生产方式和生产工具。民族生产工具经过现代技术与传统特点结合改造后出现了新式现代生产工具，如挤奶有了专门的机器，酥油加工提取也有了酥油加工机器，打酥油茶也有了电动机器，这些生产工具和生活用具极为方便快捷，深受农牧民欢迎。曾在甘孜州使用的皮绳、麻绳、皮口袋、木质奶桶、藏式纺织机、皮碗、打酥油器，在现代机械工具的冲击下有的使用率在逐渐减少，有的工具经过进一步加工改造后比以往更显现出新的生命力。[3]

3. 开发改造土地资源。民主改革期间及其以后，政府不断开发、改造土地资源。首先，扩大土地资源量。20 世纪 60 年代开始，改土经费逐渐增加，农田基本建设方兴未艾，深翻土地，坡地改梯田，开发河滩地，改良沙地土壤，也扩大了不少耕地。1960 年开垦荒地 21.37 万亩，1961 年甘孜州耕地面积增加到 134.7 万亩，为历史上耕地面积最多年份，人均耕地 2.6 亩。其次，兴修水利，改土改田。如甘孜县把水利建设的重点放在高山宽谷地区，以引水为主，辅以提灌，综合治理 80 多条水渠，逐步提高有效灌溉面积。1955 年，甘孜县有效灌溉面积为 2.5 万亩，保证灌溉面积为 1.3606 万。1970 年有效灌溉面积为 3.9 万亩，保证灌溉面积为 2.2 万亩。[4]

---

① 郑长德、周兴维：《民主改革与四川藏族地区经济发展研究》，民族出版社 2008 年版，第 89 页。

② 甘孜州志编纂委员会：《甘孜州志》（中），四川人民出版社 1997 年版，第 892 页。

③ 根旺：《民主改革与四川藏族地区社会文化变迁研究》，民族出版社 2008 年版，第 45—46 页。

④ 郑长德、周兴维：《民主改革与四川藏族地区经济发展研究》，民族出版社 2008 年版，第 91 页。

4. 进一步改良、推广农牧业新品种。从 1965 年起，甘孜州农科所拖坝基地开展了科学播种试验，研究类型为青稞、麦类、马铃薯、豌豆。推广应用较好的播种方式，逐步以条播代替了以往的撒播。

5. 逐渐强化病虫害防治。

三　改革开放后，公共产品供给继续增量

改革开放后，甘孜州的农牧业快速发展，民众生计大为改善。促进民众生计改善的最重要的公共产品是制度性公共产品。此外，同样包含生产条件的改善等。

1. 制度供给。制度供给上，主要是建立和完善各种形式的生产责任制。甘孜州 1980 年开始实行生产责任制，发布了《关于农村牧区经济政策几个问题的决定》。1983 年，全州普遍实行生产责任制。1984 年，实行牲畜折价到户，私有私养；对草场实行使用权、管理权、建设权（简称三权）承包责任制，谁承包，谁管理，谁建设，谁受益。1989 年，将冬春草场落实到户或联户，夏秋草场落实到村或村民小组，并发给草场使用证。

2. 进一步改善生产条件。首先是整改土地。加强农业基础设施改造，兴修水利，改土改田，通过采取国家投资和民办公助办法，兴修和整修农田水利设施。如甘孜县到 1980 年，有效灌溉面积增加到 5.05 万亩，保灌面积为 3 万亩。到 1990 年，全州有水利设施工程 3358 处，有效蓄引提水能力 42259 万立方米，年实际供水量 16096 万立方米；有效灌溉面积、保证灌溉面积分别从 1949 年的 7.26 万亩、3.45 万亩增加到 35.75 万亩、25.81 万亩。截至 1999 年，新建水利工程 72 处，新增农田有效灌溉面积 0.5 万亩，完成中低产田改造 7.08 万亩，综合治理水土流失面积 83.96 平方千米。进行坡改梯、薄改厚、渗黏改壤。截至 1990 年，累计改造中低产地 25.73 万亩，占耕地面积的 19.59%。其次是发展农业科技。截至 1990 年，甘孜州建立农业技术推广服务中心、种子站、植保站、农技土肥站、农科所、农牧学校、园艺场各 1 个（所）。在各县、乡也基本上形成了技术推广服务网络。1983 年，甘孜州科委等联合在甘孜县拖坝区农科所攻关点开展青稞高产栽培协作攻关试验，为发展粮食生产提供了技术措施和科学依据。

3. 自然环境保护——天保工程、退耕还林（退牧还草）

到 2005 年全面实施生态建设工程，主要包括天保工程、退耕还林（退牧还草）等。1998 年 6 月，长江流域持续的特大洪灾，大自然的无情

惩罚，唤醒了人们的环保意识，国家终于痛下决心实施生态环境建设，维护各地残存而又珍贵的森林资源。甘孜州的森林主要表现为其生态效益，甘孜州林区不仅是成都平原的屏障，而且是长江上游的水源区涵养林，于是四川省决定，从 1998 年 9 月 1 日起，长江上游的近 5 万伐木工人全部停止采伐，转为造林和天然林保护，在全国率先启动"重点国有林区天然林资源保护工程"。1999 年甘孜州实行了退耕还林，后来实行了退牧还草等。

第七章　村庄禀赋差异：生计方式有别①

不同类型的村庄有不同的禀赋，村民生计方式不一，贫富有别。通过甘孜州村庄的调查分析，可知村庄公共产品供给较多，基础设施建设以及基本公共服务供给良好，资源禀赋状况良好，农牧民生计资本相对丰裕，生计方式多样化，可行能力相对较强，生计结果呈现富裕状态。反之，村庄资源禀赋状况较差，基础设施建设不完善，基本公共服务供给不足，农牧民生计资本匮乏，生计方式单一，可行能力低下，生计结果呈现为贫困。

牧区村庄在实施牧民定居之前，牧民生产方式以游牧为主，大量家庭较为贫困。农区村庄中，有的自然资本相对丰裕，道路、通信等基础设施建设完善，医疗卫生等基本公共服务供给全面，有农牧业生产、打工经济、集体经济和副业等，村民生计结果大多呈现相对富裕的特征；而自然资本匮乏、基础设施和基本公共服务供给相对较差的村庄，村民生计方式单一，比较贫困。

亦农亦牧亦工型（简称三亦型）村庄的村民既从事农牧业生产，也有一些副业，也打工，较之于牧业型和亦农亦牧型村庄、亦农亦工型村庄（简称双亦型），村庄生计途径较多。相比较而言，牧业型村庄生计脆弱性特征最为显著。生计途径只有牧业生产，生计方式最为单一；游牧生产过程中，基础设施和公共服务状况最差。三亦型村庄生计方式相对多样，但村民依然认为其收入渠道有限，主要是外出务工中，技术含量较低，所赚有限。村民能出门打工的村庄一般位于城镇周围或交通沿线，大量远离城镇和交通沿线的村庄的村民因各种原因难以出门打工，获取非农产业收

---

① 因陈艾是课题组成员，一起调研、一起整理资料、一起讨论，故第七章到第十章的具体调研材料和数据在陈艾的硕士论文中呈现（参见陈艾《生计贫困：甘孜州农牧民贫困研究》，硕士学位论文，华中师范大学，2014年）。第七章至第十章的内容也可以说是笔者和陈艾的共同成果。

益，便更为贫困。

值得注意的是，由于扶贫资金投入的差异以及是否实行"整村推进"，直接导致村庄间的禀赋与贫富差异。

第一节　农牧民生计分类

一　学术界的生计方式分类

一般说来，区域禀赋（包括村庄禀赋）形塑当地农牧民生计，生计方式的划分依据多种多样，生计类型多种多样。

（一）依据所从事的产业来划分

依据村民所从事的产业，可将村庄分为四类，即纯农型、农为主型、非农为主型和非农型。前三种以"粮菜果畜"为主，辅以采集、打工等扩展活动。纯农型重视粮食作物或经济作物的种植，兼以养殖牲畜或家禽，基本组合以"粮食作物—养殖—经济作物"为主。这种农户生计方式单一，容易受到外界和自身条件的约束，风险相对较大。农为主型的农户以农业生产为主，同时辅以少量的非农活动，常见的组合以"粮食作物—养殖—经济作物—本地打短工"为主。如利用空闲时间在本地打零工、短工、农业服务等。这属于保守型生计。非农为主型的农户生计活动以非农业生产为主，常见以"粮食作物—养殖—经济作物—外地打工"组合为主。它包括的种类多种多样，如外出打工或做商贩等。家庭的主要劳动力从事非农产业，老人及妇女选择农业生产作为辅助性的生计活动。此种生计方式的家庭收入较高、生活有保障且抵御风险能力较强。非农型农户已经基本放弃农业生产，完全采取非农生计模式，以外地工作为主，如开办工厂、动物饲养基地、商品销售等资本投入较高的商业活动，它属于冒险型策略。农户的农业生产活动由多到少递减的生产方式排序为"纯农型—农为主型—非农为主型—非农型"。[①]

（二）依据所拥有的生计资本来划分

依据农户拥有生计资本的不同，生计方式包括资源导向型、资本导向型和劳动力导向型。资源导向型主要是指农户依赖于某种大量拥有的自然资源维持生计。例如从事畜牧业生产的牧户，拥有大量的草地资源，采取

---

① 赵靖伟：《农户生计安全问题研究》，博士学位论文，西北农林科技大学，2011年，第42页。

放养的粗放型模式。资源导向型生计方式多为资源丰富的贫困地区的农户所采用。资本导向型是建立在农牧户积累了大量金融、物质资本基础上采取的生计方式，属于较高水平的生计策略。它是农牧户利用资本实现价值增值或效益增长的一种经营方式，资本的运作具有风险性、市场性和相对性特点，大多为富裕农牧户所用。劳动力导向型策略是通过劳动力的大量投入，从事某种特定的生产活动。它主要是劳动密集型生计，农户在缺乏其他生计资本积累的情况下，只能依靠增加劳动力和投入劳动时间获得收入。[1]

（三）依据生产经营行为来划分[2]

英国学者弗兰克·艾利思将发展中国家的小农按生产经营行为分为追求利润型、风险规避型、劳苦规避型、部分参与市场型和分成制五类。

追求利润型。舒尔茨认为，农民并不是懒惰、顽固、缺少动力的非理性经济主体，而是一个精于算计，讲求经济利益的理性经济人。因为农民及其家庭对农业投入产出价格变化能够做出较灵敏反映，农民作为经济主体具有追求利润最大化的行为特征，这与农业的公司化行为十分相似。艾利思认为，比起农民有效率假说更为可信的命题也许是有条件的利润最大化。农民根据面临的资源约束和市场运行状况作为利润最大化的条件，其对价格的反应速度与程度取决于资源约束和市场失灵的程度。

风险规避型的解说源于对发展中国家农民生计的不确定性和风险的判断。艾利思指出，在不少发展中国家，农民存在各种各样的不确定性和风险，如自然风险（气候、疾病、瘟疫等）、市场波动（价格不确定性）、社会不确定性（资源控制权差别）以及国家行为和战争。不确定性的结果使农民的生产经营决策做不到最优而只能是次优；不确定性使农民不愿意接受新事物，趋于保守；不确定性导致贫富差距拉大。农民的生产经营行为是趋于避险的。规避风险有多种方式，如混合耕种、间作、改进信息、扩大市场范围等。但是，单凭农民自身是难以规避各类不确定性和风险的。依据规避风险理论，政府干预应该用来弥补风险规避行为对农业生产即农业增长的不利影响。针对规避自然风险所采取的政策体现在提供灌溉、农作物保险、农作物品种改良等方面；减少市场风险的办法包括稳定价格措施、提供信息和银行信贷等。

---

① 赵靖伟：《农户生计安全问题研究》，博士学位论文，西北农林科技大学，2011 年，第42 页。

② 艾利思：《农民经济学》，上海人民出版社 2006 年版。

　　劳苦规避型是以农民家庭内部存在生产与消费并以单个家庭作为决策单位追求家庭效用最大化的生产经营模式，也就是俄国农业经济学家查亚诺夫（A. V. Chayanov）20 世纪 20 年代创立的农民家庭行为模型。查亚诺夫关注农民家庭劳动投入的主观决策。在他看来，对一个农民家庭而言，一方面农田劳动是辛苦而乏味的（劳动负效用），另一方面为满足家庭消费需要又必须要有收入（收入的效用），于是，农民总是在获取收入与逃避劳动这两者之间进行决策权衡。影响农民做出这种取舍的主要因素是农民家庭规模和家庭人口结构（家庭中劳动人口与非劳动人口的比率）。

　　部分参与市场模型是村庄劳动力市场条件下农民的家庭决策，它是在查亚诺夫模型基础上引入劳动力市场并结合了新家庭经济学的产物。部分参与市场模型将全部劳动（家庭使用劳动力）划分为家庭非农劳动（家务劳动）、农业劳动和非农雇佣劳动。工资是使用这些劳动方式的机会成本，此时，家庭劳动价值不再由家庭主观决策，也不再随家庭人口结构而变化，而是由市场给定。在劳动总量最大化的框架内，家庭配置劳动时间就分为两个问题：一是劳动是用于家务劳动还是外出打工挣钱问题；二是农业生产是雇入人工还是外出打工的市场选择问题。部分参与市场型的理论基础是新家庭经济学，这一理论把家庭视作一个生产单位，在这个生产单位内，家庭成员的时间与从市场购买的生产要素相结合，生产出最终消费品。家庭成员的时间分配以市场工资为机会成本。

　　（四）依据风险程度来划分

　　从风险角度可分为保守型生计策略和冒险型生计策略。

二　个案村庄及生计类型

　　应该说，上述各种关于生计类型的阐释，都从不同角度反映了农牧民生计特征，于甘孜州的农牧民生计也有一定的解释力。我们调查得知，甘孜州农牧民生计基本属于保守型生计、劳动力导向型生计，脆弱性都比较强。农牧民生计都不属于资源导向型，因为土地及草场资源都非常有限；也不属于追求利润型，因为农牧业生产都主要是为了生活自给，鲜有较多的剩余产品进入市场。自然，农牧民在生产中建构起地方性知识，努力规避风险。

　　农牧民生计特征总是多样，但抽象地分类依然必要。我们依据农牧民所从事的生产，将其划分为牧业型、亦农亦牧型和亦农亦工型（简称双亦型）、亦农亦牧亦工型（简称三亦型）。牧业型以从事牧业生产为主，基本没有其他生产。炉霍县宗塔乡的拉恰玛村、甘孜县下雄乡的洛戈一村是典型的牧业村庄。双亦型包括亦农亦牧型、亦农亦工型。亦农亦牧型是指村民从事农业生产，兼营牧业生产（有的家户牲畜较少，其实可算作家庭副业），雅江县西俄洛乡杰珠村①是其典型个案村庄。亦农亦工型是指村民既从事农业生产，又外出打工，很少有牧业生产，道孚县胜利二村、甘孜县多拖村是典型个案。三亦型是指村民既从事农业生产，又从事牧业生产，又外出打工，炉霍县斯木乡的阿初村、克木村以及康定县东俄洛三村是典型个案（个案村庄及其类型划分见表7-1）。在这样的生计类型划分中，我们将村民采集虫草、藏草药等副业划入农业生产之中。

表7-1　　　　　　　个案村庄及其类型划分

类型	牧业型	双亦型		三亦型
		亦农亦牧型	亦农亦工型	亦农亦牧亦工型
村庄	甘孜县下雄乡洛戈一村	雅江县西俄洛乡杰珠村	道孚县鲜水镇胜利二村	炉霍县斯木乡阿初村
	炉霍县宗塔乡拉恰玛村		甘孜县呷拉乡多拖村	炉霍县斯木乡克木村
				康定县东俄洛乡三村

第二节　牧业型村庄禀赋及生计脆弱

两个牧业村庄即甘孜县洛戈一村和炉霍县拉恰玛村，它们是甘孜州牧业型村庄的典型个案。洛戈一村与拉恰玛村相比，前者是新农村建设的试点村，公共产品的大量供给，村庄禀赋大为改善，牧民的生计状况相对较好。

一　两个牧业型村庄禀赋

甘孜县洛戈一村和炉霍县拉恰玛村属高山草甸区，是典型的牧业型村庄，村民主要从事牧业生产，基本情况如下。

牧民依赖牲畜的产出为生，牛奶大多数供自家饮用，只能卖出极少数奶渣和酥油。

---

① 因深入村庄调研的时间不同，杰珠村相关资料的统计时间为2009年7月，其他村庄为2012年。下同。

1. 洛戈一村

人口：73 户 408 人，全部是藏族，其中有 48 户 268 人安置到定居点，另外的 25 户已经搬迁至县城等地。

自然环境：位于洛戈梁子山上，海拔 4100 米，属于高山草甸区。定居点距离乡政府 5 千米，距离县城 38 千米，临近国道 317 线，交通比较方便。

草场资源：全村草场 17000 亩，其中退牧还草 8886 亩，剩余的 8114 亩草场分为冬季、夏季牧场，不能满足放牧需要，有牧户租草场养牛，造成较多纠纷。

主要从业：以放牧为主，采挖虫草等药材为辅。无人外出打工。

牧业产出：2010 年，全村共有牲畜 4155 头（匹、只），其中牛 4000 头，马 150 匹。2010 年冬，发生大雪灾，牲畜冻饿而死。2011 年全村共有牲畜 356 头（匹、只），其中牛 320 头、其他牲畜 36 只。2012 年全村牲畜共计 1933 头（匹、只），其中牛 1720 头、马 120 匹、羊 93 只。年均纯收入 1760 元/人。

2. 拉恰玛村

人口：65 户（248 人），全部是藏族，其中男性 125 人、女性 123 人；劳动力 95 人。

自然环境：地处宗塔草原，属于高山草甸区域，气候干燥。距离县城 65 千米，交通不便。

草场资源：总面积 4 万亩，退耕还林 2 万亩，实际可用草场约 2 万亩。不能满足畜牧需要，有 12 户租草地放牧，多的租 10 多亩，少的租 2—3 亩，平均每户租草场 5 亩。

主要从业：全年放牧，无人打工，无虫草等可采挖。

牧业产出：2011 年年底，全村养牦牛 1003 头、马 83 匹。养牛最多的 1 户有牛 60 多头，最少的只有 10 头左右，有 18 户是无畜户，户均有牛 10 多头。年均纯收入 1500—1600 元/人。

二　自给自足

两个村庄的牧民生计是以牧业生产为主，牧区村庄贫困的总体特点是大自然馈赠有限，吃穿不愁，自给有余，现金匮乏。

1. 自然资源有限，且灾害不断。牧民生存资源有限，牧场不足养殖所需，牧民需要租用草场，受自然灾害的影响大。例如 2010 年发生雪灾，牲畜骤减。洛戈一村所在的下雄乡党委书记告诉笔者：因为干旱难以预防，最害怕的是夏天干旱，冬天雪灾，一旦发生这种状况，牧民就没有任何收获了。

2. 生计方式单一。牧民仅靠牧业生产获取生存资料，基本保障自给。两个村庄都无打工收入。

3. 现金获取能力较低。牧民的生活基本自给自足，与市场联结较少。牧户只有少量奶渣和酥油出售。洛戈一村有部分村民去别处采挖虫草，这是村民主要现金来源之一。这就是说，牧民在市场中获取生存、发展资料的能力相对较差。

三　公共产品供给状况直接影响村庄禀赋

洛戈一村与拉恰玛村相比，实施了牧民定居工程及其相应的配套建设，拉恰玛村尚未得到大量的公共产品供给，牧民的生产生活更为艰难。在拉恰玛村突出地看到基础设施条件差、基本公共服务供给不足，牧民生计单一，能力拓展受限。

1. 交通状况差异甚大。洛戈一村靠近317国道，交通相对方便，而且经过新农村建设后，317国道通往牧民定居点的道路宽敞、平整。洛戈一村村民非常方便地来往于定居点与县城之间。但是拉恰玛村由于距离县城较远，距离317国道也相对较远，交通不便。而且，村庄之内的道路都是泥巴路，还有41户人家完全不通路。

2. 电力、通信供应状况不一。得益于"新甘石"联网工程①建设，洛戈一村电力、通信条件都很好。与洛戈一村相比，拉恰玛村的电力供应和通信是异常艰难。拉恰玛村有41户完全没电，用电困难的有170人，其中扎吾玛小组不通电，也没有手机信号和电视，涉及人口14户56人。

3. 饮用水状况有异。洛戈一村在建设牧民定居点前，与拉恰玛村一样，牧民饮用水问题主要有二：一是水源不足，牧民主要饮用草原水洼的水，或者是积雪。二是水质不达标，牧民患病的比例较高。例如拉恰玛村56户189人饮水困难，而且饮水不洁，引起大骨节病、胃炎、食道癌，其中食道癌的发病率很高，每年新增5~6个病人。洛戈一村的牧民患包虫病的比例较高。洛戈一村经过牧民定居工程建设后，水源充足，水质达标。

---

① "新甘石"联网工程是四川电网2012年"一号工程"和"十二五"四川藏区电网建设的重点项目——新都桥—甘孜—石渠联网工程。工程建设将甘孜州北部电力"孤岛"与四川主网联系起来，消除甘孜、石渠等县电网孤网运行，实现县县联网。

4. 教育、医疗条件有差异。洛戈一村和拉恰玛村在定居之前，因学校建设、交通等原因，学前儿童没有条件上幼儿园，虽然藏区实行免费教育，但青少年难以完成基础教育。学校教育资源非常有限，例如宗塔乡中心校师质较差，一半是民办教师代课。定居之前，医疗条件差，牧民就医困难。拉恰玛村没有村医疗站，牧民离乡卫生院平均距离 10 千米，扎吾玛小组距离乡卫生院 20 千米，村民就医比较困难。经过牧民定居点建设后，洛戈一村的医疗卫生条件都大为改观，孩子们在乡小学就读，有村卫生室，乡卫生院距离也很近。

四　村庄生计的脆弱点及其突破设想

调研中，洛戈一村、拉恰玛村所在的乡镇干部以及村委成员、村民陈述了村庄发展的困难，这些困难呈现了村庄发展的脆弱点。他们对未来的希冀反映了其对突破脆弱点的思考。主要脆弱点包括：

1. 自然环境的脆弱点主要是生产条件、气候环境恶劣。

2. 生产方面的脆弱点：经济收入方式单一，只有养牛，无法务工，无虫草可采挖。村民们的劳动技能单一，只会放牧，难以从事其他产业，例如外出打工等。

3. 经济收入的脆弱点：贫困户多。例如洛戈一村定居的 48 户中，低保户就有 45 户。受宗教观念影响，老百姓不愿意卖牛，出栏率受到很大影响，也直接制约牧民收入。

4. 基础设施和基本公共服务方面的脆弱点：基础设施依然缺乏，例如拉恰玛村的扎吾玛小组水、电、路、通信、电视全部不通。就医困难，拉恰玛村所在的区没有一个大点的卫生院，村里只有一位赤脚医生。乡上有一个卫生院，也只有 2 名藏医。就读高中、大学的费用较高，支付困难，部分牧民不太情愿送子女到学校，认为上学不是自己的事都是别人的事，为此甘孜县政府规定：不送子女去读书是家长的事，将适龄人口送到学校是村、乡的事，书没读好是学校的事。

5. 突破脆弱性的设想集中于产业发展方面：希望旅游开发，但条件有限，例如拉恰玛村位于宗塔草原，传统上是夏天要坝子的好地方，希望开发旅游业，但因条件有限，发展困难；希望开展奶制品加工；希望发展民居接待、牧家乐等。

第三节　双亦型村庄禀赋及生计状况

双亦型村庄中，亦农亦牧型以雅江县西俄洛乡杰珠村为个案，亦农亦工型以道孚县鲜水镇胜利二村、甘孜县呷拉乡多拖村为个案。双亦型村庄受资源禀赋影响，基本属于保守型生计。

一　亦农亦牧型：杰珠村

雅江县西俄洛乡杰珠村，现有 106 户 586 人（98% 是藏族），按 2009 年的贫困线计，贫困人口 193 人，贫困发生率约 33%。到 2009 年年底，杰珠村所在的西俄洛乡农牧民人均纯收入 1879 元，贫困人口 1223 人，贫困发生率 38%。杰珠村是乡政府所在地，距离县城 63 千米，距离 318 国道 13 千米，海拔 3550 米，属高寒地区。

（一）直接生计资本及其积累

1. 大自然的馈赠：慷慨有限

在杰珠村，没有纯粹的牧业户或纯粹的农业户，家家户户种地、放牧、从事副业生产（采集虫草、松茸、藏草药等）。

杰珠村方圆 100 千米，属于高原山地。可耕地面积 600 亩（全是旱地），人均大约 1 亩；退耕还林面积 600 亩；草原面积 10 平方千米；林地面积 40 平方千米。村民种植青稞、马铃薯、豌豆，一年产出一季，不足糊口。很多家庭需要加上退耕还林补助的粮食，方可维持基本生存。由于海拔太高，退耕还林地产出极少，可忽略不计。

草场是村里的集体财产，村民皆可在草场放牧。村里的绝大多数家庭都只有几头到十几头牛、一匹马，基本能保证家庭用奶及耕作所需，只需在村庄附近放牧。例如阿嘉贡布家的养殖情况在村里很具普遍性，有 4 头牛（其中 3 头成年牛可产奶）、1 匹马（用于旅游接待）。

村里需要在集体草场放牧的只有 6 家，他们平均每户养牛 110 头，珠珠家是最大的养殖户，养牛 260 头、马 3 匹，他家一年大约销售奶渣、酥油的收入近万元；出售成品牛五六头，收入几万元。

采集虫草、松茸和草药，是杰珠村人主要的副业生产。每年的五六月是采挖虫草的季节，杰珠村的成年人、小孩都会上山采集。每年 7 月底到 9 月初，是采集松茸的时段。藏草药的采集，一年四季皆可。销售虫草、松茸、藏草药是村民获取现金收入的主渠道。2008 年、2009 年，几户相关收入如下。2009 年，因为干旱，虫草较少，加上价格偏低，村民采集虫草的收入比较少。见表 7 - 2。

表 7 - 2　　　　　　杰珠村 2008 年、2009 年村民副业收入状况

| | 采挖虫草的收入 | | 采集松茸的收入 |
	2008 年	2009 年	2008 年
格勒家	1 万多元	1000 多元	2000 多元
扎西刀吉家	1 万多元	8000 多元	5000 多元
阿嘉贡布家	1 万多元	5000 多元	1000 多元
格曲志玛家	3000 多元	几百元	几百元

有极个别村民自己不采集虫草、松茸，他们在村民那里购买虫草、松茸，然后去市场上销售。例如村民益增丁迫从事虫草交易，2009 年赚了几万元。当然，村中交易商很少，一般是外地商人前来收购。

杰珠村的农业生产灾害主要有干旱、冰雹以及雪灾等。例如 2008 年初的一场大雪，养殖大户平均每户冻死牲畜 50—60 头。受雪灾的影响，2007 年还算中等收入的牧户一下子就变成了贫困户。

2. 物质资本积累：基本生存有所保证

杰珠村村民的住房都很不错，只有极少数家庭的住房比较困难。格曲志玛家是全村最贫困的，她家的房子是全村最差的，由格曲志玛的爸爸、舅舅、表叔等帮助修建，但也能保证基本居住所需。1984 年时，村里只有收音机、录音机，现在所有家庭都有电视、打茶机、搅拌机，30% 的家庭有冰柜、洗衣机。20 世纪 80 年代中期，村里人买了两辆自行车，全村人都很稀罕，前往围观。1988 年，乡里有了第一辆拖拉机；1992 年，有位村民购买了全村的第一台拖拉机；1993 年、1994 年，有六七户村民买了拖拉机；现在基本上是每家每户都有 1 台拖拉机，1—2 辆摩托车。2009 年村里有 3 辆大车跑运输，7 辆小车跑出租。交通非常方便。村里户户都有固定电话，移动电话 100 部左右。

3. 人力资本：隐性失业较为明显

全村 586 口人中，成年劳动力大约 300 人，其中大约 270 人从事农业、副业生产，20 人从事牧业生产，6 人以运输为主业。据笔者观察，杰珠村存在季节性就业不充分，即在农业、副业生产之余（每年 10 月至次年 4 月），很多中青年赋闲家中，没有出门打工，也缺乏其他就业方式。

村中的中青年人极少外出打工,究其原因,村民们有两种解说:一是不用出门打工。极少部分村民认为,杰珠村自然条件比较好,有虫草、松茸、中草药可供采集,村民在家等待采集虫草、松茸、中草药的时节,不需要出门打工。二是想出门打工,却难以实现。综合原因导致难以出门打工,其中最主要的是文化程度偏低。绝大部分村民认为,村中30—50岁人的文化程度较低,有的不会说汉语,不识字,出去打工会面临很多困难,何况外面的工作也不很容易找到。

此外,村民缺乏一些技术含量较高的劳动技能,如藏式绘画、木工等。藏式建筑的石木结构以及室内以木质家具为主等特征,木工需求量大;藏式建筑内部普遍的彩绘装饰,需要较多藏式绘画人员。杰珠村本身缺乏木工、藏式彩绘等手工艺人,相应的就业以及获取现金收入的机会都被外地人利用。例如常住杰珠村的6位木工、2位彩绘手工艺人分别来自四川雅安及甘孜州德格县,杰珠村只有1位藏式彩绘手工艺人,且处于初学阶段。

4. 现金收支:余额极少

就农户自身经营收入来说,杰珠村农户的现金收入主要来自采集虫草、松茸、藏药材,有几户家庭是客货运输收入,极个别家庭有商业收入,还有几户因子女获取公职有工资收入。所有家庭都没有外出打工收入。值得指出的是,村民有一部分现金收入来自政府提供的各种补助以及参加以工代赈项目。

村民家庭的现金支出方向一是购买生活用品,二是支付医药费及子女教育费用。甘孜州的义务教育都实行了"三包",并对接受中等职业技术教育的学生予以补助,但是部分家庭因支付子女高中、大学教育费用,而陷入困境。

(二)农户生计支持系统

1. 基础设施建设:农户生计的硬件支持

村庄基础设施建设包括道路建设、人畜饮水工程建设、电力供应、广播电视设施建设、通信设施建设等。研究显示,基础设施投资对农村居民人均纯收入贡献率最大。此外,基础设施建设支持村民进行有利于自己的生计选择。在整村推进的扶贫开发模式下,杰珠村的基础设施建设情况是:广播电视村村通工程业已完成,每户普及电视;2008年,每户都引入了自来水管;2008年,在杰珠村地界上建设了1个移动机站、1个联通机站,手机信号覆盖全村;整个雅江县水电丰裕,供给充足,杰珠村户户通电。近几年,西俄洛乡道路、桥梁建设,使得家家户户通公路(包括入户便道）。

2. 基本公共服务：农户生计的外部软件支持

基本公共服务包括政府供给的教育、医疗卫生、扶贫服务等。西俄洛乡共有卫生院 1 所，卫生室 2 个。杰珠村是俄洛乡政府所在地，乡卫生院直接为杰珠村居民服务，村民治病（小病）可足不出村。杰珠村居民全部加入农村新型合作医疗，部分村民还可得到医疗救济。合作医疗的资金构成是每年 100 元，其中个人上交 20 元、上级财政负担 80 元。由于雅江县是国家扶贫工作重点县，其中的 80 元由中央财政负担。村庄环境建设方面，乡政府自己筹集资金在杰珠村修建了一个垃圾收集站，这是全县唯一的一个乡政府筹资建设的垃圾收集站。此外，由乡政府出资，聘用了一位清洁工打扫街道卫生。笔者在杰珠村调研时，亲眼见到街道、村里、村子周围，除了极少量的牛粪，不见其他污染物，尤其不见白色垃圾四处飞扬。

西俄洛乡有完小 1 所、村小 3 所，在校学生 399 人，教师 20 人。完小直接服务于杰珠村。杰珠村适龄青少年义务教育入学率 100%，辍学率为零。政府对中等职业技术学校的学生也有补助。

生活服务主要包括住房建设（改建），免费供给替代能源设施，保障村庄社区安全。在西俄洛乡，政府设计、制作节能灶，免费发放给村民；发放 20W 太阳能照明设备 20 套。政府与村民的互动合作，治安联防，防火、防盗、防打架斗殴等，保障村庄安全。乡政府的民兵组织设在杰珠村，平常主要为杰珠村服务；2005 年，杰珠村成立了治安联防队，五六户（每户 1 人）组成 1 个小组，相互照看财物；每年评选"平安户"。当年没有发生打架斗殴、违反治安管理条例、刑事案件的家庭，方能被评为"平安户"。乡政府制作"平安户"匾牌挂于村民房屋门口，以示嘉奖。

在杰珠村，时有发生因灾致贫、因灾返贫。政府及村民在应对自然灾害方面采取了直接措施和间接措施。直接的防灾减灾措施主要包括：（1）修建防洪堤坝。2008 年，政府出资 135 万元修建村边的堤坝 120 多米，有效实现汛期防洪。（2）灾害排查。乡政府成立安全检查小组，定期排查泥石流、滑坡、塌方等自然灾害等；一旦发生灾害，向上级政府汇报的同时，组织村民一起救灾。（3）安全隐患排查。乡政府的安全检查小组定期检查用电安全、房屋安全，防止火灾以及房屋倒塌等。间接的防灾减灾措施主要有：（1）免费发放节能灶。政府研制、生产节能灶，免费发放给村民，节能灶的使用节约柴火，减少山林砍伐，保护植被，防止水土流失及泥石流的发生。（2）牲畜合理出栏观念的灌输。杰珠村有 10% 的家庭牲畜养殖规模较大。由于受宗教观念的影响，出栏率一直较低。为此，政府采用各种方式向牧户灌输合理出栏的观念。2008 年年初遭遇雪灾后，2008 年年底出栏率大为提高，灾害及政府观念灌输逐渐改变着牧民的观念。

（三）村庄社会资本：农户生计的软件支持

在杰珠村，由强关系形成的"黏合"社会资本十分丰厚。由于交往距离有限，村里的适婚者都在本村或附近村庄寻找配偶，婚姻距离都比较近。一大家子生活在同一个村庄，形成了村庄大家族。例如阿嘉贡布家就是这样：阿嘉贡布的妻子与兄弟姐妹们 5 人都成家、生活在杰珠村，阿嘉贡布兄弟姐妹 5 人也成家、生活在杰珠村。阿嘉贡布夫妇及其兄弟姐妹都在本村婚嫁生子，以他们夫妻为中心，形成了一个家族圈子，共几十口人。他们的大儿子达吉娶了本村女子德娜为妻，加上德娜家的亲戚，家族人口进一步增加。杰珠村里 80% 以上的家庭都沾亲带故，不会有很深的矛盾和很多的纠纷，有些小矛盾、小纠纷也比较容易解决。村民与外界的交往相对较少，如果家中有人在外地工作，以家人为中介，与外界的交往才相对较多。

（四）村庄发展的脆弱点及突破的思考

村民守望相助，互动很多，关系密切，团结祥和。例如该村的婚姻关系十分稳固，近十年，没有一对夫妻离婚。

杰珠村的村民生活已经很不错，但部分村民还会存在一些困难。接受非义务教育的家庭，开支增大，难以承受。阿嘉贡布家二儿子读大学一年要支出 1 万多元，三儿子在雅江中学读初中，一年要花费 3000 元。

珠珠老人认为，村庄产业发展存在多方面的脆弱性。（1）靠发展牧业，靠不住。因为村庄的草场少，可放牧的数量有限。（2）靠发展农业也靠不住，因为农业主要是靠天吃饭，很容易受霜冻。（3）短期来看，旅游业做得好一点，村民收入就会增加一些。但是，旅游业也靠不住。原因是看点不足。现在的旅游景点主要是郭岗顶上七八月的花海，但是花海的花是自然界的，不是种植的，花海存续期只有一个多月。花谢了，花海就没有了，看点就少了。[①] 目前，旅游业处于最低谷，停滞不前。2008 年还有少量游客，2009 年基本上没有游客。就目前形势而言，对旅游业的兴盛不敢抱太大希望，只有依靠农牧业。

杰珠村村民认为杰珠村旅游业的发展需要想办法增加新的看点，例如

---

① 2009 年 7 月 9 日，珠珠老人告诉笔者。

野生动物，郭岗顶上有獐子、熊猫、豹子、麂子、鹿子。把搬迁的郭沙寺修好，增加看点。从长远来看，杰珠村要进一步发展，只有靠孩子读书往外走，但是村小的教学质量很差。[①] 对于杰珠村未来的发展，政府机构负责人思考更多、更全面。乡党委副书记告诉笔者：以旅游业为支柱，围绕旅游业进行基础设施建设。这个工作已经做了很多，例如道路、水电、通信设施建设，还需进一步夯实基础设施建设，创造基础条件和发展环境。同时，发展特色农牧业。包括：绿色大棚蔬菜种植；畜产品加工，主要是牦牛产品加工，如鲜奶、酸奶、牦牛肉干；旅游消费品的生产加工，如虫草、中草药、藏式小手工艺品。畜产品加工应该很有发展前途。[②]

二　亦农亦工型：胜利二村、多拖村

亦农亦工型村庄主要从事农业生产和打工，极少牧业生产。较之于牧业型、亦农亦牧型村庄，亦农亦工型村庄生计的最大特征是打工成为主要现金收入来源。就亦农亦工型的两个村庄相比较而言，胜利二村因为在城郊，土地被征用，村民拥有的土地很少，人均不足 1 亩，土地产出不足以温饱，更依赖于打工。多拖村的村民人均拥有土地相对充足，土地产出足以温饱，打工收入使之在温饱之余，更为富足。

由于胜利二村紧挨县城，较之于远离县城的村庄，基础设施和基本公共服务状况都较好。多拖村由于是甘孜县新农村建设试点村，离县城也很近，近年来，经过大量投入，基础设施和基本公共服务状况也很好。

（一）胜利二村

1. 土地资源不断减少，打工占主导

道孚县鲜水镇胜利二村位于鲜水镇（县治所在地）北端，属于城郊接合部。村民以打工为主，农业生产较少，牧业生产更少，所以将其算作亦农亦工型。

胜利二村有 76 户（198 人），其中：男性 101 人、女性 97 人；60 岁以上的老年人 23 人；劳动力 70 人（不含僧尼）。

全村土地总量 175 亩，其中，耕地面积 117 亩（也是农户承包的土地面积，鲜水镇人均耕地面积只有 0.8 亩）、自留地 23 亩、开荒地 35 亩。117 亩耕地中有旱地 60 亩、水浇地 57 亩。开荒地 35 亩属于 2 家人，是20 世纪 90 年代开荒所得，但是至今没有土地证。林地面积 2—3 亩/户，

---

① 2009 年 7 月 9 日，珠珠老人告诉笔者。
② 2009 年 7 月 10 日，与西俄洛乡副书记张涛座谈得知。

人均不足 1 亩。退耕还林面积 177.5 亩，截至 2012 年国家已补助了 12 年。近几十年来，国家征用该村土地上百亩，其中近年征用 40 亩，每亩补助 16800 元，荒地折半。村民中，土地最多的一户有 11.12 亩，最少的只有 2.07 亩。

胜利二村种植青稞 10 亩、冬小麦 30 亩、油菜 35 亩、马铃薯 70—80 亩、豌豆和蔬菜地 10 亩，此外有果园 10 亩（属于 3 家人）。

本村没有人去采挖虫草，因为需要到较远的地方，还要缴纳地皮费（500—2000 元/人不等），没有松茸和藏草药可采集。

村里 76 户中，有牛的只有 4 户。其中，拥有牛最多的是扎巴家，有 17 头，他们家销售鲜奶；其他的人家只有 1—2 头牛，所挤鲜奶只供自家饮用。有 72 户无牛也无鸡。全村有猪 20 头。

村里劳动力约为 70 人，以打工为生者有 30 人，其中男 28 人，女 2 人；其余劳动力以务农、照顾家庭为主，空余时打小工贴补家用。村里打工者的职业主要是服务员、开车、木工、藏式彩绘、艺术团舞者，一年平均收入大约为 1 万元。藏式彩绘手工艺人的收入相对较高，少则 1 万—2 万元，多则 5 万—6 万元，胜利二村有藏式彩绘者 3 人、木匠 2 人。村里有 10 人在道孚县内打工，在康定、成都打工的各有 3 人，在深圳、拉萨、北京、香港地区打工的各有 1 人。

胜利二村还有 2 家民居接待，其中的"背包客"藏家庄，只有国庆长假才有游客前来。另外，村里还有 1 家开旅馆、1 家开铺面。村里有 2 户各购买 1 台货车跑运输，以前很赚钱，2012 年运营比较艰难。

胜利二村人均收入 2000 元/年，在鲜水镇属于中等收入，鲜水镇的人均收入是 2980 元/年。

胜利二村的家庭成员结构状况如下：（1）有几户是单职工家庭，即夫妻双方中有一个有稳定工作，另一个种地、照顾老小、打小工。（2）有 30 户的夫妻双方有一个在家，一个长期打工（是读了书比较能干的），过年才回家。（3）有部分家庭，夫妻双方年龄比较大，靠子女供养。（4）有 3 户啃老。

全村二层的楼房有 60 栋、平房有 3 栋，无房户有 9 户。

总之，胜利二村还有一些土地资源，许多家庭只靠种地难以温饱，更多地依靠打工为生。

2. 基础设施和基本公共服务状况良好

胜利二村紧靠城边，县城的基础设施建设以及公共服务覆盖本村，供给状况良好。

胜利二村硬化主干道 4000 米，沙石路 1000 米，实现村村通、组组通，20% 家庭入户路未硬化。道路问题主要有：①损坏了的主干道未修。以前村子附近有学校，村庄主路曾经修过，现在路坏了。②主干道太窄，只能通行摩托车，其他稍微大一点的车辆无法通行。③配套设施不健全，例如没有排水沟渠。主干道未修的原因，一是县上相应的交通建设项目少，无力安排。二是本地人对施工环境影响大，比如张口就要钱，无理取闹等，还有就是不敢也不能硬拆，修建中一旦出一点点问题，牵扯维稳，很多事情就做不下去。主干道太窄的原因，一是房子与房子紧挨在一起，1981 年炉霍地震后，重建规划没有能规划出一条大道来；二是村民乱修滥建。主干道太窄，致使消防车进不来，一旦发生火灾，就会烧毁一大片。

挨近城区，胜利二村的通信状况很好，家家都有手机（平均每户 2 部），30% 的家庭有座机。50% 的家庭是闭路电视（机顶盒），50% 家庭采用卫星接收仪。村中居民有电脑 15 台，连接网络的有 10 台。

胜利二村的供电良好，电价 0.38 元/度，与城市用电相同，这是全甘孜州最低的电价，因为县上有两个电站（三公里电站、沽洛桥电站），此外还有一个国有电站（蒙托电站）。

全村 70 户中，有六七户没有使用自来水。

村里主要的灾害是洪灾，2012 年前，位于村里的道孚沟年年发洪水；2012 年，鲜水河漫堤，淹没土地 10 多亩，有一家的房屋下沉，经济损失 10 万元。2012 年村里的道孚沟修好了防洪堤，长度为 4 千米，耗资 2000 万元，还需要修建 9 千米，需要投资 4500 万元。

胜利二村只有一家人使用太阳能热水器。

胜利二村的中小学生全部在县城接受教育，上幼儿园的有 4 人，小学生 5 人，初中生 5 人，高中生、中职中专生共 9 人，大学生 5 人。高中、大学生（含大专生）每月生活费用至少 500 元，加上每年的学费 5000 元，一年费用支出超万元。很多只上完初中，就不再升学，一是因为费用高昂；二是本地教学质量差，升学困难。道孚县没有高中，读完初中后只有去外地读高中或中职学校（有 9＋3 的补助）。2010 年、2011 年，每年油菜生产培训 1 次、青稞生产培训 1 次、劳务输出培训 1 次。

胜利二村接近县城，并紧挨县医院，所以没有也不需要村卫生室。

胜利二村卫生环境较差，没有垃圾池、公厕。村民现在新修的房子（占 90%—95%）都修建了厕所，但是以前的旧房子（5%—10%）没有配套厕所，需要公厕。村里原来有个公厕（25 户人需要使用这个公厕），但是快垮了，却修不起来，因为住在附近的人心不齐，无法筹资，而且这些住户都比较困难，这25户中有6户是外来户，买了房在此定居，户口却不在此地。

（二）多拖村

甘孜县呷拉乡多拖村有54户（267人），其中，男性184人、女性83人；2人是汉族，其余皆为藏族。该村以农业生产为主，辅以打工及采挖虫草等。村中共有牛23头，户均不足0.5头，主要用于自己饮用牛奶，故纳入亦农亦工型。

1. 资源状况较好

甘孜县多拖村属于坝区，自然资源状况较好。离县城3千米，离乡政府1千米。位于318国道旁，交通便利。雅砻江流经本村1千米。

全村耕地面积862亩，退耕还林328亩。实行机械化耕作。自2010年实行新农村建设以来，多拖村在种植传统作物的基础上，增加了新品种种植和养殖。种植的传统作物包括青稞、豌豆和甘孜紫皮马铃薯，种植的新品种包括油菜、改良甘孜紫皮马铃薯、庭院蔬菜以及温室大棚的反季节蔬菜（夏季种植辣椒、黄瓜、西红柿等；冬季种植小白菜、卷心白菜等）。新增养猪。截至2012年7月，多拖村共种植青稞532亩、油菜400亩、豌豆20亩、紫皮马铃薯30亩。每年村民都出去采挖虫草和大黄、川贝等草药。

全村劳动力97人，其中常年打工的有46人（其中有木匠2名、画匠7名，其余主要是土工）。打工地点一是县内牧民定居点，二是本州的石渠县，三是青海的玉树。工价是小工60元/天。其他劳动力则是主要在家务农，农闲时外出打工。打工加上采挖虫草等草药，最高收入约为8000元/年，最少约为5000元/年，平均6000元/年。村民年均纯收入1800元左右。

全村有二层楼的楼房42栋，平房12栋，此外还有2家在县城买了房。

2. 基础设施与基本公共服务状况良好

多拖村实现五通全覆盖，水、电、道路、通信、广播电视以及其他基础设施状况良好。该村在318国道旁边，已硬化了村庄主干道及入户路，交通条件很好。全村有52辆小四轮拖拉机，可用于耕地和打工（拉沙石、肥料等）。2012年新甘石电网联网工程建成，供电状况良好。自来水迁入家家户户。采用闭路电视，收视效果良好。家家都有手机，全村共有手机108部，平均每户2部。修建灌渠800米，其所在的呷拉乡修建水渠 9 千米。实施土地整治项目。建有村级活动室包括村文化活动室一个，占地 3 亩，建筑面积 132 平方米；25 平方米的书报阅览室 1 个，乡上帮村里订了 3 份报纸、5 份杂志。有一个 25 平方米的洞科。家家都有太阳能热水器；村里有 9 户修建了沼气，政府予以全额补助，即 3800 元/池。

基本公共服务覆盖到位。村中 1—3 年级小学生在乡中心校就读，4—6 年级在县小学就读，寄宿。目前，多拖村有学前班学生 3 名、小学生 23 人、初中生 17 名、高中生 11 名、中职中专生 1 名、大学生（包括大专生）7 名。政府开展了拖拉机机械培训、蔬菜种植培训等。由于离县城较近，村民医疗主要在县城，全村 98% 的村民参加新农村合作医疗（其余 2% 是因为就读于大专院校，在学校参加医疗保险）。养老保险也全面展开，推进顺利。

（三）亦农亦工型村庄生计的脆弱点

多拖村的脆弱点包括：（1）粮食基本够吃，但现金收入困难，主要是打工者技术水平低（技术工很少）。（2）2012 年入户调查发现因村民集中修建房屋，债务较重。54 户中，不需要借款的只有 5 户，这 5 户主要是做生意的以及单职工家庭（指夫妻双方中有一个有正式稳定的工作及收入来源）。其余 49 户都有债务，债务最多的有 8 万元，最少的有 5 万元，平均 6.5 万元/户。贷款中，政府贴息贷款 1 万元/户；村集体向信用社贷款 27 万元，分发给村里的贷款农户，月息 1.2%。2014 年 7 月笔者再次到多拖村入户调查时，村民债务大大减轻，绝大部分已经还清贷款，只有特别困难的几户未还清。（3）较容易因病、因灾、因教育而返贫。

胜利二村的脆弱点包括：（1）人地矛盾突出，地少人多。（2）退耕还林土地被征用的同时要求村民找地置换，这对村民而言非常困难，无法找到土地来置换。（3）教育致贫。有孩子上高中、大学的家庭，教育费用昂贵，支付困难。

三　亦农亦牧型与亦农亦工型的比较

亦农亦牧型的杰珠村与亦农亦工型的胜利二村、多拖村相比较，杰珠村的生计基本依赖自然馈赠，生计方式更为单一，虽然虫草、松茸的销售要联结市场，但其生计资源、能力和行动都离市场相对较远。亦农亦工型村庄的生计资源、能力和行动都紧密联结市场。由于杰珠村离县城较远，其基础设施和基本公共服务虽然供给状况也不错，但较之于亦农亦工型的两个村庄而言，相对差些。例如，杰珠村村民普遍觉得本乡中心小学的教学质量较差,所以经济条件较好的家庭,多将小孩送到雅江县城等地上小学。

第四节 三亦型村庄禀赋及生计状况

如前所述三亦型是指亦农亦牧亦工型,即村民既从事农牧业生产,还会去打工。这种类型的村庄在我们调研个案中包括炉霍县斯木乡的阿初村、克木村以及康定县新都桥镇的东俄洛三村。

一 阿初村和克木村

阿初村和克木村同为炉霍县斯木乡所辖,地理位置和地理环境大体相同,但制度安排不一样,村民生计状况也有所差别。阿初村是炉霍县扶贫重点村,近年来,政府集中投入300万元,大大改善了村庄基础设施,村民生计状况也相应改善。对克木村投入的扶贫资金极少,村庄差异很明显。

(一)阿初村和克木村的基本情况

我们将阿初村和克木村的基本情况整理如下,以便对照(见表7 - 3)。

表7 - 3 阿初村和克木村的基本情况

村庄名称	炉霍县斯木乡阿初村	炉霍县斯木乡克木村
人口	全村有40户(201人),其中只有2名汉族,其余为藏族;男性126人、女性75人;60岁以上老人24人;2012年新生儿3个(2男1女)	全村有34户(220人),全部是藏族;男性114人、女性106人;60岁以上的21人;2012年新生儿5个。贫困生9人。30户有僧尼37人(男30人、女7人)。12户有境外人员(全部为男性)
自然环境	距离炉霍县城15千米,在303省道旁,村庄面积1.5平方千米。村庄地形主要是坡地和平坝,鲜水河流经本村4千米	距离炉霍县城5千米,距离303省道2千米,村庄面积1.5平方千米。村庄地形主要是坡地和平坝,鲜水河流经本村约4千米

续表

村庄名称	炉霍县斯木乡阿初村	炉霍县斯木乡克木村
土地资源及种植情况	耕地面积421.24亩（也是农户承包面积），退耕还林面积244.46亩。耕作面积：青稞189亩，小麦169.5亩，其余种植豌豆、油菜和马铃薯；集体果园有1亩	耕地面积631.79亩，农户承包面积544.49亩；退耕还林面积145.55亩；2012年国土局帮助开垦荒地190亩。耕作面积：青稞300亩、小麦113亩、豌豆68亩、油菜54亩、马铃薯117亩
草场资源及养殖情况	草原面积5670亩。全村有牛150头，牛较多的家庭有七八头，有些家庭没有牛，平均每户三四头。全村有猪14头	草原面积5879.5亩。全村有牛197头，平均每户5—6头牛；全村有马27匹
副业生产	主要是采挖虫草。要到外县去采挖，距离较远。妇女农闲时采集野生菌，生产俄色茶	主要是采挖虫草和野生菌
打工情况	有127个劳动力。有70人打工，长时间打工的有38人，农忙回家。打工收入最多的1.6万元/年，最少的0.2万元/年。打工收入较高者一般是自带拖拉机，在工地上拉沙石。工种主要是木工（23人）、泥工。打工的地点主要在本县，有七八人在色达县、石渠县，有2人在阿坝州打工	有120个劳动力。长时间打工的有60人，其中修建房屋的木工、泥工等约50人，藏式彩绘艺人10人。在炉霍县内打工的大约40人；在色达县、石渠县、甘孜县、新龙县打工的大约有20人。打工收入最好的1.3万元/年（包含采挖虫草、野生菌的收入），少的3000—4000元/年，平均5000—6000元。照顾家庭，空时打工的大约60人
收入	村民年均纯收入2150元	2011年村民年均纯收入1800元，全村年农业生产收入232750元、副业年收入413100元
住房情况	有27户为2层楼房，12户为平房，有1个孤儿没有住房	有2户是2层楼房，有31户是平房，有1户在县城买房

　　由上表可知，两村的自然环境基本一致，生计方式也基本一致，较之于牧业型和双亦型，村庄生计途径较多，既有农牧业、副业，也有打工

收入。

农牧业生产保证基本温饱。副业和打工是主要的现金来源,但是纯收入都比较低,2011年阿初村只有2150元,克木村更少,只有1800元。

调查中,克木村人一再强调,由于他们离303省道2千米,加之不同的扶贫投入,所以他们与阿初村相比,收入以及住房状况不如阿初村。阿初村有两层楼房的是27户,但克木村只有2户;阿初村有12户是平房,而克木村达31户。

(二)基础设施、基本公共服务情况

调研得知,阿初村、克木村的通信、电力供应状况良好,但其他基础设施方面,因扶贫资金投入差异,克木村远远不如阿初村。我们将阿初村和克木村的基础设施、基本公共服务情况整理如下,以便对照。

1. 基础设施

(1)道路及交通设施。阿初村:由国家投入扶贫资金硬化主干道317米、支干427米、入户路1533米,实现村村通、组组通、户户通。有2户村民购买了小轿车;有3户人购买了大车跑运输,一年收入3万—4万元;家家都有拖拉机和摩托车。克木村:都是泥巴路,主干道2千米、支干路3000米以及入户路都尚未硬化。34户中,30户有拖拉机,28户有摩托车。

(2)通信广播。阿初村通信良好,全村40户中,38户有手机,没有手机的1个是孤儿、1个是五保户。国家发给电视机使用的卫星接收器。克木村通信良好,29户有手机,5户没有(其中1户是五保户)。国家发给电视机使用的卫星接收器。

(3)灌溉设施。阿初村修建水渠110米。克木村在县农业局帮助下,已经修建水渠500米,可灌溉300亩,仍需要修建5000米。

(4)替代能源。两个村庄的基本燃料是柴火、牛粪、电炉(很少),但阿初村因国家发放太阳能热水器,户户都有,而克木村却没有。

(5)村活动室。阿初村有一个20平方米的农家书屋,2011年购进图书300本,克木村没有。

(6)文化活动设施。2011年,阿初村村民自己投工投劳修建25平方米"洞科"(转经房),洞科造价不加人工费要7万—8万元,加上人工费用要10多万元。克木村没有。

2. 教育、医疗公共服务

(1)教育。阿初村离乡政府2千米,乡政府有幼儿园、小学,村中适龄儿童都上乡幼儿园、小学。在校幼儿园人数6人、小学生29人、初中生 10 人、高中生 4 人、中专中职生 1 人、大专及大学 3 人。2011 年农业技术培训 1 次，2012 年有 3 次。克木村离乡政府较远，村中孩子一般不上幼儿园。村小学有教师 7 名，学生 236 名。在校小学生 25 人、初中生 7 人、高中/中职中专生 7 人、大学（含大专）3 人。享受 9 + 3 的有 4 人。2011 年，农业技术培训 1 次；2012 年有 3 次。

（2）医疗。阿初村没有村医疗站，离乡政府 2 千米，一般去乡政府卫生院、县城的医院就医。克木村有医疗站 1 个，有 1 位医生，但是设备差，缺乏药品，甚至缺乏桌椅。

（三）阿初村、克木村村庄生计的脆弱点

阿初村的脆弱点包括：吃穿不愁，现金收入困难。发展观念淡薄，创业意识很差，资金短缺。本村可发展油菜生产、良种基地，但没有相应指标。

克木村的村庄发展脆弱点包括：有的家庭修不起房子，看病的先期预付困难；子女读高中和大学的费用，难以承担；基础设施较差，路、水渠均未硬化，自来水的水源不足。

（四）阿初村的相对富裕与克木村相对贫困的原因

1. 克木村离 303 省道有 2 千米距离。

2. 阿初村村民外出打工的比较多，村民们开始外出打工的时间比较早，技术人员相对较多，而克木村打工的相对较少，开始外出打工的时间晚一些，技术人员较少。

3. 村民们认为克木村村民的脑子没有阿初村的灵活。

4. 扶贫资金在阿初村的投入比较集中，达到 300 多万元；而在克木村很少，只有 20 多万元用于修路。

二　东俄洛三村

（一）基本情况

1950 年前村里有 15 户，2007 年前是 32 户，2008 年、2009 年从雅江搬来 9 户，这 9 户主要是牛场娃（主要指牧户），他们卖掉牛，在村子里买地修房，并迁来户口。现在全村共 41 户（186 人），其中：男性 106 人、女性 80 人；只有 2 人是汉族，其余皆为藏族；有五保户 1 人（65 岁）与侄女一家生活在一起。2011 年新生婴儿 5 人，其中男婴 3 名、女婴 2 名。2011 年、2012 年各去世 1 位老人，均属正常死亡。村中劳动力约 100 人，男女各半。女性一般是照顾农业生产和家庭，男性打工。以养牛为业的有 2 户 4 人，因为养牛较多，需要到远处放牧。拉沙出售者有

2人。

村庄海拔3300米,高原地形,有山有坝子有河。村中有一条小河,流经村庄3000多米。每年都会发洪水,淹没草地和庄稼。向镇政府申请修建水坝3000米,未获批准。每年损失几千元。

东俄洛三村距离318国道2千米,离215省道也是2千米,离新都桥镇4千米。

全村耕地面积465亩(即农户承包地),全是旱地。林地面积162.5亩,全部退耕还林。草原面积935亩。宅基地面积123亩。种植青稞200亩,小麦100亩,豌豆、马铃薯各150亩,一年一季。

村民春天采挖虫草,没有松茸、药材可采集。

村里每户至少有1人打工,共计50人。打工地点是青海玉树、新都桥镇等。在新都桥镇打工的大约有20人,其余的去外地打工。村中有木匠2人、藏式绘画师2人。打工一天的收入有七八十元,一年打工以及采挖虫草收入多的2万元,少的几千元,平均1.2万—1.3万元。

村中40户村民有房,最好的一家是10柱24间,一半人家都在6柱12间以上,另一半没有达到。村中有1户人家住房很差,火灾后修不起,只修了一个棚子,家人到处去打工,其家庭基本状况是一女人(50多岁)有两个儿子,两个儿子打工糊口,照顾不到家庭。

(二)基础设施与基本公共服务

东俄洛三村的硬化路通到村口,入户路全部硬化,有三个小组的主干道还是碎石路。每家每户都有摩托车、拖拉机,有1户人买小车跑客运。主干道未硬化的原因是2011年村里资金有限,延误工期,未能按时硬化,目前正等待政府的安排。

2002年村里户户通电,用电状况很好。家家都有打茶机、彩电,约有30户人家有冰柜。2011年通自来水。通信状况良好,家家户户都有手机。家家都有电视、卫星接收器,卫星接收器由国家发放。附近村庄家家都有太阳能热水器,是政府发给,估计本村在2013年也会有太阳能热水器。

村里没有医疗卫生室和小学,因为离镇里很近,就医和上学都在镇上。村里小孩都在镇上上小学,其中有30家的孩子住校,有3家相对富裕的,由爷爷奶奶在镇上陪读。

村里建有活动室,有200多平方米,可看书看报。

有一个转经房,村民筹资修建了一座白塔。

（三）村庄的脆弱点及其突破

东俄洛三村是新都桥镇最穷的村，没有村集体经济，也没有企业。

（1）获取现金收入较难，因为村民没有位于国道、省道旁边，相比较而言，靠近路边的村庄挣钱更容易。

（2）村里主干路大约4千米，2011年准备硬化，硬化标准是宽3.2—3.5米，高20厘米，需要大量沙石。2011年11月，由于自筹经费不足，只有15台拖拉机，沙石运不够，政府要求的工程时间比较紧，错过了政府帮助修建的工期，所以停了下来。错过工期的原因一是工期紧张，二是村里自筹资金不够。

（3）采挖虫草需要去塔公、塔尔寺等地，不是自己的地盘，需要交采挖费用。

该村和政府都希望发展旅游民居接待，但有内在困难：一是路不好，二是发洪水可能会淹没乡村，旅客也不敢来。

第五节　村庄禀赋直接影响农牧民生计

贫困有多种表现，贫困测量有多个维度，但所有的贫困状态都避免不了体现在自然与人、经济与社会两对要素四个方面。就一个地区而言，贫困又有总体表现和具体体现之分，总体表现是一个地区贫困状况的整体概括，其测量维度包括贫困发生率、贫困绝对数、贫困程度、贫困认同度、脱贫的难度等；具体表现是一个地区及其村庄和村民在生产生活等方面的困难，其测量维度包括自然生态与社区禀赋状况、村民素质与可行能力状况、经济发展与收入水平状况、公共服务与社会事业状况等方面。诸多测量维度中，农牧民生计状况可直接反映区域贫困、村庄贫困、家庭贫困的样态。

据我们调查，甘孜州农牧民生计方式越来越趋于多元化，越来越趋近市场。许多村庄由以前的农牧业生产为主，逐渐演化为农牧业生产与非农经济并驾齐驱，挨近县城的村庄还以非农产业为主。农牧民的生计方式，由牧业型到亦农亦牧型再到亦农亦工型（含亦农亦牧亦工型），越来越趋近市场，即与市场相交换的机会与可能越大，生计方式越多样化。

相比较而言，牧业型村庄生计最为艰难，生计方式最为单一，因其基础设施较差，公共服务欠缺，且依赖自然环境的程度较高，易受灾害影响等。生计状况较好的村庄，一般情况是基础设施状况较好、剩余劳动力转移相对顺利、实现了生计方式多样化，抗风险能力增强。

农牧民生计方式特征各异。（1）纯牧业型以及远离交通干线和城镇的农区村庄（亦农亦牧型）尚未从实物生计转变为现金生计；尚未从满足生存需要演进到满足发展需要；仍然是为生存而生产，尚不是为交换而生产、为财富积累而生产。（2）亦农亦工型、亦农亦牧亦工型村庄，既具有实物生计的自给自足，也具有现金生计的交换特征；这两种村庄里，较为贫困的一部分主要为满足生存需要而生产，较为富裕的一部分已经演进到满足发展需求的阶段；村庄的农牧业生产主要是供自己生活，而不是市场交换和财富积累，但由打工成为其主要经济来源，村民的劳动力是最为主要的商品，他们的劳动力的生产和再生产可以认为是为交换而生产。

村庄禀赋包括自然资源禀赋、基础设施和基本公共服务等，在一定的村庄禀赋下，如果农牧民文化程度较低、身体素质较差、职业结构单一、村庄生活封闭，则有可能陷入贫困。我们的调查显示，一般说来，自然资源禀赋较好，基础设施和公共服务供给较好，村民的可行能力相对较高，则相对富裕。

地理位置是极为重要的自然资源禀赋，村庄所处的地理位置如果可以用"距离县城的距离"和"距离乡镇的距离"来呈现，那么，距离县城或乡镇的远近，在一定程度上可直接反映该村的交通便利状况，直接关系到该村庄居民是否能享用到城镇的各类资源。距离县城或乡镇越远，村庄的交通可能较为困难；距离政治、经济、文化中心越远，就越难享用城镇的文化、教育、医疗等公共资源和市场资源等。

距离县城远近与交通便利情况，直接影响村庄生计途径选择。个案村庄距离县城（镇）以及省道、国道的距离及其生计方式状况见表7－4。

表7－4　距离县城（或乡镇）以及省道、国道的距离与生计方式

村名	距离县城	距离国道、省道	从事生产
洛戈一村	42 千米	国道 317 贯穿	牧业
拉恰玛村	65 千米	65 千米	牧业
杰珠村	63 千米	距离 318 国道 13 千米	亦农亦牧
胜利二村	城郊接合部	317 国道旁	亦农亦工
多拖村	5 千米	303 省道旁	亦农亦工

续表

村名	距离县城	距离国道、省道	从事生产
东俄洛三村	距离镇上 4 千米	距离 318 国道 2 千米	亦农亦牧亦工
阿初村	15 千米	303 省道旁	亦农亦牧亦工
克木村	5 千米	303 省道旁	亦农亦牧亦工

由上表可知，距离县城、主要交通线与村民从业种类密切相关，即与县城、主要交通线的距离越近，从劳动力市场、商品市场获取资源的机会和可能越多。

距县城太远，村民去县城打工的机会相对较少，村民更愿意待在村里度过闲暇时间。例如炉霍县拉恰玛村距离县城 65 千米，没有班车通达县城，村民很少外出，也没有外出务工。再如雅江县杰珠村，由于距离县城 63 千米，也无人外出打工。相反，距离县城或镇政府所在地较近的村庄由于交通方便，与县城、乡镇的信息交换较多，村民能有更多的机会和可能外出打工。康定县东俄洛三村离新都桥镇只有 4 千米，离 318 国道 2 千米，离 215 省道也是 2 千米，交通相对便利，村民开自家的拖拉机、摩托车或坐顺路班车都能直接到达镇上；甘孜县多拖村离县城 3 千米，村民去县城非常方便；炉霍县的阿初村、克木村也在公路边上，距离县城也不远，交通方便。这些村庄的村民一般选择外出打工，即多拖村、东俄洛三村、阿初村、克木村离城镇很近，交通也方便，打工也成为村民主要的收入来源。

这就是说，与市场的距离较近，给村民带来更多的市场交换机会，村民相应的可行能力也较强，从而提升自身抗逆力。拉恰玛村离县城较远，交通不便利，仅仅依靠自然的馈赠发展单一的牧业，收入来源非常单一，一旦遭遇突变的自然灾害，村民的脆弱性就会提高，抗逆力很低。而胜利二村、东俄洛三村、阿初村、克木村、多拖村距离县城或乡镇很近，处在主要交通线附近，村民市场交换机会增大，成本降低，生计途径较多。

较差的基本公共服务导致可行能力较低，贫困更容易发生。如果受教育程度较低，或者相关技能培训较少，会在很大程度上影响生计手段的拓展。

在杰珠村村民可行能力的考察中，笔者发现一些情形：中青年人极少外出打工；外来人口来杰珠村从事手工业，本村缺乏手工业者；商贸利润被外地人赚走等。这些情形在一定程度上，极大地影响村民增收，同时也表现出相对封闭的山村村民在增收过程中的可行能力较弱。据笔者观察,在杰珠村,商贸利润被外地人赚走主要是两个方面。首先,农牧副业产品的附加值基本不被杰珠村居民享有,而被外来的商贸人员赚走。杰珠村的副业产品主要有虫草、松茸、中草药等,牧业产品包括奶渣、酥油、牛羊毛等。由于村民经商意识薄弱,缺乏深加工、外出销售以及规模经营理念,现有的多数商品贸易基本采用传统营销方式,即只在本地将牧业和副业产品以初始原料价格直接销售给前来收购的商人。村民们认为,采用这样的营销方式,既是传统营销方式的继续,也与村民本身的文化水平有关。其次,杰珠村现有的四个商店全部由外来的汉族人经营。村里四个商店销售的产品涵盖了村民生产、生活的方方面面。杰珠村居民在"一卖一买"的交易中,利润、收益以及就业机会皆流失。杰珠村缺乏木工、藏式彩绘等手工艺人,导致相应的就业以及获取现金收入的机会全由外地人囊括。遗憾的是,笔者在杰珠村调查时,常住该村的六位木工皆来自四川雅安,常住该村的2位彩绘手工艺人来自德格县,本村只有1位藏式彩绘手工艺人,且处于初学阶段。

杰珠村增收过程中可行能力较弱,给我们的启示是,村庄公共产品供给中,除了提供较好的基础教育外,还急需进行相关职业技能培训(如木工、藏式绘画),帮助建立商品交易平台,强化商品交易意识等。

与杰珠村相类似,洛戈一村、拉恰玛村没有人外出打工,仔细询问原因,当地村干部告知笔者,主要原因:一是受传统生产生活方式影响,牧民们除了放牧,不会从事土地耕作以及其他生产(如打工所需的各种技能等);二是部分牧民不会说汉话,出门打工很难。

医疗困难,病痛使得农牧民无法享受健康人的基本生活,生活可行能力低下,谈不上生产、发展可行能力,直接制约家庭生计方式和生计结果。

第八章　生计资本差异：农牧户贫富有别

　　甘孜州区域性贫困及村庄资源禀赋形塑了农牧民不同的生计方式，不同的村庄拥有的自然资源、基础设施、基本公共服务不同，贫富有差异。需要思考的是，在同一村庄内，村庄资源禀赋、外部风险基本相同，但村民有贫有富，其因何在？

　　我们将农牧民分为富裕户、贫困户、中等户，调查其人口结构和家庭收支，发现在同一村庄内，农牧户的贫富与家庭劳动力状况、家庭生命周期密切相关。家庭劳动力数量、质量直接影响家庭收入。家庭劳动力数量多且能开展多种经营，家庭就会富裕，反之就会贫困；家人遭受健康风险，就会因病致贫或返贫。家庭生命周期中，若处于建房期、子女出生期、子女接受非义务教育期，陷入贫困的可能性较大。

第一节　富裕家庭生计状况及其致因

　　寻找富裕家庭的共同特征，对照于其他家庭，更能了解贫富差异的内在机理。调研发现富裕家庭大约占村庄农牧户的20%，这里呈现5个家庭，主要是他们带有较强的典型性。

一　富裕村民家庭个案

　　我们在东俄洛三村、胜利二村、洛戈一村、杰珠村，选取了5户富裕家庭，呈现其生计状况。

　　（一）泽旺巴玖家

　　泽旺巴玖，男，1954年生，是东俄洛三村的副村长，泽旺巴玖家是康定县新都桥镇东俄洛三村最富裕的家庭，一家7口。

　　1. 家庭成员及其分工。（1）泽旺巴玖夫妇，照顾家庭，兼顾农业生产。（2）大儿子在外跑运输，大儿媳妇种地。（3）收养的儿子在牧场养牛。很多年前，泽旺巴玖夫妇收养了一个孤儿，现今已经 17 岁。（4）泽旺巴玖的 2 个孙儿，读小学。

2. 家庭收支状况

泽旺巴玖家主要有农业生产收入、牧业生产收入、跑运输业的收入。

（1）种地的收入。家有 16 亩地，种的青稞、豌豆等，自己食用，剩余部分用于喂牛。

（2）畜牧业生产纯收入。1983 年实行家庭联产承包责任制时，分得 9 头牛，加上自家已有的 3 头牛，共 12 头，慢慢繁殖起来。2011 年 3 月雪灾，冻死了 29 头牛（大牛 23 头、小牛 6 头）。2012 年新生小牛 24 头，家有 80 多头牛，其中大牛 60 头、小牛 20 多头。养牛收益：每年杀 1 头牛自己食用，此外，一般是卖牛 1—2 头/年，收入 1 万元左右；一年卖酥油 150 斤，每斤 30 元，收入 4500 元；出售奶渣 200 斤，每斤 6 元，收入 1200 元。共计 1.6 万元左右。一年养牛支出包括：购买盐巴 200 包，0.95 元/包，支出 200 元；购买化油 100 多斤，5 元/斤，支出 500 多元；购买 3 包茶叶，冬天熬茶喂牛，每包 45 元，支出 135 元；自己生产的青稞 1500 斤，用于喂牛。养牛的现金支出大约 835 元。如果不计算自家宰杀食用的牛以及自家生产青稞养牛的成本，以现金收支来计算，泽旺巴玖家养牛的现金纯收入大约为 1.5 万元/年。

（3）运输业收入。2008 年家里投资 12 万元，买了一台农用车，跑运输。请人开车，工价是 150 元/天。2010 年收回成本后，每年能赚钱 2 万多元。2011 年，家里投资 37 万元，购买了一辆大车，用于运输。大儿子在稻城机场开车拉沙子，2011 年赚钱 20 万元，2012 年收回成本。

3. 家庭富裕的原因

泽旺巴玖告诉我们，现在他家一年的现金收入有几万元，家人都健康，孙儿们还小，支出不多，确实是村里比较富裕的。

（1）金融资本较为丰富，多种经营。农牧业生产保证吃穿，牧业生产有现金收入，运输业收入较为丰厚。

（2）人力资源富足。家庭成员健康状况良好，除了基本生活，不需要更多的支出。

（3）社会资本相对充裕。作为副村长，较之于一般村民拥有相对多一点的社会资本。

（4）物质资本雄厚。房屋很好内部装修精美，家用电器一应俱全。还有农用车和大车。

（5）市场交换能力较强，经营运输业，获取收益。

（二）陈西仁、冲翁家

陈西仁、冲翁家是道孚县胜利二村的富裕家庭。

1. 家庭成员。陈西仁家只有夫妻俩。陈西仁，男，1947 年生，66 岁，小学文化；冲翁，女，58 岁，没上过学。他们的四个女儿已经长大并外出工作。大女儿 35 岁，毕业于甘孜州民族干部学校，就业于康定县人事局；二女儿 33 岁，毕业于成都幼师，在泸定县人事局工作；三女儿 30 岁，毕业于达川粮食学校，就业于康定县民政局；四女儿 27 岁，毕业于甘孜州财政学校，就业于康定县联通公司。四个女儿每月都会回家看望父母，给父母钱。

2. 家庭收入来源。家庭收入来源主要是以前的积蓄以及子女供给，此外家有土地 6 亩，修房子占地 3 亩，另外 3 亩交给别人种地，收取少量租金。

3. 富裕的原因

（1）人力资本雄厚。四个女儿中专或大专毕业后，都有稳定的工作。陈西仁本人也是当地有名的建筑设计师和工匠，收入不菲。访谈中，陈西仁告诉我们，1990 年前，他当工匠的收入是 5 元/天，那时的大米 0.18 元/斤，牛肉 0.38 元/斤，酥油 0.70 元/斤；现在的工匠收入是 200 元/天，牛肉是 28 元/斤，酥油是 30 元/斤。

（2）物质资本丰厚。房屋又大又漂亮，建筑面积是 500 多平方米，使用面积是 400 多平方米，装修精美。他家 1990 年自己修建好了房屋，花费 5 万元买木料，请 3—5 个小工，修了 8 个月。2010 年改建，整体抬高房屋 1.2 米，花了 16 万元。

（3）从事多种经营。陈西仁是当地有名的建筑设计师和工匠，年轻时，除了当木工之外，还开办粮食加工厂（磨坊），喂猪（多时达到 10 多头），运输木料到内地（浦江县大塘木材交易市场）销售。市场交易能力很强。

（三）杨玉兰家

道孚县胜利二村杨玉兰家修建了"迎客贝藏家庄"，以旅游接待为主业，是村中比较富裕的家庭。

1. 家庭成员。杨玉兰，藏族，女，66 岁。膝下有两个儿子、一个女儿。大儿子在外地工作，女儿已出嫁。杨玉兰与小儿子（江泽）及小儿子媳妇（拉姆）、2 个孙儿生活在一起。儿子江泽，40 岁，大专，毕业于四川民族学院农牧专业，现在在道孚县政府工作。儿媳拉姆，33 岁，中专，张罗家里的生意。大孙儿 8 岁，小学二年级；小孙儿 5 岁，读幼儿园。

2. "迎客贝藏家庄"基本情况。"迎客贝藏家庄"建成于 1992 年,占地面积 597 平方米,使用面积 467 平方米,是道孚县最大的民居接待家庭。当时的造价约为 5.6 万元。修建时,亲戚出劳力,帮忙较多,现金支出较少。2008 年前,藏家庄生意很好。2008 年,受拉萨"3·14"事件的影响,生意大不如从前,一般只有"五一"劳动节、国庆节等长假时间才有游客。一年收入为 2000—3000 元。

3. 富裕的主要原因

(1) 物质资本雄厚,主要表现为藏家庄面积很大,装修精美,可开展民居接待。

(2) 人力资本较为丰厚。江泽在县政府工作,联系面较广,能寻找到部分客源。儿子和儿媳受教育程度较高。

(3) 家人健康状况良好。

(四) 仁青家

仁青家是甘孜县下雄乡洛戈一村的富裕户,全家 8 口,主营畜牧业及虫草采集。

(1) 家庭成员。仁青,男,40 岁,放牧加采挖虫草。仁青的妻子,41 岁,放牧加采挖虫草。仁青的叔叔,67 岁,在家养老。仁青的姐姐,45 岁,放牧加采挖虫草。仁青的妹妹,35 岁,放牧加采挖虫草。仁青的女儿,18 岁,放牧加采挖虫草。仁青的大儿子,15 岁,读初中;小儿子,12 岁,读小学。

(2) 家庭收入。仁青家有 70 多头牛,加上采挖虫草的销售收入。

(3) 相对富裕的主因是劳动力充裕,5 个劳动力供养 8 口人。

(五) 珠珠家

珠珠家是雅江县西俄洛杰珠村的富裕户。

1. 家庭成员。珠珠家共有 7 人,包括珠珠夫妇、女儿、儿子和儿媳、两个孙子。珠珠 62 岁,2005 年从雅江县农牧局退休,回到杰珠村养老,2009 年退休金是 2360 元/月。珠珠及其妻子在家照顾家庭。珠珠的儿子、媳妇、女儿平常在牧场放牧,农忙时回家种地,孙儿(上小学二年级)、孙女(上小学一年级)与爷爷奶奶生活在一起。

2. 主要收入

(1) 种地。家里还耕种 7 亩地,农忙时,儿子和媳妇从牧场回家种地。此外,退耕还林土地有 5 亩。7 亩地生产的粮食不够吃,需要购买一些。

（2）养牛及其收益。

珠珠家是村里最大的养殖户，养牛200多头，养马3匹。1988年实行家庭联产承包责任制时，家里分得30多头牛。不久，自家买了10多头牛。以这50来头牛为基础，慢慢发展到现在的规模。

养牛的产出。生产奶渣、酥油，一年销售收入大约8000元。一般说来，要等到牛长到七八岁，300多斤时才卖，太小了就卖，收入会很低。另外，一般只卖大的公畜，小牛、母牛不卖。这几年，珠珠家每年卖牛5—8头，可收入2.5万—4万元，因为大牛前几年已经卖完了，这段时间牛比较小。也就是说，卖牛的周期是3—4年，有3—4年间卖牛会比较少，之后多一点，之后又会少一点。当然，一般很少杀牛。

每年养牛的成本，包括给牛补盐，大约需要花400元；冬天给老的、小的、瘦的牛喂粮食2000多斤，需要4000元左右；给牛喂从内地买来的猪油，需要800元；给牛吃驱虫药，需要400元。

（3）相对富裕的主因

珠珠家相对富裕的主因，一是畜牧业发展到一定规模，二是珠珠老人家是退休人员，每月有固定的退休收入，当然，家里基本不缺乏劳动力。

二　富裕家庭富裕的主要原因

1. 生计资本相对丰厚

生计资本相对丰厚，表现为五种社会资本（自然资本、人力资本、物质资本、金融资本、社会资本）中一种或几种资本相对丰厚。仁青家唯有劳动力资本较为丰裕。泽旺巴玖家人力资本、物质资本、金融资本、社会资本都显丰裕；陈西仁家、杨玉兰家的物质资本和人力资本比较丰厚。各种资本的富有程度有一定的相关性，比如物质资本雄厚的家庭，往往伴随着人力资本、金融资本、社会资本的相对富裕，即资本富集。

2. 为市场而生产，市场交换能力强。泽旺巴玖家、陈西仁家、杨玉兰家的富裕，都体现为市场而生产，而不是为生存而生产。仁青家的主要现金收入来自采集虫草，换取现金。珠珠家虽然养牛较多，但是，由于一定程度上受宗教观念的影响，牛的出栏率有限，笔者多次去他家，看他家陈设简单，看起来并不是很富裕。

3. 家人健康。比较富裕的家庭，家庭成员身体健康，除了基本生活费用之外，不存在更多的支出。

4. 一段时间内没有比较大项的开支，如修建房屋或供养上高中、大学的孩子。

第二节 贫困家庭的生计状况及其致因

调研发现,贫困家庭大约占村庄农牧户的 20%,这里呈现 10 个家庭,可更为细致地发现其贫困致因及生计状况。

一 贫困家庭个案情况

我们选择了 10 个家庭,都是村里普遍认同的贫困家庭。

(一)莫措家

莫措家是康定县东俄洛三村的贫困家庭。

1. 家庭成员。莫措家是单亲家庭。莫措,女,藏族,46 岁,种庄稼,农闲时在附近打小工。莫措的女儿已远嫁长沙,很少能照顾到家里。2012 年儿子初中毕业,考上位于新都桥的藏文中学读高中。

2. 家庭收支。莫措家有 6 亩地,靠莫措一人耕种。收获的粮食基本够吃。现金收入很少,只能靠偶尔打打零工。最大的支出是供养儿子上高中。

3. 致贫原因。莫措家没有男劳动力,缺乏现金收入来源。儿子还在读高中,支出较大。

(二)波恩家

波恩家是康定县东俄洛三村的贫困家庭,入户观察发现,波恩家房屋老旧,设施简陋,家里光线很差,老人们在家悄然进出,感觉沉闷压抑。

1. 家庭成员。家庭人口共 6 人,其中,70 多岁老人 1 位,60 多岁老人 2 位,50 多岁的 2 位,20 多岁的 1 位。三位 60 岁以上的老人是波恩的长辈,家里主要劳动力是波恩和哥哥巴登。波恩,男,55 岁,在家种地。哥哥巴登,58 岁,在牛场放牧。儿子 20 岁,打小工。

2. 家庭收入。家有土地 18 亩,主要靠波恩耕种。巴登负责养牛,家有 20 头牛,其中小牛 10 来头,2011 年新出生的小牛 4 头,2012 年新出生 3 头,能产奶的牛只有七八头。种地基本够吃,养牛供应自己生活所需。波恩最近两三年没有打工,因为年龄大了。儿子打小工,也只能做小工,一年只能做工两三个月。儿子以前在庙里当喇嘛,现在回家做小工,没有技术,打工困难,儿子也没能采挖虫草,因为采不到。家中 3 位老人享受低保,5 个老人都买了养老保险(其中有 3 人是国家贷款 3000 元购买的)。现在家庭现金收入是每月 700 元左右(基本来自低保金及养老保险金）。

3. 家庭支出。家中 1 位老人有风湿病，另 1 位老人手部残疾，不能干活，还要支出不少的医药费；一年买菜、买盐和衣服、油支出七八百元；养老保险一年支出 200 元，2 人的医疗保险（每人 50 元）支出 100元，两险支出共 300 元。

4. 生活状况自我评价。家里经常吃糌粑，很少吃大米，很少吃肉。感觉生活还过得去，但是确实生活得不富裕。

5. 家里最大的困难是房子还没修好。2009 年，县上拨给 1 万元，自家花了 2 万多元（波恩以前打工存下的），用于修房，花光了仅有的积蓄，但是房子还没有修好。

6. 最为担心的事。最为担心的事有三件，一是儿子不懂事；二是生病；三是家里的老人去世，因为安葬一个人要花费三四万元。

7. 波恩家贫困致因。一是家庭人口结构中老年人太多。二是劳动力缺乏，儿子虽然成年，但由于缺乏技能以及观念影响，难以称得上是一个完整的劳动力，就目前来看，波恩的儿子一年所挣的钱还不能养活自己。三是自然资本有限，家里只有 18 亩地和 20 多头牛。基本谈不上具备市场交换能力。

（三）仁真尼玛家

村文书长青告诉我们，在东俄洛三村，类似仁真尼玛家的家庭还有5 户。

仁真尼玛家是村中比较贫困的，入户观察发现，其家房屋刚刚搭建起来，内部、外部都没有装修，家里地板上铺的是彩条布，墙壁用泥巴刚糊好。设计中隔开的房间未能购买木板隔开，而是用彩条布遮挡。

1. 家庭成员。仁真尼玛，男，藏族，33 岁，采虫草，打工。妻子尼琼翁姆，女，藏族，26 岁，种庄稼，带孩子。他们有 3 个孩子，女儿 8岁，上小学；双胞胎 6 岁（1 儿 1 女）还没上小学。

2. 家庭收支。家里有土地 15 亩，3 头牛。所种植粮食基本够吃。家里有 2 人享受低保，每月低保金 90 元，仁真尼玛购买了养老保险。2011年、2012 年夫妻二人采挖虫草，两年的收入大致都是 5000 元。在近处打工，一年收入大约 4000 元。2011 年修房，国家拨给 1 万元，房子的造价4 万元，自己投资 3 万元，其中包括向亲戚借的钱。修建房子时，因双方父母也较为贫困，无力支援。房屋装修需要 5 万元。最大开支修建房屋以及供养 3 个孩子。

3. 生活状况自我评价。感觉生活不是太好，虽然吃穿不愁，但是缺乏现金，家里没有装修。但愿孩子长大，情况越来越好。

4. 贫困致因。与家庭生命周期相关，家庭修建房屋以及供养 3 个小孩。

（四）高玉林家

高玉林是东俄洛三村仅有的两个汉人之一，他家是东俄洛三村较为贫困的家庭之一。入户观察发现，高玉林家的墙壁依然是泥墙，没有装修，家中设施比较简单，但家里比较整洁。

1. 家庭成员。高玉林，男，汉族，72 岁。1980 年从丹巴来新都桥，经人介绍入赘，目前在家养老。高玉林妻，女，藏族，70 岁，在家养老。女儿白玛娜姆，藏族，31 岁，种地以及照顾家里。女婿亚亚顶真，藏族，32 岁，入赘家里，种地、打工。儿子扎西多吉，28 岁，在外地打工，并在外地成家（有了小孩），扎西多吉有了自己的小家庭，收入有限，很难照顾到父母。白玛娜姆和亚亚顶真育有两个孩子，都在读小学。

2. 家庭收支。耕种土地 11.3 亩，生产的粮食不够吃。退耕还林 2.5 亩。2011 年有 30 头牛，牛多草少，2012 年春天死了 11 头，家里现在只有 10 多头牛。白玛娜姆和亚亚顶真采不到虫草，2012 年 4 天才挖到 8 根虫草，所以没有采挖虫草的收入。亚亚顶真打工，一年收入最多是 1 万元，一般是一年 5000—6000 元。2008 年修建房屋，至今没有装修，装修至少需要 5 万元。较之于其他家庭，比较突出的开支是高玉林是汉族人，不吃糌粑，吃蔬菜较多，而新都桥的蔬菜很贵，购买蔬菜的开支较一般家庭更大。

3. 相对贫困原因。劳动力有限，打工的现金收入非常有限。家庭需要供养的人口较多，伴之以自然资本相对不足。

（五）余春秀、廖玉泉家

余春秀、廖玉泉家是道孚县鲜水镇胜利二村最贫困的一家。2012 年入户观察发现，他们家住的是平房，陈设简陋。柜子上放了好几种药。

1. 家庭状况。余春秀，女，藏族，1970 年生，42 岁，初中。丈夫廖玉泉，男，藏族，49 岁，初中。患病（痛风、类风湿、大骨节病），二级残废，丧失劳动能力。一年医药费 6000 元左右，因为是慢性病，没有住院，报销不了。享受最低生活保障，国家帮助其购买了养老保险。儿子廖安全，男，藏族，21 岁，2012 年 7 月毕业于成都中和职业技术学校计算机专业，待业。女儿廖青霞，女，19 岁，2012 年 7 月毕业于成都旅游学校，2012 年 6 月考取石渠县事业单位，7 月开始培训，8 月到石渠县上班。

2. 家庭收支。有土地2亩，因为是盐碱地，已经退耕还林。粮食全靠购买。余春秀考取乡中心校炊事员，月收入1420元，扣除养老保险、工伤保险等之后，每月实际到手收入780元。2012年7月之前，除了日常生活支出外，还有廖玉泉医药支出。

3. 生活状况自我评价。家有平房97平方米，还算有住处。女儿考上了事业单位，有希望了。全家非常感激"9+3政策"，否则两个孩子都无法完成学业。

4. 致贫原因。（1）自然资源缺失。家里没有土地，也没能养牛羊等。（2）因病致贫。廖玉泉因病，使得家庭丧失主要劳动力，并必须长期医治，医疗费用较高。（3）因教育致贫。供养两个孩子读完职业技术学校，虽然享受政策支持，但依然支出不少。总之，家庭的各种资本都比较薄弱。

2014年，笔者再次拜访余春秀家，两个孩子都有了正式而收入稳定的工作，家庭经济条件大为改善，余春秀心情愉悦了很多，虽然廖玉泉的病还是老样子。

（六）丹葛拉姆家

丹葛拉姆家是道孚县鲜水镇胜利二村的贫困家庭。入户观察发现，她家房屋还比较新，是丹葛拉姆丈夫在世时所修。两个孩子健康活泼，非常漂亮。

1. 家庭成员及基本状况。丹葛拉姆，女，藏族，41岁。儿子尼玛彭措，13岁，在炉霍孤儿院读小学三年级。女儿雍措，12岁，在炉霍孤儿院读小学二年级。退耕还林土地3亩，没有牛。孩子送到炉霍孤儿院后，丹葛拉姆打点小工维持生活。2010年，修好了房子。2012年5月，丈夫去世。经熟人帮忙，将子女送到炉霍孤儿院，免费吃、住和学习。村里准备2013年让丹葛拉姆享受低保，家里3人都购买了医保，但没有养老保险。

2. 致贫原因。失去主要的劳动力，儿女未成年。

（七）泽嘎卓玛家

泽嘎卓玛家是甘孜县呷拉乡多拖村的贫困户，泽嘎卓玛是1964年入党的老党员。入户调查发现，她家房屋正在修建之中，家人正在忙碌。村长以及泽嘎卓玛家人告诉笔者，多拖村像她家一样的家庭还有五六户，他们都修不起房子的第二层，家里还有病人。

1. 家庭情况。泽嘎卓玛，女，藏族，69岁。泽嘎卓玛的儿子次仁贡布，藏族，32岁，未婚，小学文化，去年在茶楼打工（年打工收入1万元左右），今年在家修房。泽嘎卓玛的女儿顿珠拉姆，藏族，30岁，已婚，小学文化，照顾家庭。泽嘎卓玛的女婿，打工，年收入5000元。

2. 贫困原因：（1）因病致贫。泽嘎卓玛长期患有心脏病，以前生病欠了很多债。现在患有白内障，在康定免费医治。（2）修房子贷款6万元，房子还没盖好，经济压力较大。（3）没有土地。泽嘎卓玛家原本不是多拖村人，他们从拖坝乡搬来，没有土地。也没能养殖牲畜。简言之，因病致贫，加之建房的压力导致直接的经济压力，而且打工收入不稳定。

（八）阿古家

阿古家是甘孜县下雄乡洛戈一村贫困家庭，全家4口人。

1. 家庭情况。阿古，女，藏族，45岁，放牧。儿媳，藏族，22岁，放牧以及采挖虫草。孙子，3岁。孙女，1岁。2011年，阿古的儿子遭雷击身亡，失去主要劳动力。家里只有8头牛，1个人采挖虫草。

2. 贫困主因是丧失主要劳动力以及孩子年幼。

（九）强巴占堆家

强巴占堆是甘孜县下雄乡洛戈一村的村主任，入户观察发现，因政府实施牧民定居工程，强巴占堆家有一套很漂亮的房屋，干净整洁。

1. 家庭成员及基本情况。强巴占堆，55岁，放牧。父亲车翁降措，男，80岁，在家养老。母亲珍措，62岁，在家养老。强巴占堆的伯伯，益西多吉，59岁，在家养老。强巴占堆的妹妹，雍吉，33岁，出家当觉姆。强巴占堆的大弟弟，29岁，失踪。强巴占堆的小弟弟，罗增益西，19岁，放牧。强巴占堆大弟弟的大儿子，7岁，上小学。强巴占堆大弟弟的小儿子，5岁，在家。全家只有30多头牛，强巴占堆及其小弟弟是家里的主要劳动力。

2. 贫困主因是2个劳动力供养8口人，供养人口太多，而牲畜较少，收入有限；各种资本严重缺失。

（十）格曲志玛家

格曲志玛家是雅江县西俄洛乡杰珠村最贫困的家庭，她家住的是平房，入户调查发现房屋内部用彩条布隔离出房间，患眼疾的小姑姑待在家里。

1. 家庭情况。大姑姑，德西，56岁，照顾家庭，采集虫草。小姑姑，曲吉，39岁，从小眼睛失明。格曲志玛，17岁，读高中。从小就过继给两位姑姑抚养。家里只有1亩地，已经退耕还林。家里的收入主要靠大姑妈每年采挖虫草、松茸，2008年的收入有3000多元，2009年只有几百元。家里三人都享受低保。格曲志玛家的房子是杰珠村最差的，由格曲志玛的爸爸、舅舅、表叔等帮助修建而成。

格曲志玛读小学和初中的费用是政府全包。高中一年级全年学费1100元，高一第一学期向县民政局申请资助550元，第二学期是自付。一学期吃住费用大约1000元，主要靠低保收入以及格曲志玛放假时打工的收入。后来，格曲志玛考入四川民族学院，靠好心人支持继续学习。

2. 致贫主因。（1）因教致贫。格曲志玛读高中、大专的费用，使得家庭负担极其沉重。（2）因病致贫。格曲志玛的小姑妈患有眼疾，很小时就看不见。（3）土地资源缺乏。家里仅有一亩土地，也已退耕还林。

二　家庭致贫因子分析

1. 修建房屋。修建房屋是农户最大的投入，因修建房屋，让家庭在一段时间里陷入窘境的有波恩家、仁真尼玛家、高玉林家、泽嘎卓玛家。

2. 劳动力不足。丧失主要劳动力或劳动力缺乏，导致贫困，例如莫措家、波恩家、高玉林家、余春秀家、丹葛拉姆家（失去主要劳动力，儿女尚小）、阿古家（失去主要劳动力，孙儿孙女尚小）、强巴占堆家、格曲志玛家。

3. 因病致贫，例如余春秀家，廖玉泉长期患病，导致家庭贫困。泽嘎卓玛家长期患有心脏病，以前生病欠了很多债，现在患有白内障。格曲志玛的小姑妈患有眼疾，失去劳动力。

4. 因教致贫，例如莫措家，儿子虽然已长大，但还在读高中，无法替母亲分担。余春秀家两个孩子坚持完成中等职业技术教育，长期教育负担较重。格曲志玛读完高中之后，继续接受大专教育。这些家庭，因子女接受非义务教育，费用沉重。这与笔者在各村调研时，乡镇干部、村两委成员反映的意见一致。

5. 自然资源有限，尤其是土地缺失。余春秀家没有土地，也没有牛羊。泽嘎卓玛家原本不是多拖村人，他们从拖坝乡搬来，没有土地，也没有牛羊。格曲志玛家仅有一亩土地，也已退耕还林。

6. 家庭生命周期的影响。例如老人太多的家庭（波恩家），建立不久的家庭，照顾子女外加修房，如仁真尼玛家。

7. 打工困难。所有打工家庭都感觉打工收入不稳定，打工机会较少，工作也不好找，打工收入非常有限。

总之，贫困家庭的各种资本都比较薄弱。

第三节　中等收入家庭生计状况

在甘孜州农牧区的村寨中,中等收入家庭,大约占60%。中等收入家庭的生计状况特征是房屋修建基本完成、吃穿不愁,但现金收入有限,难以支撑进一步的发展。本文只呈现3个中等家庭,主要原因是中等家庭的特征都基本比较相似。

一　中等收入家庭个案

(一)长青家

长青家是康定县东俄洛三村的中等收入户。我们在该村调研时,居住在长青家,他家积聚两辈人的财力,修建了房屋,装修精美。

1. 家庭成员。长青的父亲扎西让登,55岁,在家做农活,农闲时到镇上照顾孙子。长青的母亲斯朗巴姆,54岁,在镇上照顾孙子。长青,31岁,初中,村文书,务农,农闲打工。长青妻子:益西卓嘎,30岁,初中,务农,农闲打工。长青的弟弟白玛,29岁,在高尔寺当喇嘛,每年家里要供养白玛三四千元,每月要去看望白玛。白玛偶尔回家。长青的女儿嘎啦旺姆,11岁,小学三年级;长青的儿子点巴江澈,8岁,小学一年级。

2. 收入。农业生产,家有7亩地,种出的粮食不够吃。家有7头牛,3头产奶,2012年新生小牛4头。现金收入渠道一是采挖虫草和农闲打短工,采挖虫草收益不稳定,运气好的年份有4万—5万元,运气差的年份有1万—2万元。二是当村文书的补助:一年有8400元。此外是国家给的各种补助。

3. 支出。每年日常支出大致需要3.2万元,包括(1)供养弟弟白玛,一年支出3000—4000元。(2)子女教育。一年房租是2400元,儿女、父母在镇上的日常生活支出5000元/年,小计7500元左右。(3)过节过年的人情往来花费大约1万元。(5)全家人一年购买衣服的支出大约5000元。(6)全家人每年买米、面、油、肉、蔬菜支出大约6000元。家里最大的支出是2005年建房,造价15万元,耗尽积蓄。

4. 长青家主要特点:长青夫妇需要供养的人口较多,两个主要劳动力供养6口人(父母、弟弟、儿女)。

（二）洛尼玛家

洛尼玛家是甘孜县呷拉乡多拖村的中等收入家庭。入户观察发现他家有一栋两层楼房，但陈设一般。

1. 家庭成员。洛尼玛，男，50 岁。妻子白玛益希，51 岁，残疾人。膝下有 4 个子女。儿子刚布，30 岁，未婚，没有上过学，患有肺结核，不便外出务工，在家务农。女儿娜姆，28 岁，没有上过学，照顾家里，做农活，农闲时在外打小工。女儿仁青拥措，26 岁，小学，已婚。在县城打工，偶尔回家探望父母。仁青拥措的丈夫白地，24 岁，常年在德格打工。仁青拥措和白地育有一子，叫多泽，今年 3 岁。儿子麦玛顿珠，20 岁，正在阿坝师专读大专，享受 3 年的助学金（1000 元/年）。

2. 家庭收支。他家种植青稞 10 多亩、油菜 5 亩，退耕还林土地 5 亩。没有养牛，也没有养猪。现金收入主要由娜姆、白地、仁青拥措的打工收入以及各类补助组成，打工收入大约 1.2 万元/年。

3. 家庭支出：支出主要由四部分构成：（1）建房支出。建房总造价 60 万，政府总共补贴 2.95 万元，私人贷款达到 28 万元，利息是 3‰。（2）医疗费用。家中有两个残疾人，每年需要支付医药费 1 万元左右（报销后的实际支出）。（3）教育支出：每个月给麦玛顿珠约 300 元，一年大约 4000 元。（4）家庭日常生活开支。购买大米约 1500 元/年、油 3000 元/年、衣服 2500 元/年。

4. 困难。洛尼玛家作为中等收入家庭，存在三个方面的困难，一是建房负担沉重；二是家有需要照顾 1 个残疾人和 1 个病人，花费比较大；三是小儿子读大专，需要帮助。

（三）阿嘉贡布家

阿嘉贡布家是雅江县西俄洛乡杰珠村的中等户。村中多位老人告诉笔者，在杰珠村，像阿嘉贡布家的家庭占 60%，比他家富裕的有 20%，比他家贫困的也有 20%。

笔者在杰珠村调研时住在阿嘉贡布家，他家房屋是藏式建筑的典型代表之一，底层住牲畜，第二层是厨房、客厅以及小房间，第三层设经堂。由于阿嘉贡布家开展了民居接待，所以第三层除了一间经堂之外，有四间游客接待房间。

1. 家庭成员。阿嘉贡布，男，58 岁，放牧及照顾家庭。妻子确西，女，60 岁，照顾家庭。大儿子洛桑达吉，男，30 岁，在家务农，采集虫草，照顾家庭。大儿媳妇德娜，28 岁，在家务农，采集虫草，照顾孩子。二儿子格桑让布，男，24 岁，就读于西南民族大学。三儿子，17 岁，就读于雅江中学。两个孙儿，大的 3 岁，小的 3 个月。

2. 家庭收入。阿嘉贡布家有 7 亩地，主要种植青稞和豌豆，种植的粮食不够吃。退耕还林土地大约有 3 亩。家有成年牛 4 头，2 头产奶，供孩子们饮用。3 匹马用于游客接待。家庭现金收入主要是达吉和德娜每年采集虫草和松茸等，2008 年虫草、松茸较多，市场价格较好，收入有 1 万多元；2009 年虫草生长状况不好，只有 5000 多元。民居接待方面，2007 年游客很多，家里的 3 匹马带游客赚了 5000—6000 元。2008 年受拉萨 "3·14" 事件影响，没有游客，无钱可赚。2009 年的游客也不多，截至 7 月中旬，只赚了 300 元。

3. 阿嘉贡布家最大的支出有两笔，一是二儿子读大学一年要支出 1 万多元，三儿子在雅江中学读初中，一年要花费 3000 元，后来读高中，花销更大。由于难以支付，二儿子读大学的学费靠好心人资助。

二　中等收入家庭共同的脆弱点

现金积累非常有限，难以开展非农生产以增加收入。

较之于富裕家庭，他们的抗风险能力较差，一旦家人遭遇疾病或者接受非义务教育，家庭陷入贫困的可能性很大。

市场交换能力相对有限。

第四节　家庭生计资本使得农牧民贫富差异

1. 人力资本是否充裕，直接影响家庭贫富

从农牧户贫富差异的状况来看，家庭富裕的重要条件是自然资源丰富、人力资本充裕。只要有较为充足的人力资本，就算缺失自然资本、金融资本，也可以外出打工，挖虫草等，都能带来经济收益。人力资源一旦丰富，和自然及市场的交换就会增多，进而可能增量物质资本等。人力资本充裕，体现为家庭劳动力较多或家庭成员受教育状况相对较好，具有较好的劳动素养。（1）家庭成员受教育状况越高，家庭越富裕（如陈西仁家、杨玉兰家）；即使因家庭成员处于受教育阶段一时陷入贫困，也相对容易脱困，如余春秀家的一双儿女 "9 + 3" 教育毕业后，找到了工作，家庭状况大为改善。（2）家庭劳动力数量。仁青家富裕的原因是劳动力较多，泽旺巴玖家不仅劳动力多，而且具有较高的劳动技能（开大车跑运输）。而贫困的阿古家、格曲志玛家、余春秀家、莫措家等，劳动力严

重不足。（3）家庭成员身体健康状况直接关涉家庭贫富，因病致贫、因病返贫时常可见（如余春秀家、格曲志玛家等）。

2. 自然资本直接影响生计状况

考察农牧民的生计情况可知，自然资本对于农牧民来说非常重要。自然资本的多少虽然不能直接决定整个家庭的资本占有量，但是有很大影响，自然资本丰富的家庭，一般都不会太贫困。土地数量、劳动力数量与家庭贫富密切相关，这源自于农牧民对自然环境的依赖程度较高。"由于受到历史条件、地域分布、自然条件、民族文化等多方面因素的影响，四川少数民族地区社会经济发展仍非常落后，农户贫困现象严重。贫困人口多，贫困程度深，治理难度大和返贫现象严重。"第一，绝对贫困人口多、贫困发生率高、经济贫困与知识贫困、权利贫困并存和返贫人口数量大、返贫现象严重；第二，人力资本含量较低，农村职业教育和培训薄弱，健康状况差，社会参与度低。农户的物质资本相对短缺，恩格尔系数大于50%，处于温饱阶段；第三，自然环境恶劣，自然灾害频发，高发的地方病和传染病，落后的观念等是导致农户贫困的原因；第四，从家庭—社区视角来看，乡村地形和自然灾害、农户的教育水平、外出务工、医疗救助、灾害救助都对农户贫困有重要影响。具体而言，所在乡村为山区、遭受自然灾害的农户更容易陷入贫困，文化程度低、家中有人生病或残疾、没有外出务工的家庭陷入贫困的概率也会更高，医疗救助和灾害救助政策的实施对于降低农户贫困有重要影响。[①] 我们的实证调查，证实了甘孜州农牧户的土地和劳动力数量直接影响着家庭的富裕程度。这在一定程度上印证了贫困人口对自然环境依赖程度高的特征。

透过农牧户生计及村庄状况，寻找农牧民生计与其生存的自然环境的关联，可知贫困人口的生活状况如食物安全、健康、创收能力、能源保障和居住条件等方面与其生存环境密切相关，环境性贫困已经成为贫困地区的一大特点，许多生活在生态脆弱地区的群众，就因为基本丧失生存条件而处于特困状态。目前，我国西南少数民族群众之所以难以脱贫解困，关键在于他们生活在不适合人类生存和发展的自然环境之中。[②]

[①] 李燕玲：《四川民族地区农户贫困成因及影响因素研究》，硕士学位论文，四川农业大学，2011年。

[②] 王雅林：《繁难的超越——市场经济与生活方式建构》，黑龙江人民出版社1995年版，第95页。

第九章　民间抗逆力建构：
生计的基本支撑

　　甘孜州的欠发展是在自然环境、社会历史等多重因素作用下的脆弱性累积，脆弱性延续下来，深刻影响农牧户的生计行为和策略选择。为了生存、发展，农牧户会选择最适宜的生计方式。然而，并不是每个农牧户都能顺利抗逆，农牧户还需要依靠社区建构更强的抗逆力。我们把农牧民户和社区抗逆能力称为民间抗逆力。

　　抗逆力来自农牧民个人、家庭、社区、政府等，即抗逆力可分为个体抗逆力、家庭抗逆力、社区抗逆力、政府抗逆力等。我们在国家—社会的视角下，将抗逆力分为民间抗逆力、政府抗逆力，以区别抗逆力来源于不同主体。民间抗逆力主要包括个体抗逆力、家庭抗逆力和社区抗逆力。民间抗逆力和政府抗逆力的划分是学术抽象，因为，即使是政府抗逆力的建构，也需要渗透到民间，影响和促进民间抗逆力，甚至借助于民间抗逆力。

　　民间抗逆力有复杂的结构，家庭抗逆力和社区抗逆力建构在地方性知识的基础之上。民间抗逆力建构中，农牧互养是其基本的生存智慧，将手工业融入家庭生产生活，增加家庭辅助性生存资源，农牧民成功市民化以及利用现有政策规制不断优化生计等都是生计策略优化选择，也是民间抗逆力的建构。村民自组织参与村庄公共事务是社区抗逆力建构的主要方式。与家庭抗逆力、政府抗逆力相比，社区抗逆力建构是薄弱环节。

第一节　地方性知识:民间抗逆力的智力支持

　　少数民族同胞在长期的生产生活中形成了诸多宝贵的"地方性知识"，包括生产技术、社会组织形式、文化传统等，这些地方性知识是我们认识和理解当地居民生计方式的又一途径，也是农牧民支撑生计的重要方式，也是他们自身所具有的抗逆力的内在建构。古老的农牧业生产技术是传统生计的智力支持。

畜牧业的生产过程是一个复杂的动物再生产过程。牲畜不同于土地和粮食，牲畜需要人的看管、照顾和保护，还需要人的驯养才能大量地繁殖。因此，畜牧业生产技术性很强，而且这种技术自成一个体系。古老的畜牧业生产体系涵盖着诸多养殖技术，成为甘孜州牧民生计的智力支持。

个案6　古老的牧业生产体系①

（一）抓膘配种

任何生物的发展都是从种子开始，畜牧业生产中的第一步就是配种，但配种的前提是抓膘，故抓膘配种为畜牧业生产技术体系的基础。只有抓好膘才能配好种。色达牧民在抓膘配种方面积累了丰富的经验。

据色达牧民介绍，畜膘有三种，即水膘、肉膘和油膘，他们的经验是在5月下旬至6月底抓水膘，这时牧草嫩而鲜，牲畜喜欢吃，但由于这时的牧草含水多，还未形成丰富的营养，所以叫水膘，也可以称虚膘。水膘需要抓，但不能抓得太多，否则牲畜容易泻肚而失膘。办法是比平时晚出牧，早收牧。7月至8月上旬，牧草已经到成熟期，富有营养，牲畜吃了上膘很快，所以叫肉膘，又称实膘。必须大抓特抓，办法是放牧早出晚归，放远牧。8月中旬至9月，牧草已开花结果，养分最多，适口性强，牲畜爱吃。再加上秋天秋高气爽，雨雪适中，风平浪静，牲畜上膘最快。特别是油脂大增，故名油膘。这时放牧不但要早出晚归，还要夜牧。因为这时害兽少，没有饿狼。

牲畜的配种是牧业生产技术中的主要部分。配种率的高低决定了牲畜增值大小。因此，色达牧民对配种很重视。

配种的第一步是选种。选种包括公母两畜。以牛为例：公畜要求选择身躯高大，具有一定的野性，而且适种方面有一定的阅历，但具备这些条件的种公牛是很少的。经常是一个"日果"最多一两头种公畜，有的一个部落才有几头这样的种公畜。原因是这些种公畜除了繁殖之外就没有多少用处。种公畜是不做驮畜和骑畜的，目的是保住种公畜，使它养精蓄锐。同时，由于长期不上鞍垫和缰绳，习惯了野

---

① 个案6来自格勒《藏学人类学论文集（汉文卷·下）》，中国藏学出版社2008年版，第535—541页。

性,不易驾驭。所以,牧民们禁止种畜做他用。一般在"日果"中种公牛是公有财物,人人都有责任喂养和保护。

动物的天性就是自然交配。牧民的任务是帮助动物有选择性地交配。由于牲畜多,人工交配有困难。因此,色达牧民的配种生产除了选种外,留种是控制自然交配的措施之一。留种从幼畜时就要考察,考察其体重、膘情、声音、速度、生殖器、毛色、头部、脚、尾等各个部分。经过3年的观察,符合留种条件的就不骟,其余公畜都要骟掉,以防止乱配。

母畜的选种主要是保持血统。一般产奶量大、产仔多的母畜,尽可能地使它受胎。办法是特别抓膘,加喂食盐。解放前色达牧民对羊的选择极不重视,几乎没有什么选种公羊的事。

色达草原的气候特点决定了调节各种牲畜的交配时间非常重要。交配过早,幼畜就会在冬季或初春出生,正是天寒缺草季节,其结果是造成幼畜的成活数低。若交配过迟,影响母畜的产奶量。一头母牛少产几个月的奶,就会给贫穷牧民的生活造成困难。牲畜交配必须要先发情,而它们的发情与环境有一定的关系。一般在天高气爽、水草肥美的环境下发情率最高,也就是说,牲畜发情的条件,一是要吃饱吃好,二是环境安静,不受刺激,这种情况下,公畜母畜都容易发情。因此,等到牲畜正常发情时,牧民一是给牲畜加喂食盐,二是选择万里无云的日子搬迁牧场。一到百花盛开的新草场上,公畜母畜再也抑制不住激情,相互追逐,热闹非凡。牧民的目的也就达到了。牧民必须尽量使更多的母畜受胎,减少空怀数。但又不能没有空怀母畜,因为牲畜一般都是两年产一仔。第一年受胎多,第二年空怀就多,在生产水平较低的地方更是如此。

解放前,色达地区杂交配种很少。这除了宗教因素之外,与经济封锁也有关系。色达牧民繁殖犏牛的主要目的是交易,因为其价值比牦牛高出50%以上。但封锁使他们的交易不能进行。其次犏牛虽产奶量高,力量也大,但毛短,防寒性差,而且犏牛不能构成一种可以自己繁殖的畜种,不能像牦牛那样代代相传。

(二) 放牧

在色达牧区的一系列技术体系中,放牧居首要地位。这是因为畜牧业的最大功能就是通过人的生产活动,使牲畜吃草变为肉、奶、皮等,为人类所用。放牧就是解决牲畜吃草的问题。

1. 要使牲畜多吃草、吃好草,还要考虑草质、地形、气候变化、季节、水分及日照等各种因素。所以，在牧场当好一个放牧员是不容易的。

我专门拜访了色达曲戈部落一位近 60 岁的老放牧员，把她讲的经验归纳起来有如下几点：若以季节论，春放阴、冬放阳、秋放坡、夏放峦。也就是说四季的放牧格局特点，从地形上讲夏放高山，天高气爽，冬放平川，防寒又防风。队形上夏放一大片，犹如繁星点点，让牲畜尽情吃草撒欢。冬放一条线，节约草场，又防止豹狼袭击。

为什么春天放阴？春天牲畜处在渡难关时期，经过一个冬天，牲畜普遍变瘦，体力弱。因此，重要的是保膘，防止消耗体力。放阴山就是防止牲畜"跑青"（春天青草刚出头，牲畜看见青草就往那里跑）。跑青最容易使牲畜消耗大量体力，减膘。又容易引起肚胀、拉稀等消化道疾病。牧民有"跑青饿死羊"的俗语，说的就是这个道理。放阴山使牲畜看不见青草，眼不见心不痒，因为青草往往在阳山先出土，阴山后生。

从气候角度讲，冬放顶牧最好。其好处是顶风使畜体发热防寒，毛贴身保暖，风阻牲畜，减少游走时间，增加采食时间。

上述经验表明，放牧技术最大特点是随季节变化而改变放牧方法。就从放牧的早晚来讲，一般要求是早出晚归，让牲畜多吃草。然而这也不是绝对的，早出晚归还要受季节的支配。夏秋放牧，早上可以早出，但冬春放牧，早上的霜对牲畜的消化器官有害。特别是怀胎母畜早上吃了带霜的草很容易流产，因此要等霜被阳光融化后方能出牧。

2. 季节性的迁移是色达牧民放牧的重要特点。他们迁移的规模和范围则依据草场的大小及牛群的多少而异。

世世代代的经验组成了牧民的季节性迁移规律。这些规律包括对草皮情形的估计，草料对各种牲畜所具有的营养价值，探查水草生长情况，辨明每个季节的迁移时间等。我们仅仅举辨明每个季节的迁移时间来说明色达牧民的知识。

当"河边一线绿，平坝一片白"的时候，是牧民的鬼门关。牲畜瘦得皮包骨头，抵抗力弱，这时若来一场大雪覆盖几天，大批牲畜就会倒毙，使牧民一无所有，只好租他人的牲畜。因此，这个时候是决定全年生产命运的时刻。牧民们宁愿自己受饿、受冻，也要把帐房让出来关牲畜，粮食和茶叶拿出来喂牲畜。若有储草，这时候宁愿不牧而喂草。因为这时的运动对牲畜有害而无利。所以这个时期一般严禁迁移，除非发生草场纠纷。解放前色达地区的畜牧业中采集冬草的规模很小，储备一点干草只是用来初春时加喂那些不能独自取得雪下牧草的牲畜。其余牲畜仍靠短距离的放牧。一旦雪盖大地，牧民也无能为力。

当"平坝一片绿，山顶仍是白"的时候，第一次季节性的迁移开始。但这次迁移要求距离短，速度慢。因为这个时候正是产幼畜的旺季。外加大畜也瘦弱不堪，牧民们一路上既要保护老畜又要接幼畜，从早忙到黑。夜里还要睡在畜群中防豺狼。

当"布谷鸟叫多次，山上山下绿相连"的时候，第二次迁移开始，而且是远距离的迁移。这时，放牧上山顶，平川留给小牛和小羊。

当"雪猪忙于备冬食，草尖迎风呼啸"的时候，第三次迁移开始，这也是放牧员最辛劳的时期。白天放牧，夜里还要放牧。牲畜的肥壮常招来偷盗和豺狼。放牧员必须随时跟踪畜群，放眼四周。

"爆石星出来时，及时迁居冬季点。"

从上述四季迁牧的时间观测上，我们看到了色达牧民天文历法的初步知识。这些知识是为了定季节以适应牧业生产的需要而产生的。除了上面所举，还有很多，例如"乌伴星上西山时，畜群放春草场"；"白云条条似哈达，不过几天就下雨"；"天亮出帐望东方，见有兽形怪云聚，下午必有冰雹来"；"水中无冰块，产仔期到来"。这些谚语在一定程度上反映了草原自然变化的客观规律，对藏族牧民的生产很起作用。所以，虽然无文字记载，但以谚语形式代代相传，充分表现了色达牧民观察季节等的聪明才智。

第二节　家庭生计策略优化选择

从过去到现在，甘孜州的农牧民家庭生计策略一直不断优化中，例如农牧互养是其基本的生存智慧，[①] 此外，还有将手工业融入家庭生活。如今，农牧民生计策略优化还扩展为采挖虫草与打工相结合，[②] 更有甚者，成功市民

[①] 牛羊养殖和农业生产相互补充，成为甘孜州农牧户的生计基础。牛羊的养殖不仅可供食用，还可以提供燃料和肥料；种植青稞一是食用，二是将秸秆等储存起来，到冬天缺乏饲料时喂养牛羊。农牧互养是青藏高原农牧民对自然环境的一种适应性抗逆。参见曹朝龙《脆弱性—抗逆力：基于甘孜州农牧户生计的多元主体抗逆力分析》，硕士学位论文，华中师范大学，2013 年。

[②] 曹朝龙：《脆弱性—抗逆力：基于甘孜州农牧户生计的多元主体抗逆力分析》，硕士学位论文，华中师范大学，2013 年。

化或利用现有政策规制，不断优化生计，这些都是生计策略优化选择。

一　手工业融入家庭生产生活

手工业融入家庭生活，在家庭内部促进生计手段多样化，提高家庭自己的生计能力。

农民在应对生计艰难时，办法多种多样，例如，他们可以把腰带勒紧些，比如一天只吃一顿饭，吃得再差一点。其次，在家庭层次上有许多生存方案，我们可以把它们归类为"自救"，方案可能包括小买卖、小手艺、做挣钱的零工，甚至可以移居他乡。"由于劳动是农民自己拥有的唯一的相对充足的生产要素，为了满足生存需要，他可能不得不做些利润极低的消耗劳动的事情。这可能意味着转换农作物或耕作技术（例如将撒播稻子变为插秧），或者在农闲季节从事小手艺、小买卖等活动，虽然所得甚少，实际上也是剩余劳动力的唯一出路。"把劳力继续运用于报酬可怜的耕作或手工艺，是农民劳力低机会成本和濒临生存线者的高边际收益效用的产物。在这种情况下，农民运用自己的劳力，直到其边际成果极少，甚至为零时为止，还是有意义的。[①]

上述应对生计艰难的方法，依然在过去和今天都适用于甘孜州农牧民，但将手工业融入家庭生活更是其重要的应对方式，如个案3（色达牧民以手工为主的畜产品加工）所陈述的那样。

二　农牧民成功市民化

农牧民成功市民化主要是指农牧民由农牧业生产、打工，完全转变为非农生产。这种家庭已经不再从事农牧业生产，而是从事第三产业，主营生产生活服务业。如泽朗达西由牧民转变为糌粑加工业主，洛嘎一家由农业种植转变为经营运输为主。

个案7　牧民成功市民化的典型——泽朗达西

泽朗达西是甘孜县洛戈一村的村民，男，1970年出生，小学毕业。2011年随村里25户搬至县城。目前在县城开办了青稞加工厂，是牧民成功市民化的典型。

2001年，泽朗达西从炉霍县到甘孜县做药材生意，结识了妻子。

---

① ［美］詹姆斯·C. 斯科特：《农民的道义经济学》，程立显等译，译林出版社2001年版，第12、17、18页。

其妻是甘孜县洛戈一村的村民，婚后泽朗达西跟随妻子居住在洛戈一村。做药材生意带来的经济收益不足以供养四个小孩读书，泽朗达西非常想改善经济条件。由于自身一直有传承藏族传统手工艺的想法，泽朗达西便于 2011 年 10 月开始做糌粑生意。

泽朗达西一直认为青稞是难得的好作物，更是藏族同胞赖以生存的食物原料，做好青稞的加工生意不仅仅能为更多的藏族同胞提供高质量、好口感的食物，也能传承传统产业。青稞不仅仅能做成糌粑，加工青稞酒、青稞米花等，它本身还具有药用价值。藏区的青稞无污染、无农药，越来越多的人喜欢、愿意购买这种食物。

2011 年，泽朗达西花光了做药材生意赚的钱，在县城修了房子，正式定居县城。泽朗达西卖了自己家的牛，用卖牛得来的 28800 元作为本金，开始做糌粑生意。起初，他准备和现在许多青稞加工厂一样，使用现代的机器加工糌粑，但是这种机磨糌粑不仅伤胃，口感、质量也没有传统石磨糌粑好，所以他想使用传统的石磨来制作糌粑。但是，现在这种传统的石磨产量很少，甘孜县买不到。于是他便花重金到青海购买传统石磨。传统石磨大多由水力提供动力，糌粑的产出量少，所带来的经济效益比机磨少。经过多次思考，他将传统石磨进行了改造，不使用水力作为动力，而使用电。经过改造后的电力石磨大大提高了产出效率，经济效益也增加了，同时也不改变糌粑的质量和口感。经过一年多的努力，泽朗达西生产的水淘糌粑销售很好。2011 年的纯收入约为 3 万元。这不仅足以支付孩子的学费，还有结余让他做起其他青稞加工，例如炒花花（即炒青稞）①。将传统食物加工成现代人爱吃的零食，吸引更多的人购买，销路也随之拓展。

---

① 炒青稞有一个复杂过程，先要对青稞进行精选，把其中的瘪麦粒、野生植物籽、石子、土块等其他杂物除去，留下饱满的青稞麦。炒青稞前要做两方面的准备工作，一是将沙子炒烫——将适量的沙子摊开在炒锅内以旺火加热；二是把青稞过一下水——把青稞倒入陶罐内并加水，片刻后，将陶罐底部出水嘴儿中的填塞物掏出，放掉水。这样既达到了对青稞稍加清洗的目的，又使炒出的青稞能膨胀开来，并有酥脆的效果。炒青稞时，将适量的青稞（约一捧）堆放在炒锅的细沙上，当沙子烧得相当烫时——这一温度的掌握全凭操作者的经验或感觉，操作者用"T 把"的槽口咬住炒锅沿，两手持木柄，端起锅，左手在前，右手在后，像内地烹饪大师那样颠着炒锅。刹那间，颗颗烫沙与粒粒青稞碰撞，噼噼啪啪响个不停。经几次颠炒之后，便迅速将这依然"充满活力"的一锅倒入锅形筛内，并立即将沙子筛回炒锅里，锅形筛里剩下一堆咧着嘴"笑"的白花花的炒青稞。炒青稞是个技术活，普通人可炒不了，不是烫了手，就是炒煳了。一把炒得好的青稞，用一只大碗才能装下，白生生的，个个都像一朵朵小白花；闻起来香喷喷，吃起来酥脆香甜。

糌粑生意获得成功后，泽朗达西又做起青稞米花加工生意。同时，他还出钱让弟弟去西藏学习藏香加工技术，等弟弟学成归来时，他又投资与弟弟合伙做藏香加工生意。经过他的不断努力，青稞米花销路不错，受到很多人的喜爱。和弟弟一起开的藏香加工厂也经营得不错。当我们问到他的发展设想时，他表示还想不断壮大自己的产业，扩大产业链，加工青稞米花糖、青稞饼干和酸奶等绿色食品。

但是想要将青稞加工生意做大做强，泽朗达西表示，还存在着一些困难。首先，技术革新、厂房改造需要40万元左右，但他没有足够资金。其次，自身文化素质受限。再次，青稞加工厂需要健康证、营业证，办这两证需要到康定递交材料，耗时长。水淘糌粑需要QS认证和商标才能运出甘孜销售。最后，家里人之前不理解，反对他做生意。但好在现在家人渐渐地由不理解转变为接受，有些亲戚甚至来厂里帮忙。

个案8 农民成功市民化的典型——洛嘎家

洛嘎一家来自昔色乡雅耆村，洛嘎是村会计，全家人的户口都在昔色乡雅耆村。洛嘎家2011年在甘孜县城的打金滩买了一块地，大约300平方米，修了三层楼房，买地修房花了30多万元（买的老房基，比较早，比较便宜，现在买不到了），家具从昔色乡搬来。昔色乡老房子卖给村子里的人，土地租给村里人种，自己拿补贴（综合补贴），租户给一些粮食作为租金。

洛嘎家搬迁到城里的原因：一是想享受较好的教育。大孙子读小学的时候，家里就在城里租房，家人陪读。后来，干脆全家搬迁到城里。二是便于寻找客源。家里的主要经济支柱是开旅游车，到城里便于接待客人。

洛嘎家的收入来源：一是客运。家里买了两辆客车跑客运，跑康定—昌都—拉萨，属于无证出租车（四川话俗称"野租儿"）。洛嘎家的车，一辆是13座的依维柯，另一辆是5座的4500越野车。二是洛嘎当村会计的工资。2012年9月开始，村书记、主任全额补助是18720元/年，会计是16680元/年。三是政府各种农业补贴、土地租金等。他们家在雅耆村有土地23亩，主食糌粑基本够了。

洛嘎家的家庭成员及其分工如下。

（1）洛嘎，男，66岁，照顾家里。

（2）大儿子真知朴措，37岁，开车。曾经开长安车，开了不到

1 年，基本没挣到钱。后来买了一辆 5 座的三菱车，开了 3 年多，除去成本纯收入 10 万—15 万元。再后来开货车，开了 2 年，没有货源，没有收入，就卖了。买成 41 万元，30 万元卖出，很亏，买主断断续续付款现在已经付给 27 万元，还差 3 万元没收回。再后来开依维柯旅游车，载游客或货物，开了 3 年，1 年收入 6 万—7 万元。

（3）大儿媳妇生龙翁姆，38 岁，照顾家里及采挖虫草。2012 年挖虫草挣了 2 万多，2013 年采挖的还没卖，比 2012 年挖得多，待价而沽。

（4）女儿益登拉姆，41 岁，在色达五明佛学院，觉姆，一年家里要支持她生活费 4000—5000 元。身体比较差，得了甲亢，2012 年两次看病，花费较大。第一次是康定看病花费 5000 多元，报账 3000 多元，自己支付 1000 多元；第二次是成都看病花了 8000 多元，报账大约 6000 元，自己支付 2000 元。此外，在甘孜县城看病无数次。2012 年花费医药费、照顾、交通等费用一共 8000—9000 元，包括了医药费报账中自己支付的 3000 多元。2013 年在县城开药吃药，花销小些，定期到康定检查，检查费几百元，药费几百元。

（5）小儿子德西澈勒，33 岁，开 5 座的丰田越野车（沙漠王子），跑旅游，冬天没有客源，一年收入 3 万—4 万元。买的旧车，车子用了 15 年，自家开了 3 年。一年两次年审。

（6）大孙子生龙多加（13 岁）与二孙子白玛拉巴（12 岁），读小学 6 年级，同班。

（7）小孙子扎西贡布，4 岁，上幼儿园。

三　利用制度规定，改变家庭生计

调查中，我们发现甘孜州的一部分家庭，尽量利用惠民政策，改变家庭生计。例如利用高等教育补助政策以及中等职业教育优惠政策（"9＋3 政策"），让子女接受中、高等教育后，找到稳定的工作，家庭生计状况由此大大改善，如阿嘉贡布家、余春秀家等。

个案9　让子女接受教育改变家庭生计：阿嘉贡布家、余春秀家

前述的阿嘉贡布家，2009 年 8 月，二儿子格勒让布从西南民族大学毕业后，考取甘孜藏族自治州的公务员，被分配到康定新都桥镇工作。格桑让布工作后，大大减轻了家庭经济负担的同时，由于有了

稳定收入，很大程度地改善了家庭收入情况和生计方式。格桑让布工作后，负担起弟弟的读高中的费用，同时帮哥哥洛桑达吉寻找到打工机会，哥哥洛桑达吉也来到新都桥打工。也就是说，格勒让布稳定的工资收入和洛桑达吉的打工收入，大大地增加了家庭收入。家人依然保持农牧业生产，但增加了打工这一就业方式。

余春秀家因女儿 2012 年在石渠县工作后，收入送回家中，由此家庭收入状况大大改善。我们跟踪调查得知，2013 年，余春秀的儿子也考上了国家公务员。由于两个孩子都有了固定工作，家庭状况好了很多。

第三节　社区抗逆力:生计改善的助力

社区抗逆力是超出农牧户单个家庭的抗逆力，它既有村干部们的指导与帮助，也有农牧户之间的信任、合作和守望相助。社区层面的抗逆力强化了农牧户的抗逆力量，在一定程度上化解农牧民生计行动中的部分风险。[1] 社区抗逆力是甘孜州民间抗逆力建构的薄弱环节，亟待加强。

社区抗逆力建构中，村民守望相助，其内在机理乃是建构了自组织运作。自组织机制在公共事务中的充分运用，是村庄社会资本雄厚的表现。杰珠村很多公共事务都是自组织完成，例如组织、安排一年几次的集体活动（这是解放前就形成的长期习惯）以及旅游服务安排等，集体活动包括每年的耍坝子、金秋听经等。（1）活动组织者的安排。村里每年让五六户轮流组织活动，这五六户是很多年以前就安排好了的。（2）集体活动的资金来源。村里的家庭办喜事，一般都安排在春节。村民会到办喜事的家庭送礼，办喜事的家庭将一部分礼金送到村里，交给负责组织活动的那几户人家。如果办喜事家庭送的钱不够，县里、乡里也会筹集一部分。

杰珠村集体活动安排，呈现出自组织状态。多吉老人告诉笔者，村里每年让五六家人轮流组织活动，例如赛马、跳舞，这是全村人最喜欢的活动。

活动组织者的安排。轮流组织活动的家庭是村干部很久以前就安排好了的，这也是村子长期以来的习惯，解放前就有。每年轮到的那几家，负

---

[1]　曹朝龙:《脆弱性—抗逆力：基于甘孜州农牧户生计的多元主体抗逆力分析》，硕士学位论文，华中师范大学，2013 年。

责组织全年的几次活动。

杰珠村集体活动的自组织状态，应该说是礼俗社会中，社会组织方式良好的集中表现。细究起来，能形成这样的自组织状态，得益于历史传统和村庄的团结。村民守望相助，互动很多，关系密切。

此外，在甘孜县各村，我们还发现了打工者协会的普遍成立，这得益于政府的支持，也得益于民众的团结。我们采访了呷拉乡多拖村的村支书贡布夏以及常在外打工的村民土登多吉，了解了该村打工者协会的基本情况。

个案10　甘孜县呷拉乡多拖村的打工者协会

村中打工者不断增多。本村的一些优势条件是：（1）从2000年起，村民中打工的越来越多，由于村庄在公路沿线，信息相对比较灵通；（2）村民掌握一些基本的打工技术，如泥瓦工、木工、藏式绘画等。

多拖村打工者协会形成的原因，主要是个人外出打工存在很多困难，这些困难主要包括：（1）个人外出打工，由于信息、技能等各方面原因，很难找到合适的工作。（2）即使找到工作，也常常存在拖欠工资的情况。村民靠个人力量想要讨回被拖欠的工资，也很困难。（3）对于藏区普通老百姓来说，由于文化、语言等与外地有很大差异，一个人外出，人身安全得不到保证。

打工者协会成立及运作。村委会发现村民外出打工出现一系列问题后，及时召开村干部会议，组织全体村民召开大会，号召大家通过组织、联合集中的方式外出打工。一些村民刚开始并不理解，加入打工协会的人并不是很多。但是打工者协会运作一年后，村民经过对比发现集中外出打工的村民有工作时间长、工资多、工资发放及时等优点。现在有40多个外出打工者加入了打工者协会。

打工者协会运作良好的原因。（1）拥有大于村民个人的信息量。县乡下派了包村工作组，通过包村干部的人际关系可以为打工者协会提供工作信息和资源。（2）村庄精英的作用。多拖村的村干部比较能干，尤其是村书记既能干，时间比较充裕，又很乐意为村民服务，而且威信较高。

2011—2012年，村中四职干部土登多吉带领本村20个打工者前往甘孜州的石渠县打工。村民主要是做建筑队的小工和砌砖工，小工的工资是100元/天，砌砖工的工资是120元/天。土登多吉帮助村民签写劳动用工合同，负责大家的安全，并带头帮大家领取工资，自己却不多拿一分钱，完全与村民同吃、同住、同劳、同工、同酬。村民集体到石渠县打工，是土登多吉提供的就业资源，因为土登多吉长期在四川石渠县打工，结识了一些做工程的老板，得到信息，也就为村民提供了就业机会。

第十章 政府抗逆力建构：公共产品供给改善生计

前文已述甘孜州民众生计中，民间抗逆力的主要作用，政府抗逆力集中体现为政府供给大量村庄公共产品，改善农牧民生计。

政府向村庄供给的公共产品包括基本公共服务、基础设施、基本生产生活补助、基本生活设施、基本社会保障、生产类公共产品等，它们从不同侧面提高村民可行能力，改善生计方式。从历时性来看，甘孜地区民众生计方式越来越多样化，在保持基本农牧业生产的同时，更多地投向非农业生产。生计方式变迁的根本原因在于政府大力供给各种公共产品，促进了农牧业生产发展，保障民众生产生活的同时，逐渐转移出大量剩余劳动力，走向非农产业。具体说来，基本公共服务供给深刻改善农牧民生计，基础设施建设支持生计改善，基本生活设施建设改善生活，各项生产生活补助增加现金收入，基本社会保障努力托底，生产类公共产品供给提高生产能力。

第一节 政府抗逆力建构中的公共产品分类

基础设施、基本公共服务等公共产品供给，可直接或间接地影响贫困人口的生计资源，增强可行能力，改善生计。各类公共产品供给的减贫效应有所不一。本文将政府向农牧民供给的公共产品分为基本公共服务、基础设施建设、基本生活设施、生产生活补助、基本社会保障、生产类公共产品，其效应状况如图 10 - 1 所示。

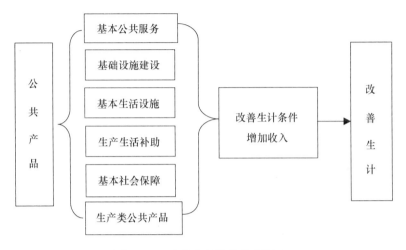

图 10 - 1　公共产品供给效应图示

基本公共服务供给主要包括教育（包括基础教育、职业培训等）和医疗。首先，基本公共服务供给通过提高人的人文素质、身体素质这些最具有底蕴性的因素，改善生产生活条件，提高生产能力，增加收入等，即基本公共服务具有很强渗透性，通过"渗透"发挥效应。其次，基本公共服务可直接改善农牧民生计，因为基础教育和职业培训等可传授现代生产技术和方法等，以此拓展生计手段。

基础设施建设包括道路、水电供应、通信等方面内容，道路、通信建设可沟通信息，降低成本，增加就业机会。水电供应，改善生产生活条件。在甘孜州，主要是实现五通，即通水、通电、通路、通信号、通广播电视。

基本生活设施建设是指与住房相配套的生活设施建设，在牧区主要是牧民定居工程建设，在农区主要是住房改造和风貌改造。基本生活设施的改善，可改善其生活环境，提高身体素质，增强人力资本。此外，基本生活设施改善后，农牧民可减少相应的支出，从而腾出更多资金和时间用于开拓新的生计渠道。

生产生活补助是指直接发放给农牧民的各种补助，据笔者统计这些补助接近十来种。发放生产生活补助，直接增加了农牧民的现金收入，增加其金融资本。

基本社会保障包括农村最低生活保障、新农合（医疗保障）、养老保障等，基本社会保障既直接增加农牧民收入，又减少生病、年老之后的后顾之忧。

生产类公共产品在此主要是指政府供给的直接作用于农牧业生产公共产品,例如牧业生产的公共产品主要有品种改良、生产设施建设、疾病防控、生产管理、鼓励出栏、草场治理等。

第二节 基本公共服务供给深刻改善生计

基本公共服务是公共产品中最为基础,效用最为深刻而广泛的部分,包括医疗卫生、教育等。基本公共服务供给可提高农牧民受教育水平、健康水平,有利于提高生产能力以及拓展就业渠道等。

一 新农合深得人心,乡村医疗条件有待改善

实施医疗卫生保障制度、医疗卫生设施建设及其有效利用,可以有效地保障农牧民健康及生命安全。健康的身体是农牧民人力资本最重要的组成部分。受高原恶劣气候条件、高原硬水水质的影响,与其他藏区居民一样,甘孜州农牧民的地方病比较严重,如包虫病、大骨节病、胃炎、食道癌等,因病致贫、因病返贫时有发生。由此,医疗保障制度及其实施、医疗卫生设施建设显得极为重要。

我们的个案村庄的医疗保障制度及其实施、医疗卫生设施建设与甘孜州的发展同步。2009年,甘孜州参加新农合的农牧民达739805人,参合率为93.38%,新型农村合作医疗试点人口覆盖率达100%;改造县级医院、中藏医院和麻风病医院12个,乡镇卫生院和保健院125个,新建村卫生室435个;切实加强了包虫病、结核病、传染病等重大疾病的防控工作。[①] 我们的个案村庄的新农合及其实施情况、医疗设施及人员配置情况如下。

洛戈一村。覆盖率100%,缴费标准50元/年。有1个村卫生室,配备1名专职医生。

拉恰玛村。覆盖率100%。该村牧民定居点是乡政府所在地,有乡卫生院,有2名藏医。村里只有1位赤脚医生,扎吾玛组距乡卫生院较远,有30千米。

---

① 资料来源:《甘孜州国民经济和社会发展统计公报(2009)》,http://www.gzz.gov.cn/10000/10001/10139/10149/2011/12/17/10000259.shtml。

杰珠村[①]。覆盖率100%。资金构成是每年100元，个人上交20元，政府负担80元。杰珠村是西俄洛乡政府所在地，乡卫生院直接为村民服务。

胜利二村。覆盖率98%，因为外地求学者由学校负担。个人缴费标准：2006年、2007年10元，2008年、2009年20元，2010年30元，2011年50元。2011年的100元中，国家补助50元。2010年前实行账户余额滚存，之后余额统筹到大病统筹中。报销额度：在县、州医院看病，报销85%；在省级医院看病，报销75%。低保户可享受医疗救济。由于紧挨县城，享受县城的医疗卫生服务。

多拖村。覆盖率100%。有乡卫生院，又挨近县城，享受县城医疗卫生服务。

东俄洛三村。全村186人中，参加新农合的共156人，30人未参合，参合率为84%。缴费标准：2008年、2009年10元/人/年；2010年、2011年20元/人/年；2012年50元/人/年，现在的报销比例是：在新都桥镇医院住院可报销75%，在康定县人民医院住院可报销65%。东俄洛三村没有村卫生室，离新都桥镇只有3千米，交通也非常方便，村民基本享受镇医疗卫生服务。

阿初村。覆盖率100%。没有村卫生室，但是离乡政府只有2千米，村民一般去乡政府卫生院、县城就医。

克木村。覆盖率100%。村医疗站1个，1位医生，设备差，没有桌子、凳子，只能治疗简单的感冒发烧。

在我们的8个个案村庄中，新农合覆盖率达100%的有7个，胜利二村也可算作100%，是因为外地读书者也购买了相关医疗保险。只有东俄洛三村的覆盖率为84%。在调研时，我们详细询问东俄洛三村的文书长青，他说，该村30人未参加新农合的原因有两种，一是村中有几个在外地读书的学生没参加新农合，因为他们的医疗保险由其就读的学校负责，这与胜利二村类似；二是有些青壮年自以为暂时不会生病，不必购买，等到年龄稍大，生病的可能性更大时才参加新农合。我们在甘孜州调研时，多次听到人们称赞新农合。人们普遍认为，有了新农合，即使生病，负担也轻多了。

调研显示，新农合出资构成中，政府出资所占的比例至少是一半，甚至超过一半。报销的额度在65%—85%，例如胜利二村的报销额度为：

---

① 本章中杰珠村的相关数据是2009年的，其余村庄皆为2012年。

在县、州医院看病,报销 85%;在省级医院看病,报销 75%;低保户可享受医疗救济。

由以上描述可知,牧区两个村庄的医疗卫生服务设施以及村民可获得的医疗服务,相对较差。这大概与笔者调研的村庄大多位于交通主干线旁或者乡政府所在地或离县城较近有关,这是调研的遗憾。两个牧区村庄的情况也不尽一致,甘孜县的洛戈一村医疗卫生设施及人员配备状况较好,有卫生室,还专门配备了一名医生。而拉恰玛村的医疗卫生设施状况较差,虽然牧民定居点是乡政府所在地,有乡卫生院,但惠及的人口相对有限。此外,如扎吾玛组距乡卫生院 30 千米,难以更好地享受医疗服务。

总体说来,甘孜州医疗保障制度及其实施、医疗卫生设施建设对于村民获取医疗卫生服务意义重大,但目前的发展依然难以满足民众需求。甘孜州幅员辽阔,人口密度小,门诊、医疗站所要辐射面积太广,已有的医疗设施都比较陈旧,严重缺少药品,缺乏医护人员,乡村卫生机构能够治疗的也是一些简单的发烧感冒等小毛病,若是有较为严重的疾病,村民仍要去县城大医院就医。调研发现有些村民的就医观念还比较陈旧,如小病不医,或是觉得自己身体很好,不愿意花冤枉钱参加保险。

二 教育水平有待提高

义务教育作为一项准公共产品,有着极强的正外部性。对于西部经济落后地区来说,这种外部性体现在两方面:对于教育的提供者来说,西部地区培养的学生多流向经济发达的地区,这些经济发达地区不用支付培养费用却能够享受到教育的成果;对于教育的受众来说,接受义务教育,在提升自己的科学文化素质的同时,也是在提升整个社会的整体文明程度。[1] 义务教育在少数民族聚居地的公共供给也被称作民族义务教育供给,属于可持续发展类纯公共产品。[2] 少数民族义务教育的供给,有助于改善少数民族地区办学条件,培养地区建设人才,改变落后的生产生活方式以及文化观念,提高少数民族地区生活质量。

接受教育是改变贫困代际传递的突破点,可改善民众生计。贫困代际传递的渠道之一是代际之间职业结构的相同,而接受教育可打破代际传递。近年来,国家重视藏区教育,给予的财政补助也相应增加。目前,甘

---

① 刘增、陈敏生、郑超:《公共产品供给的法治保障》,《海峡科学》2007 年第 4 期。

② 张永斌、徐再高:《论西部农村民族义务教育产品供给问题》,《重庆职业技术学院学报》2007 年第 5 期。

孜州的义务教育体系已经实现全覆盖。

甘孜州民众中绝大多数对于下一代的期盼并不比内地其他省份的家长们低。很多家庭在收入有限、只能保持温饱的情况下仍然坚持供子女上学，他们宁愿自己辛苦多打工、多挖虫草，也希望子女们接受教育。在调研期间，受访的村民十分重视子女的教育，原因在于很多接受了教育的孩子都能够找到较好的工作，甚至有些人当上了国家干部、公务员，收入稳定之余还能够为当地村民争取利益，被大家所爱戴，大大增加了村民接受教育的积极性。当然还有一部分村民未意识到接受教育的重要性，不愿送孩子上学，但各级政府做了极大努力，保障青少年完成义务教育。

教育包括两类，一是基础教育，二是技术培训。与甘孜州教育事业发展同步，我们调研的个案村庄的教育情况如下。

(一) 义务教育

个案村庄义务教育情况如下。

洛戈一村。享受九年义务制教育，村里幼儿园正在筹建。乡中心校离村有 5 千米，1—3 年级的孩子在乡中心校就读，实行半寄宿制；4—6 年级的孩子在县小学就读，实行寄宿制。本村有小学生 35 名，初中生 15 名、高中/中职生 4 名，没有大专、大学生。

拉恰玛村。乡有中心校，村里孩子到中心校读书，16 人住校，其他住家里。全村有在校小学和初中生共 39 人，有 5 个学生在甘孜县的康北中学读高中，有 1 个就读中等职业技术学校（享受"9＋3"政策），在校大学生 3 位（西南民族大学 1 位，西北民族大学 2 位）。

杰珠村。1959 年，乡里建起完小，享受义务教育。

胜利二村。中小学全部在县城接受教育。本村上幼儿园的 4 人，小学生 5 人，初中生 5 人，高中生、中职中专生共 9 人，大学生 5 人。

多拖村。享受九年义务制教育，村里没有幼儿园和小学。乡中心校离村只有 1 千米，1—3 年级的孩子在乡中心校就读；4—6 年级的孩子在县小学就读，实行寄宿制。本村有学前班学生 3 名，小学生 23 名，初中生 17 名，高中/中职生 12 名，大专、大学生 7 名。

东俄洛三村。村里没有小学，村里小孩都在镇上上小学，其中有 30 家的孩子住校。

阿初村。村里没有幼儿园和小学，就读乡小学，距离村庄 2 千米。本村有 6 名学前班学生、29 名小学生、10 名初中生、4 名高中生、1 名中专生。

克木村。村里没有幼儿园（但乡幼儿园离村很近），村里有小学。村里有小学生 25 名、初中生 7 名、高中生 3 名、大学生 3 名。

调查显示，个案村庄的青少年都能享受到义务教育以及"9 + 3"中等职业教育，学前班教育处于培育之中。就我们的个案村庄而言，青少年接受义务教育的状况良好。但在义务教育体制全覆盖的情境下，甘孜州的基础教育仍存在不少问题。一是师资力量有限，教学水平较低。例如，杰珠村多位村民认为，孩子的未来还是依靠教育，但是当地小学教学水平太低，孩子们的成绩较差。二是甘孜州整体经济发展水平不高，城乡之间仍然存在着较大差别，生活在县城的孩子们往往能够享受相对优质的教育资源、师资力量和教学设备，农牧区的教育资源相对匮乏。甘孜州地处高原，生活条件艰苦，一些大学生即使考上了该地的教师编制也不愿意来，来当地支教的教师一般也留不住，教师的流动性很大。总体来说，州内教育资源依然非常有限。因高等教育的财政补助力度不够，农牧民收入有限，难以承受高昂的高等教育学杂费用，因此，很多孩子在接受完义务教育之后，便难以继续接受高等教育。

（二）村民培训

职业技能培训是农牧民改善生计的重要手段。甘孜州有部分青年，由于汉语表达能力比较差，语言障碍使他们在劳动力市场中常常处于不利的位置。同时，去外地打工的甘孜州青年要面对强烈的文化冲突，常感到不适应。再者，甘孜州虽然全面普及了义务教育，对于现代化办公软件的操作知识相对欠缺，很多高中毕业生连基本的文职工作都难以胜任；没有接受过系统的技术培训，他们掌握的劳动技能不多，工作的选择十分有限。多方面因素的综合影响下，甘孜州的很多青年很难长时间在州外的省区长期工作下去，因而劳动力转移速度较慢。

村民培训是继续教育部分，有助于农牧民提高生产技能或学习新技术，是农牧民改善生计的重要方式。个案村庄技术培训情况如下。

洛戈一村。2011 年共有 6 次，包括种草、养畜、防病、牲畜改良等，此外还有卫生知识宣讲，主要是防治包虫病。相关内容，2012 年上半年培训了 3 次。

拉恰玛村。政府举办，但是无人愿意参加，因为培训地点在康定，村民不愿支付去康定的费用，培训内容包括土工、木工、美容美发、缝纫、藏式彩绘等。

胜利二村。2010 年、2011 年，每年油菜生产培训 1 次，其他生产培训 1 次，劳务输出培训 1 次。

多拖村。有拖拉机机械维修以及蔬菜种植培训。

东俄洛三村。没有培训。

阿初村、克木村。2011 年、2012 年每年培训 3 次，惠民政策宣传、法制宣传、农业技术培训各 1 次。

杰珠村。2009 年就有拖拉机培训、优质青稞种植培训等。

调研得知，各村都有村民培训，内容涉及生产技能、法制宣传、惠民政策等。但因制度安排方面的原因，有的村庄未能进行培训，如拉恰玛村。

农牧民培训能普及一些先进的、适合本地区的农牧业生产知识，例如，畜牧种草、油菜种植等，能够在一定程度上提高农牧业生产的技术水平，使农民增产增收；同时其他职业技能培训以及法律政策宣传等，教给农牧民新的劳动技能，增强其新增生计手段的能力。

第三节　基础设施建设支持生计改善

基础设施是指为社会生产和居民生活提供公共服务的物质工程设施，是用于保证国家或地区社会经济活动正常进行的公共服务系统。村庄基础设施建设包括道路建设、人畜饮水工程建设、电力供应、广播电视设施建设、通信设施建设等。睢党臣的研究认为，从贡献率结果来看，农村基础设施投资对农村居民人均纯收入贡献率最大，[1] 此外，基础设施建设直接改善村民生活条件，也增强村民可行能力。例如道路建设可改善村民外出条件，利于寻找就业机会，节省交通成本等；扩展交往范围，增量村庄社会资本；扩展市场，使农产品及时运送，实现价值；改善农产品交易条件，减少运输成本。换言之，基础设施建设具有乘数效应，能带来几倍于投资额的社会总需求和国民收入。一个国家或地区的基础设施是否完善，是其经济是否可以长期持续稳定发展的重要基础。从实践来看，越是贫穷的地方，基础设施建设越是落后，基础设施越落后的地方越贫困，形成恶性循环。由此，减贫或改善农牧民生计，需要加强基础设施建设，改善基础设施状况。[2]

---

① 睢党臣：《农村公共产品供给结构研究》，博士学位论文，西北农林科技大学，2007 年。
② 李雪萍、龙明阿真：《公共产品供给：增强可行能力达致减贫》，《社会主义研究》2011 年第 1 期。

一　个案村庄的基础设施建设状况

(一) 道路通畅

畅通的道路便于农牧民出行，保持与外界联系顺畅。一般而言，交通便利的村庄，村民更容易参与市场交换，可供选择的生计方式更多。这些年，基础设施建设是甘孜州新农村发展的重点，经过多年建设，村庄基础设施建设状况已大有改善。个案村庄道路建设情况如下。

洛戈一村。水泥路通达定居点以及家家户户。

拉恰玛村。从乡上到定居点，全部为水泥路，但还有 41 户人家还没有通路，都是骑摩托车放牧。

杰珠村。从 318 国道转入西俄洛乡的牛西路共有 13 千米，铺上了柏油路，2009 年年底已经完工。2008 年硬化了村道、入户路。

胜利二村。实现村村通、组组通，硬化主干道 4000 米，但还有 1000 米是沙石路，20% 家庭入户路未硬化。

多拖村。全部硬化主干道和入户路。

东俄洛三村。入户路全部硬化，有三个小组的主干道还是碎石路，大约 2 千米

阿初村。实现了户户通，已经硬化主干道 317 米、支干 427 米、入户路 1533 米。

克木村。硬化了村中主干道 2 千米，未硬化的支干、入户路大约有 3000 米。

调查显示，个案村庄道路建设及其硬化工程几乎全覆盖，基本实现村村通、户户通，但不同地域之间存在区别。靠近国道、省道的村庄，道路硬化的进度较快，且使用材料规格较高。例如靠近 318 国道的杰珠村在 2008 年即完成了村道硬化，从 318 国道转入西俄洛乡的牛西路，共有 13 千米，全部铺设成柏油路，2009 年年底便已完工。靠近 303 省道的阿初村实现了村村通和户户通，硬化主干道 317 米、支干 427 米、入户路 1533 米，正是由于交通便捷，村民平时的生活必需品都可以直接去县城购买。

于村民而言，完善的交通设施建设意味着更多的就业机会，节省了交通成本，拓展了村民交往范围，增量了村庄资本；有利于本地区市场发展，地区优势农产品能够便利地"走出去"参与市场交换。良好的道路状况，给当地发展藏区文化旅游提供了机遇，已有部分较富裕村民着手建起了藏民民居农家乐等旅游项目，所获颇丰。道孚县胜利二村村民杨玉兰家开设了"迎客贝藏家庄"，杨家在 1992 年修建起当时道孚县最大的民

居，使用面积达 467 平方米，建筑面积有 577 平方米，室内装修极好，主人家表示当时造价 6 万多元的房屋现在 200 万都不愿意卖。康定新都桥镇东俄洛三村副村长泽旺巴玖家有两辆大车搞运输，每一辆车年收入就达数万元，是村里最富裕的家庭。雅江县杰珠村因交通改善，顺利发展乡村旅游。甘孜州洛戈一村在县、乡政府的资助和帮助下，开展牧家乐和民居旅游接待。

（二）农牧区村庄供水状况有别

饮用水供给关乎基本生存和生活，完善的水利设施建设对于甘孜州农牧民意义重大。受高原地区水质状况的影响，农牧民容易患上胃炎、食道癌等地方性疾病，这些慢性疾病让农牧民苦不堪言，又花费巨大，本来就不宽裕的生活雪上加霜。清洁的饮用水源能够降低农牧民患病率，减少其因病返贫可能。此外，农业基础设施增长率还与粮食总产量的增长率呈高度正相关关系，如水利基础设施每增长 1%，粮食总产量增长 1.62%。[1]饮用水供给方面，我们的个案村庄的情况如下。

洛戈一村。在牧民定居点，自来水迁入家家户户。但游牧时，水质不能保证，只能饮用水洼的水或煮雪为水。

拉恰玛村。牧民定居点已迁入自来水，但全村 56 户中还有 189 人在游牧时无法保证饮用水水质。

杰珠村。2008 年，家家户户都迁入自来水。

胜利二村。全村 70 户中，只有六七户没有使用自来水，使用井水。

多拖村。自来水迁入家家户户。

东俄洛三村。2011 年自来水迁入家家户户。

阿初村。家家户户用上自来水，用水方便。

克木村。家家户户可用自来水，但水源不足。

我们的调查显示，牧区饮水安全问题最为突出，这与牧业生产方式的游动性相关，在游牧迁徙中，难以有更安全和稳定的水源，且由于居住场所不固定使修建水利设施存在很大的困难，以至于如拉恰玛村有 189 人饮用水困难。农区村庄的供水状况良好，基本实现自来水引入家家户户。

（三）农牧区电力供应有差距

电力供应可方便农牧民生活，也有助于其发展简单的手工加工业，例如水淘糌粑、藏香加工、大棚蔬菜种植等，拓展农牧民生计途径，增加收入。完善电力供应对于当地的旅游业也有较大的促进作用，可发展民居接

---

[1] 赵美玲：《加强我国农业基础设施建设的战略选择》，《天津经济》2007 年第 11 期。

待服务、特色节目表演等。供电状况良好,可改善农民生活条件,如家用电器大范围普及,村民们晚上就有了休闲娱乐生活,看电视、听收音机,已成为最为主要的日常休息方式。个案村庄供电情况如下。

洛戈一村。牧民定居点供电状况良好,2012 年 10 月新甘石供电线修好后,电力供应状况更好了。但游牧生活中,难以享用良好的电力供应。

拉恰玛村。牧民定居点的供电状况良好,但还有 2 个小组的 41 户完全没有电,用电困难的大约有 170 人左右。

杰珠村。1986 年,全乡 5 个村的公益金、公积金全部投资于修建乡电站,全部村民都参加义务劳动。电站于该年建成,户户都通了电,但电压一直不稳。

胜利二村。供电良好,电价 0.38 元/度,这是全甘孜州最低的电价。

多拖村。供电状况良好。

东俄洛三村。2002 年村里通电,户户通电,用电状况很好。

阿初村、克木村。供电状况良好。

我们的调查显示,牧民定居点的供电状况良好,但游牧迁徙中,由于居无定所,用电问题非常突出,例如拉恰玛村还有 2 个村民小组 41 户 170 人用电困难。农区村庄的电力供电状况良好,但还存在电压不稳等情况。

(四) 通信良好,极少数牧户通信艰难

农牧业既是甘孜州的基础产业,又是支柱产业,农牧民人均收入的 75% 以上来自农牧业生产。了解并掌握先进的农牧业技术信息,对于仍然采用粗放型经济发展方式的甘孜州来说意义重大。甘孜州地域辽阔,放牧期较长,牧民们每年会有几个月的时间在草原上放养牛羊,完善的通信设施,使牧民们在野外放牧时也能与家中老小保持联络,知晓家中情况,安心放牧。2009 年,四川省通信行业"富民安康工程"共计投资 42898 万元,用于完善甘孜州的通信事业。其中,四川移动完成 236 个 GSM 基站建设,解决了 236 个行政村不通电话问题;四川电信完成 141 个乡宽带接入建设,占年度计划任务的 381%,完成 6 个乡接入网建设,完成 260 个 C 网基站建设 (计划外项目)。[1]

在甘孜州,通信设备几乎家家都有。所有的家庭都有电视机,有的家庭甚至买了电脑。在新都桥,国家给每家都配备了一台卫星信号接收器。

---

[1]　甘信建:《大力推进藏区通信基础设施建设,四川通信业超额完成 2009 年富民安康工程任务》,《通信与信息技术》2010 年第 1 期。

道孚县胜利二村 50% 的家庭是闭路电视（机顶盒），50% 家庭采用卫星接收器。甘孜县农村广播电视覆盖率达 86.5%，数字移动通信覆盖所有乡镇。广播电视基础设施建设不断得到加强，节目内容日渐丰富，广播电视覆盖率持续提高。康巴语频道于 2009 年 10 月 28 日上星试播，结束了康巴语无上星节目的历史。但总的来说，村民们接收外界信息的方式比较单一，多为看电视，少有电脑，即使有的家庭配备了电脑，也没有接入互联网，难以共享网络服务。

洛戈一村。牧民定居点实现通广播、电视，游牧中的牧民难以通广播，但有电视。

拉恰玛村。牧民定居点通信状况良好，村中 2 个村民小组有手机信号，全村有手机 32 部，电视机 20 台，国家发给卫星接收器。但是扎吾玛小组没有电，也没有手机信号和电视，涉及人口 14 户 56 人。

杰珠村。在乡政府所在地修建了 1 个移动机站、1 个联通机站，信号覆盖全村，100% 的家庭有电视，手机也不少。

胜利二村。通信状况很好，家家有手机（平均每户 2 部），30% 的家庭有座机。50% 的家庭是闭路电视（机顶盒），50% 家庭采用卫星接收仪。村中居民有电脑 15 台，连接网络的有 10 台。

多拖村。已通闭路电视信号，通广播。

东俄洛三村。通信状况良好，家家户户都有手机、电视，国家发放了卫星接收器。

阿初村。通信状况良好，除了孤儿户和五保户外，家家户户都有手机。

克木村。通信状况较好，村中 19 户有手机，还有 15 户没有手机。

我们的调查显示，牧区的牧民定居点通信设施状况良好，但游牧迁徙中，由于居无定所，通信依然有问题，例如拉恰玛村的扎吾玛小组没有电，也没有手机信号和电视，涉及人口 14 户 56 人。总体说来，牧区通信比较困难，定居点及农区村庄的通信状况良好。

二　小结

我们调研的 8 个村庄，在基础设施建设方面，经过多年发展，道路、饮用水供给、电力供应、通信等基础设施建设已取得长足进步，这对改善农牧民生计作用巨大。调研中，农牧民多次表示现在的交通条件好多了，出行非常方便；由于电力供应较好，家电也使用得越来越多；自来水迁入厨房，不再背水，减轻了很多负担；手机、座机越来越多，联系很方便。

但牧区村庄与其他村庄相比,依然是基础设施供给的"短板",这主要受牧业生产方式影响。个案调查显示,两个牧区村庄的牧民游牧生活中的基础设施较差。甘孜州作为连片特困地区的一个部分,本已是基本公共服务、基础设施建设的"短板",而在短板之中"最短的板"是牧区。这意味着,"补齐短板"应从牧区这块"短中最短"着手。不言而喻的是,在两个牧区村庄之间,还有一定差别,也就是洛戈一村的基本公共服务和基础设施状况都要好于拉恰玛村,这主要得益于洛戈一村所在的甘孜县对其更多的公共产品供给。

第四节 基本生活设施建设改善生活

在甘孜州,基本生活设施建设成为公共产品供给的基本内容之一,基本生活设施包括住房建设、风貌改造、替代能源使用等。政府向农牧民供给基本生活设施,直接改善农牧民生活状况,有助于提高农牧民可行能力。建房是农牧民极其沉重的负担之一,政府将住房等基本生活设施作为公共产品供给来供给,减轻了农牧民的负担。住房等基本生活设施建设告一段落后,农牧民就会有更多可能以及资金去拓展新的生计方式。

在甘孜州,基本生活设施建设在农民和牧民之间有差别,牧区主要是在政府资助下修建定居点,政府为牧民发放新帐篷,并配备了折叠床、钢炉、奶渣晒垫、马夹凳、牛奶分离器、太阳能照明等九件套生活用品。牧民定居点选址坚持"三靠"(靠近县乡公路、靠近集镇、靠近县城)原则,便于生产生活。农区的住房改造包括多种内容。

牧民定居点的建设在前文已有所述及,这里主要展现农村住房改建与替代能源建设情况。

一 农区住房改建

在新农村建设中,甘孜州各县依据自己实际,展开农村住房改建,由此各县的情况有所不一。

在康定县新都桥镇,有住房改造补助以及房屋由平顶改为坡屋顶。康定县的东俄洛三村 2007 年、2008 年每户补贴 3000—4000 元,2009 年 1 万元,2010 年 5000 元或 1 万元,2011 年 1 万元,2012 年没有了。

2011 年,道孚县按照 A、B、C、D 四个等级分配危房改造指标,鲜水镇分得 C 级指标 84 个、D 级指标 30 个,共计 114 个。胜利二村分得 C

级指标6个、D级指标2个。A、B、C、D四级的基本情况分别为：A级可住人，受损面积10%；B级可住人，受损面积20%；C级可住人，受损面积75%；D级不可住人。危房改造属于民生工程，投资构成是州财政投入40%，县财政投入60%。一般情况下，民生工程要求地方政府配套，政府投资构成是省财政占20%、州财政占30%、县财政占50%。

甘孜县住房改造包括六改，即改顶、改梯、改墙、改厨、改厕、改圈。（1）改顶是指平顶改坡屋顶，改成坡屋顶的好处：一是不扫雪，避免伤亡（平屋顶每年需要扫雪，曾经出现伤亡），减轻劳动量；二是不需要每年上泥巴，以便减轻屋顶重量。（2）改梯是指独木梯改为手护钢梯或板梯，好处是安全、实用、美观。（3）改墙包括两种，一是改院坝的围墙。原来的院坝围墙是夯土的，风雨冲刷后，容易变形或倒塌。农家的土墙保持原有藏式外形（勒格尼卓），加了顶上的红瓦以及水泥墙基，这样就非常稳固。二是改善房屋后墙。甘孜县民居的藏式后墙原本是黑白色竖立相间，原来的涂料经雨水冲刷，容易变得斑驳，很难看。现在改用铁磺进行粉刷，黑白色保持长久。（4）改厨。以前的灶台用砖块和泥巴垒砌，改厨后增加操作台、汽化炉、沼气炉、电炉、太阳灶等。（5）改厕。原来是泥巴坑，现在专门修建了浴室，浴室顶上安装太阳能，浴室内安装冲水马桶。（6）改圈。以前是人畜混居，房屋的一楼住牲口，二楼住人。改圈后分开道路，牲畜从房屋的侧边进出。甘孜县多拖村住房改造情况见本书第四章第六节和第五章第二节。

炉霍县2011年开始危房改造项目，2012年实行风貌改造。2011年实行危房改造时，将住房分为四个等级：A级最差，B级中级，C级好一点，D级较好。阿初村2011年实际上补助了新建房，只有1家，补助标准6000元/户；半边房（只修起一半），补助标准3000元/户。2012年风貌改造中，新建房补助标准2万元/户，装修维修1万元/户。风貌改造内容包括盖瓦、修围墙、改厕、改厨、改圈、改梯以及修建通天柱（防震）。全村都可申请，只要达到标准。阿初村2012年达到标准的只有2户，这2户申请了，等待批复。之后，各家可慢慢申请。

二 替代能源

与牧民定居工程、住房改建相配套，替代能源设施建设也不断展开。替代能源主要包括节能灶以及太阳能热水器的使用。

洛戈一村。定居点的48户，家家安装并使用节能灶和太阳能热水器。

拉恰玛村。定居点的住户都安装了太阳能热水器。

杰珠村。政府发放了节能灶，开始使用太阳能热水器。

胜利二村。只有1户有太阳能热水器（私人购买）。

多拖村。建有沼气池，使用沼气炉、太阳灶等，浴室顶上全部安装太阳能。

东俄洛三村。2013年政府无偿发给太阳能热水器。

阿初村。村中家庭都有了太阳能热水器。

克木村。因政府投入的扶贫资金不如阿初村多，极个别家庭有太阳能热水器。

甘孜州是光照富集区，太阳能热水器等替代能源的使用，安全、卫生、方便，且有益于环境保护。伴之以居住条件改善，村庄环境卫生设施建设也开始开展，例如甘孜县多拖村修建了垃圾集中堆放点，雅江县的杰珠村也有。定居点建设、住房改建以及节能灶、太阳能的不断普及，村民对此反映很好，普遍认为，家庭环境、卫生条件大为改善。

第五节　各项生产生活补助增加现金收入

阿玛蒂亚·森认为收入少与可行能力较弱密切相关，这对甘孜州的启示是，提高村民可行能力，意味着首要任务依然是提高农牧民的收入，提高农牧民收入最为直接的手段是给予各种补助。甘孜州农牧民生产生活补助多种多样，甚至成为部分农牧民重要的现金收入来源。

一　补助种类及标准

近年来，政府提供了各种补助，其中生活类补助包括医疗补助、住房改扩建补助、生活困难补助、计划生育补助、三老干部补助、民政补助、家电购买补助、春荒救济等；生产类补助包括粮食直补、综合直补、退耕还林补助、退牧还草补助、草原生态补助、林地资源补助、农机具补助等。

这些补助直接提高了农牧民现金收入水平，极为有益于提高其生活水平及改善生计。需要指出的是农村最低生活保障、养老保障金等也直接增加农牧民现金收入，但这两项内容本文在基本社会保障中详细叙述。有的补助全州有统一标准，只是各村获得此项补助的人数、土地或草场数量不同而已。有统一标准的补助大致有新农合、粮食直补、综合直补、草原生态补偿、退耕还林、计划生育补助、三老干部补助等。2011年的补助标准如下。

1. 2011 年新农合的补助标准是 50 元/人。

2. 农业生产补助，包括：（1）粮食直补，标准是 49 元/亩。（2）综合直补，补助标准每年不一样，2003 年、2004 年是 40—50 元/亩，最高的年份是 70 元/亩，2011 年是 45 元/亩。（3）农机补助，购买各项农机的补助标准分别是：拖拉机补助 2.2 万元/台，联合收割机补助 6 万元/台，播种机补助 500 元/台。

3. 草原生态补偿中，禁牧的补助标准是 6 元/亩，轮牧的补助标准是 1.5 元/亩。

4. 退耕还林的补助标准是 260 元/亩。

5. 计划生育补助包括：（1）"少生快富"补助。49 周岁以下，只有 2 个子女并采取了节育措施的已婚夫妇，一次性补助 3000 元。（2）互助奖励。60 岁以上老人，只有 1 个子女或只有 2 个女儿的，经申请合格，每人每年补助 600 元，夫妻双方共 1200 元/年。获此补助者可领取到去世。（3）独生子女补助。自愿只生一个子女的夫妇，每月补助 10 元，直到子女 18 周岁。

6. 三老干部①补助。补助标准是 180 元/月/人，此外每年春节还有 500 元慰问金。

7. 五保户的补助标准是 1920 人/年，孤儿的补助标准是 600 元/月。

8. 牧民定居补助，国家每户补助 2 万—3 万元（2009 年、2010 年、2011 年分批），国家投资 2.5 万元。

9. 民政救济。包括（1）灾荒救济，即灾害年份，有些春荒救济款，主要用于购买种子。（2）医疗救济。农牧民医疗报销以及医疗救济的程序是：第一次住院由医保（卫生局）报销（或直接减），比例是 75%—80%，第二次报销是民政局（即此处所指的医疗救济）。（3）灾害救济。发生大面积灾害时，才有此项补助，补助数额不定。

牧区、农区村庄因生产条件和环境不一，所获得的补助有所不同。

二 两个牧区村庄获得补助的具体情况

各种补助，直接助益于牧民生活，两个牧区村庄获得补助的具体情况见表 10 - 1。

---

① "三老干部"是指 1959—1962 年的村干部、积极分子、党员。

表 10 - 1　　　　两个牧区村庄获得各种补助的具体情况①

补助　　　　　　村庄		洛戈一村	拉恰玛村
生活类补助	新农合补助	全村 267 人都享有	全村 248 人都享受
	定居补助	48 户定居户获得的补贴:①省、县政府给予牧民现金补贴。省财政补贴 2.5 万元/户,县财政补贴 0.5 万元/户。②县财政提供建筑材料补贴,包括木材补贴、水泥补贴、钢材补贴、建材运输补贴。③县财政提供贴息贷款	21 户定居户按政府规定获得建房补贴
	生活困难补助	2011 年,洛戈一村:①获得特困群众生活救助资金人均 455 元,32 人享受,共计 14560。②获得生活救助资金人均 195 元,131 人享受,共计 25545 元	全村实际得到的补助是 200 元/户
	三老干部补助	该村没有三老干部	有 2 位三老干部享受补助
	民政补助	有,但数量不定	发生雪灾时民政部门给予救济。这要根据受灾情况予以上报,给予的救济有限
生产类补助	护林补助	没有树林,故没有此项补助	2011 年全村共有 1 万元
	退耕还林补助	没有土地,故没有此项补助	2011 年是 163 元/人
	草原生态补助	2011 年有 74 户获得补助金 55690 元,户均 753 元	2011 年全村人均 650 元/年
	绿化补助	数据缺失	实行一事一议,补助标准不固定

　　由上表可知,牧区的洛戈一村、拉恰玛村所获得生活类补助,包括新农合补助、定居补助、生活困难补助、三老干部补助、民政补助等。两个村庄的牧民都享受了新农合补助。牧民享受了定居补助,只是在不同的县份之间,因各县政策设置的不一,县财政投入有差异,两个村庄享受的县

---

① 计划生育补助标准全州一致,各村具体数量有一定差异,在此不作统计,但是农牧民都享受。下面农区的村庄也一样,不再赘述。

级财政的补助有细微差别。两个村庄都享受了生活困难补助等。

生产类补助包括护林补助、退耕还林补助、草原生态补助、绿化补助等。上表显示，洛戈一村主要享受了草原生态补助，大约户均753元/年，其他生产性补助未能享受，这主要是村庄禀赋所致。而拉恰玛村享受到了各项补助，护林补助全村1万元，退耕还林补助是163元/人，草原生态补助650元/人。

在拉恰玛村调研时，详细谈到部分无畜户怎样生活时，驻村干部告诉笔者，大部分无畜户生计来源，一是靠政府的各项补助，二是在牧业生产繁忙时为多畜户打小工。这从一个侧面说明政府的各项补助对牧民（尤其是无畜户）生活的巨大支持作用。

再则，调研得知，牧区的个别村庄在一定程度上存在着"政府为牧民养老，牧民为牲畜养老"的状况。"政府为牧民养老，牧民为牲畜养老"的基本意思是：牧民因各种因素影响，牲畜出栏率较低，他们会把牲畜养到老死，即牧民为牲畜养老；牧民现金来源非常有限，生活中的现金收入主要来源于政府发放的各种补助，即"政府为牧民养老"。"政府为牧民养老，牧民为牲畜养老"，这从另一个侧面在一定程度上，也说明了政府给予牧民各种补助对牧民生活的巨大支持作用。

三　6个农区村庄获得各项补助的具体情况

（一）各种生活补助情况

住房改建及其补助在前文论及，不再赘述。

1. 新农合补助情况

农区的6个个案村庄中，2011年新农合的补助标准是50元/人。杰珠村2009年的合作医疗的资金构成是100元，其中个人缴纳20元、上级财政负担80元。

2. 生活困难补助等其他生活补助

杰珠村。生活困难补助：全村每年评出"生活困难家庭"，补助金额195元/人。每年获得此项补助的人数不定，灾害年获得此项补助的人数会多一些，县上划拨下来的补助金也会多一些。总金额一般在5万元以上，有时候多达七八万元。村中有2位三老干部享受三老干部补助。民政补助：灾害年份，全村有2000多元的春荒救济款。灾害救济数额不定。

胜利二村。生活困难补助：有一定的补助，由于挨近城区，数量相对较少。村里有1位三老干部享受三老干部补助，同时享受党龄50年的补助，500元/年/人。民政补助：3位五保户享受，补助标准150元/月；1

个孤儿已经长大。

多拖村。生活困难补助：贫困户中，享受195元/年困难补助的有36户（87人），主要是低保户。享受320元/年补助的有28人，主要包括因一时的病、灾致贫，但尚未来得及纳入低保者。村里无三老干部补助。民政补助：五保户5人，补助1920人/年；1名孤儿，每月补助600元。此外还有医疗救助和灾害救济。

东俄洛三村。有一位五保户享受民政补助。

阿初村。有一位享受三老干部补助，2011年有5户享受医疗救助。有地质灾害搬迁补偿，这几年因泥石流有17户需要在本村的地盘内搬迁避险，补助标准是1万元/户。

克木村。有少量医疗救济。

调研显示，多数村庄都有生活困难补助，只是补助状况依各村庄具体情况而定。村中有三老干部，都享受了补助。此外，各村都有由政府实施的五保户、孤儿供养。

（二）各种生产补贴

与农业生产相关的各种补助包括退耕还林补助、粮食直补、综合直补、农机补助、草原生态补偿、林地资源补贴等。

1. 退耕还林补助

退耕还林补助的发放时间是2000—2014年，其中2000—2008年是第一阶段，2009年检查合格后，继续发放，我们的个案村庄在2009年的检查中全部合格，继续享受退耕还林补助，以下是2000—2014年的基本情况。

杰珠村。补助具体发放方式是根据村民需要，发放现金130元/亩，发放价值130元/亩的粮食。

胜利二村。退耕还林面积177.5亩，补助标准是260元/亩/年。

多拖村。享受补助的面积为328亩，村中退耕还林最多的1家达18亩，最少的只有1亩。

东俄洛三村。补助标准240元/亩，全村32户（不包括迁入的9户），退耕还林162.5亩，每年全部发放现金。

阿初村。享受面积244.46亩。最多的1户有2.1亩，最少的1户有1.5亩。

克木村。退耕还林面积145.55亩。

调研显示，各村都有退耕还林补助，各村及村中各户因退耕还林的土地面积不一而补助数量不同。

2. 农业生产补助

农业生产补助主要包括粮食直补、综合直补、农机补助。农区个案村庄获得农业生产补助，各村具体情况如下。

杰珠村。粮食补贴，主要是种子补助，补助标准为 10.77 元/亩；综合直补，补助金额 100.95 元/亩。两项相加，补助金额是 111.72 元/亩。

胜利二村。补助标准每年不一样，2003 年、2004 年是 40—50 元/亩，最高的年份是 70 元/亩，2011 年是 45 元/亩。

多拖村。（1）有 862 亩耕地享有粮食生产补助。（2）农资补助，2012 年全村获得化肥 6000 斤。（3）农机补助。全村有 21 台拖拉机、1 台联合收割机、5 台播种机享受补贴。（4）春荒救济，内容为发放化肥，具体情况是 2010 年发放化肥 12000 斤，100 斤一袋，共 120 袋；2011 年、2012 年向全村免费发放磷铵（复合肥）12000 斤（120 袋）、28000 斤（280 袋）。救济不足以应对播种需要，由此，农业局在市场上以 110 元/袋的低价售出，而当时的市场价格是 205 元/袋。其中的 95 元差价由县财政支农资金来补足。

东俄洛三村。粮食直补的标准是 60 元/亩/年，村里享受直补的有 32 户的 167 亩。只有种植青稞的可以享受，村里获得粮食直补最多的家庭有 18.69 亩地，每年 1260 元；最少的那户是 1.34 亩，只有 60 多元。没有综合直补。2008 年、2009 年有极少量的肥料补助，国家补助 1000 斤，共 41 户，每户不到 25 斤。现在没有肥料补助了。

阿初村。（1）粮食生产补助标准是 5.12 元/亩，享受面积 421.24 亩，已经补助了 8 年。（2）综合补助标准 54.84 元/亩，享受面积 421.24 亩，已经补助了 8 年。（3）粮种补助标准 10 元/亩，只补助青稞、小麦种植，共计 358.5 亩。（4）没有享受到农机补助，因为在政策出台前已经购买了。

克木村。（1）粮食生产补助标准是 5.12 元/亩，享受面积 544.49 亩。（2）综合补助标准 54.84 元/亩，享受面积 544.49 亩，补助已经实施了 8 年。（3）粮种补助标准 10 元/亩，只补助青稞、小麦种植，计 413 亩。（4）农机补助：没有享受到，因为在政策出台前已经购买了。

调查显示，各村都获得了粮食直补、综合直补，各村因土地面积数量不等，所获得的补助有所差别。因有些村庄的村民在政策实施前已经购买了农机，所以没有享受到购买农机补助。但从多拖村的情况来看，农机补贴对购买农机的农户大有裨益。

3. 其他生产补助

其他生产补助包括草原生态补偿、林地资源补贴，其基本情况如下。

胜利二村。2010 年的草原生态补偿共计 31312 元，按照户数平均分配，每户分得 412 元。林地资源补贴：2010 年居民拿到林权证，即将林区划分到户，林权 80 年。补贴的标准是 10 元/亩/年，村委会可提 30% 的管理费，到户只有 7 元/户。

多拖村。2011 年全村共发放草原生态补助 42500 元。没有林地，没有林地资源补贴。

东俄洛三村。没有草场、林地，没有这两项补贴。

阿初村。生态草原补助：享受面积 4438 亩；生产资料补贴 500 元/户。草原生态补助 2010 年实施，该年的补助款 2011 年拿到；2011 年的补助款，2012 年上半年还未拿到。林地资源补贴：补贴的标准是 10 元/亩/年，村委会可提 30% 的管理费，到户只有 7 元/户。

克木村。生态草原补助的享受面积是 5800 亩。

调查显示，有草场的村庄都获得了草原生态补助，标准一致，所获得的实际收入因各村草场面积而定。胜利二村、阿初村、克木村获得林地资源补贴，多拖村、东俄洛三村没有林地，无法获得此项补贴。

杰珠村退耕还林补贴政策折合现金形式约为 260 元/亩/年，政府已经补助了 10 多年。胜利二村享有退耕还林补助、草原生态补助、林地资源补贴、征地补贴。征地补助标准为 16800 元/亩，2011 年政府征地约 40 亩；草场资源实行“禁牧轮牧，集中放养”的管理方式，2010 年，每户补贴 412 元，总补助额为 31312 元；林地资源补贴仅为 10 元/亩/年，村委会提成 30% 的管理费用。2011 年甘孜县多拖村共发放草原生态补贴 42500 元，村民享受退耕还林补助总面积为 328 亩，村中补贴最多的一家退耕 18 亩。

这些促进生态保护与农业生产稳定发展的补助，一方面增加了农牧民现金收入，有利于保护脆弱的生态环境；另一方面，这些补助实际上也是自然资源与市场资源的一次转换过程，如退耕还林还草使困于农业生产的劳动力解放出来，出门打工，增加收入。

在每个村庄都会有一些孤寡老人、孤儿，一般会采取五保户补助、老人慰问等方式直接增加其收入，对于这些弱势群体的补助是出于人道主义关怀的需要，同时在甘孜州因藏文化的互助扶持、守望相助的传统观念比较浓厚，一般村里人会主动地、力所能及地帮助这些需要帮助的人，使其不至于沦落到三餐不继。

第六节　基本社会保障供给努力托底

狭义上的社会保障是指国家或政府为主体，依据法律规定，通过国民收入再分配，对公民在暂时或永久失去劳动能力及由于各种原因生活发生困难时给予物质帮助，保障其基本生活。广义上，社会保障还包括社会福利，它强调为人们提供一种健康、幸福和舒适的良好状态，注重人们生活状况的改善。社会保障在社会发展和人的发展中起着兜底和优化的作用，是公共服务和社会事业的重要内容。社会保障的好坏，直接关系到人们的生活品质，社会保障状况较差，会加深贫困。社会保障制度的完善也是新阶段扶贫开发工作的任务，《中国农村扶贫开发纲要（2011—2020 年）》指出，到 2015 年要进一步完善农村最低生活保障制度、五保供养制度和临时救助制度，实现新型农村社会养老保险制度全覆盖。到 2020 年，农村社会保障和服务水平进一步提升。通过社会保障制度和扶贫开发工作的衔接来更好地推动贫困地区社会经济的改善。新阶段的扶贫开发，实现"两不愁三保障"，即稳定实现扶贫对象不愁吃、不愁穿，保障其义务教育、基本医疗和住房等。

基本社会保障的主要内容包括新农合、农村最低生活保障、养老保险等。有关新农合的标准以及实施情况已在前文陈述，这里主要呈现个案村庄最低生活保障、养老保险实施情况。

一　个案村庄最低生活保障实施情况

2012 年，甘孜州的最低生活保障的类别有一、二两类，一类标准为65 元/月；二类标准有所差别，一般为 55 元/月（但在甘孜县和炉霍县为45 元/月）；各村都有村民享受两种类别的低保。个案村庄最低生活保障实施情况如下。

洛戈一村。2012 年，45 户 111 人享受，其中 A 类 38 人，小计 34200元；B 类 73 人，小计 48180 元；两项共计 82380 元。

拉恰玛村。2012 年，43 人享受，钱从乡上分到村，950 元/户，即248 元/人。

杰珠村。2009 年有 191 人享受低保，标准是 45 元/月。

胜利二村。2012 年，全村有 43 人享受，其中一类 13 人，65 元/月；二类 30 人，55 元/月。43 人中，学生（高中、中专生、大学生）30 人，其余是病人、残疾人共13人。

多拖村。2012年,全村有86人享受,一类65元/月,二类45元/月。

东俄洛三村。2012年,享受低保的有25人,其中包括17位60岁以上的老年人;5个平时身体不好,常吃药,没有住院不能报销的村民;1个单亲家庭的学生;1个残疾人;1个哑巴。标准是45元/月,不分等级。2010年前,凡是满60岁的都可以享受低保,2010年之后政策就不允许。

阿初村。2012年,一类低保标准是65元/月,有20人享受,包括残疾人、孤儿、15位60岁以上老人、特别困难家庭;二类低保45元/月,有38人享受,包括25位高中/中专学生、大学(包括大专)生,以及相对困难家庭成员。

克木村。2012年,一类低保65元/月,有15人享受,包括残疾人和特别困难户;二类低保45元/月,有25人享受。

调查显示,各村享受最低生活保障的人数有差别,此因各村人口数量不一。享受最低生活保障的村庄在各村的分布是:洛戈一村45户(111人)、拉恰玛村43人、胜利二村43人、多拖村86人、东俄洛三村25人、阿初村58人、克木村40人。在实际效果上,最低生活保障确实惠及村民最为贫困群体,包括病人、残疾人、孤儿、特别困难户、60岁以上老年人以及在校高中/中职生、大学生等。

二 个案村庄养老保险实施情况

甘孜州养老保险为了惠及贫弱群体,实施了一些惠民政策,包括:(1)一类残疾、低保对象的养老保险由政府出资购买。(2)"一带一"政策惠及老人,即2010年7月1日前年满60周岁者,政府免费供给养老保险,但要求家人中须得有一人出资购买。(3)贷款购买。例如康定县一次性借给农牧民3000元以购买养老保险,等待借款的农牧民享受养老保险时,方从其保险收入中扣除。2010年7月1日以后满60周岁的自己掏钱购买,可买100元/年、200元/年、500元/年,买100元/年满60周岁后获取养老金55元/月,买500元/年的获取178元/月。从2012年7月1日起,必须买够15年,才能享受养老金。个案村庄养老保险实施情况整理如下。

洛戈一村。已经享受的30人,购买了保险的99人,已购买、已享受者共计129人。

拉恰玛村。实行"一带一"的有16人,现在购买了养老保险的20人,共计36人。

胜利二村。村里 95% 的人买了养老保险，个别没买，是因为打工的单位帮助买了五险一金。

多拖村。实行"一带一"的有 27 人，自费购买养老保险者有 139 人，购买 500 元/年、300 元/年的分别有 3 人、12 人，其余为 100 元/年。

东俄洛三村。46 岁以上的必须购买，46 周岁以下的自愿购买。东俄洛村 46 岁以上的有 53 人，全部购买养老保险。有 1 位购买 500 元/年，其余都是 100 元/年。

阿初村。实行"一带一"并享受 55 元/月养老保险的有 24 人，42 人自愿购买养老保险，已经享受、已经购买的共 66 人。

克木村。62 人已经享受或已经购买养老保险。

调查显示，养老保险已经逐渐普及开来，养老保险本身已经惠及民众，而养老保险实施过程中的各项惠及贫弱群体的方法，更起到扶助贫弱的作用。

第七节　生产类公共产品供给提高生产能力

生产类公共产品主要是指直接影响农牧业生产的公共产品，生产类公共产品供给直接改善生产条件，提高产出及农牧民收入。由于甘孜州是生态脆弱区，防灾减灾是生产类公共产品的重要内容之一。我们与甘孜县农牧局相关领导座谈以及根据历年工作总结，了解甘孜县生产类公共产品的供给状况，[①] 以此透视甘孜州相关公共产品供给状况。甘孜县俗称"康北粮仓"，是甘孜州的 18 个县中耕地面积最大的县，耕地面积有 24 万亩（占全州耕地面积的 1/10），常年播种面积 16.21 万亩。粮食产量达到 2.6 万吨。主产青稞、马铃薯、豌豆，马铃薯是甘孜紫皮马铃薯，是本地特色产品；豌豆是甘孜麻豌豆，产量低，但口感很好。2011 年甘孜县各类牲畜存栏达 31.7 万头。甘孜县相关的农业生产公共产品供给多种多样。

一　农业生产技术供给

1. 技术人员配置。州、县为每个乡镇配备了 1 名专业技术人员，技术人员深入村庄指导选种、积肥、备耕、春耕、春防、夏季田间管理。技

---

① 主要是与甘孜县农牧局座谈得知（2012 年 7 月），为了行文方便，在此只呈现 2011 年以及 2012 年供给的部分直接影响农牧业生产的公共产品情况。

术人员督促、检查、指导实用技术（包括草、病、改、管等农业生产实用技术）的运用，培训农牧民，2011 年累计培训农牧民 2.23 万人次、新型农民 310 人次。

2. 测土配方采样及配方施肥技术运用。派出专业技术人员 10 余名，深入全县 17 个农业乡镇进行测土配方土样采集等工作，累计采集土样 800 个。2011 年投资 38 万元，在全县 17 个农业乡镇完成配方施肥 7.5 万亩，其中：青稞 6 万亩、马铃薯 1 万亩、小麦 0.4 万亩、蔬菜 0.1 万亩；完成"3414"试验 18 个；完成 500 个土样进行检测与化验工作，发放施肥建议卡 5000 份。

3. 实用技术推广应用。在全县推广蔬菜种植 2000 亩，油菜种植 8000 亩，优质马铃薯 10000 亩，优质豌豆 35551 亩，化学除草 6 万亩，药剂拌种 5.42 万亩，化肥基施 4.5 万亩，种子包衣 1 万亩，测土配方 15.5 万亩。

4. 农产品改良。例如青稞的品种以前是黑六棱、白六棱、康青 3 号，这些品种的产量低（亩产 200—300 斤）、口感差。现在主推产品是康青 6 号、康青 7 号，其产量最多的达到 753 斤/亩，平均亩产 500 斤，康青 8 号正在试种。甘孜紫皮马铃薯种植了几十年，品种退化，2011 年在成都市农科所成功脱毒甘孜紫皮马铃薯原种（4 万粒），2013 年开始试验种植，3 年试种，2 年推广，2018 年可望全面推广。

二　再生产资金供给

1. 无偿供给农用物资。2011 年无偿向农户供给肥料 127.61 吨、青稞良种 65 吨。

2. 政府担保赊销农用物资。2012 年，乡（镇）党委、政府为群众担保赊欠销售农用物资，包括化肥 252.12 吨以及"康青 6 号""康青 7 号"青稞良种 45 吨。

3. 小额贷款。2011 年，为全县 21 个乡提供了支农小额贷款 114.7 万元。

三　政府投资改善农业生产条件

1. 农资销售及农牧业技术服务站建设。2011 年在绒坝岔、拖坝、东谷及县城设立了农用物资销售点 4 个，建立健全了 22 个乡镇兽药、器械销售和技术服务站。

2. 2011 年投资 444 万元，建设有害生物预警与控制区域站。

3. 耕地整治。2011 年已完成了拖坝 70 亩地的土地整治工作，正在修建 1300 平方米的业务用房和药械库。

4. 良种繁育基地建设。2011 年投资 51.6 万元，在色西底乡恩珠一村、色西五村完成了康青 7 号良种繁育基地 1000 亩建设，实施耕地整治 1000 亩，新建机耕道 3.5 千米。

5. 产业化生产基地建设。2011 年投资 100 万元，在拖坝、色西底、呷拉乡的 7 个村，开展青稞产业化基地建设 2400 亩，维修机耕道 5.6 千米，维修种子仓库 1000 平方米，维修晒坝 2000 平方米；2011 年投资 119 万元在拖坝、色西底、呷拉乡实施了连片开发项目，开展青稞、豌豆、马铃薯高产示范基地建设 4475 亩；在甘孜镇、拖坝乡、色西底乡、来玛乡、四通达等 15 个农业乡镇完成了青稞高产创建示范片 40000 亩；在甘孜镇、色西底乡、贡隆乡、生康乡等 10 个农业乡镇完成了马铃薯高产创建 10000 亩；在来玛乡、卡攻乡、色西底乡、贡隆乡完成了油菜高产创建 5000 亩。

6. 耕地能力建设。按照"平、厚、壤、固、肥"和"增、提、改、防"的要求，进一步强化基本农田保护与建设，全年累计完成耕地地力建设 14000 亩、高标准农田建设 1480 亩。2012 年春天，实施地块连片，提高规模效应，利于机械化耕作，生产中还要给予生产者各种补助，以紫皮马铃薯种植为例，每亩补助 300 斤种子价值 750 元，积肥补助 140 元/亩，化肥 20 斤/亩，无偿提供农机具。

7. 推广农机具。实施农机购置补贴，2011 年争取到国家农机购置补贴资金 259.28 万元，推广补贴机具 301 台套，其中联合收割机 15 台、小四轮农用拖拉机 200 台、7 行播种机 85 部、马铃薯收割机具 1 套。

8. 扶持专业农业合作组织。例如斯俄乡九村农机专业合作组织成立于 2009 年，注册资金为 15 万元，由 5 人组成，带动农户 43 户，主要从事农业机械租赁、维修与作业。农牧科技局不断支持，2011 年专业合作组织人均收入突破 5000 元，有效带动村民致富。

四 政府投资改善牧业生产条件

政府为增加牧业生产而供给的公共产品，包括品种改良、生产设施建设、疾病防控、生产管理、鼓励出栏、草场治理等。

改良畜牧品种。2011 年，引进西黄牛 10 头，改良黄牛 175 头、牦牛 1000 头；选育牦牛本品 1200 头；将引进优质西杂牛种公牛发放到绒坝岔片区，同时对引进西杂牛改良情况建立了完整的系谱。

缩短畜牧产品出栏周期,增加畜牧产品数量。改良后的牦牛出栏时间从以前的5—6年缩短到现在的4年,产肉能力提高20—30千克/头,经济效益从以前的2000元/头左右增加到现在的4000—5000元/头。

甘孜县建立了县级牧草储备基地,冬春两季为牲畜增补草料。投资建设人工草地,储存过冬草料,增强牧民抗雪灾能力。人工草地建设采取两种方式:一是在退牧还草区域建立围栏割草基地,每户有3—5亩;二是卧圈种草,即春天在敞开的牛圈种草,秋天收割草料;储存过冬草料使幼畜死亡率下降了3%。2003—2008年,政府投资7000万元建设围栏,推行分区轮牧,增强草地再生产能力。

加强草场治理,防止鼠害。每年冬天投放灭鼠毒饵2万千克,通过修建310个鹰架、放养狐狸等方式,对鼠害实行生物防控。

投资修建牲畜暖棚,冬天暖棚内温度高于室外15摄氏度以上,孕畜、幼畜冬天进驻暖棚,成活率提高了5%以上。

实行强制免疫,免费为牛打防疫针,包括口蹄疫苗、炭疽疫苗、伤寒疫苗等;每个村有防疫员,加强对牲畜常规疾病的诊断治疗。2011年对219名村防员进行相关技能培训;完成常规免疫57.02万头(只)次;完成牲畜秋季预防注射;驱治牲畜体内外寄生虫38万头(只)次等。

政府引导牧民将牛初乳用于喂牛,减少挤奶量,促进牛的生长发育。

政府激励牧民提高牲畜出栏率,牧民卖1头牛,政府奖励50元,政府打算通过企业化和市场化生产方式来提高牲畜出栏率,增加牧民收入。

草地生态遥感监测。例如2011年派出专业技术人员5名,利用20天的时间,全面完成草地生态遥感监测任务,监测面积达1万亩。

五　减灾防灾类公共产品供给

灾害一直是高原地区农业面临的巨大挑战,高原地区常见的地质灾害主要为雪灾、洪灾、泥石流、地震,农业生产方面面临的灾害主要为虫灾。这些灾害直接对牧民的生产生活造成巨大的损害。对于甘孜州人民来说,农业和牧业支撑起他们整个生活——牧业为他们提供了日常所需的副食,包括肉制品和奶制品,同时还提供了生活燃料,牛粪是藏区人民普遍使用的主要燃料,清洁无污染,很是环保;农业生产为农牧民提供粮食、油料和牲畜草料,以及部分的家庭经营性收入,如将豆子、青稞、马铃薯等作物放到集市上参与市场交换。属于自然经济的农牧业受到自然环境的影响较大,灾害的直接后果是收成减少,长远后果是农民生活陷入贫困。

因此，加强对高原地区自然灾害的防治有着重要意义。"防"主要是建立监测点，对地震、雪灾、洪灾、泥石流进行监测与预报，对房屋、桥梁、道路进行加固等；"治"则重在灾害发生之后的处理，主要是财政补贴，帮助受灾户进行搬迁等。良好的防灾减灾，在一定程度上减少灾害损失，有助于改善农牧民生计。个案村庄灾害发生及防治的基本情况如表10－2。

表10－2　　　　　　　　个案村庄减灾防灾基本情况

村　庄	减灾防灾基本情况
洛戈一村	主要灾害是雪灾，预防措施是储备草料，但难以解决根本问题；政府鼓励牧民合理出栏。此外，雪灾发生后有一定的救助。草原鼠兔防治的主要方法是放老鹰、狐狸、灭鼠药
拉恰玛村	主要灾害是雪灾，政府鼓励牧民合理出栏，但缺乏更有效应对措施。草原鼠兔防治的主要方法是放老鹰、狐狸、灭鼠药
杰珠村	杰珠村可能的自然灾害包括洪灾、雪灾等。政府及村民在应对自然灾害方面采取了直接措施和间接措施。直接的防灾减灾措施主要包括：①修建防洪堤坝。2008年，政府出资135万元修建村边的堤坝120多米，有效地实现了汛期防洪。②灾害排查。乡政府成立安全检查小组，定期排查泥石流、滑坡、塌方等自然灾害以及汛期防洪；一旦发生灾害，乡政府向上级政府汇报的同时，组织村民一起救灾。③安全隐患排查。乡政府的安全检查小组定期检查用电安全、房屋安全，防止火灾以及房屋倒塌等。间接的防灾减灾措施主要有：①免费发放节能灶。政府研制、生产节能灶，免费发放给村民，节能灶的使用节约柴火，减少山林砍伐，保护植被，防止水土流失及泥石流的发生。②牲畜合理出栏观念的灌输。杰珠村有10%的家庭牲畜养殖规模较大，由于受宗教观念的影响，出栏率一直较低。雪灾是杰珠村面临的最大自然灾害，极易造成牧户因灾致贫。2008年年初的一场大雪，养殖大户平均每户冻死牲畜50—60头。受雪灾的影响，2007年还算中等收入的牧户一下子就变成了贫困户。为此，政府采用各种方式向牧户灌输合理出栏的观念。2008年年初遭遇雪灾后，2008年年底出栏率大为提高，灾害及政府观念灌输逐渐改变着牧民的观念

续表

村　庄	减灾防灾基本情况
胜利二村	主要灾害是水灾、火灾、地震。①水灾及其防治。2012 年前，位于村里的道孚沟年年发洪水。2012 年耗资 2000 万元修好道孚沟的防洪堤 4 千米，但还有 9 千米防洪堤未修，需要投资 4500 万元。此外，鲜水河也发生洪灾，2012 年鲜水河漫堤，淹没土地 10 多亩，有一家的房屋下沉，经济损失 10 万元。②房屋火灾。应对方式主要是宣传，家家户户发放灭火器（只能对小火有用）。胜利二村路口窄，消防车进不来。应对经验包括：一旦发生火灾，湿透棉被、毯子，搭到自己房子上，避免烧到未燃烧的房子；拆除未燃烧的房子，建立隔离带。③地震。防震措施主要是建立监测点 11 个，监测人员 14 人，经费 500 元/人/年。监测员主要是情况观察，信息上报，组织群众；配备电筒、雨靴（镇上配置）；通信（有的地方不通电话）。有应急预案，但存在资金困难。缺乏地震避难点
多拖村	容易发生的自然灾害是旱灾、雹灾等，已建有基本的灌溉设施，县上开展除雹服务
东俄洛三村	①有洪灾，村中有一条小河，流经村庄 3000 多米，洪水漫堤，冲毁桥梁和农田。村中以前有一座木桥，多次被冲毁，2005 年建起了一座铁桥。②旱灾，以前比较频繁，最近两年较好，受灾较少。③冰雹防止主要依靠除雹炮
阿初村	①主要灾害是泥石流，应对方式主要是搬迁。这几年搬迁了 17 家，每户补助 1 万元。②冰雹、虫灾、旱灾、洪涝时有发生，这几年较少。冰雹难以防治。③虫灾，县上统一安排除虫。④旱灾发生后，庄稼不好，就只能翻地压青第二年再种。⑤洪涝灾害，应对方式主要是提前疏通，之后政府有些救济。⑥地震，应对方式主要是房屋加固以及加通天柱等
克木村	与阿初村基本相同，地质灾害搬迁有 1 户

　　由上表可以看出，各村都有灾害发生，政府采用各种手段防灾救灾，以此改善农牧民生计。

第八节　公共产品供给改善农牧民生计

上几节呈现了村庄公共产品供给，这些公共产品供给在实践上验证了公共产品供给与村庄禀赋、生计方式、生计结果相一致的基本假设。现实中，正是因为这些公共产品供给，使村庄生计发生了巨大变化。

理论分析认为，村庄公共产品供给可全面增强村民可行能力——从读书、看报到增强社会交往、经济活动能力，到参与社区治理等。从经济活动的角度来说，村庄公共产品供给降低包括生产成本、运输成本、销售成本、风险成本和决策成本在内的活动总成本，降低农业的自然风险和经济风险，从而提高生产活动效率；完善的农村公共产品供给促进农业生产的专业化、规模化、商品化、产业化、市场化和可持续发展等。

未来一段时期内，我国扶贫开发将在"社会保障稳定解决温饱问题，扶贫开发持续解决生计改善问题"的总体格局中推进。全方位供给公共产品与我国农村新阶段扶贫开发的总体目标相一致。《中国农村扶贫开发纲要（2011—2020 年)》提出新阶段扶贫开发工作的总体目标是：到 2020 年，稳定实现扶贫对象不愁吃、不愁穿，保障其义务教育、基本医疗和住房。贫困地区农民人均纯收入增长幅度高于全国平均水平，基本公共服务主要领域接近全国平均水平，扭转发展差距扩大趋势。"两不愁三保障"的通俗表述实际上反映出我国扶贫开发，从过去以解决温饱问题为核心向给予贫困人口更有尊严地生活转变。"两不愁三保障"是多元的目标，不仅是提高收入，还包括保障教育、医疗、住房服务等，这意味着我国扶贫工作从过去相对狭义的开发性扶贫进入相对广泛的大扶贫领域。保障义务教育、基本医疗和住房强调了基本公共服务均等化，使经济发展惠及包括低收入人群在内的所有人。①

全方位公共产品的供给，实现扶贫开发与最低生活保障制度的有效衔接，把社会保障作为解决温饱问题的基本手段，逐步完善社会保障体系。同时，坚持扶贫开发与推进城镇化、建设社会主义新农村相结合，与生态环境保护相结合，促进经济社会发展与人口资源环境相协调。

这些年大量的公共产品供给，逐渐改善甘孜州农牧民的生产生活条件

---

① "深入推进扶贫开发，共享改革发展成果——解读《中国农村扶贫开发纲要（2011—2020 年)》"，人民网，http：//gongyi. people. com. cn/GB/16472039. html。

和生计方式，公共产品供给缓解生计脆弱的效应集中体现在农牧民对村庄变化的认知上。在小组座谈中，村民、村干部等谈到了本村庄的主要变化。

洛戈一村和拉恰玛村最大的变化与牧民定居工程建设密切相关。例如，洛戈一村人认为村庄的最大变化是定居后生产生活变化，一是生活环境大大改善，二是观念更新。定居前卫生条件差，定居后个人卫生、生活卫生及其观念有所变化。生产观念也发生变化，除了从事传统的牧业生产外，还修建了牧家乐、加水站、小卖部等，并开始从事水淘糌粑的生产加工等。

拉恰玛村人也认为生活条件随着定居有很大改善，此外就是各种补助金的发放，使得即使是无畜户也能生存下来。

胜利二村人认为本村最大的变化是基础设施建设使得生活环境有所改善，此外是人们的生计更依赖于打工等，收入方式多样化，相应地对人们的能力也提出了更高的要求。

多拖村最大变化也是生活环境和观念的变化。村民说，村里"五通六改"已经完成，生活环境、生产条件大为改善。尤其是房子修好了，环境变得更好，生活条件也更好。观念的变化主要有三个方面，一是种植观念改变，由单一种植青稞到多样化种植；二是对子女教育越来越重视，村民自身对读书的兴趣越来越浓厚；三是补贴多，越来越有感恩之心。

东俄洛三村年长的老村长告诉我们以前生活很困难，粮食不够吃，穿的也少，交通也很艰难。现在农村的变化很大，这五六年间，除了2家之外，大家的房子都修得很好。实施了"盖瓦工程"，自来水引入家庭，入户路都硬化了。这些年国家支持很大，生活不成问题，连糌粑都吃得少了，主要吃大米、小麦面等。

阿初村这几年变化主要有五个方面，一是居住条件变化大，房子基本都重修了，很少有平房，没有危房。二是生活条件、信息环境变好，通电话、电视。三是基础设施较好，通水、通电，路也通了。四是生产条件改善，实行半机械化耕作，播种机播种，收割机收割。五是卫生环境变好，村里有垃圾处理池。

克木村这几年变化较之于阿初村变化小些，但村民普遍认为这些年的主要变化，一是住房得到一定程度的改善，二是道路经过碾压，稍微硬了一点，三是村中适龄青少年上学的增多。

与上述几个村的变化相比，我们对杰珠村的了解更为深入，以杰珠村为详细个案来呈现村庄经历大量公共产品供给之后的发展与变化。

在杰珠村，有多位老人家告诉笔者："现在的日子最好过。大家修了房子，政府修了路，牵了电，还给予各种补助。老百姓现在不操心吃、穿、住，只操心副业和现金收入。村民平时交谈，不谈论粮食，谈论得最多的是虫草价格、松茸价格等。"老人家们的陈述，可观察到多年来政府供给村庄公共产品达致减贫的突出效果，即村民基本生活都有了保障。

笔者在西俄洛乡及杰珠村调研时，就"这十年村庄以及您家庭最大的变化是什么"一问，采访了20多人，概括他们的回答，村庄最大的3个变化依次是：交通条件的改善，伴之以交通工具的升级换代；供电充足伴之以家电普及；教育条件逐渐改善，教育水平逐步提高，学校升学率高及部分村庄青少年找到称心如意的工作。

1. 交通条件的改善

在杰珠村，交通条件的改善提高了村民的可行能力。出行容易，与外界交往的可能和机会大大增加；交通工具的升级换代，客货运输成为村庄经济产业之一；交通的便利通畅，旅游产业得到发展。

杰珠村人认为，现在全乡家家户户都通公路，实在不容易。老书记阿雅告诉笔者："20世纪80年代中期，村里人买了两辆自行车，全村人都很稀罕，集体去围观。1988年，乡里有了第一台拖拉机，村民也非常稀罕，集体去围观。1992年，村民自己买了第一台拖拉机，大家都觉得这家人好富裕，很了不起。1993年、1994年，村里有六七户相继买了拖拉机，有的买了新车，有的从雅江一区买来二手车。现在家家户户都有1台拖拉机，1—2辆摩托车；村里有3户人家买了大货车跑运输，有7户人家买了7部小车跑出租，跑出租车一天的收入是300—400元，最差的也有100元。"

与交通条件改善同步的是杰珠村旅游业有所发展。2000年，甘孜州建州50周年的庆祝活动中，甘孜州第一次评选了"康巴汉子"，杰珠村有1人入选。2003年川滇藏艺术节上，杰珠村有12位康巴汉子代表雅江县参加艺术节，展现了"康巴汉子"特有的神采，杰珠村名声大噪。2003年，雅江县旅游局为杰珠村注册了"康巴汉子村"商标。是年，杰珠村的旅游业开始起步。2003—2006年，全村有15户改建为"民居接待"家庭。这15户改建了卫生间，改善了住宿、餐饮条件，实施了人畜居住分离，旅游局对户主进行烹饪培训，统一了吃、住、骑马的价格。此外，花费40多万元修建了通往郭岗顶的马道，其中县财政资助9万元，其余皆由村民投工投劳。

2003—2007年是杰珠村旅游业发展最好时期，2007年村民平均收入由之前的 800 元提高到 1400 元。"民居接待"户的收入最好,平均纯利润 1 万多元。借旅游发展之机,村民与外界的接触交流大为增加。

2. 电力供应充足,家用电器普及,生活质量提高

以前,村里没有电,只有区工委每天晚上用发电机发电,到了晚上 10 点就停电了。1986 年,全乡 5 个村的公益金、公积金全部投资于修建乡水电站,全部村民都参加义务劳动。电站于该年建成,村村、户户都通了电。伴随供电充足,家用电器渐渐普及,仁泽老人家告诉笔者:"1984 年时,大家只有收音机、录音机,现在 100% 的家庭有电视、打茶机、搅拌机,30% 的家庭有冰柜、洗衣机。"家电普及,方便了生活,节省了劳动力,便于留住游客。此外,村中老人家们特别感慨,有了电,孩子们晚上看书、写作业就方便多了。闲暇时间看电视,文化生活也丰富了许多。

3. 基础教育的发展

综合多吉、珠珠、仁泽等多位老人们的讲述,杰珠村基础教育发展概貌如下:1959 年,乡里建起完小,只有两三位老师,当时村民生活困难,不愿意送孩子上学。20 世纪 60 年代初的一场政治运动,学生们都被号召参加劳动,村民们觉得子女是否读书都无所谓。1965 年,村完小有一位学生成绩优秀,当上了乡信用社会计,成了国家干部,大家非常羡慕,村庄子弟有了些学习积极性。"文革"期间,学校仍然坚持上课。"文革"之后,有些学生毕业后找到工作,大家对教育有了点兴趣,但还是有 50%—60% 的家庭不太重视教育,让孩子采集虫草和松茸,不好好上学。现在非常重视教育,原因是该完小毕业生中,有一部分考上了大中专院校,有了很好的工作,还有一些成为国家干部。例如,扎西是某县移民局局长,刘某是某县旅游局局长,张某曾担任某县县委副书记,张某的哥哥是某县城市规划局局长,此外还有嘉央、付某等。村里出了这么多大中专学生以及国家干部,这极大地激发了青少年的学习积极性。2008 年,杰珠村有 3 位青年考上了公务员;2009 年,有 7 位青年考上了公务员和教师。杰珠村 65 户人家中,6 户有 7 位青年考上公务员和教师,这给杰珠村青少年以极大的鼓舞;同时,使得杰珠村在附近县份乃至全甘孜州,名声大噪,人们都赞赏杰珠村教育水平高。2009 年,阿雅老人家有两个女儿考上了教师,他异常高兴,认为子女只有读书才有希望,才有出路。此外,学校实行藏语、汉语双语教学,成效卓著,尤其是政府把藏语文作为公务员考试科目,极大地激发了青少年的学习热情。

参 考 文 献

［印］阿玛蒂亚·森：《以自由看待发展》，任颐、于真译，中国人民大学
　　出版社 2002 年版。

［印］阿玛蒂亚·森：《贫困与饥荒》，王宇、王文玉译，商务印书馆
　　2001 年版。

［美］E. S. 萨瓦斯：《民营化与公私部门的伙伴关系》，周志忍等译，中
　　国人民大学出版社 2002 年版。

［美］詹姆斯·C. 斯科特：《农民的道义经济学》，陈立显等译，译林出
　　版社 2001 年版。

［美］詹姆斯·C. 斯科特：《国家的视角》，王晓毅译，社会科学文献出
　　版社 2011 年版。

阿卜杜勒·马克立、黄高智：《发展的新战略》，中国对外翻译出版公司
　　和联合国教科文组织 1999 年版。

［美］奥斯特罗姆、帕克斯、惠特克：《公共服务的制度建构》，毛寿龙
　　译，上海三联书店 2000 年版。

［美］罗纳德·J. 奥克森：《治理地方公共经济》，万鹏飞译，北京大学
　　出版社 2005 年版。

［瑞典］冈纳·缪尔达尔：《亚洲的戏剧——南亚国家贫困问题研究》，方
　　福前译，首都经济贸易大学出版社 2001 年版。

［英］丹尼斯·C. 缪勒：《公共选择理论》，杨春学等译，中国社会科学
　　出版社 2002 年版。

［美］杰拉德·迈耶：《发展经济学前沿》，本书翻译组，中国财经出版社
　　2003 年版。

［日］速水佑次郎：《发展经济学——从贫困到富裕》，李周译，社会科学
　　文献出版社 2003 年版。

［美］塞缪尔·亨廷顿：《文明的冲突与世界秩序的重建》，周琪等译，新
　　华出版社 2002 年版。

［法］H.蒙德拉斯：《农民的终结》，李培林译，社会科学文献出版社 2005 年版。

［美］英吉·考尔等：《全球化之道——全球公共产品的提供与管理》，张春波等译，人民出版社 2006 年版。

［美］德尼·古莱：《残酷的选择——发展理念与伦理价值》，高铦、高戈译，社会科学文献出版社 2008 年版。

《中国农村扶贫开发纲要（2011—2020）》，人民出版社 2011 年版。

联合国开发计划署：《2010 年人类发展报告》，中国财政经济出版社 2011 年版。

涂尔干：《社会分工论》，渠东译，生活·读书·新知三联书店 2000 年版。

俞可平：《治理与善治》，社会科学文献出版社 2000 年版。

郑杭生：《民族社会学概论》，中国人民大学出版社 2005 年版。

杨团：《社区公共服务论析》，华夏出版社 2002 年版。

林耀华：《民族学通论》，中央民族大学出版社 1997 年版。

费孝通：《乡土中国》，生活·读书·新知三联书店 1985 年版。

尹绍亭：《一个充满争议的文化生态体系》，云南人民出版社 1991 年版。

尹绍亭：《森林孕育的农耕文化》，云南人民出版社 1994 年版。

尹绍亭：《人与森林》，云南教育出版社 2000 年版。

何国强：《围屋里的宗族：广东客家族群生计模式研究》，广西民族出版社 2002 年版。

格勒：《藏学人类学论文集（汉文卷·上）》，中国藏学出版社 2008 年版。

格勒：《藏学人类学论文集（汉文卷·下）》，中国藏学出版社 2008 年版。

罗康智、罗康隆：《传统文化中的生计策略》，民族出版社 2009 年版。

吉柚权：《白雪——解放西藏纪实》，中国物资出版社 1993 年版。

王娟娟：《甘南藏族自治州游牧人口定居的机制、模式和效应研究》，经济科学出版社 2011 年版。

刘燕华、李秀彬：《脆弱生态环境与可持续发展》，商务印书馆 2007 年版。

李静、杨须爱：《交往与流动话语中的村落社会变迁》，中国社会科学出版社 2008 年版。

宋涛：《传统裂变与现代超越》，民族出版社 2006 年版。

邰秀军、李树苗：《中国农户贫困脆弱性的测度研究》，社会科学文献出版社 2012 年版。

杨明洪：《西藏农村公共产品供给相关问题分析》，四川大学出版社 2009 年版。

郑洲：《西藏农村公共产品供给研究》，四川大学出版社 2009 年版。

李雪萍：《社区参与在路上》，中国社会科学出版社 2015 年版。

李雪萍：《西藏城镇社区发展与公共产品供给》，华中师范大学出版社 2013 年版。

李雪萍：《灾后社区重建中的公共产品供给》，华中师范大学出版社 2011 年版。

李雪萍：《城市社区公共产品供给研究》，中国社会科学出版社 2008 年版。

庄孔韶：《时空船型》，中国人民大学出版社 2004 年版。

郭伟和：《"身份之争"》，北京大学出版社 2010 年版。

根旺：《民主改革与四川藏族地区社会文化变迁研究》，民族出版社 2008 年版。

邢肃芝（洛桑珍珠）口述，张建飞、杨念群笔述：《雪域求法记——一个汉人喇嘛的口述史》，生活·读书·新知三联书店 2003 年版。

《中国少数民族社会历史调查资料丛刊》修订编辑委员会：《四川省甘孜州藏族社会历史调查》，民族出版社 2009 年版。

郑长德、周兴维：《民主改革与四川藏族地区经济发展研究》，民族出版社 2008 年版。

杨公卫：《村落终结与乡土重建文化观念变迁研究》，民族出版社 2012 年版。

龙远蔚：《中国少数民族经济研究导论》，民族出版社 2004 年版。

王雅林：《繁难的超越》，黑龙江人民出版社 1995 年版。

中国（海南）改革发展研究院课题组：《基本公共服务与中国人类发展》，中国经济出版社 2008 年版。

黄淑娉、龚佩华：《文化人类学理论方法研究》，广东教育出版社 1998 年版。

王永莉：《生态脆弱地区的经济发展研究》，中国农业出版社 2010 年版。

凌耀初：《县域发展战略》，学林出版社 2005 年版。

樊勇：《贫富论》，人民出版社 2006 年版。

邰秀军、李树苗：《中国农户贫困脆弱性的测度研究》，社会科学文献出版社 2012 年版。

赵利生：《民族社会学》，民族出版社 2003 年版。

世界银行：《2000—2001 世界发展报告》，中国财政经济出版社 2001
　　年版。

郭劲光：《脆弱性贫困》，中国社会科学出版社 2011 年版。

陈伟东：《社区自治：自组织网络与制度设置》，中国社会科学出版社
　　2004 年版。

李建德：《经济制度演进大纲》，中国财政经济出版社 2000 年版。

申葆嘉：《旅游学原理》，学林出版社 1999 年版。

中国改革发展研究院：《基本公共服务与中国人类发展》，中国经济出版
　　社 2008 年版。

吴忠民：《中国社会发展论》，湖南出版社 1995 年版。

渠敬东：《断裂与缺席》，上海人民出版社 1999 年版。

联合国开发计划署：《中国人类发展报告（2005）：追求公平的人类发
　　展》。

甘孜州志编纂委员会：《甘孜州志》（上），四川人民出版社 1997 年版。

甘孜州志编纂委员会：《甘孜州志》（中），四川人民出版社 1997 年版。

甘孜州志编纂委员会：《甘孜州志》（下），四川人民出版社 1997 年版。

甘孜藏族自治州地方志编纂委员会：《甘孜州志（1991—2005）》，四川出
　　版集团·四川人民出版社 2010 年版。

甘孜县志编纂委员会：《甘孜县志》，四川科学技术出版社 1999 年版。

甘孜县地方志编纂委员会：《甘孜县志续编》，四川人民出版社 2002 年版。

陈传波：《农户风险与脆弱性：一个分析框架及贫困地区的经验》，《农业
　　经济问题》2005 年第 8 期。

黎洁、邰秀军：《西部山区农户贫困脆弱性的影响因素：基于分层模型的
　　实证研究》，《当代经济科学》2009 年第 5 期。

张丽萍等：《青藏高原东部山地农牧区生计与耕地利用模式》，《地理学
　　报》2008 年第 4 期。

汪丹：《白马藏族生计变迁的自主性研究》，《西藏民族学院学报》2012
　　年第 3 期。

李斌、李小云等：《农村发展中的生计途径研究与实践》，《农业技术经
　　济》2004 年第 4 期。

张志英：《西藏农村公共产品供给多元途径的探索》，《西南民族大学学
　　报》2008 年第 3 期。

孙继琼：《建立以需求为导向的农村公共产品供给机制》，《中国藏学》
　　2009 年第 3 期。

朱玉福：《特殊政策支持下的西藏扶贫开发：成就、措施、基本经验》，《西藏民族学院学报》2009 年第 6 期

白涛、庄永福：《西藏贫困地区扶贫工作的透视与思考》，《中国藏学》1997 年第 7 期。

冉光荣：《藏区反贫困再思考》，《财经科学》2006 年第 2 期。

郑洲：《西藏德吉新村扶贫综合开发绩效研究》，《西藏研究》2007 年第 4 期。

廖桂蓉、李继红：《社会资本视角下四川藏区贫困问题研究》，《西南民族大学学报》2009 年第 9 期。

朱玲：《西藏农牧区基层公共服务供给与减少贫困》，《管理世界》2004 年第 4 期。

扎洛：《西藏农区的村级组织及其公共服务供给》，《中国人口科学》2004 年第 3 期。

扎洛：《西藏农村的宗教权威及其公共服务》，《民族研究》2005 年第 2 期。

扎洛：《西藏农村村级组织及其公共服务供给（Ⅰ）》，《中国西藏》2005 年第 1 期。

扎洛：《西藏农村村级组织及其公共服务供给（Ⅱ）》，《中国西藏》2005 年第 2 期。

扎洛：《西藏农村村级组织及其公共服务供给（Ⅲ）》，《中国西藏》2005 年第 3 期。

李锦：《公共品供给：西藏农牧民增收的社区环境改善》，《中国藏学》2006 年第 3 期。

杨明洪：《社会主义新农村建设：从公共产品供给视角的分析》，《理论视野》2006 年第 5 期。

安七一、杨明洪：《公共产品供给与西藏农村和谐社会建设》，《财经科学》2007 年第 4 期。

杨明洪、安七一、郑洲：《西藏"安居工程"建设：基于公共产品视角的分析》，《中国藏学》2007 年第 2 期。

联合国社会发展研究院：《反对贫困与不平等——结构变迁、社会政策与政治》，《清华大学学报》2011 年第 4 期。

李雪萍、龙明阿真：《村庄公共产品供给：增强可行能力达致减贫》，《社会主义研究》2011 年第 1 期。

陈艾、李雪萍：《连结供应和消费：提高公共产品供给效应及路径选择》，

《社会主义研究》2013 年第 1 期。

李雪萍、汪智汉：《短板效应：西藏公共产品供给》，《贵州社会科学》2009 年第 6 期。

李雪萍、刘志昌：《基本公共服务均等化的区域对比与城乡比较》，《华中师范大学学报》2008 年第 3 期。

朱晓阳：《进入贫困生涯的转折点与反贫困干预》，《广东社会科学》2005 年第 2 期。

朱晓阳、谭颖：《对中国"发展"和"发展干预"研究的反思》，《社会学研究》2010 年第 1 期。

朱晓阳：《反贫困的新战略：从"不可能完成的使命"到管理穷人》，《社会学研究》2004 年第 2 期。

项继权：《我国基本公共服务均等化的战略选择》，《社会主义研究》2009 年第 1 期。

陈志楣、刘澜楠：《我国公共产品供给的不均衡分析》，《北京工商大学学报》2008 年第 2 期。

黄承伟、王小林、徐丽萍：《贫困脆弱性：概念框架和测量方法》，《农业技术经济》2010 年第 8 期。

黄承伟：《汶川地震灾后贫困村恢复重建规划设计与实施展望》，《扶贫与减灾》2008 年第 11 期。

韩峥：《脆弱性与农村贫困》，《农业经济问题》2004 年第 10 期。

Maetha G. Roberts、杨国安：《可持续发展研究方法国际进展》，《地理科学进展》2003 年第 1 期。

张大维：《生计资本视角下连片特困地区的现状与治理》，《华中师范大学学报》2011 年第 4 期。

苏芳等：《可持续生计分析框架研究综述》，《地理科学进展》2009 年第 1 期。

唐丽霞、李小云等：《社会排斥、脆弱性和可持续生计：贫困的三种分析框架及比较》，《贵州社会科学》2010 年第 12 期。

张志凤：《可持续生计框架下的扶贫开发分析》，《农业考古》2010 年第 6 期。

胡卫钧：《当前我国社会结构的分化与协调》，《理论与改革》2005 年第 6 期。

刘玉兰：《西方抗逆力理论：转型、演进、争辩和发展》，《国外社会科学》2012 年第 6 期。

朱华桂：《论风险社会中的社区抗逆力问题》，《南京大学学报》2012 年第 5 期。

郑万模、周东、王锦：《四川省甘孜州地质灾害特征与防灾减灾对策》，《地质灾害与环境保护》2000 年第 2 期。

胡晓梅：《刘文辉甘孜州乌拉制度改革论述》，《四川教育学院学报》2002 年第 9 期。

刘流：《农村公共产品供给与缓解贫困》，《中共贵州省委党校学报》2009 年第 6 期。

刘增、陈敏生、郑超：《公共产品供给的法治保障》，《海峡科学》2007 年第 4 期。

张永斌、徐再高：《论西部农村民族义务教育产品供给问题》，《重庆职业技术学院学报》2007 年第 5 期。

赵美玲：《加强我国农业基础设施建设的战略选择》，《天津经济》2007 年第 11 期。

甘信建：《大力推进藏区通信基础设施建设，四川通信业超额完成2009 年富民安康工程任务》，《通信与信息技术》2010 年第 1 期。

张涛：《甘南藏族自治州牧民定居模式与效应分析》，《甘肃社会科学》2003 年第 6 期。

高新才、王娟娟：《牧民定居工程的经济社会效应》，《开发研究》2007 年第 5 期。

王娟娟、高新才：《游牧人口定居机制研究》，《经济经纬》2009 年第 2 期。

高新才、王娟娟：《游牧人口定居模式的选择——以甘南牧区为例》，《经济经纬》2008 年第 5 期。

高永久、邓艾：《藏族游牧民族定居与新牧区建设报告》，《民族研究》2007 年第 5 期。

王珏、吴定勇：《关注民族地区发展进步的视野互动与观点交锋》，《西南民族大学学报》2005 年第 1 期。

何福昌、吴海涛：《暂时贫困和慢性贫困：定量分析方法综述》，《农业经济》2011 年第 4 期。

周穗明：《西方发展主义理论述评》，《国外社会科学》2003 年第 5 期。

叶敬忠、孙睿昕：《发展主义研究综述》，《中国农业大学学报》2012 年第 2 期。

俞郭斌：《科学发展观与新发展主义：中外新发展理论比较》，《当代世界与社会主义》2006 年第 6 期。

吕方：《"新发展主义"与发展社会学研究的转向》，《社会科学战线》2010 年第 2 期。

李胜：《新发展主义与后现代解构》，《国外理论动态》2009 年第 1 期。

曾毅：《新发展主义的历史制度主义分析》，《马克思主义与现实》2011年第 2 期。

孙凤娟：《发展主义视角下的民族社区环境审视》，《西安社会科学》2012年第 2 期。

牛文元：《生态脆弱带 ECOTONE 的基础判定》，《生态学报》1989 年第2 期。

李周、孙若梅：《生态敏感地带与贫困地区的相关性研究》，《中国农村观察》1994 年第 5 期。

赵跃龙、刘燕华：《中国生态环境分布及其与贫困的关系》，《地球科学进展》1996 年第 3 期。

赵跃龙、刘燕华：《脆弱生态环境与农业现代化的关系》，《云南地理环境研究》1995 年第 2 期。

赵跃龙、刘燕华：《脆弱生态环境与工业化的关系》，《经济地理》1996年第 2 期。

冷疏影、刘燕华：《中国脆弱生态区可持续发展指标体系框架设计》，《中国人口·资源与环境》1999 年第 2 期。

赵曦：《中国西部贫困地区可持续发展研究》，《中国人口·资源与环境》2001 年第 2 期。

赵曦、成卓：《中国农村反贫困治理的制度安排》，《贵州社会科学》2008年第 9 期。

虞大才：《"小县大城"战略的理论与实践》，《浙江社会科学》2008 年第11 期。

方茜等：《对区域协调发展中县域发展策略的思考》，《经济体制改革》2012 年第 1 期。

李鹤、张平宇：《全球变化背景下脆弱性研究进展与应用展望》，《地理科学进展》2011 年第 7 期。

方修琦、殷培红：《弹性、脆弱性和适应——IHDP 三个核心概念综述》，《地理科学进展》2007 年第 5 期。

李鹤、张平宇、程叶青：《脆弱性的概念及其评价方法》，《地理科学进展》2008 年第 2 期。

卢汉龙：《社会政策转型：从消除不平等到生产性的要素》，《中国浦东干部学院学报》2010 年第 6 期。

危丽等：《退耕还林中的中央政府和地方政府最优激励合约》，《财经研究》2006 年第 11 期。

熊理然、成卓：《中国贫困地区的功能定位与反贫困战略调整研究》，《农业经济问题》2008 年第 2 期。

史培军、王静爱等：《当代地理学之人地相互作用研究的趋向》，《地理》2006 年第 2 期。

陈萍、陈晓玲：《全球环境变化下人—环境耦合系统的脆弱性研究综述》，《地理科学进展》2010 年第 4 期。

韩峥：《广西西部十县农村脆弱性分析及对策建议》，《农业经济》2002 年第 5 期。

黄承伟、王小林、徐丽萍：《贫困脆弱性：概念框架和测量方法》，《农业技术经济》2010 年第 8 期。

李阳、黄家飞：《自然保护区周边社区脆弱性分析》，《干旱区资源与环境》2008 年第 10 期。

沈小波、林擎国：《贫困范式的演变及其理论和政策意义》，《经济学》2005 年第 6 期。

徐伟、章元、万广华：《社会网络与贫困脆弱性实证分析》，《学海》2011 年第 4 期。

李方一、赵晓彤：《脆弱性研究中生态学与人类学的视角比较》，《中央民族大学学报》2010 年第 4 期。

夏保成：《西方国家公共安全管理的理论与原则刍议》，《河南理工大学学报》2006 年第 2 期。

李宏伟、屈锡华、严敏：《社会再适应、参与式重建与反脆弱发展》，《社会科学研究》2009 年第 3 期。

田毅鹏、张炎：《地域力与社会重建》，《福建论坛》2008 年第 8 期。

秦红增、唐剑玲：《定居与流动：布努瑶作物、生计与文化的共变》，《思想战线》2006 年第 5 期。

苏芳、徐中民等：《可持续生计分析研究综述》，《地球科学进展》2009 年第 1 期。

马世骏、王如松：《社会—经济—自然复合生态系统》，《生态学报》1984 年第 1 期。

刘玉兰：《西方抗逆力理论：转型、演进、争辩和发展》，《国外社会科学》2012 年第 5 期。

朱华桂：《论风险社会中的社区抗逆力问题》，《南京大学学报》2012 年
　　第 5 期。

冯仕政：《国家、市场与制度变迁》，《社会学研究》2007 年第 2 期。

王绍光：《大转型：1980 年代以来中国的双向运动》，《中国社会科学》
　　2008 年第 1 期。

李强：《改革开放 30 年来中国社会分层结构的变迁》，《新华文摘》2009
　　年第 2 期。

孙立平：《我们在开始面对一个断裂的社会》，《战略与管理》2002 年第
　　2 期。

胡位钧：《论当前我国社会结构的分化与协调》，《理论与改革》2005 年
　　第 6 期。

李友梅：《关于社会体制基本问题的若干思考》，《新华文摘》2008 年第
　　12 期。

高和荣：《论中国特色社会保障理论的建构》，《新华文摘》2009 年第
　　2 期。

项继权：《基本公共服务均等化：政策目标与制度保障》，《华中师范大学
　　学报》2008 年第 1 期。

王朝才、王继洲：《建立规范的财政转移支付制度中扶持民族地方发展的
　　措施研究》，《经济研究参考》2004 年第 12 期。

西藏农牧区社会事业发展的财政需求及解决路径课题组：《西藏农牧区社
　　会事业发展的财政需求及解决路径》，《地方财政研究》2007 年第
　　11 期。

何景熙、王文川、马红莉：《基础性人力资本投资与西藏经济增长方式的
　　转变》，《中国藏学》2006 年第 3 期。

聂华林、路万青：《西部“三农”问题的“RAP 怪圈”》，《甘肃理论学
　　刊》2004 年第 5 期。

聂华林、李长亮：《西部农村人力资本投资于“三农”问题的破解》，《中
　　国国情国力》2007 年第 11 期。

赵利生：《迟发展与发展——西部民族地区社会现代化的一种思考》，《甘
　　肃政法学院学报》2002 年第 2 期。

杜凤娇：《县域发展向国外学什么——十个焦点问题的中外比较》，《人民
　　论坛·政论双周刊》2009 年第 7 期。

郑林昌、张雷、蔡征超：《地形条件约束下的区域发展模式选择》，《山地

学报》2012 年第 2 期。

陈庆德等：《中国民族村寨经济转型的特征与动力》，《民族研究》2004 年第 4 期。

陈南岳：《我国农村生态贫困研究》，《中国人口资源与环境》2003 年第 4 期。

胡荣涛：《产业结构优化升级的区域差异性分析》，《经济经纬》2007 年第 2 期。

朱丹、王建成、付云霞：《甘孜州农村饮用水安全问题及对策研究》，《四川农业科技》2012 年第 9 期。

王小林、Sabina A：《中国多维贫困测量：估计和政策含义》，《中国农村经济》2009 年第 12 期。

姚迈新：《对扶贫目标偏离与转换的分析与思考的制度及行动调整》，《云南行政学院学报》2010 年第 3 期。

贾磊：《浅析我国的农村贫困问题及其对策》，《现代农业科技》2006 年第 11 期。

傅勇：《财政分权、政府治理与非经济性公共产品供给》，《经济研究》2010 年第 8 期。

梁义成、李树苗：《基于多元概率单位模型的农户多样化生计策略分析》，《统计与决策》2011 年第 15 期。

李静、戴宁宁、刘生琰：《西部草原牧区游牧民定居问题研究综述》，《内蒙古民族大学学报》2011 年第 3 期。

张伟、张建春：《国外旅游与消除贫困问题研究述评》，《旅游学刊》2005 年第 1 期。

周歆红：《关注旅游扶贫的核心问题》，《旅游学刊》2002 年第 1 期。

李佳、钟林生、成升魁：《中国旅游扶贫研究进展》，《中国人口·资源与环境》2009 年第 3 期。

孙东峰、陈通：《贫困地区实施 PPT 的决策系统建构》，《河北学刊》2008 年第 6 期。

毛焱、梁滨：《PPT 战略：基于人口发展的旅游扶贫观》，《求索》2009 年第 6 期。

张鹏顺：《区域理论视野下的旅游扶贫》，《理论探讨》2011 年第 2 期。

杨阿莉、把多勋：《民族地区社区参与式旅游扶贫机制的构建》，《内蒙古社会科学》2012 年第 5 期。

胡志毅、张兆干：《社区参与和旅游业可持续发展》，《人文地理》2002

年第 2 期。

路科：《旅游业供应链创新模式初探》，《旅游学刊》2006 年第 3 期。

唐新平：《科学发展观视角下民族地区经济社会发展的途径选择》，《生态经济》2009 年第 11 期。

岳天明：《甘肃少数民族地区农村社会发展动力机制研究》，博士学位论文，兰州大学，2006 年。

刘国虎：《贫困及其现代性话语表达》，硕士学位论文，云南大学，2012 年。

郭佩霞：《凉山彝区政府反贫困研究》，博士学位论文，西南财经大学，2007 年。

李燕玲：《四川民族地区农户贫困成因及影响因素研究》，硕士学位论文，四川农业大学，2011 年。

汪中华：《我国民族地区生态建设与经济发展的耦合研究》，博士学位论文，东北林业大学，2005 年。

尹晓红：《区域循环经济发展评价与运行体系研究》，博士学位论文，天津大学，2009 年。

刘朝瑞：《县域生态经济发展研究》，博士学位论文，武汉理工大学，2008 年。

刘晓艳：《新农村科技、经济、社会、环境耦合仿生及协同管理研究》，博士学位论文，吉林大学，2010 年。

王晓芳：《东北地区县域经济发展的地域类型与演进机理研究》，博士学位论文，东北师范大学，2008 年。

张炜熙：《区域发展脆弱性研究与评估》，博士学位论文，天津大学，2006 年。

杨春伟：《西藏农村公共产品的供给研究》，硕士学位论文，四川大学，2007 年。

何爱平：《中国灾害经济：理论构架与实证研究》，博士学位论文，西北大学，2002 年。

成卓：《中国农村贫困人口发展问题研究》，博士学位论文，西南财经大学，2009 年。

蒋贵国：《四川省农用地区划分及综合生产能力评价研究》，博士学位论文，成都理工大学，2012 年。

张少兵：《环境约束下区域产业结构优化升级研究：以长三角为例》，博士学位论文，华中农业大学，2008 年。

张长生：《高原山区路网均衡性研究》，博士学位论文，长安大学，

2011 年。

胡江辉：《中国农村公共投资的减贫效应研究》，博士学位论文，华中科技大学，2009 年。

寇莎：《四川省农村居民收入差距研究》，硕士学位论文，西南财经大学，2012 年。

睢党臣：《农村公共产品供给结构研究》，博士学位论文，西北农林科技大学，2007 年。

袁斌：《失地农民可持续生计研究》，博士学位论文，大连理工大学，2008 年。

马海寿：《当代新疆昌吉地区回族生计方式变迁研究》，博士学位论文，兰州大学，2010 年。

赵靖伟：《农户生计安全问题研究》，博士学位论文，西北农林科技大学，2011 年。

李斌：《生态家园富民工程"三位一体"项目对宁夏盐池县农户生计影响的研究》，博士学位论文，中国农业大学，2005 年。

新华社：《中华人民共和国国民经济和社会发展第十二个五年规划纲要》，《人民日报》2011 年 3 月 17 日。

新华社：《中国农村扶贫开发纲要（2011—2020）》，《人民日报》2011 年 12 月 1 日。

喻廷才：《西藏公共财政建设面临的挑战与对策》，《西藏日报》2006 年 8 月 12 日。

益西达瓦：《政府工作报告（在甘孜藏族自治州第十一届人民代表大会第一次会议上）》，《甘孜日报》2012 年 1 月 20 日。

杨正勇、陈林：《甘孜州实现经济跨越发展的实证分析与思考》，《甘孜日报》2010 年 5 月 22 日。

范小建：《集中连片特困地区成为主攻区》，《人民日报》2011 年 12 月 7 日。

中国藏学研究中心：《西藏经济社会发展报告》，《西藏日报》2009 年 3 月 31 日。

王凤鸣、谢有光：《社会政策是"生产性要素"》，《光明日报》2008 年 6 月 4 日。

王勇兵：《地方政府创新：制度空间与路径选择》，《学习时报》2006 年 2 月 27 日。

四川省甘孜县水务局：《甘孜县"十二五"农村饮用水安全工程实施方案》。

四川省甘孜县人民政府：《甘孜县国民经济和社会发展第十二个五年规划纲要》。

四川省甘孜县水利局、四川省甘孜县水土保持委员会办公室：《四川省甘孜县水土保持县级规划（2006—2015）》。

水利部四川省水利水电勘测设计研究院：《四川省甘孜县打火沟水利工程可行性研究报告》。

四川省甘孜县水务局、甘孜县发展和改革局：《关于请求审查〈甘孜县"十二五"农村饮水安全工程实施方案〉的报告》。

中共甘孜县委宣传部：《甘孜县形势政策宣讲材料》（2012年1月）。

张永德：《推动跨越发展　促进长治久安　为建设更加幸福美好新甘孜而努力奋斗》（中国共产党甘孜县第十一次代表大会上的工作报告）。

四川省甘孜县牧定办：《牧民定居点建设情况汇总表》（2012年6月）。

四川省甘孜县扶贫办：《甘孜县2011年新农村建设实施方案》。

四川省统计局：《甘孜藏族自治州2006年国民经济和社会发展统计公报》。

Turner II BL, Kasperson RE, Matson PA, "A Framework for Vulnerability Analysis in Sustainability Science." *Proceedings of the National Academy of Science*, 2003, 100 (14).

Chambers R, Conway G, "Sustainable Rural Livelihoods: Practical Concepts for the 21st Century," IDS Discussion Paper 296. Brighton: IDS, 1992.

Scoones, "Sustainable Livelihood: A Framework for Analysis". IDS Working Paper 72. Brighton: IDS, 1998.

Ellis F, *Rural Livelihoods and Diversity in Development Countries*. New York: Oxford University Press, 2000.

DFID, *Sustainable Livelihoods Guidance Sheets*. London: Department for International Development, 2000.

Baumgartner R, Hogger R, *In Search of Sustain able Livehhood Sytems*. In Search of Sustainable Livelihood Systems. London: Sage Pubkications Ltd. New Delhi: Thousand Oaks, 2004.

Linquanti R, *Using Community-Wide Collaboration to Foster Resiliency in Kids: A Conceptual Framework*. San Francisco: Western Regional Center for Drug-Free Schools and Communities, Far West laboratory for Educational Research and Development, 1992.

Masten AS, Coastworth D, "The Development of Competence in Favorable and Unfavorable Environments". *American Psychologist*, 1998 (2).

Titus CS, *Resilience and the Virtue of Fortitude: Aquinas Indialogue with the Psychosocial Sciences*. Washington D. C: The Catholic University of America Press, 2006.

Adger WN, "Vulnerability Global". *Global Environmental Change*, 2006 (16).

Brebbia CA and Usb JL, *Ecosystems and Sustainble Development 11*, WIT Perss, 1999.

Michael R, *Sustainability: Life Chances and Livelihoods*, London: Routledge, 2000.

Allen T, Thomas A, *Poverty and Development into the 21st Century*, London: Oxford University Press, 2000. Paul J. Bolt, *China and Southeast Asia's, Chinese: State and Diaspora in Contemporary*, London: Asia Praeger Publishers, 2000.

Cutter S. L., Vulnerability to Environmental Hazards. Progress in Haman Geography, 1996, 20.

Cutter S. L., Boruff B. J., SHirley W. L., "Social Vulnerability to Environmental Hazards". *Social Science Quarterly*, 2003.

Timmerman P, *Vulnerability, Resilience and the Collapse of Society: A Review of Models and Possible Climatic Applications*. Toronto: University of Toronto, 1981.

Birkmannn J. eds., *Measuring Vulmerabilitiy to Hazards of National Origin*. Tokyo: UNU Press, 2006.

TurnerII BL, Kasperson RE, Matson PA, "A Framework for Vulnerability Analysis in Sustainability Science". *Proceedings of the National Academy of Science*, 2003, 100 (14).

UNDP, *Reducing Disaster Risk: A Chanllenge for Development*. United Nations Development Programme, Bureau for Crisis and Recovery, 2004.

DFID, *Sustainable Livelihoods Guidance Sheets*. London: Department for International Development, 2000.

Cutter L, "Vulnerability to Environment Hazards." *Progress in Human Geography*, 1996, 20 (4).

Adger WN, "Social and Ecological Resilience: Are They Related?" *Progress in Human Geography, 2000 (3); Cutter SL. "Vulnerability to Environment Hazard". Progress in Human Geography, 1996 (4).

Blaikie P, Cannon T, Wisner B. At Risk, Natural Hazards, Peoples Vulnerability and Disasters. London: Routledge, 1994.

Robert MG, Yang GA, "The International Progress of Sustainable Development Research : A Comparison of Vulnerability Analysis and the Sustainable Livelihoods Approach". Progress in Geography, 2003 (1).

McCarthy JJ, Canziani OF, Leary NA, Climate Change 2001: Impacts, Adaptation and Vulnerability. London: Cambridge University Press, 2001.

O' Brien K, Eriksen S, Schjolden A, What's in A Word? Conflicting Interpretations of Vulnerability in Climate Change Research. Norway: University Oslo, 2004.

Birkmannn J. eds. , Measuring Vulnerability to Hazards of National Origin. Tokyo: UNU Press, 2006.

Martin R, "Are There Lessons for Africa from China's Success Against Poverty?" World Development, 2008, 37 (2).

Chambers R. , Conway G. , "Sustainable Rural livelihoods: Practical Concepts for the 21st Century". IDS Discussion Paper 296. Brighton: IDS, 1992.

Peter H. Lindert, Growing Public: Social Spending and Economic Growth Since the Eighteen Gentury. London: Cambridge University Press, 2004.

DFID, Tourism and Poverty Elimanation: Untapped Potential. London: DFID Press Office, 1999.

Ashley, C, Boyd C, Goodwin H, "Pro-Poor Tourism: Putting Poverty atthe Heart of the Tourism Agenda". Significance, 2000, 51 (51).

Jamieson W, Goodwin H, Edmunds C, Contribution of Tourism to Poverty Alleviation: Pro-Poor Tourism and the Challenge of Measuring Impacts. For iransport Policy and Tourism Section Transport and Tourism Division for UN ESCAP, 2004 (11).

Krantz L, The Sustainable Livelihood Approach to Poverty Reduction. Swedish International Development Cooperation Agency, 2001.

Rogerson C, "The Support Needs of Rural SMMEs: The Case of Phuthaditjhaba, Free State Province. " Agrekon, 1999, 38 (2).

Ashley C, Methodology for Pro-poor Tourism Case Study. London: ODI, 2000.

附　　录

附录一　幸福甘孜工程

从"幸福甘孜工程"及其实施可以看到甘孜县政府及其各个部门的分工与合作以及政府行为选择的价值和理念。

1. 多部门协作

甘孜县政府及其各部门的分工与合作简要情况可见附表1-1。

附表1-1　　　　　"幸福甘孜工程"的责任主体分工与合作

	工程名称	牵头单位	责任单位
1	百姓安居行动	县住房和城乡规划建设局	县民政局、县扶贫和移民工作局、县国土资源局、县林业局 各乡镇人民政府
2	农牧民增收行动	县委农办	县人力资源和社会保障局 县扶贫和移民工作局、县农牧和科技局
3	全民保障行动	县人力资源和社会保障局	县财政局、县民政局
4	教育助学行动	县教育局	县民政局、县扶贫和移民工作局 各乡镇人民政府
5	健康关爱行动	县卫生和人口计划生育局	县食品药品监督管理局、各乡镇人民政府
6	文化共享行动	县文化旅游和广播影视体育局	县扶贫和移民工作局、县外事台侨办 县牧定办、各乡镇人民政府
7	农村甘露行动	县水务局	县扶贫和移民工作局、各乡镇人民政府

续表

	工程名称	牵头单位	责任单位
8	远村点亮行动	县发展和改革局	县水务局、县扶贫和移民工作局 各乡镇人民政府
9	交通便民行动	县交通局	县公安局、县安全生产监督管理局 各乡镇人民政府
10	新村示范行动	县农委办	县新农村建设领导小组成员单位 各乡镇人民政府

"幸福甘孜工程"的每一项行动都有牵头单位和责任单位，它们各司其职，又相互合作。例如"百姓安居行动"的牵头单位是县住房和城乡规划建设局，责任单位是民政局、扶贫和移民工作局、国土资源局、林业局以及各乡镇人民政府。

2. 服务于农牧民生产生活

"幸福甘孜工程"的内容有十个方面，包括：百姓安居行动、农牧民增收行动、全民保障行动、教育助学行动、健康关爱行动、文化共享行动、农村甘露行动、远村点亮行动、交通便民行动、新村示范行动。这十项内容指涉"满足农牧民基本生活需要，提高生产能力，促进自我发展"三个方面。

3. 具体落实

各个项目的具体内容及其实施步骤如下。

（1）百姓安居行动

百姓安居行动的目标是改造危房4133户（其中D级危房2753户、C级危房1230户、棚户区150户）；建设保障性住房248套；为1080户发放廉租房租赁补贴；实施地质灾害避险搬迁322户、易地扶贫搬迁826户。

年度任务分布如下：2012.7—2013.6：改造D级危房2753户、棚户区改造50户；建设保障性住房248套；发放廉租房租赁补贴360户；实施地质灾害避险搬迁118户、易地扶贫搬迁318户。2013.7—2014.6：改造C级危房615户、棚户区改造50户；发放廉租房租赁补贴360户；实施地质灾害避险搬迁104户、易地扶贫搬迁244户。2014.7—2015.6：改造 C 级危房 615 户、棚户区改造 50 户；发放廉租房租赁补贴 360 户；实施地质灾害避险搬迁 100 户、易地扶贫搬迁 264 户。具体状况详见附表 1－2。

附表 1－2　　　　　百姓安居工程内容、目标、年度任务

工程内容	总体目标	2012.7—2013.6	2013.7—2014.6	2014.7—2015.6
改造危房	3983 户	D 级危房 2753 户	C 级危房 615 户	C 级危房 615 户
棚户区改造	150 户	50 户	50 户	50 户
建设保障性住房	248 套	248 套		
发放廉租房租赁补贴	1080 户	360 户	360 户	360 户
地质灾害避险搬迁	322	118 户	104 户	100 户
易地扶贫搬迁	826	318 户	244 户	264 户

（2）农牧民增收

农牧民增收项目的目标是到 2015 年 6 月，全县新增城镇就业 910 人，新增下岗失业人员和失地无业农民再就业 110 人；开展农民工技能培训 740 人，实用技术培训 6.6 万人次；转移农村劳动力 1.2 万人，实现劳务收入 0.6 亿元。

年度任务分布是：2012.7—2013.6：新增城镇就业 300 人，新增下岗失业人员和失地无业农民再就业 35 人；开展农民工技能培训 240 人，实用技术培训 2.2 万人次；转移农村劳动力 4000 人，实现劳务收入 0.2 亿元。2013.7—2014.6：新增城镇就业 300 人，新增下岗失业人员和失地无业农民再就业 35 人；开展农民工技能培训 240 人；实用技术培训 2.2 万人次；转移农村劳动力 4000 人，实现劳务收入 0.2 亿元。2014.7—2015.6：新增城镇就业 310 人，新增下岗失业人员和失地无业农民再就业 40 人；开展农民工技能培训 260 人；建设拖坝农牧民实用技术培训基地，实用技术培训 2.2 万人次；转移农村劳动力 4000 人，实现劳务收入 0.2 亿元。具体情况详见附表 1－3。

附表 1 - 3　　　　　　农牧民增收工程内容、目标、年度任务

项目内容	总目标	2012.7—2013.6	2013.7—2014.6	2014.7—2015.6
新增城镇就业	910 人	300 人	300 人	310 人
新增下岗失业人员和失地无业农民再就业	110 人	35 人	35 人	40 人
农民工技能培训	740 人	240 人	240 人	260 人
实用技术培训	6.6 万人次	2.2 万人次	2.2 万人次	建基地，2.2 万人次
转移农村劳动力	1.2 万人	4000 人	4000 人	4000 人
实现劳务收入	0.6 亿元	0.2 亿元	0.2 亿元	0.2 亿元

（3）全民保障行动

全民保障行动的总体目标是实现城乡低保动态管理，应保尽保，城市低保对象累计月人均补助水平在 2012 年基础上每年提高幅度不低于 15 元，农村低保对象累计月人均补助水平在 2012 年基础上每年提高幅度不低于 12 元；新型农村养老保险覆盖人群达 2.3 万人，城镇居民基本医疗保障覆盖人群达到 2198 人，新型农村合作医疗参合率达到 98%。

年度任务分布：2012.7—2013.6：城乡低保实现动态管理下的应保尽保，城市低保对象累计月人均补助达到 168 元，低保对象累计月人均补助标准达到 72 元；新型农村养老保险覆盖人群达 2.1 万人，城镇居民基本医疗保障覆盖人群达到 2012 人，新型农村合作医疗参合率达到 95%。2013.7—2014.6：城乡低保实现动态管理下的应保尽保，城市低保对象累计月人均补助水平在 2012 年基础上提高幅度不低于 15 元，农村低保对象累计月人均补助水平在 2012 年基础上提高幅度不低于 12 元；新型农村养老保险覆盖人群达 2.2 万人，城镇居民基本医疗保障覆盖人群达到 2107 人，新型农村合作医疗参合率达到 97%。2014.7—2015.6：城乡低保实现动态管理下的应保尽保，城市低保对象累计月人均补助水平在 2013 年基础上提高幅度不低于 15 元，农村低保对象累计月人均补助水平在 2013 年基础上提高幅度不低于 12 元；新型农村养老保险覆盖人群达 2.3 万人，城镇居民基本医疗保障覆盖人群达到 2198 人，新型农村合作医疗参合率达到 98%。具体情况详见附表 1 - 4。

附表 1-4　　　　　　　全面保障行动的内容、目标、年度任务

内容	总体目标	2012. 7—2013. 6	2013. 7—2014. 6	2014. 7—2015. 6
城市低保对象累计月补助收入水平	在 2012 年基础上每年提高幅度不低于 15 元	累计月人均补助达到 168 元	在 2012 年基础上提高幅度不低于 15 元	在 2013 年基础上提高幅度不低于 15 元
农村低保对象累计月补助收入水平	在 2012 年基础上每年提高幅度不低于 12 元	累计月人均补助标准达到 72 元	在 2012 年基础上提高幅度不低于 12 元	在 2013 年基础上提高幅度不低于 12 元
新型农村养老保险覆盖人群	2. 3 万人	2. 1 万人	2. 2 万人	2. 3 万人
城镇居民基本医疗保障覆盖人群	2198 人	2012 人	2107 人	2198 人
新型农村合作医疗参合率	98%	95%	97%	98%

（4）教育助学行动

教育助学行动的总体目标是完成校舍安全工程 5320 平方米，新建幼儿园 4 所。对就读州内高中的贫困生，每年免除书本费、学杂费；对升入高职学校的贫困生，每人一次性资助 500 元；升入专科预科的贫困生，每人一次性资助 1000 元；升入本科预科的贫困生，每人一次性补助 2000 元；升入专科学校的贫困生，每人一次性资助 3000 元；升入一般本科学校的贫困生，每人一次性补助 4000 元；升入重点本科院校的贫困生，每人一次性资助 5000 元。对达通玛片区、东谷片区和扎科乡、下雄乡农牧民家庭，保障子女不间断完成九年义务教育的，一次性奖励 2000 元；保障子女不间断完成高中教育的，一次性奖励 3000 元；凡就读中职学校的初（高）中应届毕业生，给予一次性补助 1000 元。各种助学补助的具体情况详见附表 1-5。

附表 1－5　　　　各种教育补助的内容、目标、年度任务

各种补助		补助方式或金额
就读州内高中的贫困生		每年免除书本费、学杂费
升入高职学校的贫困生		每人一次性资助 500 元
升入专科预科的贫困生		每人一次性资助 1000 元
升入本科预科的贫困生		每人一次性补助 2000 元
升入专科学校的贫困生		每人一次性资助 3000 元
升入一般本科学校的贫困生		每人一次性补助 4000 元
升入重点本科院校的贫困生		每人一次性资助 5000 元
对达通玛片区、东谷片区和扎科乡、下雄乡农牧民家庭	保障子女不间断完成九年义务教育的	一次性奖励 2000 元
	保障子女不间断完成高中教育的	一次性奖励 3000 元
	就读中职学校的初（高）中应届毕业生	一次性补助 1000 元

年度任务分布为：

2012.7—2013.6：完成校舍安全工程 2630 平方米，新建幼儿园 2 所。

2013.7—2014.6：完成校舍安全工程 1200 平方米，新建幼儿园 1 所。

2014.7—2015.6：完成校舍安全工程 1490 平方米，新建幼儿园 1 所。

（5）健康关爱行动

健康关爱行动的总体目标是：①筛查贫困白内障患者 180 例，适当减免手术费用。②筛查包虫病患者 1.8 万人，全程免费药物治疗包虫病患者 1692 人次，减免包虫病患者手术费。③免费为 1500 名农村孕产妇住院分娩及准备怀孕和怀孕 3 个月内的农村妇女增补叶酸。④落实农村孕产妇住院分娩补助政策，全县农村孕产妇住院分娩率达到 80% 以上。对口支援单位——龙泉区为甘孜县农村孕产妇住院分娩每人补助 500 元，随财力增加。依据甘孜州卫生局文件精神，农村孕产妇住院分娩补助 500 元。

年度任务分布为：2012.7—2013.6：①筛查贫困白内障患者 60 例，免费为手术患者提供人工晶体并适当减免手术费用。②筛查包虫病 6000 人，全程免费药物治疗 564 人次，为符合条件的病人开展免费手术治疗。③免费为 500 名农村孕产妇分娩及准备怀孕和怀孕 3 个月内的农村妇女增补叶酸。④落实农村孕产妇住院补助政策，对定点医疗机构住院分娩的孕产妇给予 500 元补助。2013.7—2014.6：①筛查贫困白内障患者 60 例，免费为手术患者提供人工晶体并适当减免手术费用。②筛查包虫病6000人，全程免费药物治疗580人次，为符合条件的病人开展免费手术治疗。③免费为500名农村孕产妇分娩及准备怀孕和怀孕3个月内的农村妇女增补叶酸。④落实农村孕产妇住院补助政策，对定点医疗机构住院分娩的孕产妇给予500元补助。2014.7—2015.6：①筛查贫困白内障患者60例，免费为手术患者提供人工晶体并适当减免手术费用。②筛查包虫病6000人，全程免费药物治疗600人次，为符合条件的病人开展免费手术治疗。③免费为500名农村孕产妇分娩及准备怀孕和怀孕3个月内的农村妇女增补叶酸。④落实农村孕产妇住院补助政策，对定点医疗机构住院分娩的孕产妇给予500元补助。具体情况详见附表1-6。

附表1-6　　　　　　健康关爱行动的内容、目标、年度任务

内容	总体目标	2012.7—2013.6	2013.7—2014.6	2014.7—2015.6
筛查、治疗贫困白内障患者	筛查180例，适当减免手术费用	筛查60例，免费提供人工晶体并适当减免手术费用	筛查60例，免费提供人工晶体并适当减免手术费用	筛查60例，免费提供人工晶体并适当减免手术费用
筛查、治疗包虫病患者	筛查1.8万人，全程免费药物治疗1692人次，减免手术费	筛查6000人，全程免费药物治疗564人次，免费手术治疗	筛查6000人，全程免费药物治疗580人次，免费手术治疗	筛查6000人，全程免费药物治疗600人次，免费手术治疗
免费为农村孕产妇增补叶酸	1500名	500名	500名	500名
孕产妇住院补助	1000元	1000元	1000元	1000元
农村孕产妇住院分娩率	达到80%以上			

（6）文化共享行动

文化共享行动的总体目标是基本实现全县乡镇综合文化站有配套文化活动设施设备，乡乡有农民体育健身广场，乡乡有流动数字电影放映设备和广播电视户户通。

年度任务分布为：2012.7—2013.6：为 1 个乡镇综合文化站配送音响电脑等设施设备；建设 4 个乡镇农民体育健身广场，为每个乡镇农民体育广场建设 1 个标准篮球场、1 条全民健身路径、2 个乒乓球桌；在昔色、来马、庭卡等乡实施并发放安装 230 套"村村通"直播卫星设备；为 2 个乡镇配置 2 套 0.8K 流动数字电影放映设备。2013.7—2014.6：为 1 个乡镇综合文化站配送音响电脑等设施设备；建设 4 个乡镇农民体育健身广场，为每个乡镇农民体育广场建设 1 个标准篮球场、2 个羽毛球场、1 条全民健身路径、4 个乒乓球桌；在甘孜镇计划发放和安装 108 套"村村通"直播卫星设备；为 2 个乡镇配置 2 套 0.8K 流动数字电影放映设备。2014.7—2015.6：为 1 个乡镇综合文化站配送音响电脑等设施设备；建设 4 个乡镇农民体育健身广场，为每个乡镇农民体育广场建设 1 个标准篮球场、2 个羽毛球场、1 条全民健身路径、4 个乒乓球桌；在斯俄（180 套）、呷拉（180 套）、拖坝（20 套）、南多（20 套）、贡隆（20 套）、卡攻（20 套）、仁果（20 套）共计划实施并发放安装 480 套太阳能便携式直播卫星设备；为 3 个乡镇配置 2 套 0.8K 流动数字电影放映设备。具体情况详见附表 1 – 7。

附表 1 – 7　　　　　文化共享行动的内容、目标、年度任务

内容	总体目标	2012.7—2013.6	2013.7—2014.6	2014.7—2015.6
乡镇综合文化站及配套设施	全县乡镇综合文化站有配套文化活动设施设备	为 1 个乡镇综合文化站配送音响电脑等设施设备	为 1 个乡镇综合文化站配送音响电脑等设施设备	为 1 个乡镇综合文化站配送音响电脑等设施设备
农民健身广场及其配套设施	乡乡有农民体育健身广场	建 4 个广场，每个配备 1 个标准篮球场、1 条全民健身路径、2 个乒乓球桌	建 4 个广场，每个配备 1 个标准篮球场、2 个羽毛球场、1 条全民健身路径、4 个乒乓球桌	建 4 个广场，每个配备 1 个标准篮球场、2 个羽毛球场、1 条全民健身路径、4 个乒乓球桌
广播电视	户户通	在昔色、来马、庭卡等乡实施并发放安装 230 套"村村通"直播卫星设备	在甘孜镇计划发放和安装 108 套"村村通"直播卫星设备	在斯俄、拖坝、南多、贡隆、卡攻、仁果发放安装 480 套太阳能便携式直播卫星设备
流动数字电影放映设备	乡乡有	为 2 个乡镇配置 2 套 0.8K 流动数字电影放映设备	为 2 个乡镇配置 2 套 0.8K 流动数字电影放映设备	为 3 个乡镇配置 2 套 0.8K 流动数字电影放映设备

（7）农村甘露行动

农村甘露行动的总体目标是到 2015 年 6 月，累计解决 25636 人（含农村学校师生）的安全饮水问题。年度任务分布为 2012 年、2013 年、2014 年、2015 年分别解决 12818 人、3370 人、3783 人、3370 人的饮水安全问题。

（8）远村点亮行动

远村点亮行动的总体目标是解决 53 个边远村 19291 人缺电问题。

年度任务分布为：2012.7—2013.6：解决 19 个边远村 4906 人缺电问题，包括下雄乡的地庆 1 村、地庆 2 村、下雄 2 村、然洛村，扎科乡的青泥村、深达村、海拉村、俄拉村、银达村、协巴村、查多村、查依村、竹美村、地龙村、昂达村、青多村、大巴口村、协旦达村、麦玉龙村。2013.7—2014.6：解决 16 个边远村 7767 人缺电问题，包括昔色乡的阿拉龙村、西松龙村、洛虾村，来马乡的冷达村，茶扎乡的亚绒村、木通 1 村、木通 2 村、木通 3 村、德西村、夺嘎村、银多村，查龙乡的查龙 1 村、查龙 2 村、南卡村、吉庆 1 村、吉庆 2 村。2014.7—2015.6：解决 17 个边远村 6928 人缺电问题，包括大德乡的阿加 1 村、阿加 2 村、纳绒村、贡玛村、打龙村、章龙村、其龙村、觉日村、加绒村、土花村，卡龙乡的哈西 1 村、哈西 2 村、六组 1 村、六组 2 村、卡龙村、阿沙 1 村、阿沙 2 村、夺波村。具体情况详见附表 1 - 8。

附表 1 - 8　　　　　　　远村点亮行动的目标、年度任务

	2012.7—2013.6	2013.7—2014.6	2014.7—2015.6
村庄人数	19 个边远村 4906 人	16 个边远村 7767 人	17 个边远村 6928 人
村庄名称	下雄乡的地庆 1 村、地庆 2 村、下雄 2 村、然洛村，扎科乡的青泥村、深达村、海拉村、俄拉村、银达村、协巴村、查多村、查依村、竹美村、地龙村、昂达村、青多村、大巴口村、协旦达村、麦玉龙村	昔色乡的阿拉龙村、西松龙村、洛虾村，来马乡的冷达村，茶扎乡的亚绒村、木通 1 村、木通 2 村、木通 3 村、德西村、夺嘎村、银多村，查龙乡的查龙 1 村、查龙 2 村、南卡村、吉庆 1 村、吉庆 2 村	大德乡的阿加 1 村、阿加 2 村、纳绒村、贡玛村、打龙村、章龙村、其龙村、觉日村、加绒村、土花村，卡龙乡的哈西 1 村、哈西 2 村、六组 1 村、六组 2 村、卡龙村、阿沙 1 村、阿沙 2 村、夺波村

（9）交通便民行动

交通便民行动的总体目标是到 2015 年 6 月累计建设通乡油路 139.4 千米，通村通达公路 46.8 千米，通村通畅公路 44.2 千米，桥梁 1 座，解决 6 个村 1722 人的行路难（按通达计）问题；累计建设乡村客运站点 6 个，4 个乡镇 12 个村开通客运班线。

年度任务分布为：2012.7—2013.6：建设通乡油路 42.4 千米，通村通达公路 46.8 千米，通村通畅公路 14.2 千米，解决 6 个村 1722 人的行路难问题；建设乡村客运站点 2 个，1 个乡镇 3 个村开通客运班线。2013.7—2014.6：建设通乡油路 61 千米，通村通畅公路 15 千米，桥梁 1 座；建设乡村客运站点 2 个，2 个乡镇 6 个村开通客运班线。2014.7—2015.6：建设通乡油路 36 千米，通村通畅公路 15 千米；建设乡村客运站点 2 个，1 个乡镇 3 个村开通客运班线具体情况详见附表 1 – 9。

附表 1 – 9　　　　交通便民行动的内容、目标、年度任务

内容	总体目标	2012.7—2013.6	2013.7—2014.6	2014.7—2015.6
建设通乡油路	139.4 千米	42.4 千米	61 千米	36 千米
建设通村通达公路	46.8 千米	46.8 千米		
建设通村通畅公路	44.2 千米	14.2 千米	15 千米	15 千米
修建桥梁	1 座		1 座	
修建乡村客运站	6 个	2 个	2 个	2 个
开通客运班线	4 个乡镇 12 个村	1 个乡镇 3 个村	2 个乡镇 6 个村	1 个乡镇 3 个村

（10）新村示范行动

新村示范行动的总体目标是建成新村（聚居点）22 个，新建及改造提升农房 681 户。

年度任务分布为：2012.7—2013.6，建成 13 个新村（聚居点）：下雄乡洛戈 1 村、拖坝乡 1 村、呷拉乡呷拉村、夺多乡夺多村、甘孜镇瓦巴村、甘孜镇打金滩村、斯俄乡九村、呷拉乡自贡村、昔色乡上村、昔色乡中村、昔色乡下村、卡攻乡岔拉村、卡攻乡亚书村，新建及改造提升农房 370 户。2013.7—2014.6，建成 5 个新村（聚居点）：来马乡来马村、来马乡雅支村、来马乡觉日村、仁果乡 7 村、仁果乡 8 村，新建及改造提升农房 146 户。2014.7—2015.6，建成 4 个新村（聚居点）：拖坝乡 4 村、拖坝乡 5 村、南多乡席绒村、生康乡 3 村，新建及改造提升农房 165 户。

具体情况详见附表 1-10。

附表 1-10　　　　**新村示范行动的内容、目标、年度任务**

内容	总体目标	2012.7—2013.6	2013.7—2014.6	2014.7—2015.6
新村（聚居点）建设	22 个	13 个	5 个	4 个
新建及改造提升农房	681 户	370 户	146 户	165 户

附录二　村庄调查表

	项　　目		单位	数据
村庄概况	1. 行政隶属 　省　　县　　乡（镇）　村　组			
	2. 村庄面积		平方千米	
	3. 民族	民族数量	个	
		其中：主要民族名称	填写名称	
	4. 民族宗教名称		填写名称	
	5. 主要地形地貌（丘陵、山地、高原、平原、湖区等）			
	6. 土地情况	（1）耕地面积	亩	
		其中：旱地		
		水田		
		退耕还林		
		（2）林地面积		
		（3）草原面积		
		其中：退牧还草		
		（4）农户承包面积		
		（5）近年新增耕地		
		（6）近年土地占用情况		

	项　目		单位	数据
村庄概况	7. 流经村庄河流数量、名称、长度			
	8. 人口	（1）户数	户	
		（2）人数	人	
		其中：男性	人	
		女性	人	
		（3）劳动力	人	
	9. 人均纯收入		元	
	10. 村庄电力水利设施	（1）村庄供电状况		
		（2）村庄灌溉设施		
	11. 村庄交通状况	（1）距离国道（或省道）的距离	千米	
		（2）村庄公路　硬化公路里程		
		沙石公路里程		
		（3）是否实现"村村通"		
		（4）是否实现"组组通"		
		其中：通了多少组		
		（5）是否实现"户户通"		
		其中：通了多少户		
	12. 沟渠硬化	（1）已经硬化长度	米	
		（2）近年来新增硬化长度	米	
	13. 其他	位于村庄之内的集市数	个	
		位于村庄之内的水库数及面积	个、面积	
村庄经济	1. 有无村庄集体经济收入　其中：如果有，是多少？		万元	
	2. 村庄集体支出　其中：如果有，是多少？			
	3. 村内企业数量	集体企业	个	
		私营企业	个	
		其他企业	个	
	4. 村庄土地流转	村庄内部流转数量	亩	
		外来户或企业租地数量	亩	
		土地流转价格	元/亩/年	

	项　目			单位	数据
村庄经济	5. 种植情况	种类	青稞	亩	
			小麦	亩	
			豌豆	亩	
			马铃薯	亩	
			其他	亩	
		大户及其基本情况			
	6. 畜牧业	种类	牛	头	
			羊	只	
			马	匹	
			猪	头	
			其他		
		大户及其基本情况			
	7. 外出打工情况	（1）打工人口数量	常年在外打工者	人	
			其中：男	人	
			女	人	
			农闲打短工者	人	
			其中：男	人	
			女	人	
		（2）工种	木匠	人	
			泥工（砖瓦工）	人	
			画匠	人	
			其他小工	人	
		（3）打工地点	县内	人	
			州内其他县	人	
			省内其他县市	人	
			国内其他省市	人	
		（4）打工收入		元/年	
	8. 村庄传统手艺人数	木匠			
		画匠（藏式）			
		石匠			
		其他			

续表

项　目			单位	数据
村庄经济	9. 返村创业人员				
	10. 住房情况	(1) 楼房	总数	栋	
			3 年内新增数量	栋	
		(2) 平房	总数	栋	
			3 年内新增数量	栋	
		(3) 外地买（建）房子			
	11. 大件家电	(1) 固定电话		部	
		(2) 移动电话		部	
		(3) 家用电脑		台	
		(4) 空调或暖气		台	
		(5) 热水器		台	
	12. 大件农业生产用具	(1) 拖拉机		台	
		(2) 收割机		台	
村庄政治生活	1. 村民小组数量			个	
	2. 组织构成	(1) 村干部	支委人数	人	
			村委人数	人	
		(2) 性别	男	人	
			女	人	
		(3) 党员数		人	
	3. 党员数量			人	
	4. 换届选举情况	(1) 最近一次换届选举时间		年	
		(2) 党支部换届方式（选举、任命、乡派）			
		(3) 村委会换届选举方式			
		(4) 村民代表产生方式			
	5. 村治活动情况	(1) 一年内两委联席会议次数		次	
		(2) 一年内全体党员开会次数		次	
		(3) 一年内村民代表开会次数		次	
		(4) 一年内村民大会次数		次	
		(5) 一年内民主评议两委次数		次	

	项　目		单位	数据
村庄政治生活	6. 治安情况	(1) 村民上访人次及原因		
		(2) 涉案村民人次及原因		
		(3) 民事调解事件及其次数		
		(4) 警察和协警数量	人	
文化教育	1. 学校	(1) 幼儿园数量	所	
		(2) 小学数量	所	
	2. 学生	(1) 幼儿园学生人数	人	
		(2) 小学生人数	人	
		(3) 初中生人数	人	
		(4) 高中生人数	人	
		(5) 中专中职生人数	人	
		(6) 大学生人数（含高职、研究生）	人	
	3. 教师	(1) 小学教师数量	人	
		(2) 幼儿园教师数量	人	
	4. 农民培训人次	(1) 培训种类		
		(2) 培训人次		
		(3) 培训费用支出		
	5. 公益性文化活动及其场所	(1) 公益性文化活动种类及次数		
		(2) 活动场所	文化活动室	个	
			书报阅览室	个	
			老年活动室	个	
			村庄体育活动场所	个	
	6. 民间活动设施	(1) 洞科	个	
		(2) 寺庙	个	
	7. 报刊订阅	(1) 订阅报刊的户数	户	
		(2) 订阅报刊的数量	种	
		(3) 订阅报刊的金额	元	

续表

	项　目		单位	数据
文化教育	8. 经营性娱乐网点	（1）网吧	个	
		（2）桌球室	个	
		（3）酒馆	个	
		（4）茶馆	个	
		（5）其他		
村庄社会生活	1. 参加医保的人数			
	2. 低保情况	（1）低保户数	户	
		（2）低保人数	人	
		（3）低保标准	元	
	3. 五保户情况	（1）五保户人数	人	
		（2）供养方式		
		（3）供养资助标准	元	
	4. 购买养老保险人数及购买金额	（1）总人数		
		（2）不同购买金额情况		
	5. 社会优抚情况			
	6. 参军人员	（1）参军总人数	人	
		（2）当年参军人数	人	
	7. 婚姻情况	（1）结婚登记数量	对	
		（2）离婚登记数量	对	
	8. 村庄社会组织	（1）经济合作组织名称、数量、经营情况		
		（2）民间协会名称、数量、运转情况		
	9. 村庄宗教情况	（1）村庄集体宗教活动		
		（2）洞科、寺庙情况		
	10. 村庄医疗情况	（1）村卫生室情况		
		（2）民间医疗情况		
	11. 村庄公用事业	（1）饮用水情况		
		（2）沼气使用户数	户	
		（3）有线电视户数	户	
		（4）网络使用情况		

	项　　目		单位	数据
村庄社会生活	12. 村庄车辆	（1）小汽车		
		（2）货车		
		（3）拖拉机		
		（4）摩托车		

附录三　农户访谈提纲

（一）经济

1. 家庭财产

2. 收入来源及其数量

（1）种养殖收入

（2）打工收入

3. 人均收入

4. 家庭支出

（二）政治/社会

1. 参加选举与被选举

2. 意见表达

3. 社会交往

（三）文化教育

1. 家庭成员受教育程度

2. 知识和技能

3. 家庭适龄儿童、青少年就学情况

4. 职业技能培训等

（四）健康

1. 家庭成员健康状况

2. 新农合情况

3. 家庭医疗保健支出状况

（五）环境与生态

1. 住房情况

（1）住房面积、结构、修建时间

（2）耗资，假如有借款，借款来源及偿还情况

2. 室内环境

（1）室内陈设

（2）室内采光、通风情况

3. 家居环境

（1）家居能源使用，如烧木柴、煤炭、沼气、煤气或用电

（2）厕所

（3）饮用水和清洁用水

（4）家畜喂养方式

（六）借贷

借贷来源（有无借贷，找谁借贷）

后　记

今天，承蒙孙萍老师无私的奉献，《公共产品供给促进反脆弱发展》终于很快印刷。得知消息，原本因为磨砺太久而麻木的感觉，瞬间被激活。谢谢孙萍老师，谢谢。

十年来，大凡暑假，都在行走藏地万水千山。其余时间，都在家里读书写字，更多地阅读和书写青藏高原的文字。国庆长假，校门未出，再校本书，一字一句，其实又在甘孜神游。校完，其实内心甚是遗憾，因自己能力有限，总有那么多的不如意。也许，每一本书都是未完成，这一本也不例外。只能要求自己进一步努力，更多、更好地书写青藏高原。

一个安安静静的女人，干不了大事，唯一钟情的是安安静静行走藏地，安安静静读书，安安静静思考，安安静静写字。其实，这个过程充满了艰辛，但我醉心于这份艰辛，更醉心于这份艰辛中的安宁。

从 2009 年开始搜集资料，到今天出版，很多年过去了，终于有了这样的阶段性成果。极为幸运的是，它获得了国家社科基金后期资助。这既是认可，更是激励。

出版在即，内心涌起无限感激。感激阿真先生，没有您多年来的支持和帮助，我寸步难行。感激陪文哥、孝康哥、张寅、任轶杰、汪双江、格桑让布、长青、勒株阿姨，是你们，我才有机会深入村村寨寨，真切地了解藏区的实际。无数的访谈对象们，你们是我的父老乡亲，你们的名字我记不准了，可是在我心里，你们是善良、纯朴、真诚的代名词，正是因为你们，我才在艰苦中醉心。感激王蒙、陈艾、曹朝龙，亲爱的孩子们，你们的一路陪伴，让艰辛转化为欢欣。

青藏高原藏族的亲友们，你们是我至真至爱的曾经，也是我牵挂的无尽。祈愿平安顺遂，扎西德勒！

2017 年 10 月 10 日

桂子山头，桂香醉人时